에센셜

통계분석

ESSENTIAL STATISTICAL ANALYSIS

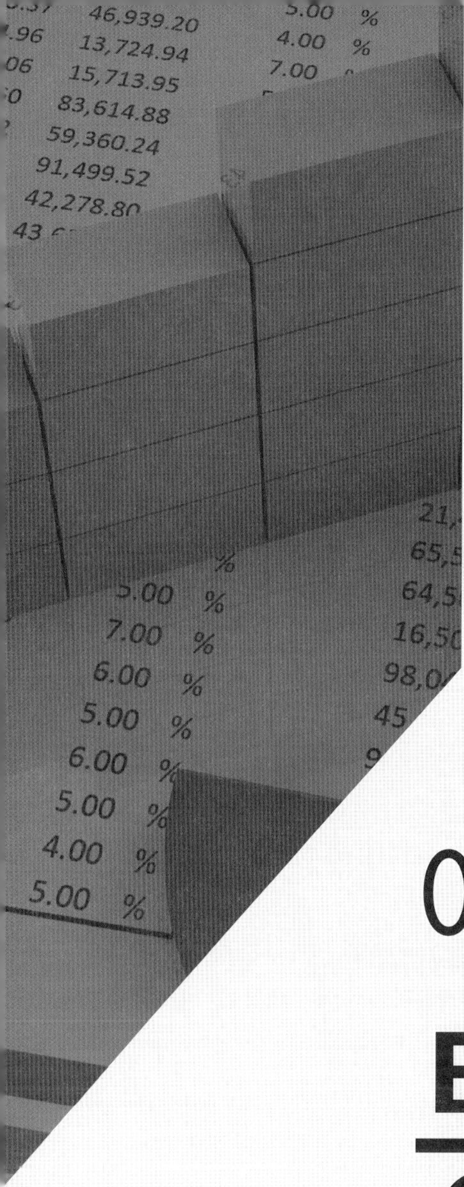

ESSENTIAL STATISTICAL ANALYSIS

에센셜 통계분석

허경옥 · 김기옥 · 이승신 · 박선영

(주)교문사

머리말

학위논문과 연구논문을 쓰면서 통계분석의 중요성에 대해 절감하곤 하였다. 인문·사회과학 분야는 각 분야마다 다양하게 사용하는 통계 선호도가 매우 다르다. 많은 연구자들이 자신이 관심 있는 통계분석만을 집중적으로 사용하다 보면 통계분석에 대한 전체적 흐름을 이해하지 못하기도 한다. 따라서 다양한 주제와 세부 전공을 포괄적으로 다룰 수 있는 교재, 즉 여러 분야에서 모두 참조할 수 있는 내용을 포괄하는 교재가 필요했다. 또한 통계분석 프로그램 중 가장 많이 사용하는 SPSS와 SAS도 같은 영역의 연구자라도 각기 다르게 사용하므로 이 두 프로그램을 모두 사용하여 많은 연구자들에게 도움을 줄 수 있는 교재의 필요성을 느끼고 이 책을 집필하기로 하였다.

그러나 연구 및 강의 등으로 너무나 바쁜 생활을 하느라 집필은 자꾸만 늦어지게 되었다. 자신의 세부 전공이 아닌 통계분석에 대한 집필이다 보니 뒤늦게 시작한 전공서적 출간이 계속됨에 따라 이 책의 집필은 우선순위에서 밀리는 등 매우 지지부진하게 되었다. 그러던 중 대학원생들의 논문을 지도하면서 통계분석의 중요성에 대해 다시 한 번 절감하면서 집필진은 최근에서야 부랴부랴 집필을 마무리하기로 결의를 하게 되었던 것이다.

이 책은 총 4부로 구성되어 있다. 1부에서는 수집된 자료를 가지고 본격적인 통계분석을 수행하기 전 단계인 기초 통계분석으로서 탐색적 자료분석 및 기술통계분석에 대해 설명하고 있다. 2부에서는 t 검증과 상관관계와 같은 이변량분석을 다루고 있으며, 3부에서는 다변량분석 방법으로서 분산분석, 단순회귀분석, 중회귀분석, 요인분석, 판별분석, 군집분석, 경로분석, 공변량구조분석, 제한적 종속변수분석을 다루고 있다. 끝으로, 4부에서는 비모수통계분석을 다룸으로써 생활과학 및 사회과학 분야에서 다루고 있는 많은 통계분석 방법을 포함하고자 하였다.

이 책은 여러 교수님들의 수고가 모아져 집필을 마치게 되었다. 허경옥 교수는 '5장 단순회귀분석', '6장 중회귀분석', '8장 판별분석', '11장 공변량구조분석'을 집필하였고, 김기옥 교수는, '1장 탐색적 자료분석과 기술통계분석', '2장 t 검증', '10장 경로분석'을 담당하였으며, 이승신 교수는 '3장 상관관계', '13장 비모수통계분석'을 집필하였고, 박선영 교수는 '4장 분산분석', '7장 요인분석', '9장 군집분석', '12장 제한적 종속변수분석'을 집필하였다.

인문·사회과학 분야의 통계분석 교재에서 잘 다루지 않은 비모수통계분석, 토빗·프로빗·로짓·다항로짓분석 등의 제한적 종속변수분석들을 다룸으로써 다양한 세부 주제나 전공 분야의 연구자들에게 도움을 주기를 기대한다. 또한 통계분석을 실제로 SPSS 최신 window 버전을 사용하여 어떻게 수행하는지를 자세하게 보여 주도록 노력하였고, 제한적 종속변수분석 등 SAS 프로그램으로 분석하는 것이 바람직한 경우는 SAS 프로그램 사용방법을 제시함으로써 통계이론에 대한 설명은 물론 실질적인 분석수행능력을 기르는 데 일조하고자 하였다.

그러나 아주 오래 전에 계획되었던 이 책의 집필이 최근에 와서 서둘러 무리하게 마치다 보니 부족한 점, 아쉬운 점이 한두 가지가 아니다. 이 책의 체제나 내용이 필지들이 집필에 착수하면서 가졌던 의욕에 비추어 볼 때 부족한 점이 많음을 시인하시 않을 수 없다. 앞으로 부족한 내용이나 새롭고 깊이 있는 응용기법 등을 보완할 것을 약속한다. 이 책이 후학들에게 조금이라도 자극이나 도움이 되기를 바랄 뿐이다.

이 책의 출판을 허락해 주신 (주)교문사의 류제동 사장님께 감사드린다. 그리고 책의 분량이 많음에도 불철주야 출간에 많은 노력을 기울여 주신 양계성 상무님을 비롯한 직원 여러분에게도 감사의 말씀을 전한다.

2012년 3월

저자 허경옥, 김기옥, 이승신, 박선영 일동

차 례

PART 2 이변량분석

PART 3 다변량분석

부록표

PART 1

탐색적 자료분석과 기술통계분석

CHAPTER 1

탐색적 자료분석과 기술통계분석

통계분석은 분석할 대상 자료(data)에 대한 기본적인 특성을 파악하는 것으로부터 출발한다. 자료의 특징과 내재하는 구조를 알아내기 위한 작업이 필요한데, 이 같은 자료에 대한 기초조사 작업과정을 탐색적 자료분석(exploratory data analysis)이라고 한다.

탐색적 자료분석방법은 1977년 투키(Tukey, J. W.)에 의해 개발된 것으로 주어진 자료를 토대로 어떤 특정 가설이 적용되는지 또는 그렇지 않은지를 확인하는 이른바 확인 위주의 자료분석(confirmatory data analysis)방법과는 구별되는 자료처리방법이다. 이 분석방법은 최근 관심을 받고 있는 데이터 마이닝(data mining), 즉 대규모 자료에 내재하는 의미 있는 패턴 및 관계, 경향 등을 나타내는 일련의 자료분석과정이다. 탐색적 자료분석방법을 수행하게 되면 자료의 특성 및 분포양상이 일목요연하게 나타나게 되므로 어떤 자료를 어떻게 사용하는 것이 좋은지에 대해 직감적으로 알 수 있다.

사회통계학이건 순수통계학이건 자료분석은 처음에는 탐색적 방법에서 시작되었다. 그러나 점차 가설검증을 중요시하는 추리통계학(inferential statistics)이 발전되면서 탐색적 자료분석방법의 중요성이 낮게 인식되고 있다. 그러나 탐색적 자료분석방법은 자료에 대한 기초적 특성파악 및 추리통계분석의 기초단계로서 그 중요성이 경시되어서는 안 된다.

분석할 자료에 대한 탐색적 자료분석의 다음 단계는 연구대상의 속성을 이해하는 것이다. 이것은 기술통계에 해당되며 기술통계에는 각각의 변수에 대한 수량적 요약을 다루는 '단변량 기술통계'와 두 개 혹은 그 이상의 변수들 사이의 상관관계를 기술하는 '상관관계 기술통계'로 나누어 볼 수 있다. 이 장에서는 단변량 기술통계를 다루며 그 내용으로는 단일 변수의 값이나 범주별 분포 및 분포를 하나의 대표적인 통계치로 요약하는 방법을 소개하도록 한다.

1. 측정 및 분석단위상의 자료검토

자료가 수집된 경우 측정과 척도 그리고 분석단위를 검토하여 연구목적에 적합한 자료분석을 수행할 수 있는지의 여부에 대한 사전검토가 필요하다. 이에 대해 구체적으로 살펴보자.

첫째, 변수 간의 관계를 규명하고자 하는 경우가 대부분 추리통계의 목적이다. 그런데 어느 한 변수라도 관찰치의 변동폭(variation)이 제한적이라면 전체 집단에 대한 통계적 추정이 제대로 정확하게 되지 않는다. 다시 말해, 두 변수는 실제로 서로 관계가 있으나 한 변수의 측정방법이 부적절하여 분산(variation)이 적게 측정된 경우 두 변수는 무관한 것으로 나타날 수가 있다. 예를 들면, 임금수준에 미치는 교육수준의 효과를 조사하고자 하는데 교육수준의 측정을 대졸 여부(가변수 처리)로 측정 또는 코딩 처리하였다면 이는 다소 문제가 있다. 임금구조는 교육수준에 의해 결정되는데 고졸 이하, 대졸, 대학원 졸업 등 다양한 교육수준의 범위에 의해 결정되므로 보다 세부적인 측정척도가 요구된다. 따라서 측정이나 코딩과 관련한 자료의 사전 검토가 필요하다고 하겠다.

둘째, 측정수준(level of measurement)이 적절한가를 검토하여야 한다. 각 변수들의 측정방법이 적절한지를 검토한 후 측정수준에 맞는 통계적 방법을 선정하여야 한다.

셋째, 자료를 검토함에 있어 분석단위에 대해 생각해 보아야 한다. 분석단위가 개인인지, 두 사람의 상호관계인지, 아니면 여러 구성원들인지를 잘 검토하여야 하며 이에 적합한 척도를 통해 측정되었는가를 검토하여야 한다. 개인별 자료이나 집단적 자료로 사용하고자 하는 경우 이에 적절한 자료 전환 등의 작업이 필요하다.

예를 들면, 연구의 주요 목적이 남편의 가사노동에의 공헌도를 조사하고자 하는 것이라면 남편의 가사노동 시간을 분석단위로 할 것인지, 남편과 부인의 가사노동 시간의 합 중의 남편의 시간을 비율화한 것을 사용할 것인지 등에 대해 충분한 검토가 필요하다. 뿐만 아니라, 시간 조사가 시간과 분으로 측정되었다면 효과적인 분석을 위하여 조사단위를 분으로 통일하고 정리할 필요가 있다. 예를 들어, 1시간 30분의 경우 90분으로, 3시간은 180분으로 통일시키는 것이 통계분석 및 결과해석에 효율적이다. 결국, 개념적 차원 그리고 분석단위를 충분히 고려하는 작업을 마친 후 자료의 분포도, 정상도(normality) 등을 검토하는 다음 단계로 넘어갈 수 있다.

쉬어가는 연구방법과 통계이야기 • 1-1

국가통계 활용 예산효율성 확보

'돈 빌려 주고 나면 후회할 사람들'이라는 우스갯소리가 있다. 천문학자, 광대한 우주를 다루는 사람들에게는 1과 1억이 큰 차이가 없다. 따라서 1억을 빌리고 1원을 갚아도 당연한 일로 생각한다는 얘기다. 화학자는 돈과 화학성분이 똑같은 물질로 갚을 가능성이 있고, 생물학자는 자기가 아니라 복제인간이 돈을 빌렸다고 우긴다. 수학자는 돈을 갚는 것과 갚지 않는 것이 차이가 없음을 수학적으로 증명하려고 한다. 통계학자도 등장한다. 통계학자는 자기 하나 안 갚아도 우리나라의 전체 신용불량자 비율에는 영향이 없다고 생각한다는 것이 돈을 빌려 줘서는 안 되는 이유라는 것이다.

정부의 예산도 일종의 빚이다. 국민들이 낸 또는 낼 예정인 세금에서 빌려 오는 것이라고 볼 수 있다. 수요를 정확히 파악하고 짜임새 있게 예산계획을 수립하는 것은 물론이고 또 주어진 예산을 알뜰하게 사용해야 한다. 그런데 할 일, 하고자 하는 일은 너무나 많은데 예산은 한정되어 있다. 이 한정된 예산을 효율적으로 또 가장 효과적으로 사용해야 한다는 것이 국민들의 지상 명령이다.

통계청은 정부와 기업, 국민들에게 도움이 되는 정확한 국가통계를 생산하고 관리하는 데 예산의 대부분을 사용하는 기관이다. 정확하고 유용한 통계의 생산과 예산의 규모는 정비례한다고 볼 수도 있다. 표본조사 대신 전수조사를 하면 더 이상 정확할 수 없겠지만 그만큼 예산이 많이 소요된다. 하지만 예산은 무한대로 확장될 수 없다. 모든 통계조사를 전수조사로 하는 것은 바다에 있는 물고기를 잡으려고 바다 크기 만한 그물을 만드는 것과 마찬가지이다.

통계청도 지속적으로 예산을 절감하고 합리적으로 사용하기 위해 노력하고 있다. 과학적인 조사기법을 도입하고 전수조사를 표본조사로 전환하는 것도 통계의 정확성을 유지하면서 예산을 절감하기 위한 이런 노력의 일부다.

통계는 그 자체로 예산을 절감하고 합리적으로 사용할 수 있는 무기가 될 수도 있다. 국가통계에는 정부가 하고자 하는 사업과 국민들이 원하는 것이 무엇인지에 대한 양질의 검증된 통계들이 담겨 있기 때문이다. 국가통계를 잘 활용하는 것이 예산의 합리성과 효율성을 높이는 확실한 길이다.

출처 : 공감코리아, 2011년 10월 27일

2. 기술통계분석을 이용한 자료검토

1) SPSS 프로그램을 사용한 자료검토 I

수집된 자료가 통계분석을 수행하는 데 문제가 없는지, 자료가 잘 코딩되어 있는지를 조사하고, 자료의 기본적 특성을 파악하기 위하여 기술통계분석을 수행한다. 다시 말해, 평균값, 최대최소값, 중앙치, 빈도수 등을 통한 탐색적 자료분석을 실시한다.

평균값, 최대최소값, 중앙치, 빈도수 등을 파악하기 위하여 소비자불평행동 자료를 이용하여 SPSS 프로그램으로 기술통계분석을 수행한 결과는 | SPSS 예시 1-1 | 과 같다.

spss pc +

Number of	Valid	Observations	(listwise)=	304.00	
Variable	Mean	Std Dev	Minimum	Maximum	N
id	160.50	92.52	1	320	320
sex	1.62	0.49	1	3	318
age	31.92	11.91	18	65	320
edu	3.59	1.33	1	6	320
job	3.23	2.38	1	9	318
mwh	17.79	22.23	0	98	309
cexp	12.57	27.14	0	315	304
marry	1.44	0.50	1	5	316

spss pc +

sex

Value Label Percent	Value	Frequency	Valid Percent	Cum Percent
	1	160	50	50
	2	157	49	99
	3	1	1	100

edu

Value Label Percent	Value	Frequency	Valid Percent	Cum Percent
	1	5	1	1
	2	27	8	9
	3	121	38	47
	4	142	44	91
	5	24	8	99
	6	1	0.3	100

marry

Value Label Percent	Value	Frequency	Valid Percent	Cum Percent
	1	154	49	49
	2	161	51	100
	5	1	0.3	100

| SPSS 예시 1-1 | 자료검토를 위한 SPSS 기초통계분석 결과

결과를 간단하게 살펴보자. 먼저, id는 응답자들의 식별번호로서 조사대상자는 320명임을 알 수 있다. 성별(sex)의 경우 평균값은 1.62이며, 최소값은 1, 최대값은 3으로 나타났다. 코딩 과정에서 1은 여성, 2는 남성으로 처리하였으므로 여기서 3이 최대값으로 나타난 것은 오류가 있음을 암시한다. 구체적으로, 빈도수 조사결과에서 3으로 처리된 빈도수는 1개로 나타났으므로 이는 코딩상 오류임을 확인하게 한다. 따라서 어느 id 번호에서 오류가 있었는가를 찾아가 자료 코딩한 작업에서 교정(원 설문지를 대조하여)하거나, 분석 시 3은 무시하고 새로운 변수 female을 만들어서 가변수 처리하여 사용할 수 있다.[1)]

연령(age)의 경우 평균은 31.92세이며 최소연령은 18세, 최대연령은 65세임을 알 수 있다. 이 조사를 처음 시행할 때 조사대상자를 20세 이상 남녀 소비자로 하였다면 20세 미만 조사대상자는 분석에서 제외하는 것이 효과적인 방법이다.

교육수준(edu)의 경우 국졸, 중졸, 고졸, 대졸, 석사, 박사 6단계로 구분하여 조사한 결과 평균값은 3.59이며 최소값은 1, 최대값은 6임을 알 수 있다. 빈도수조사결과를 통해 조사대상자들의 교육수준분포를 잘 알 수 있는데 대졸 응답자가 가장 많은 142명임을 알 수 있다.

직업유형(job)은 최소값 1에서 최대값 9로서 9단계로 구분하여 조사하였으므로 일단 최소·최대값 측면에서는 문제가 없는 것으로 보인다. 직장에서의 주당 근로시간(mwh)은 최소값 0에서 98시간인 것으로 나타났다. 옷에 지출한 한달 평균액수(cexp)는 125,700원으로서 최소값은 0원, 최대값은 3,150,000원인 것으로 조사되었다. 이 결과를 통해, 의류구입비 변수를 실제 통계분석에 사용할 경우 최소값과 최대값 등 극단치의 문제가 있으므로 최대값을 어떻게 처리할 것인지, 의류비를 전혀 지출하지 않는 집단은 어떻게 처리할 것인지를 생각해 보아야 함을 알 수 있다. 보통, 극단치는 제외하고 분석하거나, 극단치를 포함하는 변수를 서열척도화하여 분석하기도 한다.

결혼 여부(marry)를 조사한 결과 미혼(코딩 1)의 경우 154명으로, 기혼자는 161로 나타났는데 5로 코딩된 경우가 1개 존재하고 있어 이는 오류임을 알 수 있다. 따라서 성별과 마찬가지로 교정이 필요하다.[2)]

1) SPSS상의 처리방법 : if (sex = 1) female = 1. if (sex ≥ 2) female = 0.10)

2) 이때, 어느 응답자의 결혼 여부 코딩이 잘못되었는가, 즉 id 번호를 알아 내기 위해서는 SAS 프로그램의 UNIVARIATE을 이용하면 좋다.

2) SPSS 프로그램을 사용한 자료검토 II

SPSS Window 10.0 한글 버전을 이용하여 자료검토를 다시 한 번 수행하기 위해 | SPSS 예시 1-2 | 에 제시한 바와 같이 소득, 교육년수, 연령, 성별 자료를 입력하였다. 이때 자료를 처음 입력하면 변수이름은 var00001, var00002, var00003 등으로 적혀 있다. 따라서 변수이름을 적어야 하는데 그 방법은 아래의 창에서 맨 아래에 위치한 변수보기를 클릭한 후 이름에 가서 두 번 클릭하여 변수이름을 입력하여 적어 넣으면 된다. 변수이름 지정 및 자료입력이 끝나면 다시 말해, | SPSS 예시 1-2 | 창과 같이 만든 후 저장을 한다. SPSS 프로그램에서 자료(data) 파일은 자동적으로 확장자가 .sav로 저장된다는 점을 기억해 두면 좋다.

이제 자료입력이 끝났으므로 기술통계분석을 수행해야 하는 단계이다. 언제나 SPSS Window 최근 버전에서는 프로그램을 수행하기 위해서는 자료 파일 창(SPSS 예시 9-2처럼)을 열어 둔 뒤 메뉴에서 분석이라는 key button을 사용해야 한다.

이제 기술통계분석을 수행하기 위해 | SPSS 예시 1-2 | 에서 제시한 바와 같이 자료를 불러 놓은 후 맨 위 메뉴에서 분석 → 기술통계량 → 기술통계를 클릭한다. 클릭이 끝나면 | SPSS 예시 1-3 | 과 같은 창이 뜨게 된다. 이 창에서 왼쪽에는 변수 목록이 자동적으로 뜨게 되는데, 이들 모든 변수를 클릭하여 오른쪽 창인 변수에 넣은 후 확인을 클릭한다. 확인을 클릭하면 자동적으로 | SPSS 예시 1-4 | 과 같은 결과 창이 뜨게 된다. 이 창은 output, 즉 기술통계분석 결과로서 다음을 위해 저장해 둘 경우 확장자 .spo를 사용하게 된다. 물론 필요한 경우 결과 창에 editing, 즉 글사를 삽입하거나 여러 형태의 편집도 가능하다. 결과 파일을 다른 word processor 프로그램 등에 삽입할 수도 있다. 이로써 SPSS Window 10.0 한글 버전을 사용하여 기술통계분석 수행이 끝난 것이라고 할 수 있다.

다음 단계는 | SPSS 예시 1-4 | 의 기술통계분석 결과를 해석해야 하는 것이다. 먼저 본 분석에서 사용한 자료는 크기가 10, 즉 10개의 표본을 가지고 있음을 알 수 있다. 10개 표본의 평균 교육년수는 15년이며 가장 적은 교육년수는 12년(최소값), 가장 많은 경우는 18년(최대값)임을 알 수 있다. 교육년수의 표준편차는 1.94임을 쉽게 알 수 있다. 다른 변수에 대한 결과도 마찬가지로 해석하면 된다.

추가적으로 빈도수 분석을 수행하기 위해서는 | SPSS 예시 1-2 | 로 되돌아가서

분석 → 기술통계량 → 빈도분석을 클릭하면 된다. 결과는 | SPSS 예시 1-5 | 에 제시한 바와 같은데 쉽게 그 결과를 해석할 수 있다. 12년의 교육년수를 가진 사람은 2명, 14년도 2명, 16년, 즉 대졸은 5명, 석사졸업인 18년은 1명임을 알 수 있다. 한편, 이 자료에서 성별 변수의 경우 남성=0, 여성=1로 가변수 처리하였다. 그런데 | SPSS 예시 1-4 | 에 제시한 결과에서 성별의 최소값은 0, 최대값은 2로 나와 코딩(자료입력)상에 오류가 있었음을 알 수 있다. 성별은 0 또는 1로 코딩되어야 하므로 최대값 2는 오류이다. 보다 구체적인 사항을 알아보기 위하여 빈도수 조사를 수행한 | SPSS 예시 1-5 | 의 결과에 따르면 0로 코딩된 표본은 4개, 1로 코딩된 경우 5개, 2로 코딩된 경우 1개로 나타나 성별에서 한 응답자의 성별을 입력하는 과정에서 오류가 있었음을 확인할 수 있다. 따라서 자료파일을 열어 성별이 2로 잘못 코딩된 것을 발견하여 수정해야 한다.

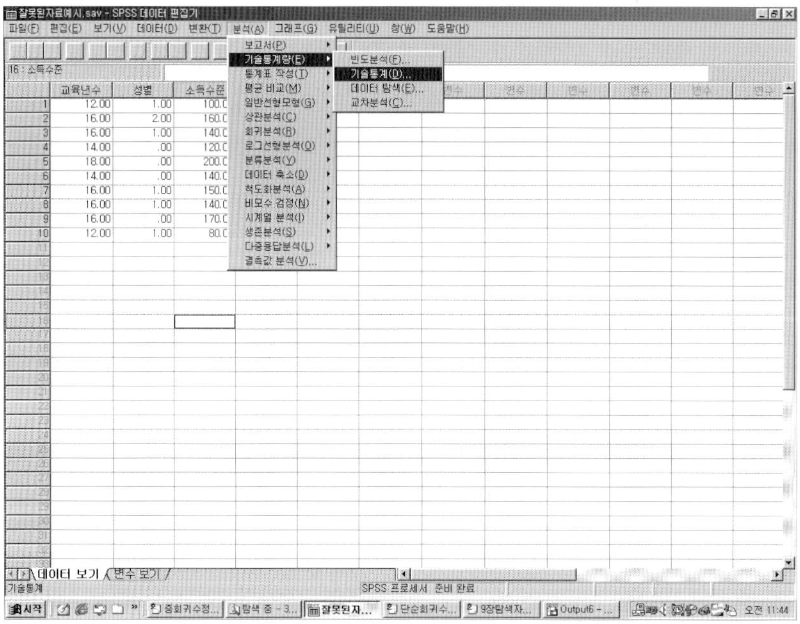

| SPSS 예시 1-2 | 자료검토를 위한 기술통계분석 수행과정 1

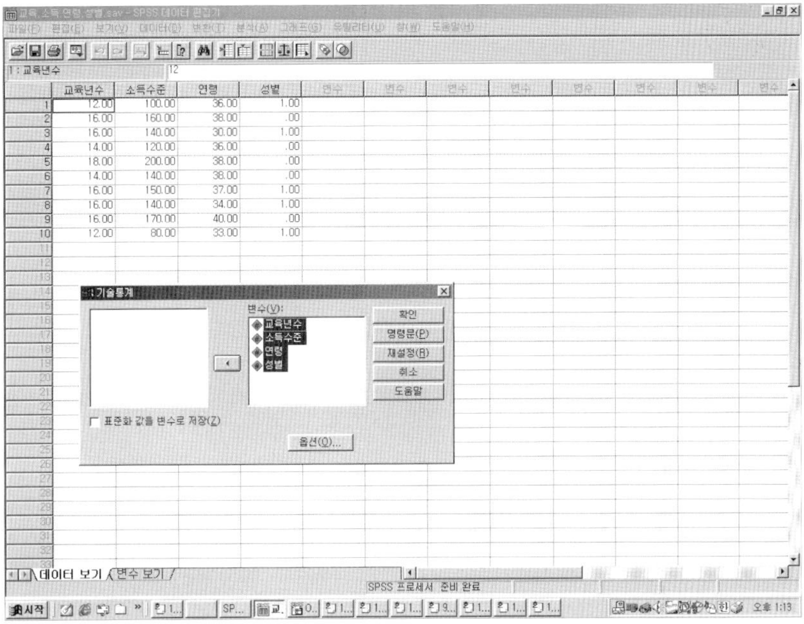

| SPSS 예시 1-3 | 자료검토를 위한 기술통계분석 수행과정 2

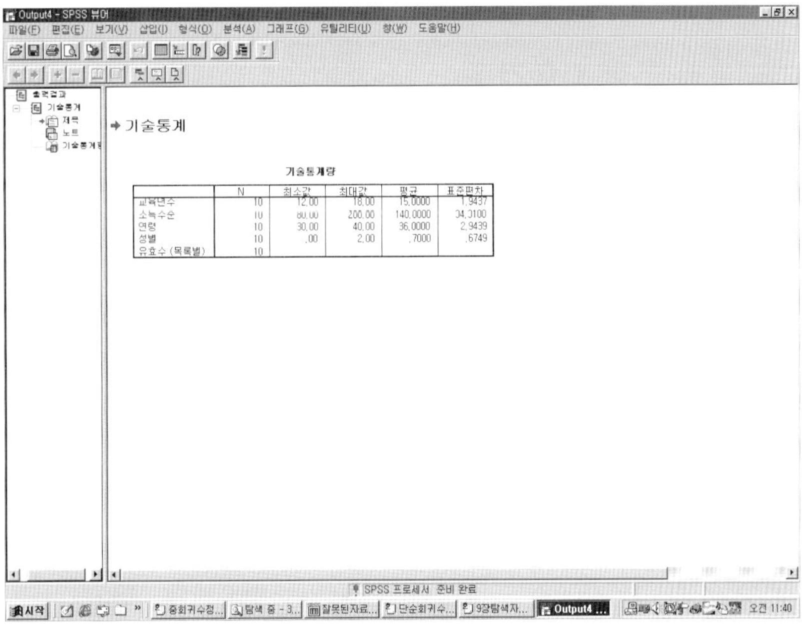

| SPSS 예시 1-4 | 자료검토를 위한 기술통계분석 수행결과

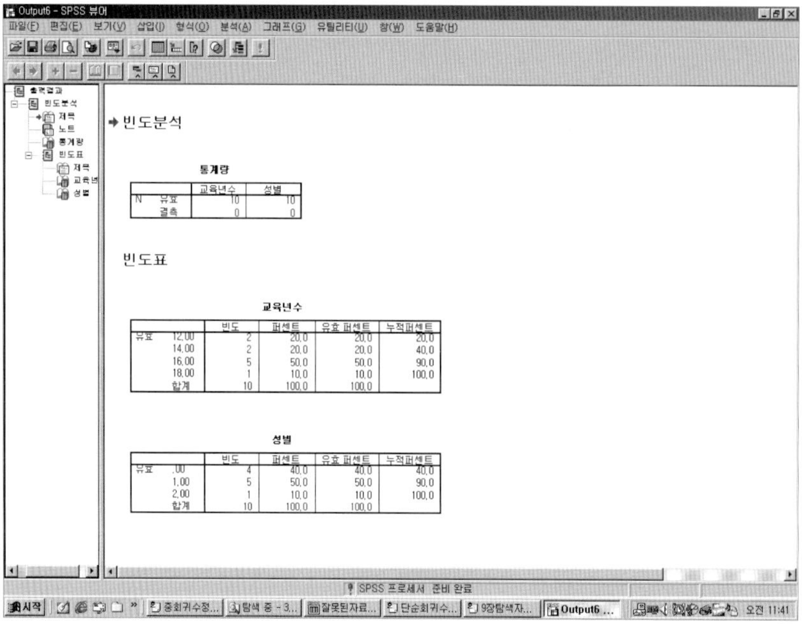

통계량

		교육년수	성별
N	유효	10	10
	결측	0	0

교육년수

		빈도	퍼센트	유효 퍼센트	누적퍼센트
유효	12.00	2	20.0	20.0	20.0
	14.00	2	20.0	20.0	40.0
	16.00	5	50.0	50.0	90.0
	18.00	1	10.0	10.0	100.0
	합계	10	100.0	100.0	

성별

		빈도	퍼센트	유효 퍼센트	누적퍼센트
유효	.00	4	40.0	40.0	40.0
	1.00	5	50.0	50.0	90.0
	2.00	1	10.0	10.0	100.0
	합계	10	100.0	100.0	

| SPSS 예시 1-5 | 자료검토를 위한 빈도분석 수행결과

3. 그래프를 통한 자료검토

자료에 대한 기본적 특성 파악은 그래프를 통해 시각적으로 쉽게 파악할 수 있다. 특히 자료의 분포특성에 대한 시각적 파악은 막대 그래프, 줄기와 잎 그림, 상자와 수염 그림 등을 통해 가능하다.

1) 도수분포표와 막대그래프

도수분포표는 숫자로 관측된 양적 자료(연속형 자료)를 일정한 구간으로 나눈 후에 각 구간에 속한 개수들의 수를 도수로 나타낸 표이며, 막대그래프는 도수분포표에서 각 구간의 관측도수를 막대형태로 표현하여 그 크기를 비교할 수 있도록 하는 자료의 요약방법이다. 실제자료를 이용하여 도수분포표와 막대그래프를 통해 자료의 분포를 살펴보자.

〈표 1-1〉은 어느 학기에 소비자학 과목을 수강한 학생 76명의 학기말고사 점수를 나타낸다.

이 학기말고사 점수자료를 이용하여 도수분포표를 작성한 것이 〈표 1-2〉이다.

〈표 1-1〉 소비자학 과목 수강생 76명의 학기말 점수

65	62	73	85	65	46	36	49	81	76
60	44	43	72	21	33	83	46	64	49
12	74	91	78	60	48	24	62	54	97
69	31	89	96	96	97	86	88	85	61
95	54	85	89	51	77	81	72	47	35
62	65	65	69	77	74	78	75	69	62
74	72	74	72	75	77	72	74	76	74
54	54	51	51	54	54				

〈표 1-2〉 학기말고사 점수자료의 도수분포표

측정구간	도 수	상대도수
11~20	1	0.013
21~30	2	0.026
31~40	4	0.052
41~50	8	0.105
51~60	9	0.118
61~70	15	0.197
71~80	21	0.276
81~90	10	0.131
91~100	6	0.078
총 계	76	1.00

한편, 이 자료를 이용하여 막대그래프를 작성하면 [그림 1-1]과 같이 나타낼 수 있다.

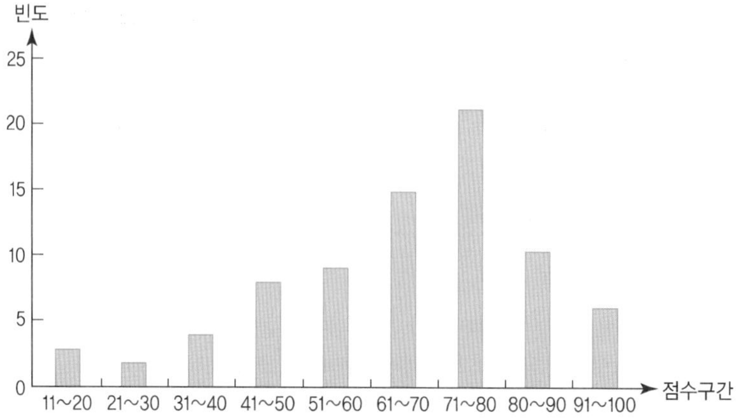

[그림 1-1] 학기말고사 점수자료를 사용한 막대그래프

2) 줄기와 잎 그림

탐색적 자료분석방법 중의 하나인 줄기와 잎 그림(stem-leaf plot)은 각 자료에 대한 상세한 정보를 시각적으로 제공하는 장점이 있다. 줄기와 잎 그림은 숫자로 관측된 양적 자료를 정리하는 방법으로 막대그래프와 유사하나 막대그래프에서 얻을 수 없는 정보인 자료의 최소값, 최대값 그리고 각 구간 내부에 있어서의 자료의 분포에 대한 정확한 정보를 제공해 준다. 줄기와 잎 그림은 숫자로 관측된 자료에서 숫자를 단위(1단위, 10단위 …)에 따라 두 부분으로 나눈 후에 큰 단위값을 줄기(stem), 작은 단위값을 잎(leaf)으로 하여 정리한다.

예를 들어, 두 자릿수 12를 10단위수 1과 2로 나누어서 1을 줄기로 하고 2를 잎으로 정리한다. 이와 같은 방법을 모든 숫자에 적용하여 줄기를 순서대로 정리한 후에 각 줄기에 속한 잎을 크기 순서로 정리하는 방법이 줄기와 잎 그림이다.

앞서 〈표 1-1〉의 소비자학 학기말 점수자료를 사용하여 탐색분석을 수행한 결과 중 일부인 기술통계분석 결과는 '〈표 1-3〉 탐색적 자료분석' 결과와 같다.[3)]

3) SPSS 윈도우 버전 프로그램에서 탐색적 자료분석을 수행하기 위해서는 먼저 데이터를 부른 후 통계분석, 기초통계, 데이터 탐색을 순서대로 클릭하면 '〈표 1-3〉 탐색적 자료분석 결과', [그림 1-2], [그림 1-3]과 같은 결과를 모두 얻을 수 있다.

〈표 1-3〉 탐색적 자료분석 결과: 소비자학 점수 탐색분석 결과 중 기술통계분석 결과

• 케이스 처리 요약

구 분	케이스					
	유 효		결 측		전 체	
	N	퍼센트	N	퍼센트	N	퍼센트
점 수	76	100.0 %	0	0 %	76	100.0 %

• 기술통계

구 분		통계량	표준오차
점수 평균		65.6711	2.1464
평균의 95% 신뢰구간	하한	61.3951	
	상한	69.9470	
5% 절삭평균		66.4094	
중위수		69.0000	
분 산		350.144	
표준편차		18.7121	
최소값		12.00	
최대값		97.00	
범 위		85.00	
사분위수 범위		23.0000	
왜 도		-.566	.276
첨 도		.119	.545

한편, 탐색분석 결과 중 기밀고사 점수를 줄기와 잎 그림으로 표현한 것이 [그림 1-2]이다. 여기에서 줄기와 잎 그림은 10단위 숫자를 줄기(stem)로 하고 1단위 숫자를 잎(leaf)으로 하여 각 줄기에 대한 잎의 분포를 정리해 놓은 것이다.

```
점수 Stem-and=leaf plot
Frequency        Stem & Leaf
     1.00 Extremes    (=<12)
     2.00        2.  14
     4.00        3.  1356
     8.00        4.  34667899
     9.00        5.  111444444
    15.00        6.  001222455555999
    21.00        7.  222223444444556677788
    10.00        8.  1135556899
     6.00        9.  156677

Stem width:      10.00
Each leaf:       1 case(s)
```

[그림 1-2] 소비자학 과목 성적의 줄기와 잎 그림

[그림 1-2]에서 점선은 막대 그래프로 그렸을 때의 분포를 나타내는데 막대 그래프가 각 구간 내 자료의 형태에 대한 정보를 제공하지 못하는 데 비하여 줄기와 잎 그림은 자료의 요약에 따른 정보의 손실이 전혀 없음을 알 수 있다. 즉, [그림 1-2]에서 최소점수는 12점이고 최대점수는 97점이며, 70점대가 21명으로 가장 많이 분포되어 있는 것과 같이 각 점수대별 분포와 구체적인 점수를 쉽게 파악할 수 있다. 또한 줄기와 잎 그림을 이용하면 다음 절에서 설명하는 각종 순서통계량(최소값, 최대값, 중위수, 사분위수 등)을 쉽게 구할 수 있다.

3) 상자와 수염 그림

탐색적 통계분석방법에서는 양극단치(최대·최소값)와 중앙치(median)를 중요시한다. 왜냐하면 평균값(mean)과 이를 기준으로 한 편차를 갖고 분석하는 경우, 극단치에 민감하여 실제 데이터의 분포 특성이 반영되지 않기 때문이다.

이처럼 중앙치, 최소·최대값, 그리고 중간값(최소·최대치와 중앙치 사이의 중간에 위치한 데이터값)의 다섯 가지 수치를 요약하여 하나의 그림에 나타내어 데이터의 특성을 알아보고자 하는 것이 상자와 수염그림(box & whisker plot)이다.

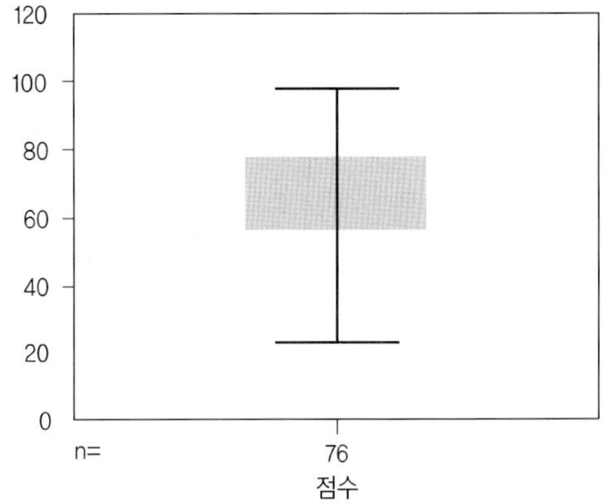

[그림 1-3] 기말고사 점수의 상자와 수염(box-and-whisker) 그림

앞서 〈표 1-1〉의 자료를 사용하여 탐색자료분석을 수행한 결과 중 상자와 수염 그림 결과를 나타내면 [그림 1-3]과 같다.

[그림 1-3]처럼 중앙치(median)를 횡선으로 표시하고, 최소값과 최대값에서의 중간값으로 막은 네모꼴 상자를 그린다. 그리고 상자의 양끝에서 수염을 그리고 양 극단값에서 끝에 세로로 표시한 울타리 범위 안을 정상분포 곡선의 95% 신뢰구간으로 생각할 수 있다.

4. 분포의 정상성 평가 및 독립성 검증

주어진 자료를 가지고 통계분석을 수행하기 이전에 자료의 분포도를 조사하는 것은 자료의 이상 여부 확인 및 자료에 대한 정보를 얻는 데 필수적인 작업이다. 따라서 자료의 분포가 정상분포인지 등을 파악하기 위한 여러 방법에 대해 살펴보면 다음과 같다.

1) 분포의 정상성 검증

자료가 정상적(normal)으로 분포하는지의 여부를 조사하는 것은 표본집단이 모집단으로부터 무선적으로 표집(random sampling)되어 표집이 전집을 대표할 수 있는지의 여부를 조사하는 것이다. 분포의 정상성을 조사하는 방법은 크게 네 가지이다.

(1) Shappro-Wilk검증

이 방법은 분석하려는 변수가 정상분포를 이루는 모집단으로부터 무선표집되었다는 귀무가설(영가설)을 검증하는 것이다. 사례수가 51 이하이면 Shaporo-Wilk의 W검증(W값의 범위는 0에서 1)이 이용되는데, W값이 0에 가까울수록 귀무가설은 기각된다. 귀무가설이 기각되면 표집이 정상성을 잃은 것으로 해석하게 된다. 그러나 표집수가 51 이상이면 표집의 평균과 변량이 전집과 다르다는 귀무가설을 검증하게 된다. W값이 1에 가까울수록 귀무가설을 부인(reject)하고 표집의 정상성을 입증하게 된다.

- **표본의 크기 50 이하의 경우 귀무가설**

  H_0 : W = 0 (귀무가설의 의미 : W값이 0에 가까워 비정상성이다)

- **표본의 크기 51 이상의 경우 귀무가설**

  H_0 : W = 1 (귀무가설의 의미 : W값이 1에 가까워 정상성이다)

표본의 크기에 따라 귀무가설은 서로 반대되고 있으나, 어느 경우이든지 W값이 1에 가까울수록 정상분포를 갖는 것으로 전제하고 있다.

(2) 왜도(skewness) 지수

자료의 분포상태, 즉 편포를 조사하는 간편한 방법은 평균과 중앙값(median)을 비교하는 것으로, 두 점수 간의 차이가 클수록 편포(skewness, 또는 왜도)의 정도가 심하다고 해석할 수 있다. 분포의 기울어진 정도를 좀 더 객관적으로 나타내는 지수가 왜도지수이다. 자료가 좌우대칭이며 봉우리가 하나인 정상분포를 이루지 않고 한쪽으로 치우쳐 편포된 정도를 측정하는 왜도지수는 그 값이 0에 가까울 때 정상적인 분포를 나타내며, ±1보다 클 경우 자료가 편포되었다고 해석할 수 있다. 앞서의 소비자학 기말고사 점수자료를 가지고 탐색분석을 수행한 결과 '〈표 1-3〉 탐색적 자료분석 결과'에 제시한 바와 같이 왜도지수가 -0.566이므로 크게 편포되어 있지 않다고 하겠다.

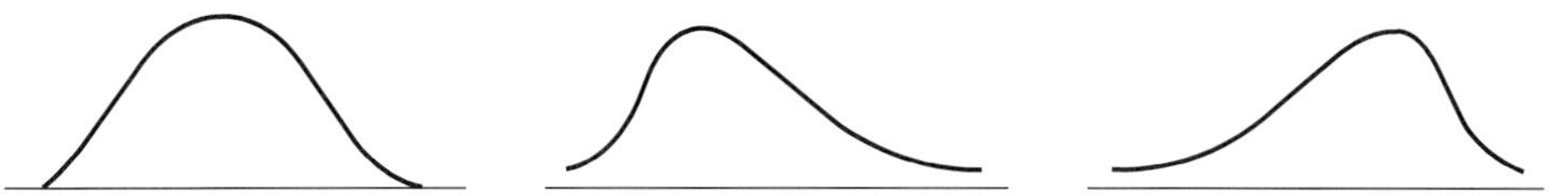

(a) 정상분포 (b) 정적 편포 (c) 부적 편포

[그림 1-4] 분포의 유형

왜도지수가 +값인 경우는 정적 편포로 [그림 1-4]의 (b)와 같으며, -값인 경우는 부적 편포로 (c)와 같은 모양을 나타낸다. SPSS의 FREQUENCIES 프로그램에서도 왜도지수가 계산되며, 줄기와 잎 그림이나 상자와 수염그림 등의 그래프를 통해서도 시각적으로 분포의 치우친 정도를 파악할 수 있다.

(3) 첨도(kurtosis) 지수

자료의 분포 또는 변이(variation)의 정도를 파악하기 위해 범위나 표준편차가 주로 이용되지만 자료의 정상분포를 기준으로 할 때 분포의 봉우리가 얼마나 뾰족한가 하는 정도를 나타내는 것은 첨도지수이다. 표준편차가 클 때, 즉 첨도가 -1보다 클 때는 정상분포곡선보다 평평한 봉우리(platykurtic)가 되며, 표준편차가 작을 때, 즉 첨도가 +1보다 클 때에는 정상분포곡선보다 뾰족한 봉우리(leptokurtic)를 이룬다. 앞서의 소비자학 점수자료를 사용한 탐색분석 결과 첨도지수가 0.119('〈표 1-3〉 탐색적 자료분석 결과' 참조)이므로 기말고사 점수는 어느 정도 정상분포를 이루고 있다고 진단할 수 있다.

이외에도 1/6 법칙이 이용되기도 한다. 즉, 분포의 표준편차가 범위의 1/6 보다 작을 때는 뾰족한 봉우리의 분포이며, 1/6 보다 클 때에는 평평한 봉우리를 이룬다.

(4) 정규분포확률 그림

확률그림의 한 축은 X의 값을 나타내며, 다른 한 축은 X가 정상분포를 이룬다고 기대되는 Z값을 나타낸다. 따라서 자료가 정상분포를 이룰 때 직선의 형태를 취하게 되며, 준거 축을 따라 자료가 분포하게 된다. [그림 1-5]는 가상적 분포에 따른 정규분포확률 그림(normal probability plot)과 정상분포곡선 간의 관계를 나타낸 것이다. 그러나 SAS의 UNIVARIATE에서는 축이 서로 바뀐다. 정상분포의 경우는 [그림 1-5]의 (a)와 같은 직선을 나타낸다.

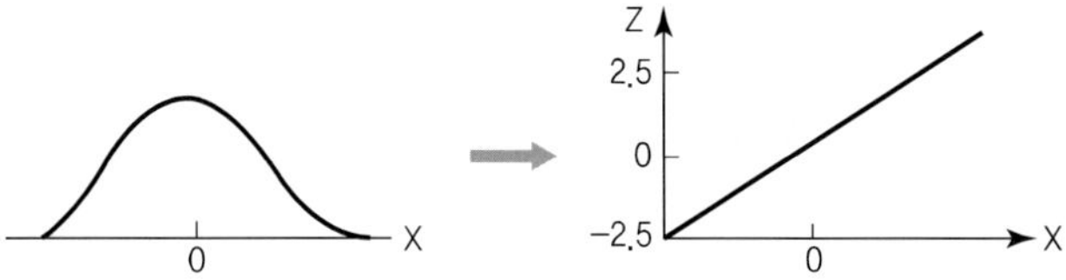

(a) 정상분포(normal distribution)

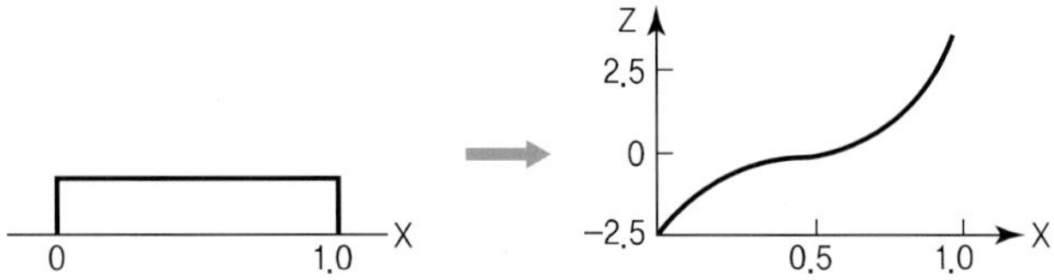

(b) 사각분포(ractanguar distribution)

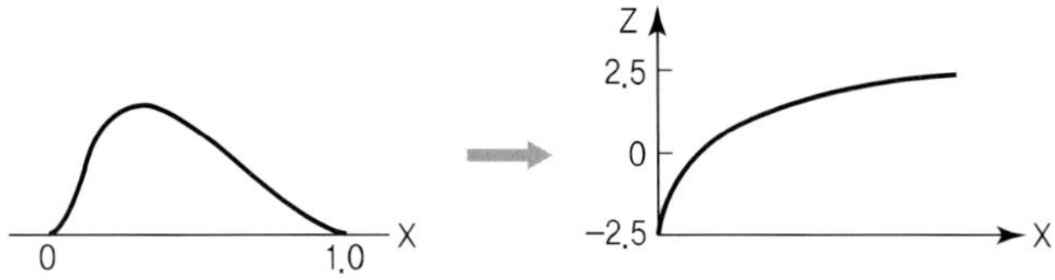

(c) 대수정규분포(lognormal distribution)

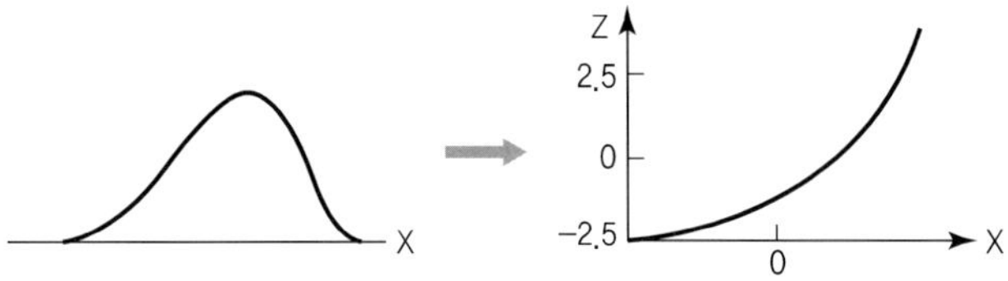

(d) 부적 대수정규분포(negative lognormal distribution)

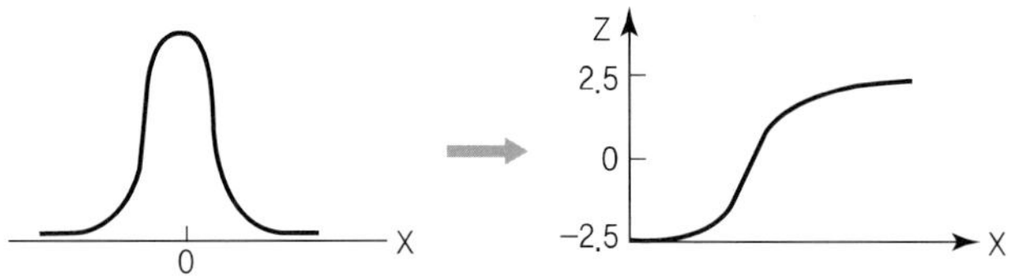

(e) 1/normal 분포

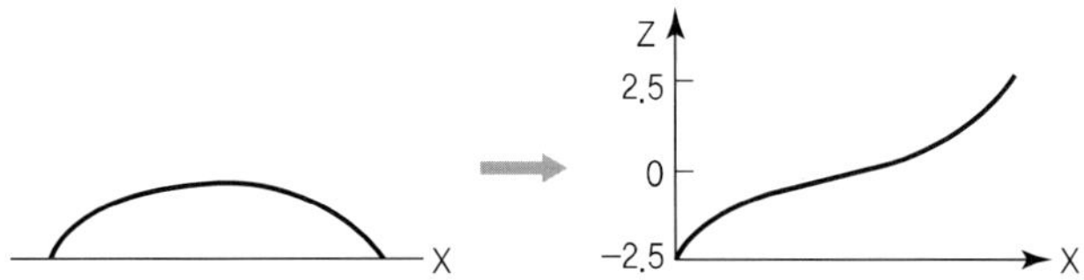

(f) high-tail 분포

[그림 1-5] 가상적 분포에 따른 정규분포확률 그림의 종류

왼쪽은 histogram이며, 오른쪽이 정규분포확률 그림임

출처 : Afifi, A., & Clark, V.(1990). *Computer-aided multivariate analysis*(pp. 60-61). NY : Van Nostrand Reinhold ; 한국가족학연구회(1994). 재인용

2) 독립성의 검증

동일인에게 여러 자료를 수집할 경우 변수의 값은 서로 연관되어 있다. 그러나 대부분의 다변량분석에서는 서로 다른 연구대상이나 문항으로 얻은 값들은 상호독립적임을 가정하고 있다. 이 가정의 충족 여부는 결과의 타당성에 중요한 영향을 미치며, 이 가정이 전제되지 않을 경우 잘못된 결론을 도출할 수 있다. 그럼에도 불구하고 비독립성의 효과에 대해서뿐만 아니라 독립성(independence) 여부에 대한 실제적인 진단방법이 많이 개발되어 있지 않은 실정이다. 대부분의 경우 대상이 동물이 아닌 사람이면 측정된 값들 간의 독립성을 가정할 수 있다. 그러나 측정하려는 변수에서와 같이 모든 표집에 똑같이 영향을 미치는 요인들이 있을 때 비독립성(dependence)이 일어날 수 있다. 예를 들면, 한 가구의 성인구성원들의 결혼에 대한 태도는 독립적이라고 기대할 수 없으며, 독립적이라는 추론은 타당하지 않다. 또한 쌍둥이들의 출생과 관련된 자료나 형제들 간의 자료, 부모-자녀, 부부간의 자료 역시 독립성을 가정할 수 없다.

또한 시간적으로 연속된 종단적 자료의 경우도 독립성을 가정할 수 없다. 이러한 경우에는 시간의 경과에 따른 변화의 양상을 보기 SPSS의 SCATTERGRAM이나 SAS의 PLOT을 이용하여 자료를 도표화하는 것이 유용하다. 세로축은 변수의 값을, 가로축은 시간, 지역 혹은 개인의 일련번호(ID number)를 그려 보아 [그림 1-6]의 (a)와 같이 무작위의 아무런 패턴도 나타내지 않을 때는 독립성을 가정할 수 있다. 그러나 (b)는 정적인 직선적 경향을 나타내며, (c)는 시간의 경과에 따른 일시적인 측정치의 변화와 다시 초기 점수로의 번환을 보어 주고 있다. (d)의 경우는 가족생활주기에 따른 태도의 변화나 혹은 계절에 따른 공장 생산력의 변화 등 일련의 주기를 니티내는 형태이다.

측정치들이 독립적이면 자기상관(successive residual) 간의 상관계수를 나타내는 계열상관(serial correlation)을 독립성의 검증자료로 이용할 수 있다. 표집된 표집의 크기가 크면 $\rho - 0$의 유의도검증이 적용된다. 또한 더빈 왓슨 통계량(Durbin-Watson statistic)을 이용하여 독립성 여부를 검증할 수 있다. 계열상관값이 0일 때 더빈 왓슨 계수(DW 계수)는 2가 된다. 잔차(residual)에 대한 자세한 분석은 제14장, 15장의 회귀분석에서 다시 다루어지고 있다. 회귀분석을 수행하는 경우 SAS의 다음 옵션(option)으로 DW 계수를 산출할 수 있는데 이는 PROC REG

; MODEL $Y = X_1\ X_2/DW$; 여기에서 X는 종속변수, X_1, X_2 두 변수는 독립변수인 중다회귀분석에서 DW계수를 구한다.

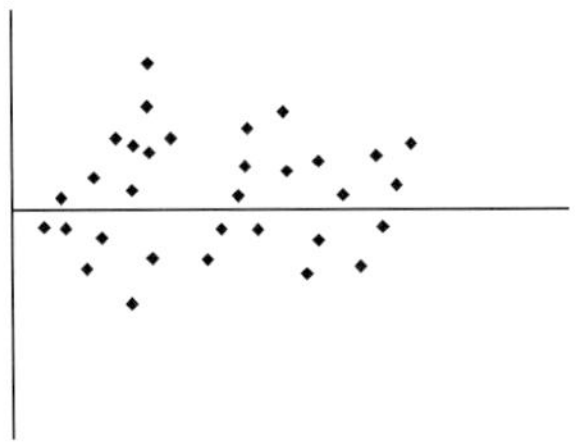

(a) 독립적인 관계

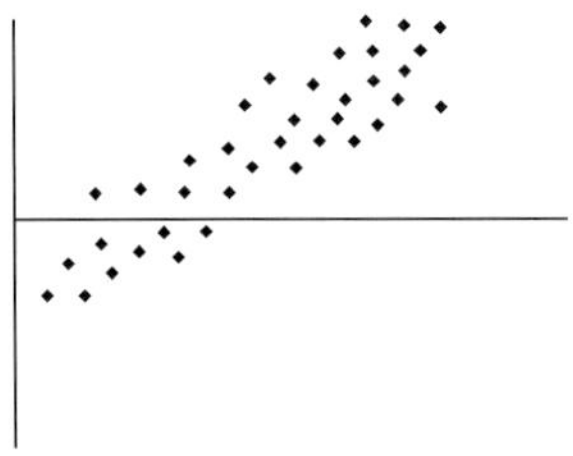

(b) 정적인 관계

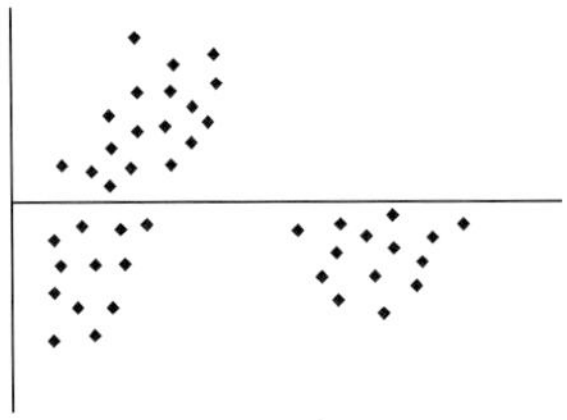

(c) 일시적인 변인

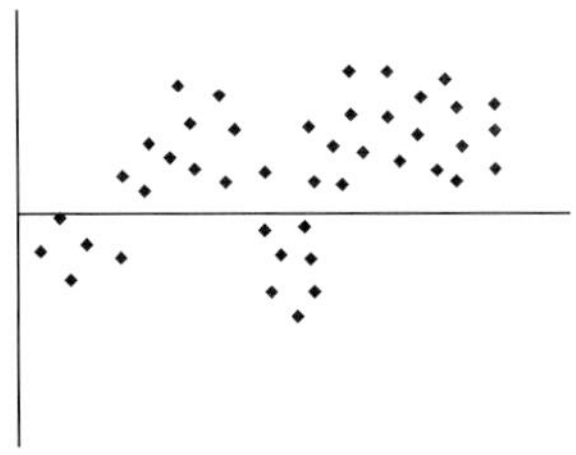

(d) 순환

[그림 1-6] 독립성의 관계를 보여 주는 도형들

출처 : 한국가족학연구회(1994). 가족학 자료분석방법(p. 69).

쉬어가는 연구방법과 통계이야기 • 1-2

통계에 관한 독설

통계와 관련된 독설 중에서 가장 널리 알려진 것은 통계를 거짓말의 범주에 포함시킨 것이다.

"거짓말에는 세 가지 종류가 있다. 거짓말, 새빨간 거짓말, 그리고 통계."
(There are three kinds of lies : lies, damn lies, and statistics)

세 가지 거짓말은 그 정도가 약한 것에서부터 심한 것으로 배열이 되어 있으므로 통계는 새빨간 거짓말보다 더한 거짓말로 표현되어 있다. 여기에서 통계란 통계 그 자체는 아니고 통계를 빙자한 숫자놀음을 말한다. 이 말을 누가 맨 처음 했을까? 전(前) 영국수상 디즈레일리(Disraeli)라는 설과 미국의 작가 마크 트웨인(Mark Twain)이라는 설이 있다. 드물기는 하지만 그 외에도 여러 다른 사람을 인용하기도 하고 심지어는 '작자미상(author unidentified)'이라고 인용한 책도 있다. 우리나라에서는 주로 처음의 두 사람을 각기 인용하고 있다.

예를 들어, 요즘의 남편을 이런 식으로 표현해 본다면, "남편에는 세 종류가 있다. 애처가, 공처가, 그리고 간 큰 남자가 그것이다." 러시아인들은 정치에 대한 불신이 높은지 다음과 같은 말을 한다고 한다. "거짓말에는 세 가지가 있다. 작은 거짓말과 큰 거짓말, 그리고 정치다." 통계에 대한 독설로는 또 이런 말이 있다. "사람들은 마치 비틀거리는 술주정꾼이 가로등을 이용하듯이 통계를 이용한다." 앤드루 랭(Andrew Lang)의 말이다. 술 취한 사람들은 조명을 위해 서 있는 가로등을 비틀거리는 몸을 가누는 데 이용한다. 이와 마찬가지로 사람들도 사실을 밝히기 위해 통계를 이용하는 것이 아니라 자기의 주장을 뒷받침하기 위해 통계를 이용한다는 의미다. 통계의 유용성과 중요도를 생각할 때 이러한 독설은 너무 냉소적인 듯 여겨진다. 통계의 사회에 대한 공헌을 고려한다면 통계는 이보다도 나은 대접을 받을 권리가 있다. 하지만 이런 인식은 그동안 통계가 공정성을 잃고 어떤 목적을 위한 수단으로 조작, 왜곡되어 온 결과이므로 모두가 책임을 느껴야 한다.

복잡한 통계는 일반인이 이해하지 못한다고 생각해 숫자놀음을 통한 사실의 왜곡이나 논리의 비약으로 자기의 주장을 합리화하려 한다면 통계에 대한 불신은 계속 커질 수밖에 없다. 다음의 말들은 통계에 대한 불신이 통계 그 자체보다는 통계를 이용하는 사람들에게 있다는 사실을 잘 말해 준다.

> "숫자는 거짓말을 하지 않는다. 그러나 거짓말쟁이들은 숫자를 이용할 궁리를 한다(Figures don't lie, but liars can figure)."

통계로 무엇이든지 증명할 수 있다. 그러므로 통계는 그 어떤 것도 증명할 수 없다. 통계는 법정에서의 증인과 같다. 원고나 피고 어느 쪽을 위해서도 증언하도록 부를 수 있다. 숫자를 싫어하고 두려워한다면 어떻게 해야 할까? 가장 좋은 방법은 빨리 숫자와 친해지는, 숫자를 좋아하는 길이다. 그렇지 않으면 계속 숫자를 두려워하고, 숫자에 속게 되고 그래서 더욱 숫자를 싫어하게 되는 악순환만 있을 뿐이다.

그런데 숫자와 친해지는 일은 사람들의 우려와 달리 그렇게 어려운 일이 결코 아니다. 숫자를 올바로 이해하기 위해서 반드시 수학자가 될 필요는 없으며 우리가 매일 마주하는 수많은 숫자들은 우리가 중학교 때까지 배운 수학의 지식으로 쉽게 이해할 수 있는 것들이기 때문이다. 우리가 수에 대한 안목을 높일 때 통계를 만드는 사람들은 합리적이고 타당한 방법으로 통계를 만들어 내고 통계를 사용하는 사람들은 주관적인 왜곡 없이 원칙에 따른 정보제공을 할 수밖에 없을 것이다.

출처 : 한국경제, 2006년 6월 26일

5. 자료변환

대부분의 통계분석은 자료분포의 정상성(normality), 동분산성(homoske-dasticity) 등의 가정을 전제한다. 그러나 이 같은 전제조건이 충족되지 않아 결과의 타당성에 부정적인 영향을 미칠 것이라고 판단되는 경우 자료를 변환시켜 성상성, 동분산성 등의 조건을 충족시킨 후 통계분석을 수행하게 된다.

예를 들면, 극단치(최소·최대값)로 인해 자료가 편중분포된 경우, law data의 표준편차가 평균보다 큰 경우 등은 자료를 변환시켜 정상성의 가정을 미리 충족시켜 주도록 한다.[4] 이때 자료를 변환시킨 경우 변환시키기 이전과 이후의 자료로 두 번의 통계분석을 수행하여 그 결과를 비교할 필요가 있다. 한편, 변환 이후의 결과를 해석할 경우에는 주의가 요구된다. 결과 발표 시에도 변환점수로 제시하여야 하며, 변환점수를 변환 이전의 상태로 다시 환원하여 해석하여야 한다. 자료를 변환시키는 다양한 방법에 대해 간단하게 살펴보면 다음과 같다.

1) 로그변환

극단치, 특히 최대값이 지나치게 높은 경우 분포의 정상성을 갖기가 어려우므로 로그(상용로그 또는 밑수가 e인 로그)를 취함으로써 그 분포가 정상성을 갖도록 하는 방법이 로그변환이다. 이 방법은 주로 회귀분석에서 많이 사용되는데 독립변수에 log를 취하는 경우와 종속변수에 log를 취하는 경우가 있다.

• **예 1 : 독립변수 X에 log를 취한 경우**

$$Y = A + BX$$
$$Y = A + B\log X$$

• **예 2 : 종속변수 Y에 log를 취한 경우**

$$Y = A + BX$$
$$\log Y = A + BX$$

위의 예 1에서처럼 독립변수에 log를 취하여 로그변환을 시키는 경우 종속변수 Y를 예측하는 데 별 무리가 없다. 그러나 종속변수 Y에 log를 취하는 경우 그 결과를 해석할 경우($Y^* = 10^{A+BX}$) 다소 복잡하므로 〈예2〉 보다는 〈예1〉을 많이 사용한다.

로그변환은 아래와 같이 변량과 평균의 관계가 변량(S_i^2)/평균제곱(X_i^2)=상수(c)일 때 이용할 수 있다.

$$\text{로그변환의 조건} \Rightarrow \frac{S_i^2}{X_i^2} = C$$

4) 극단치를 통계분석 수행 이전에 삭제하거나 극단치가 등간척도로 측정된 경우 이를 서열척도로 전환하여 극단치의 문제를 해소하는 방법을 사용함으로써 복잡한 자료변환 방법을 사용하지 않는 것이 좋다는 의견도 있다.

이때 상수는 정확히 떨어지는 수라기보다는 근사치로 이해하여야 하며, 관측치 자체가 0에 가까운 작은 수로 구성된 경우는 log(X+1)을 이용하는 것이 좋다. 다시 말해, 0의 관측치로 인해 계산상의 문제를 해결하기 위해 정수 1을 더한 후 log를 취하면 결과에 큰 차이를 주지 않으면서 통계분석을 수행할 수 있다.[5)]

예를 들면, 가계소비지출을 분석하는 데 식비, 주거비, 광열비, 외식비 등 여러 소비지출항목별 지출액수 자료를 가지고 통계분석을 수행하고자 할 때 일부 가계의 외식비가 0원인 경우 아무 조치 없이 통계분석을 수행할 경우 에러(error)가 발생하여 분석이 수행되지 않을 수가 있다. 따라서 1이라는 숫자를 부여함으로써 이 같은 에러를 없애고 분석을 수행하고자 하는 경우이다. 이러한 경우는 [그림 1-5]의 (c)와 같은 정규분포확률 그림이 그려지며(이러한 형태를 대수정규분포라고 함) 이때는 log10, log_e 둘 다 이용하여 정상분포로 변환이 가능하다. 변환 후 다시 확률분포 그림을 그렸을 때 같은 방향으로 곡선(curve)이 나타나면, 로그를 취하기 전 그 변수의 최소값보다는 작은 점수를 각 사례에서 일정하게 빼고 선형로그를 취하면 대부분의 경우 정상적인 분포를 나타내게 된다. 반면 로그를 취한 후 취하기 전과 비교하여 [그림 1-5]의 (d)와 같이 다른 방향의 곡선이 그려지면, 일정한 상수를 더해 준 후 로그를 취하면 정상분포로 변환시킬 수 있다. 모든 자료가 음수일 때는 0에서 각 X값을 빼서 변환시킨다.

〈표 1-4〉 로그변환을 위한 SAS와 SPSS PC+ 프로그램

SAS에서 age변인을 log_e로 변환	⇨	logage=log(age);
SAS에서 age변인을 log10으로 변환	⇨	logage=log10(age);
SPSS에서 income을 log10으로 변환	⇨	COMPUTE lgincome=LG10(income).
SPSS에서 income을 log_e로 변환	⇨	COMPUTE lgincome=LN(income).

실제연구에서 로그변환을 사용한 예를 살펴보자. 〈표 1-5〉는 가계소득을 측정하기 위하여 회귀분석을 수행한 결과를 나타낸다.

5) 그러나 종속변수의 경우 0의 관측치를 갖는 빈도 수가 전체의 20~30% 이상을 차지하는 경우 토빗(Tobit) 분석 등 다른 통계기법을 사용하는 것이 보통이다.

〈표 1-5〉 로그변환을 시도한 연구분석 예제

독립변수	비표준화 회귀계수
남편의 교육수준	0.099**
부인의 교육수준	0.137**
남편의 연령	0.203**
부인의 연령	0.143**
intercept	9.191**
F값	0.072
adjusted R^2	28.971

* 〈.05, ** 〈.01, *** 〈.001

참조 : 종속변수(가계소득)는 소득액($)에 로그를 취함

출처 : 허경옥(1995). 편모가정과 일반가정의 자녀양육비 지출 비교분석. 소비자학연구, 6(1), 10.

〈표 1-5〉는 일반가정의 소득을 측정하기 위한 회귀분석 결과를 나타내고 있는데, 분석과정에서 종속변수인 가계소득에 로그를 취한 후 회귀분석을 수행한 것이다. 이 결과를 통해 남편의 교육수준이 한 단위 증가할 경우 소득수준은 0.099만큼 증가한다고 해석해서는 안 된다. 그 이유는 종속변수에 log를 취하였기 때문이다. 따라서 남편의 교육수준이 한 단위 증가할 경우 log0.099만큼 가계소득이 증가한다고 해석하여야 한다. 이처럼 종속변수에 log를 취한 이유는 부부의 연령이나 교육수준이 증가하면 가계소득이 증가하기는 하나 어느 수준이 넘어서면 반드시 같은 비율로 증가하지 않는 것이 현실이기 때문이다. 다시 말해, 가계소득에 log를 취하여 가계소득 분포가 연령과 교육수준에 따라 정상성을 갖도록 하기 위함이다.

2) 지수변환

지수변환(power transformation) 역시 자료변환의 한 방법으로 사용되는데 주로 역변환, 제곱근변환, 역사인변환 등의 방법이 있다.

(1) 역변환(reciprocal transformation, $\frac{1}{X}$)

로그변환 시와 마찬가지로 변량과 평균의 관계가 표준편차(S_i^2) / 평균(X_i^2)=상수(c)일 때는 역수로의 전환이 이용될 수 있다. 독립변수인 X값 대신 $\frac{1}{X}$로 바꾸어

서 분포의 정상성을 유지하도록 하는 방법이다.

정규분포확률 〈그림 1-5〉의 (e)에 해당하는 경우로 $\frac{1}{X}$을 취하는 방법이나, 일정한 상수를 더하거나 빼고 역수를 취하기도 한다. 그러나 〈그림 1-5〉의 (b)와 (f)의 경우 역수변환으로 분포가 정상성을 이루지 못한다.

(2) 제곱근변환(square root transformation)

로그변환과 마찬가지로 변량과 평균의 관계가 변량(S_i^2)/평균제곱(X_i^2)=상수(c)일 때 제곱근을 이용할 수 있다. 그러나 자료가 숫자 0 주변의 작은 수로 이루어졌을 경우는 X+0.5(또는 X+1)로 변환하는 것이 바람직하다. 실제 선행연구분석에서 제곱근 변환을 시도한 경우를 살펴보자. 〈표 1-6〉은 가계소득 측정을 위한 분석결과로서 제곱근 변환을 시도한 경우이다.

〈표 1-6〉 모델은 편모가계 가장(여성)의 근로소득을 측정하기 위하여 교육수준, 전업취업 여부, 자녀수, 연령, 막내자녀연령을 독립변수로 사용하고 있는데, 현실적으로 취업여성의 연령이 높아진다고 해서 소득수준이 계속적으로 높아지지 않는다. 따라서 회귀분석 모델 설정 시 연령변수에 제곱을 취함으로써 소득수준이 연령이 증가함에 따라 같은 비율로 선형증가하는 모델을 설정하는 것보다는 어느 시점에 가서 다소 느슨하게 증가하거나 크게 증가하지 않는 형태의 모델을 수립하는 것이

〈표 1-6〉 제곱근변환을 시도한 연구분석 예제

독립변수	비표준화 회귀계수
교육수준	0.632***
전업취업	1.097***
자녀수	-0.179**
연령	0.171***
연령제곱	-0.002***
막내자녀연령	0.009
intercept	5.016***
F값	36.970
adjusted R^2	0.172

* 〈.05, ** 〈.01, *** 〈.001

참조 : 종속변수(가계소득)는 납세 전 소득액($)의 상용로그를 취함

출처 : 허경옥(1995). 편모가정과 일반가정의 자녀양육비지출 비교분석. 소비자학연구, 6(1), 11.

바람직하다. 다시 말해, 〈표 1-6〉 모델은 연령에 제곱을 취한 변수를 또 하나의 독립변수로 취하고 있다.

(3) 역사인변환(arc sine transformation)

실험연구에서는 관측치가 비율이나 퍼센트인 경우가 있다. 예를 들면, 옳게 응답한 비율이나 옳게 응답한 퍼센트 등일 때, 평균과 변량이 변량(S_i^2)=평균(X_i)[1-평균(X_i)]의 관계로 나타낼 수 있다. 이런 경우는 역사인 X로 변환시키는 것이 바람직하다.

지금까지 탐색적 자료분석과 자료변환에 대해 살펴보았다. 이제 수집한 자료를 가지고 연구자가 해야 할 일은 연구대상의 속성을 이해하는 것이다. 이것은 연구대상 변수에 대한 수량적 요약을 다루는 '단변량 기술통계'와 두 개 혹은 그 이상의 변수들 사이의 상관관계를 기술하는 '상관관계 기술통계'로 나누어 볼 수 있다. 여기에서는 단변량 기술통계를 다루며 그 내용으로는 단일변수의 값이나 범주별 분포 및 분포를 하나의 대표적인 통계치로 요약하는 방법을 소개하도록 한다.

6. 명목 · 서열변수의 기술통계방법

명목변수는 어떤 사물, 인간, 또는 속성을 분류하여 단순히 숫자나 기호로 나타낸 변수이기 때문에 적당한 급간이나 유목으로 나누어 각각의 빈도분포를 조직하고 유목별로 빈도의 상대적 크기를 도표로 비교하거나, 비율, 백분율, 비 등의 간단한 계산으로 제시하는 기술통계방법을 적용할 수 있다.

1) 빈도분포

수집된 자료의 수량적 요약과 기술은 특정변수의 값이나 유목별로 어떻게 분포되어 있는가를 정리하여 보여 주는 것이 기본이다. 원점수를 적당한 급간이나 유목으로 나누어 그 빈도분포를 도표로 보여 주는 것이다. 명목변수와 서열변수의 빈도분포표는 자료를 의미 있게 조직할 수 있도록 급간, 즉 유목을 분류해야 한다. 명목변

〈표 1-7〉 명목변수의 빈도분포표

거주지	빈도(f)	백분율(%)
강동	72	24.0
강서	63	21.0
강남	87	29.0
강북	78	26.0
합계	300	100.0

수의 유목은 질적 유목(qualitative category)이고, 서열변수의 유목은 양적 유목(quantitative category)으로서 그 분류 원칙은 각각의 유목이 상호배제적이고 완전(mutually exclusive and exhaustive)해야 한다. 빈도분포표는 각 유목별 빈도의 상대적 크기를 쉽게 비교할 수 있도록 간단한 계산, 특히 백분율과 함께 다음의〈표 1-7〉과 같이 사용된다.

2) 비 율

비율(proportions)은 누구나 계산할 줄 알지만 부주의로 인한 오류를 범하기 쉽다. 비율은 특정 유목 i의 사례수(N_i)를 전체 사례수(N)로 나눈 값으로서 다음과 같이 정의된다.

$$비율(P) = \frac{N_1}{N}$$

비율은 항상 소수로 나타나며 1보다 클 수 없다. 즉, 비율의 분모로 사용되는 수치는 반드시 모든 유목의 사례수를 총합한 것이어야 하고, 각 유목이 서로 상호배제적이고 완전(mutually exclusive and exhaustive)해야 한다.

3) 백분율

백분율은 가장 흔히 이용되는 통계로서 영어로 'percentage'라 할 때 'per cent(%)'란 'per hundred', 즉 '100당'이라는 의미가 담겨 있다. 그러므로 백분율은 전체 사례수를 100이라고 보았을 때 특정 유목이 차지하는 비율을 의미한다.

그러므로 비율의 공식에 100을 곱하여 다음과 같이 정의된다.

$$백분율(\%) = \frac{N_i}{N} \times 100$$

비율의 유의사항에서 언급한 상호배제적이고 완전한 유목분류의 원칙에 따라 비율의 총합은 1인데 반해 백분율의 총합은 100이 된다. 백분율은 흔히 소수점 첫째 자리까지 제시하는데, 유의할 사항은 적은 사례 수를 가지고 백분율을 계산하면 표집과정에서 우연적으로 생길 수 있는 차이를 가지고 실제로 큰 차이가 있는 것으로 오판하게 만들기 때문에 전체 사례수가 적어도 50 이상일 때 사용하고 반드시 사례수와 함께 제시해야 한다.

4) 비

비(ratio)도 흔히 사용되는 통계로서 'B라는 수에 대한(to) A라는 수의 비' 로 다음과 같이 정의된다.

$$비(ratio) = \frac{A}{B} \quad 혹은 \quad A : B$$

여기에서 '대한' 이라는 말 앞에 나오는 수가 기준(base)으로서 분모가 되고 뒤에 오는 수가 분자가 된다. 비는 소수로, 분모와 분자를 약분해서, 혹은 A : B로 표시하기도 하고, 소수로 바꾼 다음 '2.67 대 1' 이라는 식으로도 사용된다. 비는 유목의 수가 적어서 직접 비교하기 쉬울 때 사용한다.

비는 'A/B' 라는 식으로 B라는 어떤 가변의 수가 기준이 되지만, 때로는 100, 1,000 등의 수를 기준으로 계산하는 '~율(rates)' 이 사용되기도 한다. 예를 들어, 출산율은 대개 임신 가능한 여성 10,000명을 기준으로 신생아 출산 수를 분자로 놓고 계산한다.

쉬어가는 연구방법과 통계이야기 • 1-3

쉬워서 혼동하는 퍼센트

"우리가 퍼센트(%) 기호에 친숙하다는 사실이 퍼센트를 제대로 이해하고 사용한다는 의미는 아니다."라고 말했다. 퍼센트는 초등학교 때 배운 쉽고 친숙한 개념이며 일상생활에서 가장 많이 대하는 용어 중의 하나지만 우리가 자주 혼동하는 개념 중의 하나이기도 하다. 초등학교 6학년 산수책에는 퍼센트에 대해 "비율에서 기준량을 100으로 보았을 때, 비교하는 양을 나타낸 수를 백분율 또는 퍼센트라고 하고 기호 %로 나타낸다."라고 설명하고 있다.

예를 들어 50에 대한 20의 퍼센트는 다음과 같다.

$$\frac{20}{50}=\frac{40}{100} \rightarrow \text{혹은 } 0.4 \rightarrow 40\%$$

'무엇에 대한' 퍼센트라고 표현할 때, 그 '무엇'이 언제나 기준이 되며 이 기준은 퍼센트를 계산할 때 분모가 된다. 퍼센트는 이처럼 간단한 개념이지만 그 유용성은 매우 높다. 퍼센트는 2개 혹은 그 이상의 숫자의 상대적 크기를 명확하게 하기 위해 주로 사용된다. 먼저 기준이 되는 한 숫자를 100으로 만들고 다른 숫자를 100에 대한 비율의 숫자로 바꾸면 상대적 크기를 한눈에 볼 수 있다. 예를 들어 A회사가 한 해 지출하는 비용이 3억 2,134만 5,000원인데 그중에서 광고비가 3,512만 3,000원이라고 말하는 것보다 (전체 비용을 100으로 할 때) 광고비가 11%라고 표현하는 것이 전체 비용에 대한 광고비의 상대적인 크기를 더 쉽게 이해할 수 있도록 하는 방법이다. 숫자를 사용하는 속임수 중에서 퍼센트를 이용하는 것이 많은 부분을 차지한다는 사실은 퍼센트가 쉽고 우리에게 친숙한 개념임을 생각할 때 매우 의아한 일이다. 왜 퍼센트에 많이 헷갈릴까? 아마도 퍼센트 기호(%)가 주는 수학적, 과학적, 논리적인 인상으로 퍼센트를 그대로 받아들이기 때문일 것이다. 더욱이 퍼센트는 이미 계산을 다 해서 주는 것이므로 그냥 받아들이면 된다는 것을 은연중 강요하기 때문에 퍼센트로 인한 왜곡이나 속임수가 잘 통하게 된다. 퍼센트가 주는 과학적이라는 이미지에 주눅이 들어 퍼센트를 혼동하는 경우의 예를 들어 보자. 어떤 상품의 가격이 100원에서 150원으로 올랐다고 할 때 인상률은 얼마일까? 인상률을 계산할 때는 원래 가격을 기준으로 퍼센트를 계산해야 한다. 왜냐하면 원래 가격보다 몇 퍼센트 올랐는가가 관심의 대상이기 때문이다.

따라서 아래와 같이 계산하면 인상률은 50%이다.

원래 가격 100원 → 오른 가격 150원

$$\text{인상률}=\frac{\text{인상금액}}{\text{원래가격}}=\frac{50}{100}=0.5=50\%$$

그러나 50%의 인상률은 소비자들에게 가격이 너무 많이 올랐다는 인상을 줄 것이다. 그렇다면 어떻게 해서 눈가림으로 인상률을 낮출 수 있을까? 퍼센트를 계산하는 기준(분모)을 살짝 바꾸면 된다. 원래 가격(100원) 대신 오른 가격(150원)으로 기준(분모)을 살짝 바꿔치기 하면 인상률은 아래와 같이 33%로 낮아지게 된다.

$$\text{인상률}=\frac{\text{인상금액}}{\text{오른가격}}=\frac{50}{150}=0.33=33\%$$

그러고 나서 실제 50%의 인상을 33% 인상이라고 낮추어 발표하면 된다.

많은 사람들이 기준을 따져 가며 실제로 계산하기보다는 계산된 것을 받아들이게 되므로 인상률을 낮게 보이려는 목적을 쉽게 달성할 수 있다. 실제의 예를 들어 보자(정헌석, 즐거운 회계산책, 김영사, 1992, p.118).1991년 9월 1일부터 고속도로 통행료가 대폭 인상되었다. 서울에서 광주의 경우 6300원에서 8400원으로 올랐는데 인상률은(인상 금액/원래 가격) 2100/6300=0.33=33%였다. 그러나 뉴스에서 발표된 인상률은 25%였다. 기준을 바꿔치기 해서, 즉 인상 금액 2100원을 (원래 가격 6300원 대신) 오른 가격 8400원으로 나누어 계산한 것이 25%이다.

출처 : 한국경제, 2006년 3월 6일

7. 등간·비율변수의 기술통계방법

등간과 비율변수로 수집된 자료를 통계적으로 요약하고 기술하는 방법에는 빈도분포표를 작성하여 분포의 형태를 파악하는 방법, 그 분포의 전체적 특징을 대표하는 수치로 나타내는 방법, 그리고 그 분포가 얼마나 분산되어 있는가의 정도를 알아보는 방법이 있다.

1) 빈도분포

등간변수의 원자료를 일목요연하게 정리하여 제시하기 위해서는 빈도분포(frequency distribution)가 가장 흔히 사용된다. 빈도분포는 원자료를 수치가 같은 점수별로, 양적 유목(quantitative category)으로, 혹은 급간(class interval)별로 분류해서 표(table)로 정리한 것이다.

빈도분포의 급간을 설정할 때 유의할 사항은 다음과 같이 정리해 볼 수 있다. 첫째, 급간은 중복됨 없이 상호배제적(mutually exclusive)이고 연속적이어야 한다. 둘째, 급간의 크기는 모두 같아야 한다. 셋째, 급간의 크기는 중간값(midpoint)을 이용할 수 있도록 홀수로 하거나 5나 10의 배수로 설정하는 것이 좋다.

다음의 〈표 1-8〉와 〈표 1-9〉는 빈도분포표의 예이며, 〈표 1-8〉은 급간이 중복되는 오류를 범하고 있는 잘못된 예이다.

〈표 1-8〉 빈도분포표 I

점수(X)	빈도(f)	백분율(%)
50만 원 이하	16	5.3
50~100만 원	26	8.7
100~150만 원	47	15.7
150~200만 원	65	21.7
200~250만 원	57	19.0
250~300만 원	51	17.0
300만 원 이상	38	12.7
합 계	300	100.0

〈표 1-9〉 빈도분포표 II

점수(X)	빈도(f)	백분율(%)
50만 원 미만	16	5.3
50~100만 원 미만	26	8.7
100~150만 원 미만	47	15.7
150~200만 원 미만	65	21.7
200~250만 원 미만	57	19.0
250~300만 원 미만	51	17.0
300만 원 이상	38	12.7
합 계	300	100.0

2) 누적빈도분포

때때로 어떤 점수나 급간의 위나 아래에 얼마나 많은 빈도가 분포되어 있는지 알아보는 것이 도움이 되는 경우가 있다. 누적빈도분포(cumulative frequency distribution)는 이와 같이 하나의 점수 혹은 급간이 전체 분포에서 어떤 위치에 있는가를 보여 줄 때 사용된다. 누적빈도(cf)는 최저 급간부터 각각의 급간의 빈도를 누적적으로 더한 수치이다. 그러므로 최고 급간의 누적빈도는 총사례 수와 같아야 한다. 누적백분율(cumulative percentage)은 각 급간의 누적빈도(cf)를 총사례 수(N)로 나눈 다음 100을 곱한 값이다. 누적빈도분포표의 예는 〈표 1-10〉과 같다.

〈표 1-10〉 누적빈도분포표

점수(X)	빈도(f)	백분율(%)	누적빈도(cf)	누적백분율(c%)
50만 원 미만	16	5.3	16	5.3
50~100반 원 비반	26	8.7	42	14.0
100~150만 원 미만	47	15.7	89	29.7
150~200만 원 미만	65	21.7	154	51.4
200~250만 원 미만	57	19.0	211	70.4
250~300만 원 미만	51	17.0	262	87.4
300만 원 이상	38	12.7	300	100.0
합 계	300	100.0		

8. 집중경향의 기술

수집된 자료를 통하여 연구하려는 현상을 통계적으로 기술할 때 먼저 빈도분포를 알아보고, 이 분포의 전체적인 특징을 종합하고 요약하는 통계적 수치인 집중경향치(measures of central tendency)를 구하여 전체적인 경향을 알아보는 것이 필요하다. 분포의 전체적인 특징을 기술하는 집중경향에는 산술평균, 중앙치, 최빈치가 있다.

1) 산술평균

가장 흔히 사용되는 집중경향치는 전체 합계점수($\sum X$)를 전체 사례수(N)로 나눈 산술평균(arithmetic mean) 혹은 평균(mean)이다. 표본의 산술평균은 대개 M이나 $\overline{X}$로 표시하고, 모집단의 산술평균은 그리스문자인 μ로 표시한다. 산술평균은 어떤 변수의 점수분포의 무게중심에 해당되는 대표값이며, 다음과 같은 속성을 갖는다.

첫째로, 산술평균으로부터 각각의 점수를 뺀 편차 $(X-\overline{X})$를 종합한 값은 항상 0이 된다. 즉, $\sum(X-\overline{X})$은 0이며, 이것은 다음과 같이 증명해 볼 수 있다.

$$\sum(X-\overline{X}) = \sum X - \sum\overline{X} = N\overline{X} - N\overline{X} = 0$$

여기에서$(\sum X / N) = \overline{X}$이므로 양변에 N을 곱해 주면 $\sum X = N\overline{X}$가 되고, $\sum\overline{X} = N\overline{X}$가 되기 때문이다.

둘째로, 산술평균으로부터 각각의 점수를 뺀 편차를 제곱하여 총합한 값, 즉 자승합 혹은 SS(Sum of Squares)는 다른 어떠한 값을 대입한 값보다 항상 작다. 다시 말해서 산술평균은 편차의 자승합이 최소가 되는 집중경향치이다. 이때 역으로 최소의 자승합을 찾아 산술평균을 알아내는 방법을 최소자승화법(least squares method)이라 하고, 이 방법은 어떤 점수분포에 가장 적합한 직선이나 곡선을 찾아내는 통계에서 많이 이용된다.

셋째로, 산술평균은 한쪽으로 치우친 편포에서 극단점수에 민감하다. 그러므로 다음의 〈표 1-11〉의 II번째 경우에서와 같이 극단점수가 있는 경우 산술평균은 그 분포의 대표값으로 적합하지 않다. 〈표 1-11〉의 두 분포의 점수가 비슷하지만 II번째 경우 44라는 점수로 인해 평균이 2배의 차이가 나타난다.

〈표 1-11〉 극단점수로 인한 산술평균의 차이 비교

I	II
5 6 7 8 9	5 6 7 8 44
$\sum X = 35,\ \overline{X}1 = 7$	$\sum X = 70,\ \overline{X}2 = 14$

2) 중앙치

계산을 하지 않고도 분포의 집중경향을 추정할 수 있는 중앙치(Median, 혹은 Mdn)는 크기 순서대로 나열한 분포의 전체사례를 양등분하는 위치에 해당되는 수치를 말한다. 중앙치는 전체사례수(N)가 홀수일 때 (N+1)/2번째의 수치가 되고, 짝수일 때 (N/2+1)번째 수치가 된다. 중앙치는 서열변수 이상에 적용할 수 있는 집중경향의 측정치이고, 극단점수로 인해 분포가 극도로 편포되어 있는 경우에 적합하다.

3) 최빈치

하나의 분포 안에서 가장 자주 나타나는 유행적인 수치인 최빈치(Mode 혹은 Mo)도 계산을 하지 않고 쉽게 대체적인 집중경향을 밝혀 준다. 최빈치는 분포를 그래프로 도시했을 때 정점에 해당하는 수치이다.

4) 산술평균, 중앙치, 최빈치의 비교

분포의 집중경향을 나타내는 산술평균, 중앙치, 최빈치는 분포의 형태에 따라 위치에 차이가 있는데, 분포의 형태는 크게 정상분포(normal distribution)와 편포(skewed distribution)로 나누어 볼 수 있고 편포는 정적편포(positively skewed distribution)와 부적편포(negatively skewed distribution)로 나눌 수 있다. 점수분

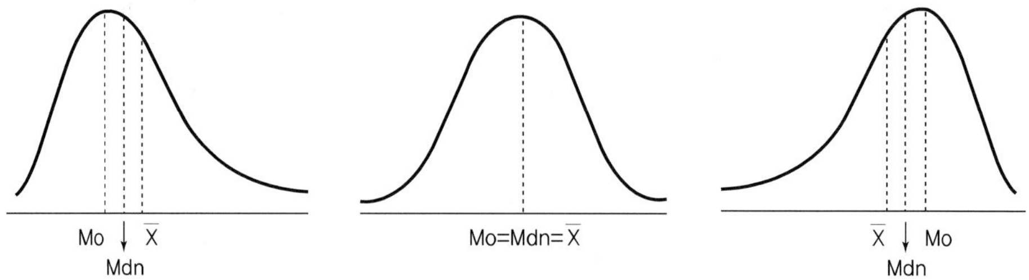

[그림 1-7] 분포의 형태에 따른 집중경향치의 위치

포가 좌우대칭이고 봉우리가 하나인 정상분포의 경우에는 산술평균, 중앙치, 최빈치가 중앙에서 완전히 일치하지만, 편포에서는 편포의 방향에 따라 그 위치가 [그림 1-7]에서와 같이 달라진다. 극단점수에 민감한 산술평균은 편포되는 쪽으로 위치하는 반면 중앙치는 비교적 극단점수의 영향을 받지 않는다. 그러므로 산술평균에서 중앙치를 뺀 값($\bar{X}$-Mdn)으로 분포의 대략적인 형태를 알 수 있는데, 이 값이 0에 가까우면 정상분포에 가깝고 -이면 부적편포, +이면 정적편포를 이루게 된다. 이와 같은 사실은 분포가 편포를 이루는 경우에 산술평균과 중앙치를 모두 밝히는 것이 좋다는 것을 말해 준다.

9. 분산도의 기술

하나의 분포를 전체적으로 요약해 주는 집중경향에 이어 그 분포 안의 점수들이 집중경향치를 중심으로 얼마나 밀집 혹은 분산되어 있는가를 알면 더욱 완전하게 분포의 특징을 기술할 수 있다. 이와 같이 하나의 분포 안의 각 사례들이 밀집 혹은 분산되어 있는 정도를 나타내는 통계방법을 분산도(variability, 혹은 dispersion)라 하는데 여기에는 범위, 사분편차, 평균편차, 변량, 표준편차 등이 있다.

1) 범 위

분산도를 나타내는 가장 단순한 통계방법은 범위(range, 혹은 R)로서 이것은 한 분포 안에서 최대값과 최소값의 차이(R=최대값-최소값)로 구한다. 가장 쉽고 빠르게 분산도를 알 수 있는 방법이지만, 단지 최대값과 최소값 두 점수만 고려되기 때문에 그 사이의 다른 사례들의 분포에 대한 정보를 제공하지 못하고 양극단점수만 고려된다는 단점이 있다.

2) 사분편차

범위가 양극단점수에 좌우된다는 단점을 보완하기 위해 한 분포의 전체사례를 크기 순으로 나열하고 일정한 위치에 있는 점수 간의 거리를 비교하는 범위의 일종인 사분편차(quartile deviation, 혹은 Q)가 이용되기도 한다. 한 분포의 전체 사례를 크기 순으로 나열했을 때 아래로부터 25%에 해당하는 점을 제1사분점, 50%에 해당하는 점을 제2사분점, 75%의 점을 제3사분점, 100%의 점을 제4사분점이라 하고, 사분편차 Q는 다음의 식에서와 같이 제1사분점과 제3사분점의 두 점수 간의 거리를 2로 나누어 얻는다.

$$Q = \frac{(Q3 - Q1)}{2}$$

제1사분점과 제3사분점으로 계산하는 사분편차는 양극단점수로 계산하는 범위보다 개선되었으나, 여전히 분포의 모든 정보를 이용하지 못한다는 한계가 있다.

3) 평균편차

한 분포의 모든 정보를 이용하여 분산도를 측정하는 하나의 방법은 대표적 집중경향치인 산술평균을 이용하는 평균편차(mean deviation 혹은 MD)이다. 평균편차는 모든 점수가 산술평균으로부터 얼마나 분산되어 있는가를 나타내는 분산도 측정의 한 방법인데, 앞서 소개한 산술평균의 속성에서처럼 편차의 총합은 0이 되기 때문에 편차의 절대값, 혹은 절대거리를 총합하여 사례수로 나누어 다음의 식과 같이 구한다.

$$MD = \frac{\sum |X - \overline{X}|}{N}$$

산술평균을 기준으로 절대거리를 계산하는 평균편차는 다른 어떤 점수를 기준으로 하는 편차보다 반드시 적지 않기 때문에 추리통계의 기초자료로 사용되지 않는다. 다음에 소개하는 변량과 표준편차가 추리통계에서 보다 널리 이용된다.

4) 변량과 표준편차

편차의 총합이 0이 되는 것을 피하는 또 하나의 방법은 편차점수를 제곱하여 양의 수를 만든 다음 총합한 후 사례수로 나누어 주는 것이다. 이와 같이 편차를 자승하여 총합한 후 전체 사례수로 나눈 값을 변량(variance, 혹은 V)이라 하는데, 모집단의 변량은 σ_2로, 표본의 변량은 s_2로 표시하며 이를 다음의 식과 같이 표시할 수 있다.

$$s^2 = \frac{\sum(X - \overline{X})^2}{N} = \frac{\sum x^2}{N}$$

여기에서 $\sum x^2$, 즉 편차 자승의 총합을 자승합 혹은 SS(Sum of Squares)라 하고 자승합을 최소로 하는 수치가 산술평균이라는 것을 언급한 바 있는데, 변량은 이러한 산술평균의 속성을 이용하여 분산도를 측정하는 것이다. 그러나 변량은 편차의 총합이 0이 되는 것을 피하기 위해 편차를 자승함으로써 각각의 점수가 산술평균으로부터 얼마나 떨어져 있는가를 나타내는 거리의 개념이 아니라 넓이의 개념이다.

표준편차(standard deviation, s 혹은 σ)는 넓이의 개념인 변량에 제곱근을 씌워 분산도를 나타내는 거리의 개념으로 환원한 것으로서 다음의 식으로 구한다. 표준편차는 신뢰성과 안정성이 가장 높은 분산도 측정치로서 가장 널리 사용된다.

$$s = \sqrt{s^2} = \sqrt{\frac{\sum(X - \overline{X})^2}{N}}$$

두 개 분포의 표준편차를 비교할 때는 이들 분포가 정상분포나 정상분포에 가까운 경우에만 보다 큰 표준편차를 갖는 분포가 상대적으로 더 변동적(variable)이고, 더 이질적(heterogeneous)인 분포라고 할 수 있다. 하나의 분포가 정상분포에 가까운가를 알 수 있는 한 가지 방법은 정상분포에서의 표준편차 단위가 이루는 면적 혹은 빈도에 대한 다음과 같은 경험적 법칙(empirical rule)을 이용하는 것이다.

- 평균에서 좌우 1 표준편차($\overline{X} \pm 1s$) 사이에 전체 사례수의 약 68.26%가 포함된다.

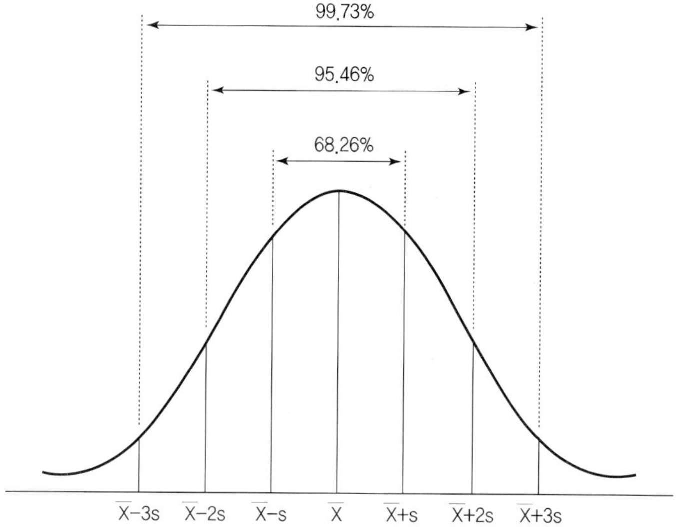

[그림 1-8] 표준편차에 따른 정상곡선의 면적비율

- 평균에서 좌우 2 표준편차($\bar{X}\pm2s$) 사이에 전체 사례수의 약 95.46%가 포함된다.
- 평균에서 좌우 3 표준편차($\bar{X}\pm3s$) 사이에 전체 사례수의 약 99.73%가 포함된다.

하나의 분포가 정상분포를 이룰 때 표준편차의 단위에 포함되는 면적과 정상분포의 관계를 그림으로 나타내면 다음의 [그림 1-8]과 같다.

10. 표준점수와 정상분포곡선

지금까지 수집한 자료의 수량적 요약과 분포의 기술에 대해 알아보았는데 때로는 하나하나의 점수의 의미를 파악해야 할 때가 있다. 이러한 경우에 각각의 수량적 점수 그 자체는 아무런 의미가 없고 이 점수들이 어떤 비교의 기준이 되는 준거집단으로부터의 점수분포와 비교되었을 때에만 의미를 갖게 된다. 수집한 자료의 원점수의 의미를 파악하는 하나의 방법은 그 점수가 분포 안에서 차지하는 상대적 위치를 파악하는 것이며, 여기에서는 상대적 위치의 대표적 측정치인 표준점수(standard score 혹은 Z-score)와 표준점수의 분포가 이루는 정상분포곡선(normal distribution curve)에 대해 알아보도록 한다.

1) 표준점수

표준점수(standard score) 혹은 Z-점수(Z-score)란 다음의 공식에서와 같이 어떤 점수의 평균편차를 표준편차로 나눈 값으로서 평균편차를 표준편차의 단위(standard deviation unit)로 나타낸 것이다.

$$Z = \frac{X - \overline{X}}{s} \text{ 또는 } \frac{x}{s}$$

여기에서 X=원점수, $\overline{X}$=산술평균, s=표준편차, x=평균편차를 의미한다. 이렇게 얻어진 표준점수 Z의 부호는 산술평균을 중심으로 그 원점수의 상대적 위치를 나타내고, 표준점수 Z의 절대값은 그 원점수가 산술평균으로부터 이탈한 거리를 표준편차의 단위로 나타낸 것이다. 표준점수는 모든 원점수의 상대적 위치를 알려줌으로써 산술평균과 표준편차가 서로 다른 분포에서 추출한 원점수들도 의미 있게 비교할 수 있다.

예를 들어, 대학교 1학년의 어떤 학생이 학기말에 통계학에서 60점, 교양영어에서 88점을 맞았다면 두 과목 중 어느 과목을 더 잘 본 것일까? 이와 같이 분포가 각기 다른 두 개의 점수를 비교할 때 각 점수를 각각의 분포 안에서의 상대적 위치를 나타내는 표준점수로 환산함으로써 의미 있는 비교를 할 수 있다. 만일 통계학의 평균점수가 40점이고 표준편차가 10, 그리고 교양영어의 평균점수가 76점이고 표준편차가 12라고 한다면 이 학생의 통계학과 교양영어의 표준점수는 다음과 같고, 비록 교양영어의 원점수가 통계학점수보다 높아도 이 학생은 통계학을 교양영어보다 더 잘 친 셈이라는 것을 알 수 있다.

$$Z(\text{통계학}) = \frac{60 - 40}{10} = 2 \qquad Z(\text{교양영어}) = \frac{88 - 76}{12} = 1$$

표준점수 Z는 원점수를 표준편차의 단위로 변환한 척도로서 표준점수 Z의 분포, 즉 Z분포의 특성은 첫째, 원점수의 분포와 동일한 모양을 하고, 둘째, 평균이 0이고 표준편차는 1을 갖는다. 그러므로 표준점수의 장점은 서로 다른 분포를 평균이 0이고 표준편차가 1인 동일한 종류의 척도로 변환시킴으로써 서로 다른 분포의 여러 점수들의 상대적 비교를 가능하게 한다는 점이다. 또한 위의 예에서 만일 통계학과 교양영어의 학기말시험 점수의 모집단이 정상분포에 가깝다면, 표준점수 Z를 정상분포곡선에 비교해 봄으로써 그 상대적 위치를 백분위(percentile rank)로 나타낼 수 있는데, 백 점 만점에 익숙한 우리들에게 백분위는 각 점수의 상대적 위치를 쉽게 파악할 수 있게 하는 방법이다. 이 방법을 알아보기 위해서 먼저 정상분포곡선에 대해 살펴보도록 한다.

2) 정상분포곡선

정상분포곡선은 좌우대칭이고 하나의 봉우리로 이루어지며 산술평균치, 중앙치, 최빈치가 일치하는 분포로서 가장 많이 이용되는 수학적·통계적 모형이다. 정상분포곡선은 이론적으로 규정하는 분포이며, 경험적 자료에서 얻는 실제의 분포는 대개 정상성(normality)으로부터 이탈되어 약간의 불규칙성을 포함하게 된다. 앞으로 배우게 될 추리통계에서는 이와 같이 여러 가지의 불규칙성을 띤 실제의 분포들을 일반화하여 편의상 정상분포로 가정하고 수학적으로 규정하여 정상분포곡선의 법칙을 적용하게 된다.

정상성(normality)의 가정을 실제로 수집한 자료의 분포에 적용할 수 있으려면 첫째로 모집단의 정상성과 이를 왜곡하지 않도록 하기 위한 표집방법의 신중한 선택이 필요하고, 둘째로 측정척도의 난이도나 신뢰도의 부족으로 인해 불규칙한 분포가 형성되지 않도록 하기 위한 측정척도의 신중한 구성이 필요하다.

정상분포곡선의 중요한 속성은 하나의 분포 안에서 두 점수 사이의 간격에 얼마나 많은 사례가 포함되어 있는가를 알아볼 수 있는 근거를 제공한다는 것이며, 이것은 정상분포와 표준편차의 관계에 대한 경험적 법칙을 나타낸 [그림 1-8]에서 설명한 바 있다. 즉, 정상분포곡선은 평균을 중심으로 좌우 표준편차 단위로 넓혀 나갈 때 일정한 비율의 사례가 포함되는 속성을 가진다. 분포의 평균과 표준편차에 의해 규정되는 정상분포곡선 [그림 1-8]은 분포에 따라 다르기 때문에 두 개의 분포에서 추출한 점수 간의 상대적 비교가 곤란하다. 그러므로 각기 다른 분포상의 점수들의 상대적 위치를 나타내는 표준점수 Z척도로 원점수를 변환하여 [그림 1-8]을 다음의 [그림 1-9]와 같이 Z분포로 나타낼 수 있다.

표준점수 Z의 분포, 즉 Z분포는 평균이 0, 표준편차가 1인 정상분포곡선으로서, 이것을 단위정상분포곡선(unit normal distribution curve)이라 하며 각각의 원점수

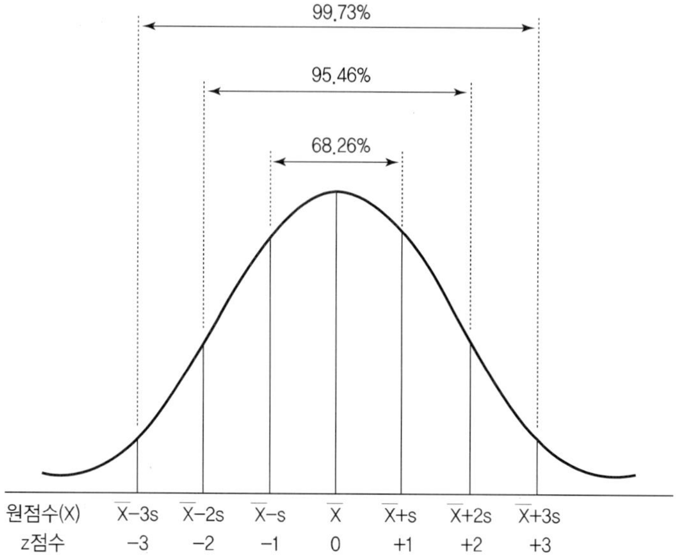

[그림 1-9] 표준편차와 표준점수에 따른 정상분포곡선의 면적비율

에 해당하는 Z점수의 면적 비율을 미리 계산한 '정상분포곡선하의 면적 비율표' 혹은 '정규분포표'로 부르는 표가 대부분의 통계책의 부록에 제시되는데, 이 책에서는 〈부록표 2〉에 수록하였다.

앞의 학기말 시험점수에 대한 예에서 통계학과 교양영어의 표준점수가 각각 2와 1이었는데, 〈부록표 2〉의 정상분포표에 따르면 표준점수 2와 1이 차지하는 면적비율은 각각 47.73%(.4773)과 34.13%(.3413)으로써 평균까지의 면적비율 50%를 합하여 백분비로 환산해 보면, 통계학은 97.73%, 교양영어는 84.13%에 해당된다. 그러므로 이 학생의 통계학점수 60점은 상위 3% 안에 드는 우수한 점수인 데 반해, 교양영어점수 88점은 상위 20% 안에 드는 수준이라는 것을 알 수 있다.

또한 〈부록표 2〉의 정규분포표를 이용하여 하나의 분포 안에서 두 개의 표준점수 사이에 얼마나 많은 사례가 포함되는가도 정확하게 계산할 수 있다. 예를 들어 총 500명의 통계학 수강생 중 표준점수 2와 1 사이에 얼마나 많은 학생이 포함되는가를 알기 위해서는 Z가 2일 때의 면적비율 .4773으로부터 Z가 1일 때의 면적비율 .3413을 빼서 총학생 수로 곱하면 된다. 즉, $(.4773-.3413)\times500=.1360\times500=68$이므로 총 500명의 통계학 수강생 중 표준점수 2와 1 사이에 68명이 포함된다는 것을 알 수 있다.

11. SPSS 프로그램을 사용한 기술통계분석 예시 및 결과

SPSS Window 10.0 한글 버전을 이용하여 기술통계분석을 수행해 보자. | SPSS 예시 1-6 | 에 제시한 바와 같이 소득, 교육년수, 연령, 성별 등 자료가 입력되어 있다.

이미 자료가 입력된 상태에서 기술통계분석을 수행하기 위해 | SPSS 예시 1-6 | 에 제시한 바와 같이, 분석 → 기술통계량 → 기술통계를 클릭하면 | SPSS 예시 1-7 | 와 같은 파일이 나타난다. 창의 왼쪽에는 변수들의 목록이 나오게 되므로 이들 변수들을 클릭하여 변수 박스에 가져다 놓고, 확인을 클릭하게 되면 최종적으로 | SPSS 예시 1-8 | 에 제시한 바와 같은 결과 창이 나타난다.

| SPSS 예시 1-8 | 의 결과 창을 통해 기술통계분석 결과를 해석할 수 있는데 간단하게 살펴보면, 본 분석에서 사용한 자료는 크기가 22, 즉 22개의 표본을 가지고 있음을 알 수 있다. 22개 표본의 평균 교육년수는 15년(15.27)이며 가장 적은 교육년수는 12년(최소값), 가장 많은 경우는 18년(최대값)임을 알 수 있다. 교육년수의 표준편차는 2.00임을 쉽게 알 수 있다.

기술통계분석은 빈도수 분석도 포함하는데 | SPSS 예시 1-6 | 에 되돌아가서 분석 → 기술통계량 → 빈도분석을 클릭하면 된다. 결과는 | SPSS 예시 1-9 | 에 제시한 바와 같은데 쉽게 그 결과를 해석할 수 있다. 12년의 교육년수를 가진 사람은 4명, 14년도 4명, 16년 즉 대졸은 10명, 석사졸업인 18년은 4명임을 알 수 있다. 그런데 이 자료에서 성별의 경우 남성=0, 여성=1로 가변수 처리하였으므로 남성의 경우 12명, 여성의 경우 10명임을 알 수 있다.

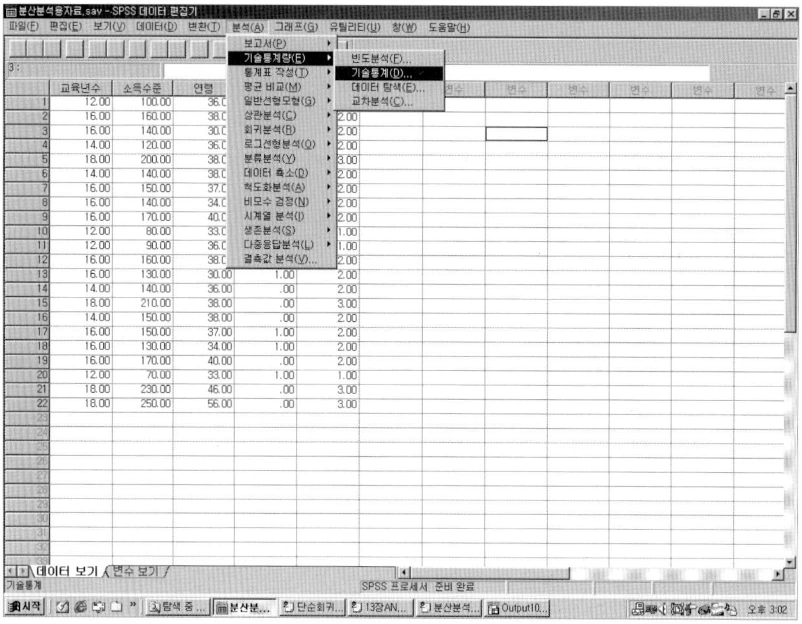

| SPSS 예시 1-6 | 기술통계분석 수행과정 1

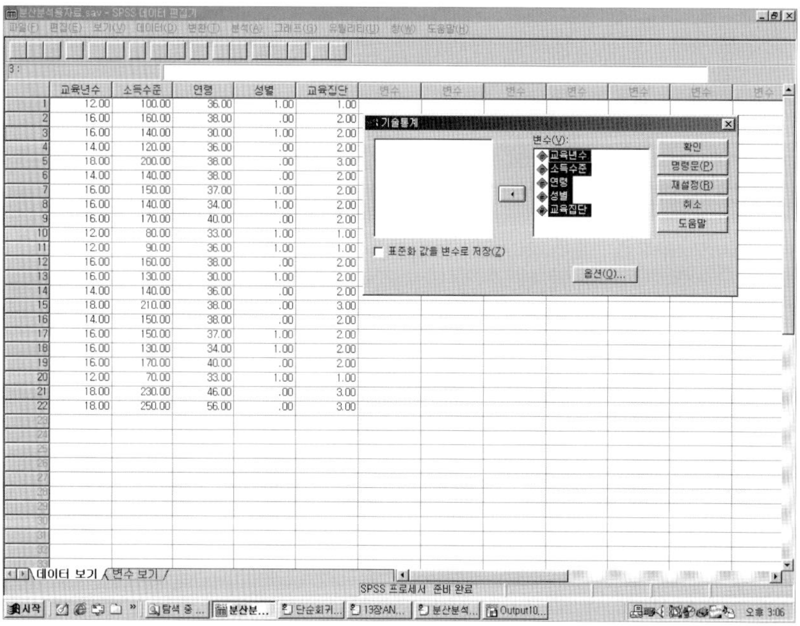

| SPSS 예시 1-7 | 기술통계분석 수행과정 2

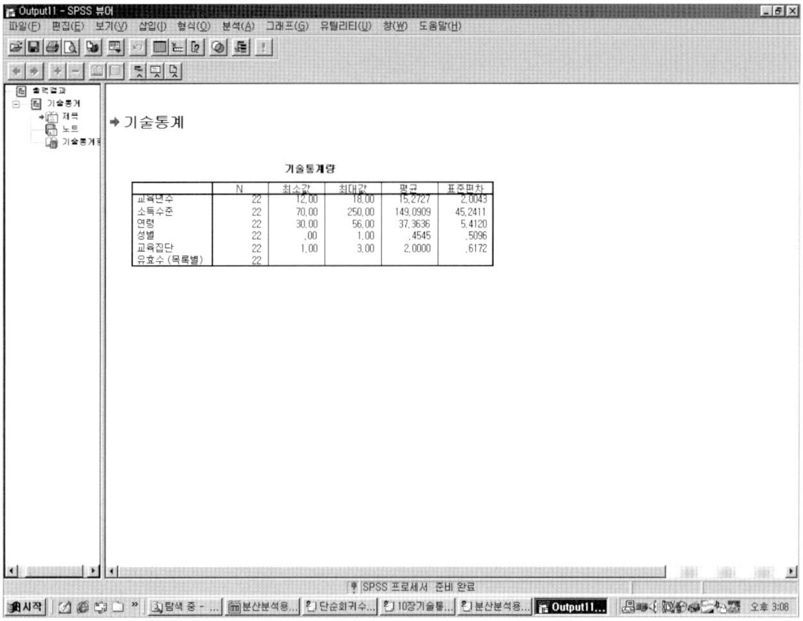

| SPSS 예시 1-8 | 기술통계분석 결과

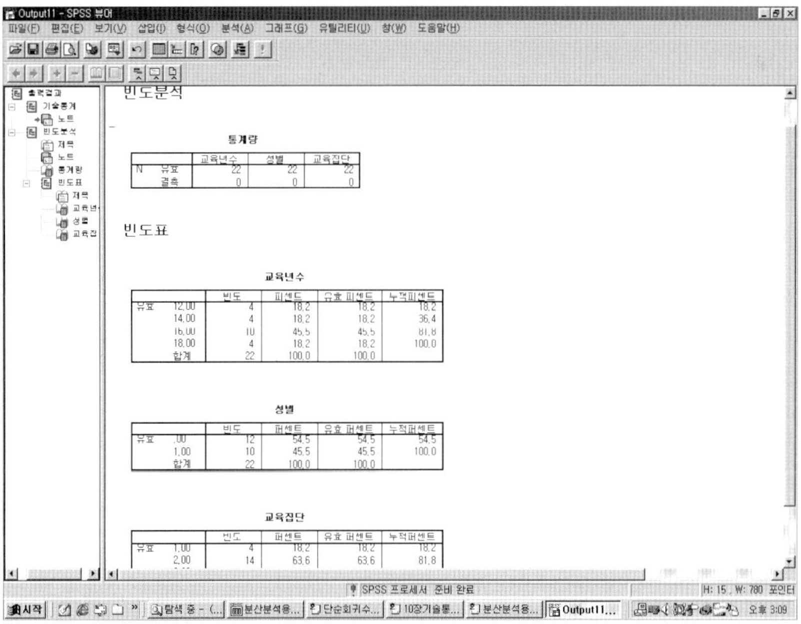

| SPSS 예시 1-9 | 기술통계분석 중 빈도분석 결과

연구문제

01 탐색적 자료분석의 중요성에 대해 논하라.

02 한 변수에 대한 극단치가 존재하는 경우 이를 처리하는 방법을 제시하라.

03 자료분석에서 변수에 log를 취해야 하는 때는 어떤 경우인가?

04 명목·서열변수와 등간·비율변수에 대한 기술통계방법의 종류를 비교·설명하라.

05 산술평균, 중앙치, 최빈치의 위치에 따른 분포의 형태를 설명하라.

06 z 분포의 특성을 설명하라.

07 정상성(normality)을 왜곡하지 않도록 하기 위한 방법을 설명하라.

08 산술평균이 75.8이고 표준편차가 12.6인 정상분포에서 다음 점수들에 해당하는 표준점수를 구하라.

① 68　② 81.9　③ 93.6
④ 48.4　⑤ 72.3

09 다음의 표준점수들에 대해 정상분포곡선하에서의 면적의 비율을 구하라.

① −2.06　② −1.89　③ +0.45
④ +2.59　⑤ +1.96　⑥ +3.06

PART 2

Essential 통계분석

이변량 분석

CHAPTER 2

t 검증

과학적 연구에서는 두 집단의 평균값을 비교해야 하는 일이 자주 있다. 이와 같이 두 집단의 평균값의 차이를 검증하고 이로부터 독립변수의 효과를 유추하는 통계방법으로는 z 검증(z-test)과 t 검증(t-test)이 있다. 이 가운데에서 z 검증은 모집단의 분산(variance)을 알고 있을 때에 사용하는 통계방법으로서 사회과학연구에서 이러한 경우는 흔치 않다. z 검증은 또한 모집단의 정상성을 가정할 수 있거나 표본의 사례수가 적어도 30개[1] 이상이어서 통계값들의 표집분포가 정상분포에 가깝다는 가정을 할 수 있을 때에만 적용할 수 있다. 그러나 많은 연구에서는 충분한 사례수를 얻지 못하여 정상성의 가정을 충족시키지 못하거나 모집단의 분산을 모를 때가 많으며, 이러한 경우에 t 검증이 적용된다. 이 장에서는 두 집단의 평균값을 비교하는 t 검증에 대해 알아보도록 하는데, 두 집단의 평균차에 관한 t 검증은 두 개의 표본이 독립표본인지 혹은 종속표본인지에 따라 다르다.

1. 독립표본의 t 검증

두 개의 표본집단의 평균값을 비교할 때 두 집단이 독립표본(independent sample)이라는 것은 하나의 모집단으로부터 그것을 대표하는 표본을 추출하는 표집과정이 다른 모집단을 대표하는 표본의 표집과정에 아무런 영향을 주지 않는다는

1) 좀 더 정확한 접근이 목적이라면 120개를 기준으로 잡는 것이 좋다.

것을 의미한다. 이와 같은 독립적인 두 표본집단의 평균차를 검증하는 t 검증의 일반적인 공식은 다음의 식과 같다.

$$t = \frac{\overline{X}_1 - \overline{X}_2}{SE_{\overline{X}_1 - \overline{X}_2}}$$

여기에서 $SE_{\overline{X}_1 - \overline{X}_2}$란 평균차의 표준오차(standard error of differences between means)로서 두 개의 평균값의 차이가 형성하는 분포에서의 표준편차를 의미한다. 표준오차란 추리통계에서 중요한 기초개념으로서 정상분포를 이루는 모집단으로부터 추출한 어떤 표본의 평균값이 모집단의 평균값으로부터 얼마나 이탈되었는가를 나타내는 분산도의 개념이다. 그러므로 표준오차는 표본에서 얻은 통계값이 얼마나 신뢰할 만한가를 뜻하며 표준오차가 클수록 통계값은 안정되지 못하다는 것을 의미한다.

표준오차의 공식은 다음의 식과 같으며, 표본의 사례수(N)가 클수록 그리고 표준편차(s)가 작을수록 줄어드는 경향이 있다.

$$SE_{\overline{X}} = \frac{s}{\sqrt{N}}$$

독립표본의 t 검증에서의 평균차의 표준오차, $SE_{\overline{X}_1 - \overline{X}_2}$를 계산하는 방법에는 두 가지가 있는데 하나는 두 표본의 모집단이 모두 정상분포를 이루고 분산이 동일하다고 가정할 수 있는 경우($\sigma_{21} = \sigma_{22}$)이고, 다른 하나는 두 모집단의 분산이 동일하다는 가정을 할 수 없는 경우($\sigma_{21} \neq \sigma_{22}$)이다. 두 집단 간 분산이 같은가를 알아보기 위해서는 F 검증을 하며, 이때 $F = s_1{}^2/s_2{}^2$이고 $s_1{}^2$은 분산 중 큰 값을 대입한다. F 검증 결과 유의하지 않으면(두 집단의 분산이 동일하면) 통합분산추정치(pooled variance estimate)를 사용하고 유의하면(두 집단의 분산이 다르다면) 개별분산추정치(seperate variance estimate)를 사용한다.

두 집단의 분산이 동일하다고 가정할 때 통합분산추정치를 t 검증 공식에 대입하면 다음의 식과 같다. 이렇게 계산된 t 값은 $(n_1 + n_2 - 2)$의 자유도(degree of freedoom: d.f.)를 가진 t 분포표(부록표 4)에 따라 검증된다.

$$t = \frac{\overline{X}_1 - \overline{X}_2}{\sqrt{\frac{(n_1-1)s_1^{\ 2} + (n_1-1)s_2^{\ 2}}{n_1+n_2-2}\left(\frac{1}{n_1}+\frac{1}{n_2}\right)}}$$

두 집단의 분산이 다르다고 가정할 때 개별분산추정치를 사용하고 이를 t 검증 공식에 대입하면 다음의 식과 같고, 자유도 df는 다음과 같이 구한다.

$$t = \frac{\overline{X}_1 - \overline{X}_2}{\sqrt{\frac{s_1^{\ 2}}{n_1-1}+\frac{s_2^{\ 2}}{n_2-1}}} \qquad df = \frac{\left(\frac{s_1^{\ 2}}{n_1}+\frac{s_2^{\ 2}}{n_2}\right)^2}{\frac{\left(\frac{s_1^{\ 2}}{n_1}\right)^2}{(n_1-1)}+\frac{\left(\frac{s_2^{\ 2}}{n_2}\right)^2}{(n_2-1)}}$$

2. 종속표본의 t 검증

종속표본(dependent sample)이란 하나의 표본이 다른 표본과 상호종속적인 관계에 있는 것으로서 짝을 이룬 쌍을 대상으로 표집하거나, 동일한 집단을 대상으로 사전검사와 사후검사를 비교하는 경우가 해당된다.

이와 같이 두 종속표본의 평균차를 검증하는 경우의 t 검증은 평균차의 표준오차(standard error of differences between means)를 구하는 공식이 다음의 식과 같다. 이 방법은 사전·사후검사 또는 결합된 두 조의 피험자로부터 얻은 원점수의 차(d)를 이용한다는 점이 다르다.

$$t = \frac{\overline{d}}{SE_{\overline{d}}}$$

여기에서 $\overline{d}$=원점수 차의 평균값, $E_{\overline{d}}$ =원점수 차의 평균값이 이루는 분포의 표준편차, 즉 표준오차가 된다. 여기에서 표준오차의 공식은 다음의 식과 같다. 이때 t 값의 자유도(df)는 전체 짝의 수(n)에서 1을 뺀 값이다.

$$SE_{\overline{d}} = \frac{s_{\overline{d}}}{\sqrt{n}}$$

이상의 내용을 실제 예에 적용해 보면서 가설검증의 단계를 살펴보도록 한다.

3. 독립표본의 t 검증 예

독립표본의 t 검증에 대한 예를 들기 위해 사회과학이라는 교양과목을 수강한 남학생 46명과 여학생 78의 학기말시험 점수에 대한 평균값의 차이에 대한 t 검증의 결과를 | SPSS 예시 2-1 | 과 같이 얻었다고 가정하자.

집단통계량

구 분	SEX	N	평 균	표준편차	표준오차 평균
학기말 시험점수	남자	46	71.7391	11.4376	1.6864
	여자	78	77.5385	8.9728	1.0160

독립표본 검정

구 분		Levene의 등분산 검정		평균들의 동인성에 대한 t-감정						
		F	유의확률	t	자유도	유의확률 (양쪽)	평균차	차이표준 오차	평균의 95% 신뢰구간 하한	평균의 95% 신뢰구간 상한
학기말 시험 점수	등분산이 가정됨	4.350	.039	−3.134	122	.002	−5.7993	1.8503	−9.4623	−2.1364
	등분산이 가정되지 않음			−2.946	77.618	.004	−5.7993	1.9688	−9.7192	−1.8795

| SPSS 예시 2-1 | 성별에 따른 학기말 시험 점수의 t 검증 결과

1) 제1단계 : 가설의 설정

여기에서 대립(연구)가설(research hypothesis : H_1)은 '남학생과 여학생의 소비자학 학기말시험 점수의 평균값에는 차이가 있을 것이다' 가 될 것이고, 귀무가설(null hypothesis : H_0)은 '남학생과 여학생의 소비자학 학기말시험 점수의 평균값에는 차이가 없을 것이다' 이다. 이는 다음과 같이 표현해 볼 수 있다.

$$H_0 : \mu_1 = \mu_2 \ (\text{혹은 } \mu_1 - \mu_2 = 0)$$

$$H_1 : \mu_1 \neq \mu_2 \ (\text{혹은 } \mu_1 - \mu_2 \neq 0)$$

2) 제2단계 : 두 집단의 분산에 대한 F 검증

t 검증을 하기 위해서는 먼저 두 집단의 분산이 동일한가에 대한 F 검증을 해야 한다. SPSS의 결과에서 F 검증의 결과를 먼저 살펴보면 그 값이 4.35이고 유의확률은 .039로서 유의미하게 나와 남학생과 여학생집단의 분산이 다르다고 결론지을 수 있다.

3) 제3단계 : t 검증

앞에서 F 검증의 결과가 유의미하였으므로 t 검증은 개별분산추정치(seperate variance estimate), 즉 등분산이 가정되지 않은 결과를 이용해야 한다. 그 결과 t 값은 2.946이고, 이것의 유의확률은 .004로서 유의수준 .01에서 유의하다는 것을 알 수 있다. 그러므로 귀무가설(영가설)이 기각되고 대립가설이 채택되어 '남학생과 여학생의 소비자학 학기말시험 점수의 평균값에는 .01의 유의수준에서 차이가 있다' 고 결론지을 수 있다.

4. 종속표본의 t 검증 예

종속표본의 t 검증에 대한 예를 들기 위해 광고가 상표태도에 미치는 영향을 알아보기 위한 사전사후실험(before-after experiment)을 20명의 소비자를 대상으로 실시하였다고 하자. 먼저 특정 상표에 대한 소비자의 태도를 측정하기 위해 6점(0~5) 척도 20문항으로 구성되어 0에서 100점의 분포를 갖는 상표태도척도를 개발하고 사전검사(pretest)를 실시한 후, 40초짜리 그 상표의 TV광고를 보여 준 후 상표에 대한 태도를 다시 측정하는 사후검사(posttest)를 실시하였다고 하자. 사전사후실험의 상표태도 점수의 평균값의 차이에 대한 t 검증의 SPSS 결과는 | SPSS 예시 2-2 | 와 다음과 같다.

대응표본 통계량

구 분		평 균	N	표준편차	표준오차 평균
대응 1	광고 전 상표태도	76.3500	20	12.2486	2.7389
	광고 후 상표태도	79.8000	20	11.7545	2.6284

대응표본 상관계수

구 분		N	상관계수	유의확률
대응 1	광고 전 상표태도 & 광고 후 상표태도	20	.939	.000

대응표본 검정

구 분		대응차					t	자유도	유의확률 (양쪽)
		평 균	표준편차	표준오차 평균	차이의 95% 신뢰구간				
					하 한	상 한			
대응 1	광고 전 상표태도 & 광고 후 상표태도	−3.4500	4.2112	.9417	−5.4209	−1.4791	−3.664	19	.002

| SPSS 예시 2-2 | 상표태도의 차이검증 결과

쉬어가는 연구방법과 통계이야기 • 2-1

함정이 있는 비교, 크기가 다르면 비교에 주의

숫자가 포함된 정보를 비교할 때는 비교되는 특성이 같고, 비교되는 특성 이외의 것들에 대해서는 서로 비슷한 경우에 올바른 비교를 할 수 있다. 하지만 두 가지 원칙을 지켰더라도 원래의 비교 대상 크기가 다른 경우에는 잘못된 비교를 하기 쉽다. 이 같은 잘못은 도처에서 발견할 수 있다.

예를 들어 보자. 교통사고는 안개 낀 날에 비해 맑은 날에 훨씬 더 많이 일어난다. 그렇다면 맑은 날이 안개 낀 날보다 운전하기에 더 위험하다는 말일까? 실은 그렇지 않다. 교통사고가 맑은 날에 많은 것은 안개 낀 날에 비해 맑은 날이 훨씬 많기 때문이다. 또 다른 예를 보자. 기혼자가 독신자보다 알코올 중독에 걸릴 확률이 높다는 주장이 신문에 실린 적이 있다. 알코올 중독자 중에서 기혼자가 독신자에 비해 많다는 이유로 이런 결론을 내린 것이었다. 그러나 20세 이상의 남자 중에서 80% 정도는 기혼자이다. 따라서 기혼자가 알코올 중독에 걸릴 확률이 독신자에 비해 낮더라도 알코올 중독자 중에는 여전히 기혼자가 많은 것이다. 이처럼 어떤 대상들을 비교할 때 원래 대상들의 크기에 차이가 있다는 사실을 고려하지 않으면 잘못된 결론에 도달한다.

어느 해의 미국 해변에서 일어난 상어 습격 통계를 보면 희생자의 대부분이 남자로 나타났다. 이 결과를 놓고 사람들은 상어들이 여자들의 냄새는 싫어하고 남자들의 냄새에는 자극을 받아서 공격하게 된다는 생각을 하기도 한다. 하지만 과연 그럴까? 역시 아니다. 대부분의 상어 공격은 해변에서 멀리 떨어진 곳에서 일어난다. 그런데 해변에서 멀리 떨어진 곳까지 수영을 하는 사람들은 주로 남자들인 까닭에 상어 공격의 희생자들 중에 남자들이 압도적으로 많은 것이다.

출처 : 한국경제, 2006년 6월 5일

1) 제1단계 : 가설의 설정

여기에서 대립가설(research hypothesis : H_1)은 '광고가 상표에 대한 소비자의 태도에 영향을 미칠 것이다' 가 될 것이고, 귀무가설(null hypothesis : H_0)은 '광고가 상표에 대한 소비자의 태도에 영향을 미치지 않을 것이다' 가 된다. 이는 다음과 같이 표현해 볼 수 있다.

$$H_0 : \mu_{pre} = \mu_{post} \text{ (혹은 } \mu_{pre} - \mu_{post} = 0)$$

$$H_1 : \mu_{pre} \neq \mu_{post} \text{ (혹은 } \mu_{pre} - \mu_{post} \neq 0)$$

2) 제2단계 : t 검증

위의 | SPSS 예시 2-2 | 의 결과에서 t 값이 3.664이고 유의확률은 .002로서 유의수준 .01에서 이 결과는 유의하다는 것을 알 수 있다. 그러므로 귀무가설이 기각되고 대립가설이 채택되어 '광고가 상표에 대한 소비자의 태도에 .01의 유의수준에서 유의한 영향을 미친다' 고 결론지을 수 있다.

5. SPSS 프로그램을 사용한 t 검증분석 예시 및 결과

SPSS를 이용하여 t 검증을 수행해 보자. | SPSS 예시 2-3 | 에 제시한 바와 같이 소득, 교육년수, 연령, 성별 등 자료가 입력되어 있다. 이때 연구자는 성별에 따라 소득수준에 차이가 있는가를 검증하고자 한다고 할 경우 독립표본검증을 수행하면 된다.

SPSS 프로그램이 제공하는 t 검증방법은 일표본 t 검증, 독립표본 t 검증, 대응표본 t 검증 등이 있는데 한 개의 집단변수 그리고 한 개의 등간척도변수, 즉 총 두 개의 변수를 가지고 집단변수에 따라 등간척도변수 값이 차이가 있는가를 검증하기 위해서는 독립표본 검증을 사용하게 된다. 다만 예를 들어, 부부를 조사대상으로 하여 남편과 부인의 소득수준 간에 차이가 있는가를 검증하고자 할 경우 대응표본검증을 수행하는 방법이 적절하다. 그 이유는 보통 비슷한 교육수준과 소득수준을 가진 남녀가 결혼을 할 가능성이 많으므로, 즉 부부자료의 경우 독립표본이라고 보기 어려우므로 대응표본 t 검증을 수행한다. 이 자료는 부부 간의 자료가 아닌 어떤 회사에 근무하는 개인 남녀 근로자의 소득수준 및 기타 자료를 조사한 결과를 가지고 자료를 만들었으므로 대응표본 t 검증을 수행할 필요가 없다.

이미 자료가 입력된 상태에서 기술통계분석을 수행하기 위해 | SPSS 예시 2-3 | 에 제시한 바와 같이, 분석 → 평균비교 → 독립표본 t 검증을 클릭하면 | SPSS 예시 2-3 | 에 보이는 바와 같은 창(위 창)이 나오게 된다. 이때, 집단변수의 범위 값을 지정해야 하므로 집단정의를 클릭하면 | SPSS 예시 2-3 | 에 제시한 아래 창이 자동적으로 나오게 된다. 이 단계에서 집단1, 집단2에 값을 입력해 주어야 한다. 이 자료에서는 성별을 여성=1, 남성=0으로 코딩하였으므로 집단1에 0, 집단2에 1을 입력하였다. 다음 단계로 계속(아래 창) → 확인(위 창)을 클릭하면 | SPSS 예시 2-4 | 와 같은 결과 창이 나타난다. 이때 결과 파일을 저장할 경우 확장자가 .spo를 사용하게 된다. 물론 필요한 경우 결과 파일에 수정, 즉 글자를 삽입하거나 여러 형태의 편집도 가능하다. 결과 파일을 다른 워드 프로세서 프로그램 등에 삽입할 수 있다.

앞서 SPSS 예시에서 t 검증결과 해석에 대해 자세한 설명은 하였으므로 여기서는 간단하게 살펴보면, t 값의 유의확률이 .05보다 작으므로 성별에 따라 소득수준은 차이가 있음을 알 수 있다. | SPSS 예시 2-4 | 의 결과를 보는 요령을 더 자세하게 설명하면, 먼저 등분산 가정 여부를 판정하기 위해 F값의 유의도를 판정하는 유의확률이 .495로서 분산이 같다는 귀무가설/영가설이 기각됨을 알 수 있다. 따라서 최종적으로 연구자는 등분산이 가정되지 않음을 받아들여 유의확률(양쪽)에 제시한 .001(t 값 3.841)을 통해 독립표본 t 검증 결과 성별에 따라 소득수준이 차이가 있음을 알 수 있다.

또한 집단이 여성과 남성 2개만으로 구분되었으므로 평균값의 비교를 통해 구체적으로 어느 집단의 소득수준이 높은지 쉽게 알 수 있다(만약 집단이 3개 이상인 경우는 ANOVA 분석을 수행한 후, 집단 간의 차이검증방법 중 하나(예: Duncan test)를 선택하여 다중범위검증을 수행하게 된다). 성별 값이 0인 집단, 즉 남성의 평균 소득수준은 175만 원, 1인 집단 즉 여성의 평균값은 118만 원으로 남성의 소득수준이 통계적으로 유의하게 많음을 알 수 있다.

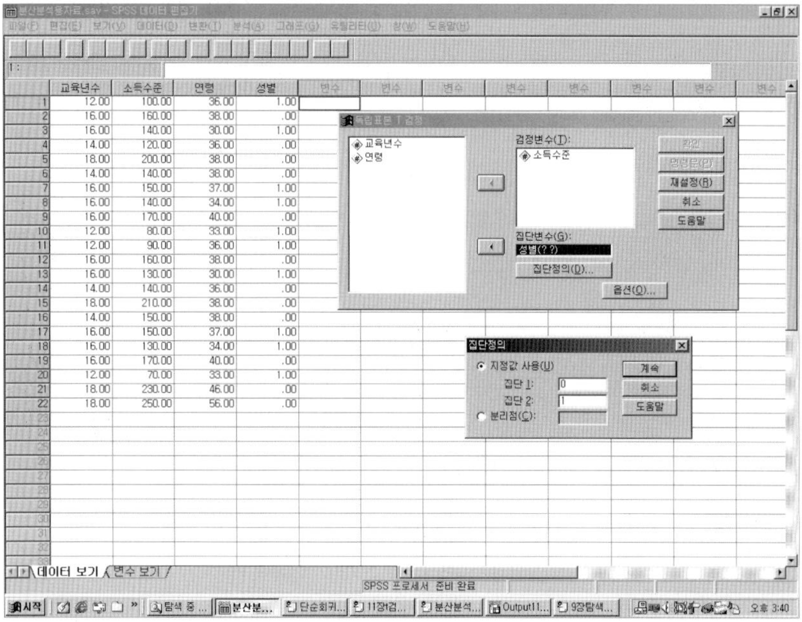

| SPSS 예시 2-3 | 독립표본 t 검정 수행과정

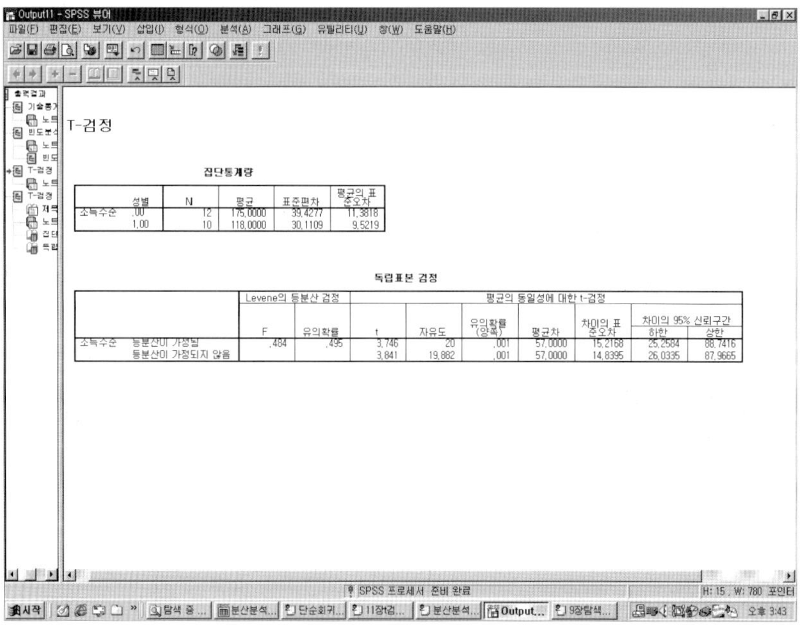

| SPSS 예시 2-4 | 독립표본 t 검정 수행결과

연구문제

01 다음 두 집안의 정보화지수를 0.01 수준에서 가설검증의 절차에 따라 t 검증하라.

X_1	79	89	91	68	94	77	84	80
X_2	65	78	81	52	37	83	77	79

02 통계학 기말시험에 대해 각각 30명인 A반과 B반의 시험결과가 다음과 같을 때, 이 두 반의 평균성적의 차이를 0.01 수준에서 검증하라.

$X_1 = 83,\ \sum X_1{}^2 = 1692\ ;\ X_2 = 78,\ \sum X_2{}^2 = 2718$

CHAPTER 3

상관관계

우리는 일상생활에서 상관관계(correlation)에 대해 많이 이야기한다. 범죄율과 실업률은 직접적인 상관관계가 있다라든지, GNP와 물가상승률은 상관관계가 높다라든지 등이다. 심지어 경기지표와 치마의 길이는 상관관계가 있다는 말도 존재하는데 이렇듯 일상생활에서 발견되는 현상들 간의 상관성은 생활과학에서 주된 관심분야와 연구주제가 될 수 있으므로 이를 이해하는 것은 매우 중요하다.

상관관계분석은 변수들 간의 관련성을 분석하기 위해 이용된다. 즉, 하나의 변수와 다른 변수와의 밀접한 관련성을 갖고 변화하는가를 분석하기 위하여 이용된다고 할 수 있다. 예를 들어, 소득과 소비성향 간 관련성이 있는지의 여부, 부모의 교육수준과 가계소득과의 관계, 학생의 지능지수와 성적과의 관계, 그리고 내신성적과 수능점수와의 관계 등을 밝히고자 하는 데에 이용할 수 있다.

이러한 상관관계는 등간척도 이상의 자료로 이루어진 두 변수 사이의 관련성 정도를 분석하는 방법이다. 어떤 두 변수 사이에 관계가 있다면 그 이유는 어떤 한 변수가 원인변수이고 다른 한 변수가 결과변수이기 때문일 수도 있고 단순히 관련성이 있을 수도 있다. 그러나 상관관계는 인과관계는 분석할 수 없으며 다만 두 변수 사이의 관련성의 정도를 분석하는데 정적관계 또는 부적관계로 관련성의 방향만을 제시해 준다. 그리고 상관관계의 정도를 지수로 나타내는데 이 지수를 상관계수라 한다.

생활과학조사에서 상관관계분석을 실시하는 가장 큰 이유는 나타나는 현상 간에, 구체적으로 변수 간에 어떤 구조적인 관계가 존재하는가를 밝히기 위해서 사용한다. 또한 이러한 예측을 위해서뿐 아니라 상관관계를 통하여 새로운 조사도구나 검

쉬어가는 연구방법과 통계이야기 • 3-1

흡연과 폐암

두 변수 간의 상관관계가 우연한 것이 아니고 인과관계를 명백히 나타내는 경우가 있다. 그러나 이런 명백한 경우에도 그것을 해석할 때는 주의해야 한다. 흡연자들이 비흡연자들에 비해서 폐암에 걸릴 확률이 높다는 것은 사실이다. 즉, 흡연이 폐암을 우발할 가능성이 높다.

그러나 문제는 이런 사실을 너무 단순화하여 성급하게 일반화하는 것이다. 다시 말하면, 흡연이 폐암발생의 유일한 원인인 것처럼 해석해서는 안 된다는 것이다. 폐암환자 중에는 흡연을 전혀 하지 않는 사람이 15%나 된다는 사실에 비춰볼 때 폐암의 원인에는 여러 가지의 다른 중요한 원인이 있을 수 있는 것이다. 흡연이 폐암으로 인한 사망감소의 유일한 원인인 것처럼 말하는 경우가 많다. 그러나 담배소비감소 외에도 다른 중요한 원인들이 폐암으로 인한 사망감소에 작용한 것이다. 공장의 공기오염물질 배출규제, 자동차 배기가스규제, 공기여과기를 이용한 사무실과 집에서의 공기정화, 건강에 대한 높아진 관심, 정기적인 건강진단으로 인한 폐암 조기발견, 폐암치료방법의 발달 등도 폐암으로 인한 사망을 줄이는 데 한몫을 담당한 것이다.

출처 : 한국경제, 1999년 4월 19일

사의 타당성을 밝히기도 하며 많은 이론들을 검증하고 증명하는 수단이 되기도 하기 때문에 연구방법론에서 상관관계를 이해하는 것은 매우 중요하다.

따라서 이 장에서는 먼저 상관관계에 대한 개요로서 상관관계의 개념과 사용용도, 상관에 대한 이해와 해석을 개괄적으로 살펴보고자 한다. 아울러 상관관계의 종류를 크게 적률상관계수, 서열상관계수, 일치계수, 양류상관계수 등으로 구분하여 구체적으로 살펴보고 마지막으로 SPSS 프로그램을 이용하여 실제적으로 상관관계 분석을 실시하는 예를 살펴보고자 한다.

1. 상관관계의 개요

1) 상관관계의 개념

상관관계라 함은 둘 또는 그 이상의 변수들 간에 존재하는 관계정도를 뜻하는 것으로 이러한 상관관계를 분석하고자 하는 것이 상관관계분석이다.

상관관계 변수 X, Y 간의 관계를 통하여 나타난다. 두 변수 X, Y의 상관관계는 아래 표로 작성하거나 산포도의 그래프로 나타낼 수 있다. 산포도에서 X값들은 그

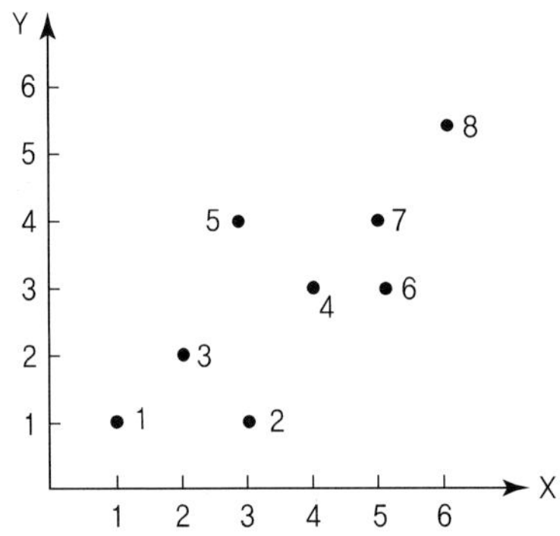

사 람	X	Y
1	1	1
2	3	1
3	2	2
4	4	3
5	3	4
6	5	3
7	5	4
8	6	5

[그림 3-1] n = 6의 두 가지 점수들의 집합

래프의 수평축에, Y값들은 수직축에 위치한다. 각 개인들은 그래프상의 한 점으로 표시되는데 그 점은 개인들의 X점수와 Y점수가 만나는 점이다.

상관은 다음에 나타나는 X와 Y 간 관계의 네 가지 특징을 측정한다.

(1) 관계의 방향

관계의 방향은 부호로서 나타내는데 +는 정적인 관계를 뜻하고 −는 부적인 관계를 나타낸다. 관계의 방향이 +인 정적상관(positive correlation)은 두 변수가 같은 방향으로 움직이는 경향이 있음을 나타내는데, 즉 변수 X가 증가하면 변수 Y도 증가하고, 변수 X가 감소하면 변수 Y 역시 감소한다. 아래 [그림 3-2]는 이와 같은 정적상관을 산포도로 나타낸 것이다.

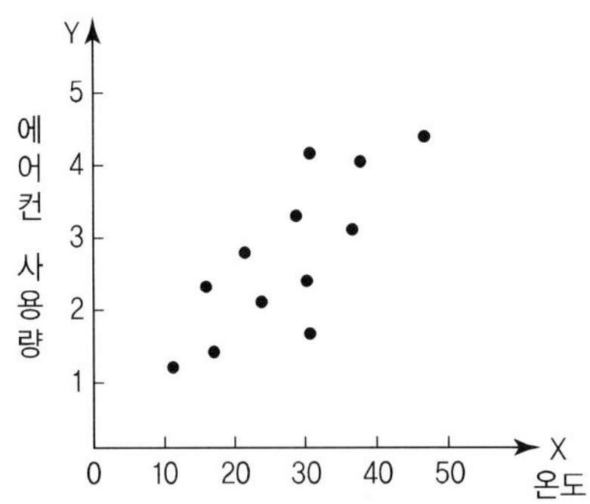

[그림 3-2] 정적상관의 예

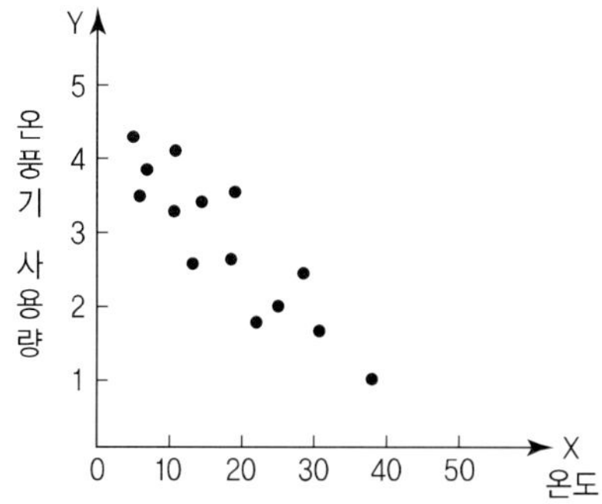

[그림 3-3] 부적상관의 예

관계의 방향이 -인 부적상관(negative correlation)은 두 변수가 서로 반대 방향으로 가는 경향이 있음을 나타낸다. 즉, 변수 X가 증가할수록 변수 Y는 감소하게 된다. [그림 3-3]은 이와 같은 부적상관을 산포도로 나타낸 것이다.

(2) 관계의 형태

상관의 관계는 일반적으로 직선의 형태를 취하는 경향이 있으나 곡선의 관계도 존재하며 그들을 측정하는 데 사용되는 특별한 상관들이 있다. 예를 들어, [그림 3-4]의 소비자교육과 소비자지식 간의 관계는 직선관계가 아닌 완만한 곡선관계이다. 소비자교육의 초기단계에는 소비자지식이 급속도로 증가하지만 소비자교육이 많아짐에 따라 소비자지식의 양은 점차 줄어든다.

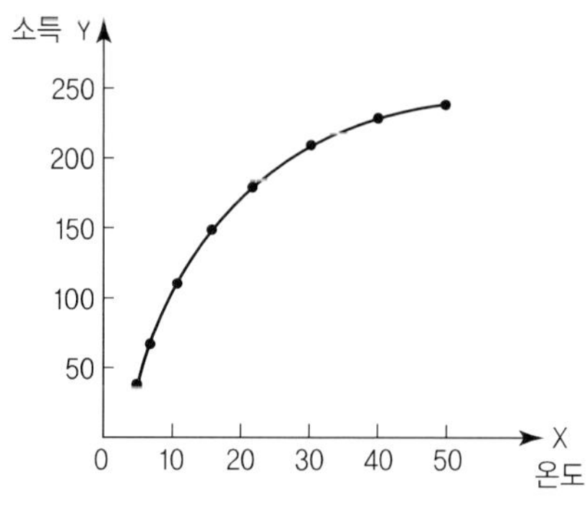

[그림 3-4] 직선이 아닌 관계의 예

쉬어가는 연구방법과 통계이야기 • 3-2

미니스커트와 경기지수

통계적으로 상관관계는 어떤 변수가 증가할 때 다른 변수가 함께 증가하는가 혹은 감소하는가를 관찰하여 파악한다. 그러나 어떤 상관관계는 그냥 우연의 일치인 경우도 많다. 아무렇게나 고른 두 변수를 조사했을 때 두 변수가 전혀 관계가 없는 경우보다 그냥 우연히 두 변수가 상관관계를 보이는 경우가 흔하다는 말이다.

미니스커트의 길이가 경기상황과도 상관관계가 있다고 한다. 그래서 이를 이용해서 미니스커트 길이로 그 해의 경기를 예측하는 경우도 있다. 즉, 미니스커트의 길이가 무릎 위로 올라갈수록 경기가 높아지고, 반대로 무릎 아래로 내려 갈수록 경기가 나빠질 것이라고 예측한다. 더욱이 여기에다 그럴듯한 분석까지 덧붙인다. 치마길이는(혹은 노출의 정도는) 여자들의 낙관적인 혹은 비관적인 전망의 상대적인 정도를 나타낸다고 억측한다. 그런데 소비는 대부분의 여자들에 의해서 결정되므로 여성들의 전망에 따라 경기의 방향이 결정된다는 것이다. 실제로 스커트의 길이와 경기지수 사이에 상관관계가 있더라도 그것은 그냥 우연히 관계가 있는 것일 뿐이다.

출처 : 한국경제, 1999년 4월 9일

(3) 관계도

상관은 자료가 예상되는 특별한 형태에 얼마나 일치하는지를 측정한다. 예를 들어, 직선상관은 자료점들이 직선에 얼마나 일치되는지를 측정한다. 완전한 일치는

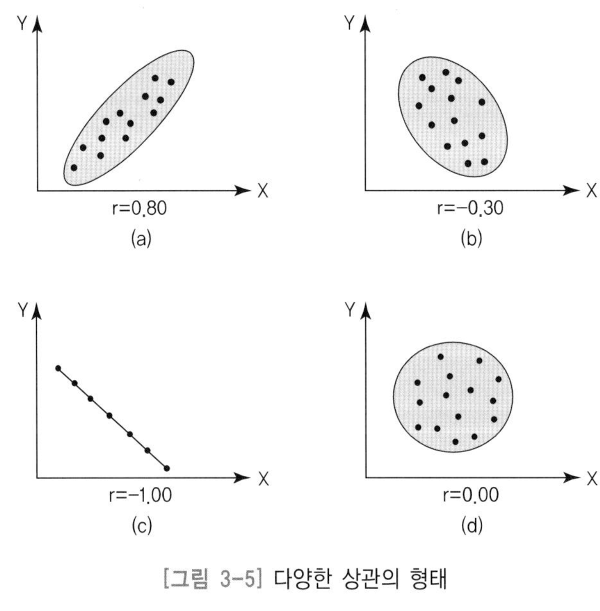

[그림 3-5] 다양한 상관의 형태

항상 1의 상관으로 표시하고 0의 상관은 전혀 일치되지 않음을 나타낸다. 중간값들은 자료점들이 완전한 형태에 접근하는 정도를 나타낸다. 그리고 -1.00의 상관 역시 완전한 일치를 나타낸다. [그림 3-5]는 다양한 상관의 산포도를 보여 주고 있다.

(4) 공분산

상관은 두 변수가 함께 변하는 정도이며 산포도를 통하여 한 변수가 변할 때 다른 변수가 어떻게 변하는지를 쉽게 알 수 있다. 더불어 산포도를 통하여 한 변수가 얼마만큼 변할 때 다른 변수는 얼마만큼 변하는지도 알 수 있다.

이와 같이 두 변수가 동시에 변하는 정도를 공분산(covariance)이라 한다. 두 변수가 각기 얼마만큼 변하는지를 알기 위해서는 중심이 되는 점이 필요하다. 중심이 되는 점은 두 변수들의 평균점인 X와 Y점이며 이 점을 중심으로 변하는 정도를 계산한다.

모 대학교 소비자학과 학생 5명의 소비자교육과목의 점수와 합리적 소비행위 정도를 측정하는 소비자만족도 점수의 예를 가지고 각 학생들의 두 점수의 변하는 정도를 나타내면 [그림 3-6]과 같다.

소비자교육과목과 소비자만족도의 평균점을 나타내는 점으로부터 E학생은 소비자교육과목이 3점 증가하였으며 그에 따라 소비자만족도 점수는 2점 증가하였고 A학생은 소비자교육 점수가 2점 낮아진 데 상응하여 소비자만족도 점수도 2점 낮아짐으로서 규칙적인 경향성을 보일뿐더러 변하는 정도도 쉽게 계산할 수 있다. 변수 X의 변하는 값과 변수 Y의 변하는 값의 부호가 같고 절대값들이 클 경우 정적관계

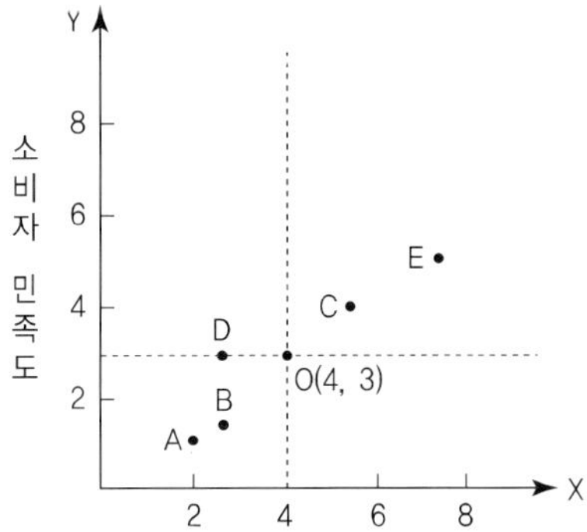

[그림 3-6] 공분산의 예

가 높으며 다른 자료에서 변수 X는 평균점으로부터 증가하였는데 다른 변수는 감소하는 경향을 보인다면 그 두 변수의 관계는 부적인 관계를 나타낼 것이며 변하는 양의 절대값들이 크면 부적관계의 정도가 높은 것임을 예견할 수 있다.

공분산은 분산을 이용하여 계산할 수 있는데 변수 X, 변수 Y의 분산은 다음 식으로 구할 수 있다.

$$S_X{}^2 = \frac{\Sigma(X_i - \overline{X})^2}{n}$$

$$S_Y{}^2 = \frac{\Sigma(Y_i - \overline{Y})^2}{n}$$

그렇다면 변수 X와 Y의 공분산은 변수 X와 변수 Y의 편차를 구하여 곱한 후 총 사례 수로 나눈 값을 말하며 모수치에 의한 기호는 σ_{xy}로, 통계치에 의한 기호는 S_{xy} 로 표기한다.

$$S_{xy} = \frac{\Sigma(X_i - \overline{X})(Y_i - \overline{Y})}{n}$$

이상의 공식에 의하여 소비자학과 학생 5명의 소비자교육과목 점수와 소비자만족도측정 점수와의 공분산은 2.4이다.

〈표 3-1〉 이론공식에 의한 학생 5명의 X, Y점수의 공분산 계산

소비자과목점수(X)	소비자만족도 측정점수(Y)	$X_i - \overline{X}$	$Y_i - \overline{Y}$	$(X_i - \overline{X})(Y_i - \overline{Y})$
2	1	2	4	1
3	2	6	9	4
5	4	20	25	16
3	3	9	9	9
7	5	35	49	25
Σ 합 20	15	72	96	55

$\overline{X} = 4 \quad \overline{Y} = 3 \qquad \Sigma(X_i - \overline{X})(Y_i - \overline{Y}) = 12$

$$S_{XY} = \frac{\Sigma(X_i - \overline{X})(Y_i - \overline{Y})}{n} = \frac{12}{5}$$

$$
\begin{aligned}
S_{XY} &= \frac{\Sigma(X_i - \overline{X})(Y_i - \overline{Y})}{n} \\
&= \frac{\Sigma(X_iY_i - X_i\overline{Y} - \overline{X}Y_i + \overline{XY})}{n} \\
&= \frac{\Sigma X_iY_i - \Sigma X_i\overline{Y} - \Sigma\overline{X}Y_i + \Sigma\,\overline{XY}}{n} \\
&= \frac{\Sigma X_iY_i - \overline{Y}\Sigma X_i - \overline{X}\Sigma Y_i + n\overline{XY}}{n} \\
&= \frac{\Sigma X_iY_i - \overline{Y}nX_i - \overline{X}nY_i + n\overline{XY}}{n} \\
&= \frac{\Sigma X_iY_i}{n} - \overline{XY}
\end{aligned}
$$

2) 상관의 사용용도

상관의 적용 분야는 많지만 몇 가지 중요한 사용 분야를 살펴보면 다음과 같다.

(1) 예 측

두 변수가 어떤 구조적인 방법으로 관계되었는지가 밝혀지면, 변수 중 하나를 이용하여 다른 것에 관한 정확한 예측을 할 수 있다. 예를 들어, 소비자가 신용카드를 만들고자 할 때, 신용카드회사로부터 직업유무와 형태에 대한 개인정보를 제출하도록 요구받는다. 신용카드회사는 이 정보를 원하며 이것으로 소비자의 신용상태를 예측하게 된다. 현재 직업을 갖고 있는 소비자는 그렇지 않은 소비자에 비해 신용상태가 양호한 경우가 많기 때문이다. 이러한 관계를 근거로 신용카드회사는 소비자의 잠재적 신용도에 관한 예측을 할 수 있다.

(2) 타당성

한 연구자가 소비자의 합리적인 소비생활을 측정하는 새로운 검사를 개발했다고 가정할 경우, 새로운 검사의 타당성을 어떻게 증명할 수 있는가? 타당성을 증명하는 가장 흔한 방법 중 하나가 상관을 이용하는 것이다. 그 검사가 실제로 소비생활을 측정한다면 검사의 점수들은 다른 측정치와, 예를 들면 소비생활만족도 등과 관련되어야 한다. 심리학자는 새로운 검사와 지능의 다른 측정치들 간의 상관을 측정해서 새로운 검사가 타당한지를 증명할 수 있다.

(3) 이론 검증

많은 이론들은 두 변수 간의 관계에 관한 구체적 예측을 한다. 예를 들어, 부모의 IQ와 아이의 IQ 사이의 관계를 예측할 수 있으며, 소비자들의 정보탐색형태와 소비자교육환경 내의 행동 간의 관계를 예측하는 이론을 가지고 있을 수 있다. 각 경우에 이론의 예측은 두 변수 간의 상관을 판정함으로써 검증될 수 있다.

3) 상관의 이해와 해석

상관을 생각할 때 다음과 같은 사항을 고려하여야 한다.

첫째, 상관은 단지 두 변수 간의 관계를 나타냄으로써 두 변수가 왜 관련되었는지는 설명하지 않는다.

둘째, 상관값은 자료에 나타난 점수 범위에 의해 크게 영향을 받을 수 있다.

셋째, 관계가 얼마나 양호한지 판정할 때 상관의 숫자값에 중심을 두도록 유혹을 받는다. 예를 들어, 0.5의 상관은 0과 1.00 사이의 중간값이므로 적당한 관계도를 나타낼 것 같다. 그러나 상관은 비율로 해석해서는 안 된다. 1.00의 상관이 X와 Y 간의 100% 완전 예측 가능한 관계임을 뜻하지만 0.5의 상관은 50% 정확도의 예측을 할 수 있다는 뜻은 아니다. 한 변수가 다른 것을 얼마나 정확하게 예측하는지를 설명하려면 상관을 자승해야 한다. 그러므로 $r=0.5$의 상관은 $r^2=0.5^2=0.25$ 또는 25%의 정확도를 제공한다.

한편 상관을 해석하는 데 가장 흔히 일어나는 실수 중의 하나는 상관이 반드시 두 변수 간의 인과관계를 뜻한다는 가정을 하는 것이다. 예를 들어, 광고의 인지효과는 합리적인 구매행동과 관계가 있다고 해서 광고가 합리적인 구매의 원인이 되는 것은 아니다.

좀 더 상세히 두 변수 간의 가능한 인과관계를 검증해 보자. 관계가 잘 통제된 실험에서 얻은 것이라면 우리는 그 관계가 '인과관계가 있다' 라고 확신할 수 있다. 그러나 체계적 관찰법과 같은 비실험적 연구에서 독립변수는 종속변수의 원인이 될 수는 있으나 다른 참여자의 특성과 필연적으로 혼동되기 때문에, 우리는 그것이 '종속변수를 변화시키는 원인이 되었다' 고 명백하게 정의할 수는 없다. 상관연구에서는 그 문제가 더욱 복잡해진다. 우리는 오직 두 변수(X와 Y)가 상관되어 있다는 것만 알 뿐이다.

가능한 인과관계란 무엇인가? 첫째, X는 Y의 원인이 될 수도 있다. 둘째, Y는 X의 원인이 될 수도 있다. 셋째, X와 Y 간의 체계적인 관계는 어떤 다른 변수에 의해, 즉 Z에 의해 야기될 수도 있는데 이는 무한한 어떤 변수일 수도 있다. 오히려

쉬어가는 연구방법과 통계이야기 • 3-3

담뱃값 인상은 담배소비 감소를 초래한다?

담뱃값 인상이 실제 담배 소비 감소에 미치는 영향에 관한 국내의 유일한 연구결과는 2000년 8월 충북대 의대 강종원 교수팀의 설문조사 분석이다. 강 교수 팀은 당시 15세 이상 성인남자 1026명을 대상으로 담뱃값과 금연율에 관한 전화 설문조사를 벌였다. 조사 결과 담뱃값이 3,000원으로 오른다면(당시 담뱃값은 1,200원 수준) 담배를 끊겠다고 응답한 사람은 조사대상자의 44% 정도로 나타났다. 그러나 이러한 수치를 액면 그대로 받아들이기 어렵다는 데 문제가 있다. 설문조사에서 '담배를 끊겠다'고 응답한 사람들 중에서도 실제로 담배를 끊는 사람은 일부에 지나지 않는다는 것이 외국 사례를 통해 입증된 바 있기 때문이다. 강 교수에 따르면 '담배를 끊겠다'고 응답한 사람들 중 실제로 금연을 실천하는 사람은 25% 정도에 지나지 않는다. 이러한 설문조사 결과가 가질 수밖에 없는 함정도 간과할 수 없다. 응답자들이 자신의 답변이 담뱃값 인상에 영향을 미친다고 판단하면 담뱃값 인상을 방해하기 위해 '담뱃값이 오르면 끊어버리겠다'고 대답할 가능성이 크다는 것이다. 이 조사를 실시했던 강 교수는 담뱃값을 5,000원 수준까지 높이지 않는 한 담뱃값을 올려 흡연율을 낮추기는 어려울 것이라고 전망하고 있다.

담뱃값과 흡연율 간의 상관관계를 제시해야 하는 책임은 담배 판매를 주 수입원으로 하는 KT & G(옛 한국담배인삼공사) 측에 있지만 담배가격을 올려 담배 소비를 얼마나 줄일 수 있을지 정확히 예측하시 못하는 것은 이 회사 역시 마찬가지다.

KT&G측은 1994년부터 2002년까지 나섯 사례에 걸친 담뱃값 인상에 따른 수요의 가격탄력도가 0.14라고 분석한 바 있다. 가격탄력도란 담뱃값 인상이 소비감소에 영향을 미치는 정도를 의미한다. 즉, 담뱃값을 10% 올리면 담배소비가 1.4% 감소한다는 의미다.

복지부 주장대로 담뱃값을 2,000원에서 3,000원으로 50% 올릴 경우 담배 수요가 7% 정도 감소할 것이라는 이야기다. 그러나 이 수치 역시 정확하지 않기는 마찬가지다. KT&G 관계자는 "우리나라는 담뱃값 변수뿐만 아니라 지난해의 경우 이주일 신드롬, 언론의 금연 캠페인 등 담배수요에 영향을 미치는 요인이 너무 많아 그 상관관계를 제대로 추정하기는 대단히 어렵다"고 말했다. KT&G는 최근 들어서야 사내 연구소를 중심으로 담배가격을 비롯해 담배판매에 영향을 미치는 여러 가지 변수에 대한 정밀분석 작업에 착수했다고 한다.

출처 : 한국경제, 2006년 5월 8일

두 변수의 값이 어떤 다른 변수에 의해 일어날 수도 있는데, 예컨대 세계의 경제상황이나 그 외 상상할 수 없는 것들에 의해서도 일어날 수 있다. 간단히 말하자면, 비록 우리가 상관을 기초로 하여 예언을 할 수 있다 해도 인과관계에 대한 추론은 제한된다.

2. 상관관계의 종류

상관관계분석은 변수들 간의 관련성을 분석하는 데 유용하게 사용될 수 있다. 흔히 상관관계라 하면 상관계수(correlation coefficient)만을 생각하는 경우가 많지만 이는 두 변수가 모두 등간, 비율척도로 측정되었을 때의 상관계수, 즉 피어슨의 상관관계를 의미한다. 그러나 넓은 의미에서의 상관관계, 즉 변수 간의 관련성은 등간, 비율척도 이외에 명목이나 서열척도로 측정된 자료에서도 모두 적용될 수 있다.

〈표 3-2〉 각 척도의 종류와 표현

	등간·비율척도		서열척도		명목척도	
주부	결혼년수	소비수준	결혼년수	소비수준	결혼년수	소비수준
1	20	160만 원	1	2	1	3
2	18	120만 원	2	3	1	2
3	17	170만 원	3	1	1	3
4	15	110만 원	4	4	1	2
5	12	100만 원	5	6	2	1
6	10	90만 원	6	7	2	1
7	10	105만 원	7	5	2	3
8	8	50만 원	8	10	3	1
9	5	65만 원	9	9	3	1
10	3	80만 원	10	8	3	1

결혼년수 1 : 15년 이상
2 : 10~15년 미만
3 : 10년 미만

소비수준 1 : 50~100만 원
2 : 101~150만 원
3 : 151만 원 이상

〈표 3-3〉 척도별 분석방법

종 류	척 도		
	등간·비율	서 열	명 목
분석방법	피어슨 상관계수	• 스피어만 서열상관계수 • 켄달의 일치계수	• 양류상관계수 : 독립변수가 명목, 종속변수가 등간 이상일 경우 • X^2 : 모두 명목척도일 경우

예를 들어, 한 가계 주부의 결혼년수와 소비수준과의 관계를 알아보려 한다면 이들 두 변수는 아래와 같이 모든 형태의 척도로 측정될 수 있다.

이상과 같은 상관관계에 관한 여러 분석방법을 사용척도별로 정리해 보면 다음 〈표 3-3〉과 같으며 이러한 상관관계에 대해 구체적으로 살펴보도록 한다.

1) 피어슨의 적률상관계수

(1) 적률상관계수의 정의

상관계수(correlation coefficient)란 두 변수가 관계되어 있는 정도를 나타내는 지수를 말한다. 하나의 변수가 변해감에 따라 다른 변수가 변하는 정도를 나타내는 지수, 즉 두 변수가 동시에 변하는 정도를 나타내는 지수를 말한다. 공분산의 개념에서 한 변수가 그 평균으로부터 변화할 때 다른 변수가 그 평균으로부터 변하는 정도를 말하였다. 그 변하는 값이 두 변수 모두 같은 방향 즉, 변수 X가 증가하든지 변수 X가 감소할 때 변수 Y도 감소하는 경향을 보이면 정적관계를 나타내며 그 변화하는 방향이 다르면 부적관계를 나타냄을 알 수 있다.

상관계수는 정적이든 부적이든 공분산의 양과 비례한다. 만약 분산의 절대값이 크면 상관이 높을 것이고 공분산값이 0에 가까우면 상관계수는 0인 것이다. 상관계수의 범위는 −1.0 이상이고 +1.0 이하이며 완벽한 정적 관계가 있을 때, 상관계수는 +1.0으로서 변수 X가 변할 때 변수 Y는 규칙적으로 같은 방향으로 변힘을 말한다. 상관계수가 0인 경우는 변수 X가 변할 때 변수 Y가 전혀 변하지 않고 상수로 존재하든가, 그렇지 않으면 변수 Y가 같은 방향 혹은 다른 방향으로 불규칙하게 변할 때를 말한다.

모수치에 의한 상관계수는 ρ(rho)라 표기하고 통계치에 의한 표현은 r로 표기한다.

오늘날 가장 많이 사용되고 있는 피어슨(Pearson)의 적률상관계수는 두 변수 간의 직선관계의 정도와 방향을 측정할 수 있다.

(2) 적률상관계수의 특징

상관계수의 특징으로는 지역독립성(location-free)과 척도독립성(scale-free)이 있다. 이에 대해 구체적으로 살펴보자.

① 지역독립성

지역독립성은 두 변수에 일정한 값을 규칙적으로 더하거나 빼도 상관계수는 변하지 않는다는 것이다. 예로 들면, 앞서 공분산에서 살펴본 바와 같이 소비자학과 5명의 소비자교육과목 점수와 소비자만족측정 점수가 있을 때 소비자교육과목 점수에 규칙적으로 2점을 더해 주고 소비자만족측정 점수에 3을 더해 주었다고 한다. 이때 상관계수에는 어떤 변화가 나타나는가? 공분산의 계산공식을 통해 살펴보면 두 변수 혹은 한 변수에 특정한 수를 일률적으로 더해도 공분산의 양은 변하지 않음을 알 수 있다. 논리적으로 생각해도 5명의 학생들의 점수에서 어떤 값을 뺀다 해도 두 점수 간의 상관계수는 변하지 않아야 한다.

② 척도독립성

척도독립성은 어떤 값을 규칙적으로 각기 두 변수에 곱하거나 나누어 주어도 상관계수는 변하지 않는다는 것이다. 예를 들어, 5명의 소비자학과 학생의 소비자교육과목점수와 소비자만족도 측정점수와의 상관관계 연구를 통해 적용해 보면 이 두 점수의 공분산은 2.4였다. 5명의 두 점수를 100점 만점으로 환산한 후 공분산을 계산하면 2.4가 나올까? 공분산을 계산하는 공식에 따라 살펴보면 원자료에 의한 두 점수의 공분산은 2.4인 반면 각 점수를 100점 만점으로 환산하였을 때 두 점수의 공분산은 240이다. 그렇다면 상관계수는 두 변수가 서로 관계되어 있는 정도를 나타낸 지수라 언급하였으며 공분산에 따라 상관계수가 변한다고 하였으므로 상관계수도 변해야 하지 않을까? 그러나 똑같은 대상들의 두 변수에 관한 상관계수는 곱하거나 나누어 척도를 달리하여도 상관계수는 변하지 않는다는 당위성에 근거할 때, 상관계수는 공분산에 의해서만 결정되지 않음을 알 수 있다. 즉, 공분산에 비례하지만 그 값을 그대로 사용하지 않고 공분산을 어떤 값으로 나누어 주어야 한다는 사실을 알게 된다.

(3) 상관계수의 계산

상관계수를 공분산에만 의존하여 추정한다면 두 변수에 어떤 값을 더하거나 뺀 경우 공분산은 변하지 않으나 두 변수에 어떤 값을 곱하거나 나누었을 경우 공분산은 변화한다. 상관계수를 추정할 때 공분산만을 고려한다면 상관계수는 $-\infty$에서 $+\infty$사이에 존재하므로 상관계수의 의미분석이 무의미하다. 이와 같은 문제점을 해결하기 위하여 1896년 칼 피어슨(Karl Pearson)이 상관계수를 계산하는 공식을 유도하였고 공식은 다음과 같다.

$$\rho_{XY} = \frac{\sigma_{XY}}{\sigma_X \sigma_Y}$$

즉, 상관계수는 두 변수의 공분산을 각 변수의 표준편차로 나누어 준 값을 말한다. 이를 피어슨의 단순적률상관계수라 한다. 통계치에 의한 상관계수 공식은 다음과 같다.

$$r_{XY} = \frac{S_{XY}}{S_X S_Y}$$ 1)

---

1) 상관계수를 계산하는 이론적 공식을 이해하면 상관계수의 추정은 그리 어려운 일이 아니다. 개념적으로 정리된 공식에 대입하면 계산은 간단하다. 그러나 많은 사례수를 가진 연구를 할 때, 상관계수를 이론공식에 의하면 계산하면 계산절차의 복잡성 때문에 계산이 쉽지 않은 경우가 많다. 이를 위하여 이론공식에 입각한 계산공식은 다음과 같다.

$$r_{XY} = \frac{S_{XY}}{S_X S_Y} = \frac{\dfrac{\Sigma(X_i-\overline{X})(Y_i-\overline{Y})}{n}}{\dfrac{\sqrt{\Sigma(X_i-\overline{X})^2}}{n}\dfrac{\sqrt{\Sigma(Y_i-\overline{Y})^2}}{n}}$$

$$= \frac{\Sigma(X_i-\overline{X})(Y_i-\overline{Y})}{\sqrt{\Sigma(X_i-\overline{X})^2}\sqrt{\Sigma(Y_i-\overline{Y})^2}}$$

$$= \frac{\Sigma X_iY_i - \Sigma X_i\overline{Y} \quad \Sigma\overline{X}Y_i \quad \Sigma\overline{X}\overline{Y}}{\sqrt{[\Sigma X_i^2 - 2\Sigma X_i\overline{X} + \Sigma\overline{X}^2]}\sqrt{[\Sigma Y_i^2 - 2\Sigma Y_i\overline{Y} + \Sigma\overline{Y}^2]}}$$

$$(\because \ \overline{X} = \frac{\Sigma X_i}{n},\ \Sigma X_i = n\overline{X},\ \ \Sigma Y_i = n\overline{Y}\ )$$

$$= \frac{\Sigma X_iY_i - \overline{Y}n\overline{X} - \overline{X}n\overline{Y} + n\overline{X}\,\overline{Y}}{\sqrt{[\Sigma X_i^2 - 2n\overline{X}\,\overline{X} + n\overline{X}^2]}\sqrt{[\Sigma Y_i^2 - 2n\overline{Y}\,\overline{Y} + n\overline{Y}^2]}}$$

$$= \frac{\Sigma X_iY_i - n\overline{X}\,\overline{Y}}{\sqrt{[\Sigma X_i^2 - n\overline{X}^2]}\sqrt{[\Sigma Y_i^2 - n\overline{Y}^2]}}$$

$$= \frac{\Sigma X_iY_i - \frac{1}{n}\Sigma X_i\Sigma Y_i}{\sqrt{\Sigma X_i^2 - \frac{(\Sigma X_i)}{n^2}}\sqrt{\Sigma Y_i^2 - \frac{(\Sigma Y_i)^2}{n}}}$$

분모, 분자에 각각 n을 곱하면

상관계수의 계산공식에 의하여 소비자교육과목과 소비자만족도측정 점수의 상관계수를 계산한 절차는 〈표 3-4〉와 같다.

〈표 3-4〉 상관계수 계산공식에 의한 X, Y점수의 상관계수

소비자과목점수(X)	소비자만족도 측정점수(Y)	X_iY_i	X_i^2	Y_i^2
2	1	2	4	1
3	2	6	9	4
5	4	20	25	16
3	3	9	9	9
7	5	35	49	25
Σ 합 20	15	72	96	55

$$\gamma = \frac{\Sigma X_iY_i - \Sigma X_i \Sigma Y_i}{\sqrt{\Sigma X_i^2 - (\Sigma X_i)^2}\sqrt{\Sigma Y_i^2 - (\Sigma Y_i)^2}}$$

$$= \frac{5(72) - 20(15)}{\sqrt{5(96) - 20^2}\sqrt{5(55) - 15^2}}$$

$$= \frac{60}{\sqrt{80}\sqrt{50}} = \frac{60}{63.2355} = .949$$

한편, 앞서 제시한 바와 같이 상관계수는 −1.0∼+1.0까지의 범위를 갖는다. 두 변수의 관계를 상관계수에 의하여 정확히 상관관계를 표현하는 방법 외에 언어적 방법으로 표현하는 경우가 자주 있다. 상관계수에 따른 상관의 언어적 표현의 절대적 기준은 없으나 다음과 같은 기준에 따라 상관관계를 표현한다.

상관관계의 언어적 표현에서 두 변수의 관계가 정적인 관계이면 상관이 있다 낮다 등으로 서술하나 두 변수의 상관관계가 부적인 경우 상관관계의 언어적 표현 앞에 부적인 상관이 있다 혹은 상관이 부적으로 높다고 표현한다.

$$= \frac{\Sigma X_iY_i - \Sigma X_i \Sigma Y_i}{\sqrt{\Sigma X_i^2 - (\Sigma X_i)^2}\sqrt{\Sigma Y_i^2 - (\Sigma Y_i)^2}}$$

$$\gamma = \frac{\Sigma X_iY_i - \Sigma X_i \sum Y_i}{\sqrt{\Sigma X_i^2 - (\Sigma X_i)^2}\sqrt{\Sigma Y_i^2 - (\Sigma Y_i)^2}}$$

계산공식의 분자를 보면 두 변수의 곱의 합에 사례수를 곱한 값에서 한 변수의 합과 다른 변수 합의 곱을 뺀 값을 말한다. 분모는 각 변수에 따라 각 변수의 제곱값의 합에 사례수를 곱한 후, 그 변수의 합의 제곱값을 뺀 값의 제곱근을 말한다. 공식의 요소들은 이론적 공식보다 다소 복잡한 듯이 보이나 계산절차는 매우 간단하다.

〈표 3-5〉 상관계수에 따른 상관관계의 언어적 표현

상관계수 범위	상관관계의 언어적 표현
.00 이상~.20 미만	상관이 거의 없다
.20 이상~.40 미만	상관이 낮다
.40 이상~.60 미만	상관이 있다
.60 이상~.80 미만	상관이 높다
.80 이상~1.00 미만	상관이 매우 높다
1.00	완전히 일치된 상관관계를 가진다

한편, 단순상관계수 r=0의 값은 결코 두 개의 변수 간에 전혀 아무런 관계가 없음을 의미하지는 않는다. 비록 계산된 상관계수의 값이 0이라고 하더라도 변수 X와 Y를 계산하는 과정에서 X는 5단위별로 그리고 Y는 10단위별로 세분하였기 때문에 X와 Y를 다같이 동일하게 5단위별로 카테고라이즈했을 때와는 다른 값이 도출될 수도 있기 때문이다.

둘째, 두 변수 X와 Y 간의 상관관계가 시간적인 격차를 두고 맺어지는 경우가 허다하므로 같은 시각, 또는 같은 연수에 수집된 두 변수의 값으로 상관계수를 계산하게 된다면 r의 값은 0이 될 가능성이 높다.

셋째, 단순히 상관계수의 값이 높다고 하여 변수 간의 상관관계가 높다는 결론을 내리는 것은 위험하다. 왜냐하면 동일한 내용을 대상으로 2차에 걸쳐 동일한 실험을 실시한 결과인 X_1과 X_2 간의 상관계수가 0.7이라면 이는 상관관계가 비교적 낮은 것으로 해석되겠으나, 만약 학생들의 지능지수와 성적 간에 상관계수가 0.7이라면 상관관계가 지극히 높은 것으로 생각될 수 있을 것이기 때문이다.

즉, 똑같은 상관계수가 0.7이라고 하더라도 어떤 종류의 변수들 간에 맺어지는 상관계수인가에 따라 각기 다른 해석이 내려질 수 있으므로 상관계수의 절대수치만으로 상관관계가 높다거나 낮다는 단언을 하기 힘들다.

넷째, 상관계수의 값은 분산성의 양상에 따라 영향을 받게 되므로 계수의 값이 낮다고 하여 반드시 두 변수 간에 상관관계가 존재하지 않는다는 단언을 내릴 수는 없다.

한편, 상관의 정도를 파악하기 위하여 상관계수를 이용할 때 해석 시 고려해야 할 사항으로서 선형성, 등분산성, 국외자의 존재유무에 대한 사항을 살펴보자.

① 선형성

상관계수는 두 변수의 관계가 선형성(linearity)을 만족시켜야 한다. 예를 들어, 변수 X가 증가할 때 변수 Y가 계속적으로 증가하든지 혹은 계속적으로 감소하는 다음과 같은 경향성을 나타내어야 한다.

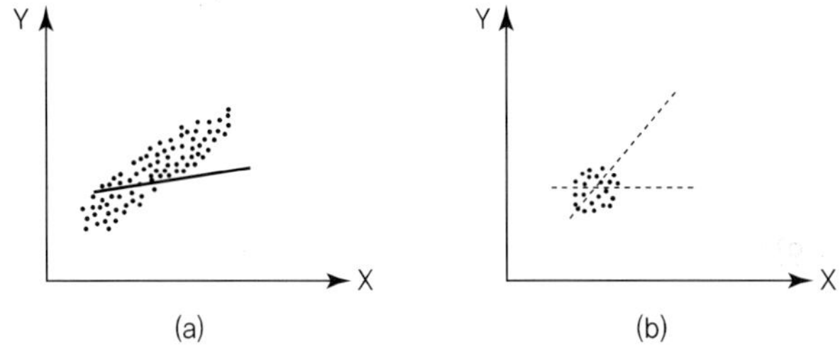

[그림 3-7] 선형관계를 유지하는 상관관계

만약 변수 X가 증가함에 따라 변수 Y도 증가하다가 어느 지점을 기점으로 감소하거나 변수 X가 증가함에 따라 변수 Y가 감소하다가 증가하는 경우가 있다. 이러한 경우는 다음과 같다.

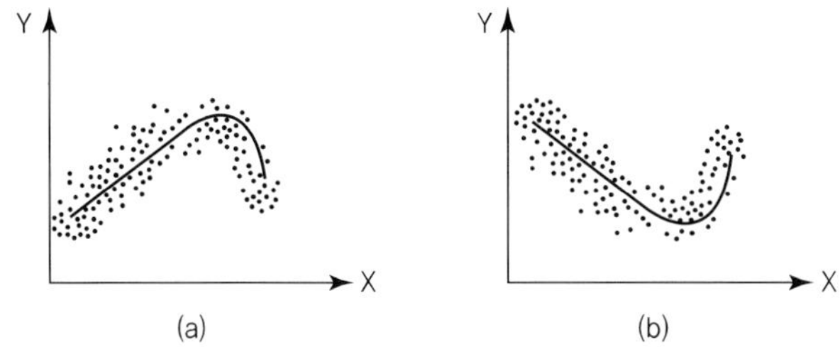

[그림 3-8] 선형관계를 유지하지 않는 상관관계

이상의 경우는 두 변수가 곡선형성(curve-linearity)을 유지하고 있는데 상관계수를 이용하여 두 변수의 관계를 측정할 때, 곡선형관계를 지니고 있는 두 변수의 관계를 상관계수에 의해서만 측정하면 매우 낮은 상관계수나 거의 0의 상관을 갖는다. 그렇다고 두 변수는 관계가 없다고 단정짓는 것은 모순이다.

그렇다면 상관계수에 의하여 상관이 존재하지 않는다는 결론보다는 변수 X의 어느 지점까지는 부적상관을 유지하다 어느 지점부터는 정적관계를 지닌다고 구체적으로 해석하는 것이 타당하다.

이와 같은 상관연구를 할 때 두 변수에 어떤 관계가 있는지를 알기 위하여 앞서 언급한 산포도를 그려 선형성이 있는지를 확인하여야 한다.

② 등분산성

등분산성(homoscedasticity)이란 두 변수들을 대표하는 직선을 그어 독립변수의 어떤 지점에서도 종속변수의 흩어진 정도가 같음을 말한다. 이에 반해 변수 X가 변해감에 따라 변수 Y들의 흩어지는 폭이 넓어진다거나 변수 Y가 변화하는 폭이 좁아지는 경향은 등분산성이 아닌 이분산성(heteroscedasticity)이라 한다.

[그림 3-9]에서 (a)의 경우는 X의 값이 일정량씩 변함에 따라 Y의 값도 고정적으로 일정하게 변화하고 있다. (b)의 경우도 비록 X와 Y가 비선형으로 상관관계를 맺고 있으나 X의 값이 일정량 변함에 따라 Y의 값도 고정적으로 일정량씩 변하고 있다. 이처럼 두 변수 간에 어느 한 변수의 변하는 양에 따라 다른 한 변수의 변화하는 양이 변함없이 고정되어 있는 현상을 일컬어 동분산성이라 부른다. 즉, X의 모든 분산값에 대한 Y의 분산값이 동일함을 의미한다.

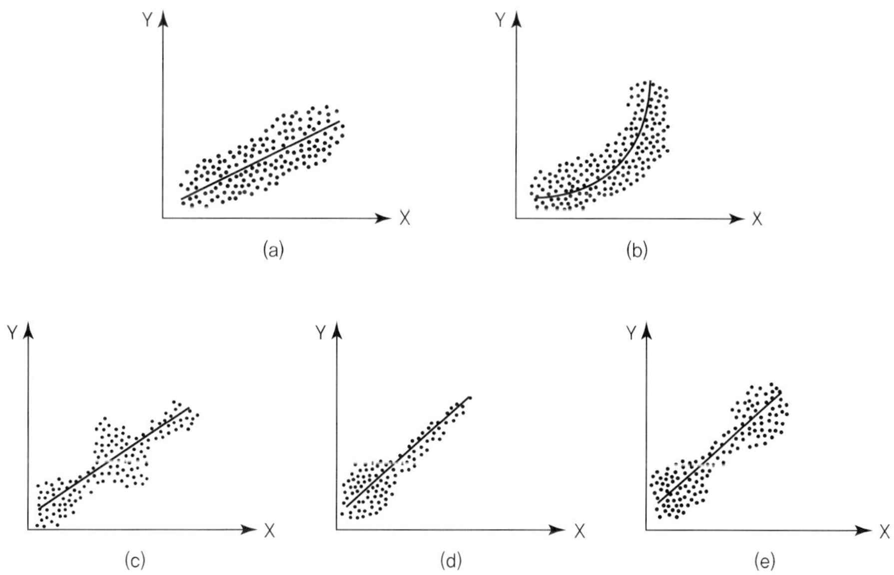

[그림 3-9] 분산성의 모습

그러나 [그림 3-9]에서 (c)의 예를 보면 변수 X의 분산값에 대한 변수 Y의 분산값이 일정하지 않고 분산의 정도가 심한 기복을 보이고 있다. (c)에서 보면 변수 X의 모든 값에 대한 변수의 모든 값 Y의 변화의 폭, 즉 분산 정도의 폭이 심한 기복을 보이고 있고 (d)의 경우는 변수 X와 Y의 분산형태가 주걱모양으로 두 변수의 값이 적을 때는 분산이 심하지만 값이 높을수록 분산 정도가 점차 약화되고 (e)에서는 변수 X와 Y의 중간 부분의 값이 가장 분산 정도가 낮은 것으로 이처럼 분산 정도가 일정하지 않은 것을 이분산성이라 부른다.

[그림 3-9]에서와 같이 각 변수의 값의 분산 정도가 심할 경우는 자연히 상관계수의 값이 낮아질 수밖에 없으므로 상관계수가 낮다고 하여 두 변수 간에 연관성이 없다는 주장을 할 수는 없다.

③ 국외자

상관관계 연구에서 국외자란 변수 X와 변수 Y의 두 변수가 갖는 값의 경향성이 있으나 그와 같은 경향에서 매우 동떨어진 값을 말한다. 국외자가 존재하여 상관계수에 막대한 영향을 주는 두 가지 경우를 다음의 산포도에 의하여 설명하고자 한다.

그림 (a)의 경우는 두 변수의 변화 경향을 볼 때 변수 X가 증가함에 따라 변수 Y가 증가하는 일반적 경향을 나타냄을 알 수 있다. 그러나 변수 X값은 매우 큼에도 불구하고 매우 작은 Y값을 가진 국외자가 존재하므로 국외자를 포함하여 상관계수를 계산하면 상관계수는 매우 낮아짐을 알 수 있다.

한편 그림(b)인 경우는 일반적으로 변수 X와 변수 Y에 상관이 없으나 유난히도 변수 X값이 클 때 변수 Y값이 큰 하나의 국외자가 있어 그 국외자를 포함할 때 상관계수가 높게 계산될 수 있다.

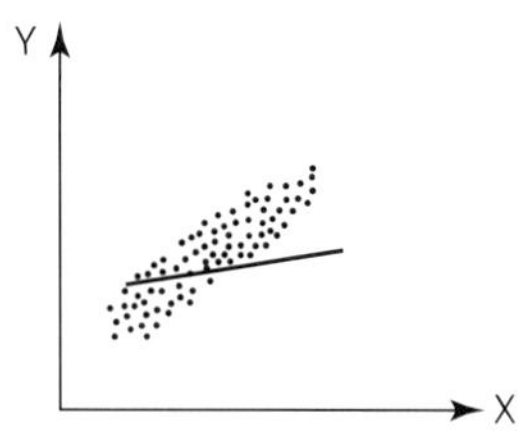

(a) 상관계수가 낮아지는 경우

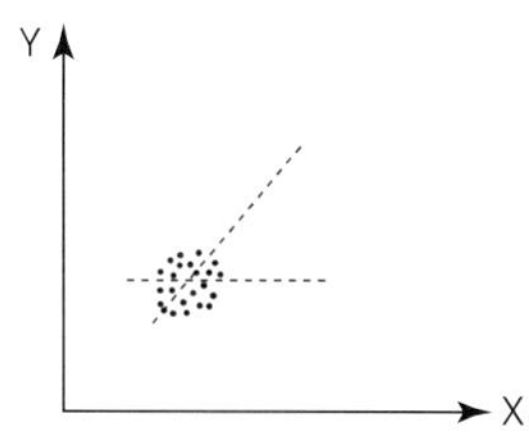

(b) 상관계수가 높아지는 경우

[그림 3-10] 국외자의 존재로 인한 상관계수의 변화

위의 예에서 두 변수의 관계가 국외자에 의하여 변화되는 것은 상관연구에 있어서 바람직하지 않다. 그러므로 상관연구를 위하여 산포도를 그려 국외자가 존재하는지를 밝히고 그 국외자의 자료가 의미가 있는지를 심각히 고려해야 한다.

2) 스피어만의 서열상관계수

스피어만(Spearman)의 서열상관계수는 그 명칭이 나타내는 바와 같이 서열척도로 표시되어 있는 변수들 간의 상관관계를 구하기 위해 쓰인다. 변수가 등간척도 이상으로 이루어진 경우에는 각 변수들 간의 상관계수나 회귀분석을 이용해 그 관계를 파악할 수 있으나 변수가 서열척도에 의한 변수일 경우 서열상관계수를 사용한다.

서열상관계수는 일반적으로 모수치로 표현하면 ρ_s라 표기하고 통계치에 의한 표현은 r_s로 표기한다. 스피어만은 서열상관계수를 추정하는 공식을 다음과 같이 유도하였다.

$$r_s = 1 - \frac{6\Sigma D_i^2}{n(n^2-1)}$$

D_i 는 어떤 대상의 서열 간의 차이를 말하고 n은 사례수를 말하며 이상의 공식은 서열상관계수를 구할 수 있는 공식이다.

서열상관계수의 계산절차에 의하여 소비자학과 학생 5명의 소비자교육과목과 소비자만족도측정 점수의 서열상관계수를 계산하는 과정은 다음과 같다.

원점수를 서열로 변화할 때 같은 점수가 있으면 같은 점수가 차지할 등위점수들을 모두 더하여 같은 원점수의 사례수로 나누어 등위점수를 계산하여야 한다.

원점수를 피어슨의 적률상관계수에 의하여 상관계수를 추정하였을 때와 원점수를 서열점수로 치환하여 스피어만의 서열상관계수를 이용하여 상관계수를 추정하였을 때 어떤 차이가 있는지 알아보자.

두 점수의 원점수에 의한 상관계수는 .949이었으나 서열상관계수는 .975였다. 즉 원자료를 어떤 방법으로 자료변환을 하였을 때 두 변수의 상관은 변화된다는 사실을 발견할 수 있다. 원점수를 서열점수로 변화하였을 때 원자료가 지니고 있는 정보를 상실하므로 서열점수에 의한 상관계수가 일반적으로 낮은 경향이 있다. 이런 현

〈표 3-6〉 등위상관계수 계산절차

X_i 소비자교육 과목점수	Y_i 소비자만족도 측정점수	γ_{X_i} 서열화된 소비자교육 과목점수	γ_{Y_i} 서열화된 소비자만족도 측정점수	$D_i^{\ 2}$
2	1	5	5	0
3	2	3.5	4	.25
5	4	2	2	0
3	3	3.5	3	.25
7	5	1	1	0

$D_i^{\ 2}$ 합 .50

$$\gamma_s = 1 - \frac{6\Sigma D_1^{\ 2}}{n(n^2-1)} = 1 - \frac{6(.5)}{5(5^2-1)} = .975$$

상은 특히 범위가 넓은 변수의 원점수를 서열점수로 변화하여 상관을 구할 때 흔히 일어난다.

한편 앞서 제시한 스피어만이 도출한 서열상관계수의 계산공식은 피어슨의 단순적률상관계수 계산공식과 같음을 수리적 계산으로 입증할 수 있다. 소비자학과 학생의 소비자교육과목과 소비자만족도측정 점수의 서열상관계수 공식에 의한 상관계수는 .975였다. 만약 이 서열점수를 피어슨의 적률상관계수 공식에 대입하여 상관계수를 계산하여도 .975가 나오게 된다.

3) 켄달의 일치계수

스피어만의 서열상관계수에서는 서열척도로 나타난 두 개의 변수들 간의 관계를 파악하였으나 만일 서열척도로 이루어진 변수가 세 개 이상일 때에는 이들 간의 관계파악은 켄달의 일치계수를 사용해야 한다.

일치계수는 서열척도로 이루어진 변수가 3개 이상 되는 경우에 스피어만 상관계수와 거의 같은 논리에 의해 이들 간의 전체적인 관계를 파악하는 데 사용하는 기법이며 여러 사람에 의한 평가를 이용해 보다 신뢰성 있는 평가를 얻기 위해 사용된다. 예를 들어, 소비자는 품질이 우수한 컴퓨터 제품을 파악하기 위하여 소비자보호단체들이 측정한 평가결과를 이용하려 한다. 이때 한 단체에 의해 컴퓨터 품질을

〈표 3-7〉 컴퓨터의 품질평가결과

컴퓨터	단체1	단체2	단체3	합 계
1	1	2	2	5
2	2	1	3	6
3	3	3	1	7
4	4	4	5	13
5	6	6	7	19
6	7	7	6	20
7	5	5	4	14

평가하는 것보다는 여러 단체에 의해 동시에 평가하도록 하면 보다 정확한 제품의 평가자료를 얻을 수 있을 것이다.

〈표 3-7〉은 이러한 과정에 따라 얻어진 7개 컴퓨터제품에 대한 소비자단체 세 곳의 평가결과이다.

위의 평가자료를 이용해서 제품에 대한 평가순위가 평가단체들 간에 일치되는 정도를 평가하기 위해서는 일치계수를 이용해야 하며 이 방법은 앞서 서열상관계수와는 달리 서열 간의 차이보다는 서열의 합을 이용하게 된다.

위의 〈표 3-7〉 5번째 열에 각 대상별 서열의 합계가 나타나 있다. 만일 3개 단체들의 평가가 일치된다면 이들 서열의 합계는 3의 배수의 형태, 즉 3, 6, 9, 12 …로 나타나게 될 것이며 평가단체들의 평가가 완전히 불일치한다면 각 영업소 서열의 합은 거의 동일해질 것이다. 따라서 이러한 기대가치와 실제로 나타난 값들 간의 차이를 비교해 봄으로써 3개의 서열 간의 일치 여부를 파악할 수 있다.

켄달의 일치계수(W)는 아래 과정을 통해 계산된다.

$$W = \frac{S}{\frac{1}{12}K^2(n^3 - n)}$$

K : 평가단체의 수, R : 서열의 합계, n : 평가대상의 수

$$S = \sum_{i=1}^{n}(R - \overline{R})^2$$

$$\overline{R} = \frac{R}{n}$$

즉, 일치계수 W의 분모는 평가자들의 평가가 일치했을 때 서열의 합들 중에서

가장 큰 분산이며 분자는 실제 서열의 분산이다. 그러므로 일치계수 W의 값이 커질수록 평가자들 간의 서열평가가 일치한다는 것을 의미한다. 앞의 〈표 3-7〉에서

$$\overline{R} = (5+6+7+13+19+20+14) \div 7 = 12$$

$$S = (5-12^2) + (6-12)^2 + \cdots + (14-12)^2 = 228$$

그러므로 $W = \dfrac{228}{\frac{1}{12}3^2(7^3-7)}$

$$= \frac{228}{252}$$

$= 0.905$ 이다.

4) 양류상관계수

양류상관계수는 독립변수가 명명척도에 의하여 이분화된 질적 변수로 이분변수이며 종속변수는 연속적 양적 변수일 때 두 변수의 상관 정도를 추정하기 위하여 쓰이는 상관계수이다. 일반적으로 rpb라 표기하며 점이연상관계수라고도 한다. 양류상관계수를 사용하는 예로는 성별과 체중과의 관계라든지 성별과 학업성취도의 관계 등을 연구할 때 사용된다. 성별은 명명척도에 의해 명확히 이분되어 있는 독립변수이고 체중이나 학업점수는 연속적 양적 변수로 종속변수이기 때문에 두 변수의 관계를 추정하기 위하여 양류상관계수를 사용한다.

예를 들어, 5명의 소비자학과 학생의 소비자교육과목 점수와 성별이 관계가 있는지를 알아보기 위하여 5명 학생의 성별을 조사하였더니 각각의 점수는 아래와 같이 나타났다.

〈표 3-8〉 학생 5명의 성별과 소비자교육과목 점수

성 별	소비자교육 과목점수
남	2
남	3
여	5
남	3
여	7

고전적 통계책에서는 양류상관계수를 계산하는 공식을 다음과 같이 서술하고 있다.

$$\gamma_{pb} = \frac{c\overline{X}_H - \overline{X}_L}{s_x} \cdot \sqrt{pq}$$

$\overline{X}_H$: 종속변수의 평균이 높은 집단의 평균
$\overline{X}_L$: 종속변수의 평균이 낮은 집단의 평균
s_x : 종속변수의 표준편차
p : 한 집단에 소속된 사례 수의 백분율
q : 다른 집단에 소속된 사례 수의 백분율

이상의 공식에 의하여 학생 5명의 소비자교육과목 점수와 성별과의 관계를 계산하는 절차는 〈표 3-9〉와 같다.

〈표 3-9〉 양류상관계수를 계산하는 절차

성 별	소비자교육점수
남	2
남	3
여	4
남	3
여	7

$\overline{X}_H = 6$ $\overline{X}_L = 2.667$ $s_x = 1.789$

$p = 3/5 = .6$ $q = 2/5 = .4$

$$\gamma_{pb} = \frac{6 - 2.667}{1.788}\sqrt{(.6)(.4)} = .913$$

그러나 현대통계학에서는 굳이 공식에 의하여 양류상관계수를 계산하지 않는다. 명명척도에 의하여 이분된 독립변수에 연구자가 임의의 수를 부여하여 적률상관계수 계산공식에 의하여 두 변수의 상관의 정도를 추정한다. 단순적률상관계수에 의한 성별과 과목점수의 상관계수를 계산하는 절차는 〈표 3-10〉과 같다.

〈표 3-10〉 단순적률상관계수를 계산하는 절차

성별(X)	소비자교육정도(Y)
남1	2
남1	3
여2	5
남1	3
남2	7

$$\gamma = \frac{n\Sigma X_i Y_i - \Sigma X_i \Sigma Y_i}{\sqrt{\Sigma X_i^{\ 2} - (\Sigma X_i)^2}\ \sqrt{\Sigma Y_i^{\ 2} - (\Sigma Y_i)^2}} = .913$$

여기서 알 수 있는 것은 양류상관계수를 계산하는 공식은 피어슨의 적률상관계수 계산공식의 변형임을 알 수 있다. 그러므로 현대통계학에서는 굳이 양류상관계수 공식에 의하여 이분된 질적 독립변수와 연속적 양적 종속변수의 상관의 정도를 계산하기보다는 피어슨의 적률상관계수의 계산공식을 사용한다.

쉬어가는 연구방법과 통계이야기 • 3-4

스탈린식 통계

스탈린은 소련의 제1차 5년 계획(1928~1932)이 끝난 후에 그 계획이 93.7%의 목표도달을 하는 엄청난 성공을 거두었다고 대내외적으로 선전했다. 그러고는 공산주의의 계획경제체제가 매우 효율적이고 우월하다고 과시하였다. 그러나 유진 라이온스(Eugene Lyins)가 그의 저서 '잃어버린 노동자의 천국(Workers Paradise Lost)'에서 지적하였듯이 93.7%의 목표달성률은 숫자놀음에 지나지 않았다.

구체적인 예를 들면 철강 생산의 경우 4백 20만 톤에서 5년 후에는 1천 30만 톤 생산을 목표했는데 (6백 10만 톤의 증가예측) 실제로는 5백 90만 톤의 생산에 그쳤다. 따라서 목표달성률은 실제 증가한 양(5.9-4.2=1.7)을 목표 증가량(6.1)으로 나눈 28%가 정확한 수치이다.

스탈린은 1천 30만 톤 목표에 5백 90만 톤을 달성했으므로 목표달성률은 5.9/10.3, 즉 57%를 달성했다고 발표하였다. 이런 식으로 한다면 철강 생산이 하나도 증가하지 않았어도(4.2) 목표달성률은 4.2/10.3, 즉 약 40%가 될 것이다. 이러한 숫자 놀음으로 경제성장을 부풀려야 했었던 사실은 공산주의하에서의 경제체제붕괴는 시간문제였다는 것을 암시하고 있다.

출처 : 한국경제, 1999년 5월 24일

3. SPSS 프로그램을 사용한 상관관계분석 예시 및 결과

SPSS 프로그램을 이용하여 상관관계분석을 수행해 보자. 먼저 아래에 표시한 | SPSS 예시 3-1 | 에 제시한 바와 같이 자료가 이미 입력된 상태에서 교육년수와 소득 간에 상관관계가 있는가를 검증하고자 한다.

| SPSS 예시 3-1 | 에서 제시한 바와 같이 맨 위 메뉴에서 분석 → 상관분석 → 이변량 상관계수를 클릭한다. 클릭이 끝나면 | SPSS 예시 3-2 | 에 제시한 바와 같은 창이 뜨게 된다. 왼쪽에는 변수 목록이 뜨게 되는데 4개의 변수 중 소득수준과 교육년수 두 변수 간의 상관계수를 검증하고 싶으므로 이 두 변수를 클릭하여 오른쪽 변수 박스에 넣은 후 확인을 클릭한다. 확인을 클릭하면 자동적으로 | SPSS 예시 3-3 | 과 같은 결과 창이 뜨게 된다.

다음 단계는 분석 결과를 해석해 보는 것인데, 교육년수와 소득수준 간의 피어슨 상관계수 값은 0.89로써 0.60 이상이므로 상관관계가 있음을 알 수 있다. 또한, 결과 창에 이미 *표시가 되어 있음을 쉽게 볼 수 있어 두 변수 간에 상관관계가 있음을 확인할 수 있으며, 유의확률이 0.000으로써 .05보다 작으므로 상관관계가 있음을 재확인할 수 있다. 상관관계분석은 회귀분석처럼 원인과 결과를 알아내는 분석

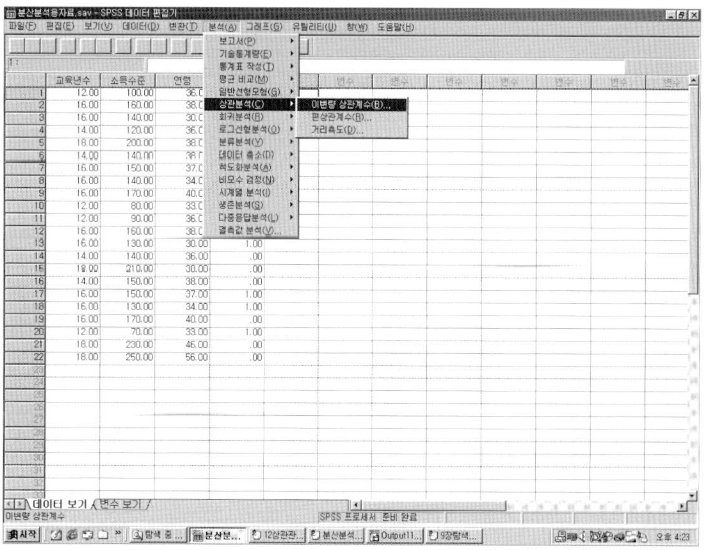

| SPSS 예시 3-1 | 상관관계분석 수행과정 1

이 아니고 단순히 상관관계가 있는가의 여부, 그 관계의 방향 정도만을 파악할 수 있으므로 해석에 주의해야 한다. 이 결과를 통해 두 변수 간에는 정적 상관관계, 즉 교육년수와 소득수준 간에는 정적 상관관계가 있음을 알 수 있다.

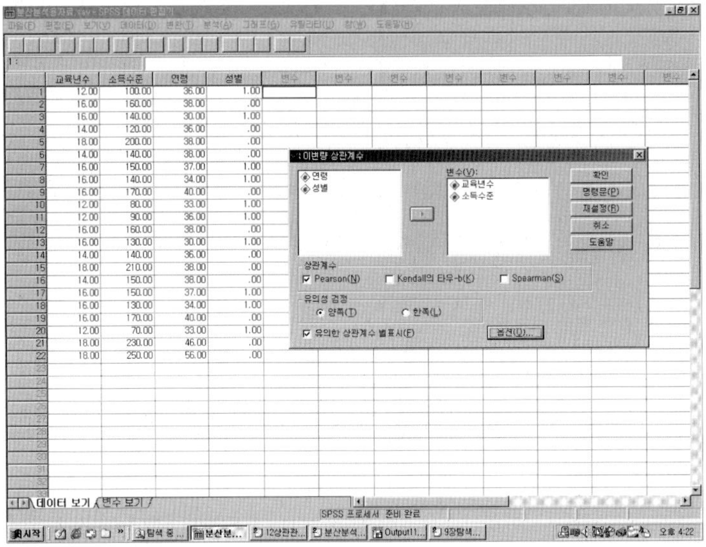

| SPSS 예시 3-2 | 상관관계분석 수행과정 2

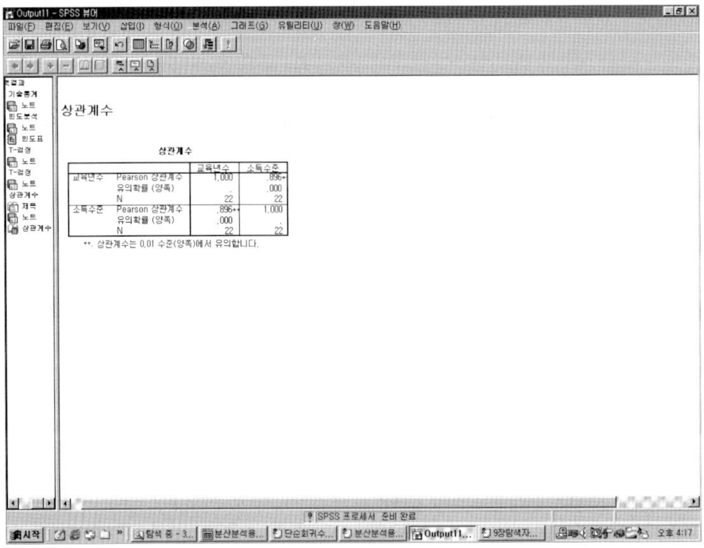

| SPSS 예시 3-3 | 상관관계분석 결과

연구문제

01 다음에 제시된 두 변수의 점수를 통해 피어슨의 적률상관계수를 산출하라.

사 례	X(연령)	Y(소득수준)
1	35세	2,100,000원
2	32세	2,000,000원
3	40세	3,000,000원
4	50세	3,200,000원

02 상관계수의 범위에 따라 상관관계의 정도는 어떻게 나타내게 되는지 설명하라.

03 상관관계의 특성과 사용용도에 대해 서술하라.

PART 3

다변량 분석

CHAPTER 4

분산분석

제2장에서 종속변수가 연속변수일 때 하나의 모집단 혹은 두 개의 모집단의 평균 모수치에 대한 검정을 Z 분포와 t 분포에 의하여 설명하였다.

그렇다면 3개 이상의 모집단을 비교할 경우에는 어떠한 통계방법이 있을까? 예를 들어 3개의 모집단을 비교하고자 할 때 분산분석이 없다면 두 독립집단을 비교하는 t 검정을 세 번 실시해야 할 것이다. 세 집단 이상 비교를 가능하게 하기 위해서는 집단 간의 변화량(between group variance)과 집단 내의 변화량(within group variance)을 비교하는 방법으로 1924년에 피셔(Fisher)에 의해 제안된 분산분석방법을 사용하여야 하며, 이는 F분포에 의하여 검정된다. 이 장에서는 분산분석(혹은 변량분석이라고도 함)의 기본의미, F분포, F분포에 의한 분산분석의 기본가정, 일원분산분석, 이원분산분석, 추후비교분석(post-hoc comparision analysis)의 원리와 절차를 설명한다.

분산분석(ANalysis Of VAriance : ANOVA)이란 분산의 원인이 어디에 있는가를 알아보는 통계적 방법이다. 예를 들어, 동일한 세 개의 집단에 각기 다른 처치를 가하여 각 집단마다 다른 결과가 나왔을 때 집단 간의 차이에 따른 분산이 있을 수 있고, 집단 내에서 각각의 관찰치 간의 분산이 발생할 수 있다. 즉, 실험으로 인한 종속변수의 총변화량은 처치에 의한 집단 간 변화량과 집단 내에서의 개인차인 집단 내 변화량으로 양분된다. 만약 처치에 효과가 있다면 세 집단은 서로 다른 평균을 가지므로 집단간분산이 클 것이고, 처치효과가 없다면 집단 간 차이가 없으므로 집단간분산은 적을 것이다.

그러므로 분산분석은 하나 혹은 두 기준에 의하여 구분된 표본 간의 평균 차이에 기인하는 변동량의 크기를 단순한 오차에 기인하는 변동량과 비교하는 것이다.

이때 두 변동량 간의 비율이 F분포를 따른다는 사실을 이용하여 표본 간의 평균이 차이가 있는지의 여부를 판정하는 방법이라 할 수 있다. 그리고 계산된 F값이 클수록 표본 간 평균 차이에 따라 발생하는 변동량이 크다는 것을 의미하며, 따라서 표본 간의 평균 차이가 있다고 결정짓게 된다.

F 분포(F-distribution) 분산분석은 집단간분산과 집단내분산의 비율인 F 값을 F 분포의 임계치(critical value)와 비교하여 집단 간의 차이의 유의한 정도를 검정하는 통계적인 방법이다. 분산분석을 위한 기본가정은 다음과 같다.

- 종속변수가 연속변수이어야 한다.
- 각각의 모집단들은 정규분포이어야 한다.
- 각각의 모집단의 분포는 서로 독립적이다.
- 각각의 모집단들의 분산이 같아야 한다.

이러한 F 분포는 독립적인 카이 자승치(chi-square)들을 각각의 해당 자유도로 나눈 비율을 의미하며 자세한 내용은 13장을 참조하기 바란다.

1. 일원분산분석

일원분산분식(One-Way Analysis of Variance)이란 독립변수가 양적인 변수일 때에 해당된다. 또한 독립변수는 연속변수로서 3집단 이상으로 분류된다. 이와 같은 3집단 이상으로 분류된 독립변수에 있어 분산의 원인이 어디에 있는가를 살펴보기로 하자.

1) 분산의 구성

분산분석을 이해하기 위해서는 우선 편차(deviation)에 대한 이해가 선행되어야만 한다. 5장의 단순회귀분석에서도 자세히 설명되겠지만 편차란 평균값으로부터 떨어진 거리를 의미한다. 식(4.1)을 참고로 이해해 보기로 하자.

$$(X_{ij} - \overline{\overline{X}}) = (X_{ij} - \overline{X}_j) + (\overline{X}_j - \overline{\overline{X}}) \quad \text{식(4.1)}$$

총편차		집단내편차		집단간편차
total deviation	=	deviation within group	+	deviation between groups

식(4.1)의 좌변은 총편차로서 집단 내의 개인차 혹은 오차에 의한 편차, 즉 집단 내 편차와 집단 간의 차이를 설명해 주는 집단 간 편차와의 합을 의미한다.

이러한 편차들의 제곱을 변화량 혹은 변동량(variation) 혹은 분산이라고 한다. 그러므로 식(4.2)의 총편차 식은 다음과 같은 분산 혹은 변동의 식으로 표현될 수 있다.

(1) 전체분산

전체분산(total variation)은 연구에 참여한 모든 대상들의 총편차를 제곱하여 더한 값을 의미하며 전체변화량 혹은 전체편차 제곱합(Sum of Squares total deviation)이라고도 하며 다음과 같이 나타난다.

$$SST = \sum_{j=1}^{J}\sum_{i=1}^{n}(X_{ij} - \overline{\overline{X}})^2 \quad \text{식(4.2)}$$

(2) 집단내분산

집단내분산(Sum of Squares Within)은 편차의 성격이 집단 내의 개인 차이 혹은 오차에 의한 것을 의미하며 각 집단의 평균값에서 각각의 개인(개별) 측정값들이 얼마나 떨어져 있는가를 나타내 주며 다음과 같이 나타난다.

$$SSW = \sum_{j=1}^{J}\sum_{i=1}^{n}(X_{ij} - \overline{X}_j)^2 \quad \text{식(4.3)}$$

(3) 집단간분산

집단간분산(Sum of Squares Between 혹은 Sum of Squares Among)은 개인의 총편차가 집단간편차와 집단내편차의 합일 때 집단효과에 대한 집단간편차의 제곱합을 의미하며 다음과 같이 나타난다.

$$\mathrm{SSW} = \sum_{j=1}^{J}\sum_{i=1}^{n}(\overline{X}_j - \overline{\overline{X}})^2 \quad \text{식(4.4)}$$

전체분산 혹은 총편차의 제곱합은 집단내분산과 집단간분산의 합이므로 위의 식 (4.2), (4.3), (4.4)은 다음과 같이 나타난다.

$$\begin{array}{ccccc} \text{식(4.2)} & = & \text{식(4.3)} & + & \text{식(4.3)} \\ \mathrm{SST} & = & \mathrm{SSW} & + & \mathrm{SSB} \\ \sum_{j=1}^{J}\sum_{i=1}^{n}(X_{ij} - \overline{\overline{X}})^2 & = & \sum_{j=1}^{J}\sum_{i=1}^{n}(X_{ij} - \overline{X}_j)^2 & + & \sum_{j=1}^{J}\sum_{i=1}^{n}(\overline{X}_j - \overline{\overline{X}})^2 \end{array} \quad \text{식(4.5)}$$

2) 분산의 계산

분산의 개념은 다음의 예로써 더욱 명확해진다. 계산을 쉽게 하기 위해 시나리오를 간략하게 구성하기로 하자.

예 소득수준에 따른 외식비 지출액의 차이를 보고자 한다. 소득수준을 5개의 집단으로 분류한다(제1집단 : 저소득, 제2집단 : 중하, 제3집단 : 중, 제4집단 : 중상, 제5집단 : 최상).

그렇다면 소득집단에 따른 월 외식비 지출액의 평균값 차이가 있을까? 총 31개 가계를 샘플로 선정하여 조사된 결과는 다음 〈표 4-1〉과 같다.

〈표 4-1〉 소득수준에 따른 외식비 지출액 (단위 : 만 원)

관찰치(i) \ 소득수준(j)	최 저	중 하	중	중 상	최 상
1	1	8	7	9	10
2	4	6	6	10	12
3	3	7	4	8	9
4	2	4	9	6	11
5	5	3	8	5	8
6	1	5	5		
7	6		7		
8			5		

분산의 계산을 위하여 〈표 4-1〉을 다음과 같이 새로운 〈표 4-2〉로 만들어 보자.

〈표 4-2〉 〈표 4-1〉의 새로운 구성

i \ j	j =1	j =2	j =3	j =4	j =5	
i =1	$X_{11}=1$	$X_{12}=8$	$X_{13}=7$	$X_{14}=9$	$X_{15}=10$	
i =2	$X_{21}=4$	$X_{22}=6$	$X_{23}=6$	$X_{24}=10$	$X_{25}=12$	
i =3	$X_{31}=3$	$X_{32}=7$	$X_{33}=4$	$X_{34}=8$	$X_{35}=9$	
i =4	$X_{41}=2$	$X_{42}=4$	$X_{43}=9$	$X_{44}=6$	$X_{45}=11$	
i =5	$X_{51}=5$	$X_{52}=3$	$X_{53}=8$	$X_{54}=5$	$X_{55}=8$	
i =6	$X_{61}=1$	$X_{62}=5$	$X_{63}=5$			
i =7	$X_{71}=6$		$X_{73}=7$			
i =8			$X_{83}=5$			
n_j	$n_1=7$	6	8	5	5	N =31
$\overline{X}_j$	$\overline{X}_1=3.14$	$\overline{X}_2=5.50$	$\overline{X}_3=6.38$	$\overline{X}_4=7.60$	$\overline{X}_5=10.00$	$\overline{\overline{X}}=6.26$

(1) 전체분산

$$SST = \sum_{j=1}^{J} \sum_{i=1}^{n} (X_{ij} - \overline{\overline{X}})^2 \quad \text{식(4.6)}$$

$$\sum_{i=1}^{7} \mid j=1 \Rightarrow [(1-6.26)^2+(4-6.26)^2+(3-6.26)^2+(2-6.26)^2 +(5-6.26)^2+(1-6.26)^2+(6-6.26)^2]$$

$$+$$

$$\sum_{i=1}^{6} \mid j=2 \Rightarrow [(8-6.26)^2+(6-6.26)^2+(7-6.26)^2+(4-6.26)^2 +(3-6.26)^2+(5-6.26)^2]$$

$$+$$

$$\sum_{i=1}^{8} \mid j=3 \Rightarrow [(7-6.26)^2+(6-6.26)^2+ \cdots\cdots +(5-6.26)^2]$$

$$+$$

$$\sum_{i=1}^{5} \mid j=4 \Rightarrow [(9-6.26)^2+(10-6.26)^2+ \cdots\cdots +(5-6.26)^2]$$

$$+$$

$$\sum_{i=1}^{5} \mid j=5 \Rightarrow [(10-6.26)^2+(12-6.26)^2+ \cdots\cdots +(8-6.26)^2]$$

$$=237.94$$

즉, 31개 각각의 가계의 한달 지출한 외식비와 전체 가계의 평균 외식비 6.26만 원과의 편차를 제곱한 값이 곧 전체분산이며 237.94만 원이 된다.

(2) 집단내분산

$$SSW = \sum_{j=1}^{J} \sum_{i=1}^{n} (X_{ij} - \overline{X}_j)^2 \quad \text{식(4.7)}$$

$$\sum_{i=1}^{7} \mid j=1 \Rightarrow [(1-3.14)^2+(4-3.14)^2+(3-3.14)^2+(2-3.14)^2 +(5-3.14)^2+(1-3.14)^2+(6-3.14)^2]$$

$$+$$

$$\sum_{i=1}^{6} \mid j=2 \Rightarrow [(8-5.50)^2+(6-5.50)^2+(7-5.50)^2+(4-5.50)^2 +(3-5.50)^2+(5-5.50)^2]$$

$$+$$

$$\sum_{i=1}^{8} | \, j=3 \Rightarrow [(7-6.38)^2+(6-6.38)^2+ \cdots\cdots +(5-6.38)^2]$$

$$+$$

$$\sum_{i=1}^{5} | \, j=4 \Rightarrow [(9-7.60)^2+(10-7.60)^2+ \cdots\cdots +(5-7.60)^2]$$

$$+$$

$$\sum_{i=1}^{5} | \, j=5 \Rightarrow [(10-10.0)^2+(12-10.0)^2+ \cdots\cdots +(8-10.0)^2]$$

$$=87.43$$

5개의 서로 다른 소득수준에 있어 각각의 소득수준 내에서 한 가계의 외식비와 동일집단의 평균값과의 편차의 제곱합, 즉 분산은 집단내분산이며 87.43만 원이 된다.

(3) 집단간분산

5개의 서로 다른 소득집단 간 평균과 전체 평균값과의 편차의 제곱합, 즉 분산의 합은 150.51만 원이 된다. 즉, 이는 소득수준 최저집단(j=1)의 외식비 평균으로부터 전체 외식비 평균(6.26만 원)과의 편차제곱합, 즉 분산 더하기 소득수준 중하(j=2)의 외식비 평균과의 분산 더하기 소득수준 중(j=3)의 외식비 평균과 전체 외식비 평균과의 분산 더하기 소득수준 최상집단(j=5)의 외식비 평균과 전체 외식비 평균과의 분산끼리의 합을 의미한다.

$$\begin{aligned} SSB &= \sum_{j=1}^{J} n_j (\overline{X}_j - \overline{\overline{X}})^2 \\ &= 7(3.14-6.26)^2+6(5.50-6.26)^2+8(6.38-6.26)^2 \\ &\quad +5(7.60-6.26)^2+5(10-6.26)^2 \\ &= 150.51 \end{aligned}$$ 식(4.8)

3) 평균분산과 계산

(1) 자유도

평균분산(Mean Square)을 산출하기 위해서는 집단내분산과 집단간분산을 자유도(degrees of freedom)로 나누어야 한다. 또한 전체분산에 있어서도 자유도는 존재하는 바 다음과 같다.

- 집단 내 자유도=전체 샘플수−집단수= N − J=31−5=26
- 집단 간 자유도=집단수−1= J−1=5−1=4
- 전체 자유도=전체 샘플수−1=31−1=30

(2) 집단 내 평균분산

집단 내의 편차제곱 평균값인 MSW는 집단 내 평균분산(Mean Squares Within)으로서 집단내분산을 자유도(N-J)로 나눈 값과 같다.

$$MSW = \frac{SSW}{N-J} = \frac{SSW}{\sum_{j=1}^{J}(n_j - 1)} = \frac{\sum_{j=1}^{J}\sum_{i=1}^{n}(X_{ij} - \overline{X}_j)^2}{\sum_{j=1}^{J}(n_j - 1)} \quad \text{식(4.9)}$$

그러므로 〈표 4-1〉을 근거로 한 MSW의 계산은 다음과 같다.

$$MSW = \frac{SSW}{N-J} = \frac{87.43}{31-5} = 3.36$$

(3) 집단 간 평균분산

집단 간의 편차제곱 평균값인 MSB는 집단 간 평균분산(Mean Squares Between)으로서 집단간분산을 집단수에서 1을 뺀 집단 간 자유도로 나눈 값이며 다음과 같다.

$$MSB = \frac{SSB}{J-1} = \frac{\sum_{j=1}^{J} n_j(\overline{X}_j - \overline{\overline{X}})^2}{J-1} \quad \text{식(4.10)}$$

그러므로 〈표 4-1〉을 근거로 한 MSB의 계산은 다음과 같다.

$$MSW = \frac{SSW}{J-1} = \frac{150.51}{5-1} = 37.63$$

4) F통계값과 분산분석표

전술한 바와 같이 피셔의 분산분석을 위한 F통계값은 다음 식(4.11)과 같다.

$$F = \frac{MSB}{MSW} = \frac{\frac{SSB}{J-1}}{\frac{SSW}{N-J}} = \frac{\frac{\sum_{j=1}^{J}\sum_{i=1}^{n}(\overline{X}_j - \overline{\overline{X}})^2}{J-1}}{\frac{\sum_{j=1}^{J}\sum_{i=1}^{n}(X_{ij} - \overline{X}_j)^2}{N-J}} \quad \text{식(4.11)}$$

식(4.11)은 다음과 같은 의미를 갖는다.

$$F = \frac{\text{집단간 평균분산}}{\text{집단내 평균분산}} = \frac{\text{집단의 차이에 의한 평균분산}}{\text{개인의 오차에 의한 평균분산}}$$

이와 같은 개념을 〈표 4-1〉을 예로 들어 설명하면 다음과 같다.

$$F = \frac{[\text{각 집단 j의 평균값이 전체 평균값으로부터 떨어진 정도}]/\text{자유도}}{[\text{개개의 표본 i가 동일집단 j의 평균값으로부터 떨어진 정도}]/\text{자유도}}$$

그러므로 F값은 개개의 표본 I가 동일집단 j 내에서 편차가 작을수록, 즉, 값의 다양성이 적을수록 커지게 되며, 각 집단 j의 평균값이 전체 평균값과 차이가 클수록 커지게 된다.

이때 F값은 자승합들의 비율이므로 언제나 양수이고 1 이하인 경우는 매우 드물게 된다. 이와 같은 F통계값이 F의 임계치(critical value) 혹은 기각값(rejection value)보다 크게 되면 귀무가설이 기각되어 집단 간의 차이가 있게 된다. 〈표 4-1〉을 기초로 한 일원분산분석에 있어서의 가설은 다음과 같다.

H_0 : 각 집단의 외식비 지출액은 동일하다.

($\mu_1 = \mu_2 = \mu_3 = \mu_4 = \mu_5$)

H_a : 각 집단의 외식비 지출액은 동일하지 않다.

(최소한 몇몇의 관계는 $\mu_1 = \mu_2$가 성립하지 않는다.)

〈표 4-3〉 F 일원분산분석표(One-way ANOVA Table)

분산의 원천 source	제곱합 혹은 분산 SS	자유도 d.f.	평균분산 MS	F값*	기각값(임계값) $F^{c.v}_{\alpha=0.05}$ **
집단 간 (소득수준 간)	SSB=150.51	J-1=5-1=4	MSB=SSB/J-1 =37.63	11.20	2.74
집단 내 (개별오차)	SSW=87.43	N-J=31-5=26	MSW=SSW/N-J =3.36		
전 체	SST=237.94	N-1=31-30=30			

* F비율 혹은 F통계값이라고 한다.

** $F^{c.v}_{\alpha=0.05}$, 4.26=2.74

〈표 4-3〉에서 산출된 F값은 11.20이며 자유도가 4와 26의 조건과 유의수준 $\alpha = 0.05$에서 F임계값 즉, 기각값은 2.74이므로

$$F^{cal} > F^{c.v}$$

$$11.20 \quad 2.74$$

유의수준 0.05에서 귀무가설을 기각하여 각각의 소득수준에 따른 월별 외식비 지출액은 차이가 있을 것이라는 결론을 맺게 된다. 그렇다면 나음 장에서는 월별 외식비 지출액이 각각의 소득수준집단 간에 어떠한 차이가 있는가를 추후분석(post-hoc) 혹은 다중비교분석(multiple comparision analysis)을 통하여 알아보기로 한다.

쉬어가는 연구방법과 통계이야기 • 4-1

가격비교의 함정

비교 기준을 제시해 숫자 비교를 헷갈리게 하는 경우도 많다. 소비자권장가격을 예로 들어 보자. 소비자권장가격은 1970년대 말에 유통업체의 지나친 폭리를 막고 가격질서를 바로잡기 위해 만든 것이다.

소비자권장가격이란 제조업체들이 이 정도 가격에서 소비자들이 샀으면 해서, 혹은 소매업체가 이 정도 받으면 적당한 이윤을 남길 것이라고 생각해서 매긴 가격이다. 따라서 소비자권장가격은 소비자들에게 그 상품에 대한 적정가격의 기준 역할을 한다.

사람들은 물건을 살 때 가격에 신경을 많이 쓴다. 지불하는 가격이 적정한가를 확인하기 위해 상품 가격을 자기가 생각하는 기준가격(reference price)과 비교한다. 소비자들이 주로 사용하는 기준 가격은 과거에 같은 물건을 살 때 지불했던 가격일 수도 있고 현재의 시장가격일 수도 있다. 소비자권장가격도 바로 이 같은 기준가격의 역할을 하는 것이다. 그런데 화장품·의약품·의류·세제·가전제품 등의 소비자권장가격을 실제 판매가격에 비해 터무니없이 높게 표시하는 바람에 소비자들이 현혹당하는 사례가 빈발, 사회문제가 된 적이 있다.

그럼 기업들은 왜 기준이 되는 가격을 실제 판매가격보다 높게 매기는 것일까? 소비자들은 소비자권장가격보다 훨씬 낮은 판매가격을 보고 무엇인가 이득을 보는 기분으로 물건을 산다.

경영학에서는 이 이득을 거래 효용(transaction utility)이라고 한다. 그러나 다른 상점에서도 그 할인 가격에 팔고 있다는 것을 소비자들이 알면 소비자권장가격은 기준 가격으로서의 역할을 더 이상 하지 못하게 된다. 그러면 소비자들은 어떤 가격을 지불하더라도 늘 속는 기분이 들고 이런 현상은 제조업체·유통업체 그리고 소비자 사이의 건전한 유통질서 수립에 큰 장애가 된다. 물건 값을 올리고 싶어 하는 제조업체들이 여러 가지 규제와 소비자의 감시 때문에 함부로 물건 값을 올릴 수 없는 경우에는 소비자들의 기준을 헷갈리게 하는 방법을 사용한다. 즉, 소비자들이 나름대로 갖고 있는 그 물건에 대한 기준 가격을 적용하지 못하도록 하는 것이다. 대표적인 방법이 이름을 바꾸거나 용기를 다르게 하거나 과대 혹은 호화 포장을 하는 것이다. 이렇게 해서 새 상품인 양 판매를 하면 소비자들은 이미 갖고 있는 기준 가격을 새 상품에 적용하지 못하고 새로운 기준(오른 가격)을 정하게 되는 것이다. 이런 '기준 헷갈리기' 수법은 다양한 상품 품목에서 행해지고 있다.

예를 들어, PC 소프트웨어를 판매할 때 같은 프로그램이라도 포장만 크게 해서 포장을 안 한 것에 비해 값을 두 배 이상으로 받아 소비자들의 불만을 사는 경우가 있다. 서민들이 즐겨 먹는 자장면은 통계청의 물가조사 품목에 포함되어 있어 값을 마음대로 올릴 수 없다. 그래서 중국집에서는 다르게 만든 자장면이라고 주장하면서 '수타 자장면', '정통 옛날맛 자장면' 등으로 이름을 붙여 비싼 값을 받는다. 거의 똑같은 자장면을 이름만 살짝 바꾸어 놓음으로써 고객들로 하여금 비싼 자장면 가격을 종전의 가격과 비교하지 못하도록 하는 것이다.

출처 : 한국경제, 2006년 6월 5일

5) 추후비교분석

일원분산분석에서의 귀무가설은 비교집단 간들의 모집단의 평균이 차이가 없음을 나타낸다.

H_0 : $\mu_1 = \mu_2 = \mu_3 = \mu_4 = \mu_5 \cdots$

H_a : 적어도 하나의 모집단은 다른 집단과 다르다.

따라서 귀무가설이 기각되었다면 비교집단들의 모집단 평균이 차이가 있음을 의미한다. 그러나 일원분산분석의 F 검정을 통해서는 어느 집단 간에 차이가 있는가를 알 수가 없다. 그러므로 이 장에서는 만일 위의 관계에서 귀무가설이 기각되어 모집단 간의 평균값에 차이가 있다면 어떤 집단에서 차이가 나는가를 찾아내는 통계적인 방법에 대하여 공부하며 이를 추후다중비교분석(Post-hoc multiple comparison analysis) 혹은 추후분석이라고 한다. 널리 쓰이는 추후분석으로는 투키(Tukey) 방법, 쉐페(Scheffé) 방법, 뉴만-큘(Newman-Keuls) 방법, 투키/크래머(Tukey/Kramer) 방법 등이 있으며 투키 방법과 쉐페 방법이 가장 널리 쓰인다.

(1) 투키 방법

투키 방법(Tukey method)은 HSD(Honestly Significant Difference) 검증이라고도 불리며 비교집단 중에서 두 집단씩의 평균값을 모두 짝비교(all pairwise comparisons)하게 된다. 투키 방법은 집단 간에 표본수가 동일할(equal sample size) 경우를 전제로 한다.

추후분석의 실제 예는 〈표 4-4〉와 같으며, 계산을 간편하게 하기 위하여 표본수를 작게 하였다.

외식비 예산지분이란 한 가정의 외식비가 그 가정의 전체소득에 몇 %를 차지하는가를 의미한다. 즉, 17이란 소득의 17%를 외식비로 지출함을 의미한다.

투키 분석을 의한 검정통계량은 Q값으로서 다음과 같다.

$$Q = \frac{X_i - X_j}{\sqrt{\frac{MSW}{n}}} (i \neq j) \quad \text{식(4.12)}$$

〈표 4-4〉 소득수준에 따른 외식비 예산지분(%)

소득수준 obs	I	II	III	IV
1	10	6	16	9
2	16	12	18	12
3	12	9	14	14
4	12	8	20	11
5	18	7	17	16
	X_1 =13.60	X_2 =8.40	X_3 =17.00	X_4 =12.40

여기서 i와 j는 서로 다른 집단을 의미하며 n은 집단 내 표본수이며 각 집단마다 동일하다. 그러므로 식(4.12)의 Q 값은 t 값과 유사하다.

투키 분석을 이해하기 위하여 〈표 4-4〉을 근거로 가설설정을 하고, ANOVA 표를 만들고 Q값을 계산해 보자. 절차는 다음과 같다.

첫째, 가설을 설정한다.

H_0 : $\mu_i = \mu_j$ for $i \neq j$

총 6개의 짝비교($\mu_1 = \mu_2$: $\mu_1 = \mu_3$: $\mu_1 = \mu_4$: $\mu_2 = \mu_3$: $\mu_2 = \mu_4$: $\mu_3 = \mu_4$) 가 모두 동일하다.

H_a : 위의 6개의 짝비교 중 적어도 한 개의 짝비교는 사실이 아니다.

그러므로 산출된 Q값이 Q의 임계치($Q^{c.v}$, 〈부록표 13〉 참조)보다 클 때 귀무가설이 기각되어 추후분석이 가능하게 된다.

둘째, 분산분석표를 그린다.

〈표 4-5〉 〈표 4-4〉를 기준으로 한 ANOVA표

source	SS	df	MS	F	$F^{c.v}_{\alpha=0.05}$
집단 간	188.95	3	62.98	8.87	3.24
집단 내	113.60	16	7.10		
합	302.55	19			

〈표 4-5〉의 분산분석의 결과 계산된 F 값이 F 임계치보다 크므로 귀무가설이 기각되어 소득집단 간에 따른 외식비의 예산지분에는 차이가 있다고 결론을 맺는다. 그러므로 집단 간의 평균값에 차이가 있다면 어디에 있는지 짝비교를 통해서 알아보면 다음과 같다.

셋째, 투키 방법의 Q값을 산출한다.

〈표 4-6〉 투키 방법의 Q값 산출

소득수준	X_i 혹은 X_j	$X_i - X_j$		
집단 2	8.40			
4	12.40	4.00		
1	13.60	5.20	1.20	
3	17.00	8.60	4.60	3.40
소득수준		**Q값 산출**		
집단 2				
	4	3.36		
	1	4.37 *	1.01	
	3	7.23 **	3.87	2.86

* $p < .05$, ** $p < .01$: $Q^{c.v}$=4.05 for r=4, df=16, 이때 r은 비교집단의 수

넷째, Q임계치를 기준으로 가설의 기각과 수락을 결정한다.

식(4.12)을 근거로 Q값을 산출하되 〈표 4-6〉은 집단의 평균값을 낮은 값에서부터 높은 값으로 순서를 매겼다. 식(4.12)을 기준으로 한 〈표 4-5〉의 Q값 산출에서 7.23의 Q값을 일례로 계산된 과정을 살펴보자.

$$Q_{2 \text{ and } 3} = \frac{17 - 8.40}{\sqrt{\dfrac{7.10}{5}}} = \frac{8.60}{\sqrt{1.42}} = \frac{8.60}{1.19} = 7.226$$

$$\fallingdotseq 7.23$$

Q의 임계치는 〈부록표 13〉을 참조로 하면 된다. 위의 경우에 집단 내의 자유도가 16이며 4집단을 비교한 경우이므로 Q분포표에서

$$Q^{c.v.}_{r,\ df,\ 0.05} = Q^{c.v}_{4,\ 16,\ 0.05} = 4.05 \quad \text{단, } r = \text{비교집단의 수}$$

혹은

$$Q^{c.v}_{4,\ 16,\ 0.01} = 5.19$$가 된다.

그러므로 위의 〈표 4-6〉에서 소득수준 집단 1과 집단 2의 평균값의 차이는 유의수준 0.05에서 귀무가설이 기각되어 두 집단 간에 유의미한 차이가 있는 것으로 나타났으며, 소득수준 집단 2와 집단 3의 평균값의 차이는 유의수준 0.01에서 귀무가설이 기각되어 두 집간 간에 통계적으로 의미 있는 평균값의 차이가 있음이 입증되었다.

이상과 같이 동일한 표본의 크기를 전제로 하는 투키의 추후검증법과 유사한 방법으로는 뉴만 큘 방법이 있다. 이 뉴만 큘 방법은 투키 방법보다 더 효율적(more statiscally efficient)이므로 집단 간의 유의미한 차이를 더 세밀하게 볼 수 있다. 자세한 사항은 힌클(Hinkle) 외 2인(1988)을 참조하기 바란다.[1]

(2) 투키/크래머 방법

투키/크래머 방법(The Tukey/Kramer method)은 전술한 투키 방법과는 약간 다르게 집단 간의 샘플 크기가 동일하지 않을 때(unequal sample size)에 사용된다. 식(4.12)의 투키 분석을 위한 Q값 산출에서 분자를 약간 수정(modification)한 Q값을 검정 통계량으로 쓴다.

이 장에서는 동일하지 않은 샘플을 설명해야 하므로 다음과 같은 데이터와 일원분산분석표를 예로 들어 보자.

〈표 4-7〉 소득수준에 따른 외식비 예산지분과 일원분산분석표

집 단		집단1	집단2	집단3	집단4
X_i 혹은 X_j		21.86	23.00	17.29	16.80
n_i 혹은 n_j		7	9	7	10
source	SS	ANOVA df	Table MS	F	$F^{c.v}_{0.05}$
집단 간	255.45	3	85.15	10.47	2.93
집단 내	235.89	29	8.13		
합	491.34	32			

1) Hinkle, Wiersma and Jurs(1988). *Applied Statistics for the Behavioral Sciences*(2nd eds). Houghton Mifflin Co, Boston.

투키/크래머 방법을 이용한 집단 간 평균값의 차이검증을 위한 Q값 산출은 다음과 같다.

$$Q = \frac{\overline{X}_i - \overline{X}_j}{\sqrt{MSW(\frac{\frac{1}{n_i}+\frac{1}{n_j}}{2})}} \quad \text{식(4.13)}$$

가설설정은 투키 방법과 동일하므로 생략하며 Q값을 산출해 보면 〈표 4-8〉와 같다. 식(4.13)과 〈표 4-7〉를 근거로 Q값을 산출하면 〈표 4-8〉와 같다. Q값의 일례로 0.49가 계산된 과정을 살펴보자.

$$Q_{3\text{ and }4} = \frac{17.29 - 16.80}{\sqrt{8.13(\frac{\frac{1}{9}+\frac{1}{10}}{2})}} = 0.49$$

또한

$$Q_{2\text{ and }4} = \frac{23.00 - 16.80}{\sqrt{8.13(\frac{\frac{1}{9}+\frac{1}{10}}{2})}} = 6.69$$

〈표 4-8〉 투키/크래머 방법의 Q값 산출

소득수준	X_i 혹은 X_j	$X_i - X_j$		
집단 4	16.80			
3	17.29	0.49		
1	21.86	5.06	4.57	
2	23.00	6.2	5.71	1.14
소득수준		**Q값 산출**		
집단 4				
3		0.49		
2		5.09 *	4.24 *	
1		6.69 **	5.62 **	1.12

*p〈.05 ; **p〈.01 ; $Q^{C.V}_{\alpha=0.05} \fallingdotseq 3.85$ df=29, r=4
$Q^{C.V}_{\alpha=0.01} \fallingdotseq 4.80$ df=29, r=4

〈부록표 13〉의 Q값의 임계치를 살펴보면[2)]

$$Q^{c.v}{}_{r,\ df,\ \alpha} = Q^{c.v}{}_{4,\ 29,\ 0.05} \fallingdotseq 3.85$$

혹은

$$= Q^{c.v}{}_{4,\ 29,\ 0.01} \fallingdotseq 4.80$$이다.

그러므로 〈표 4-8〉의 결과를 종합하면 다음과 같다.

- 소득집단 1의 모평균은 집단 3과 집단 4의 모평균값과 통계적으로 차이가 난다.
- 소득집단 2의 모평균은 집단 3과 집단 4의 모평균값과 다르다.

(3) 쉐페 방법

전장에서는 한 집단과 다른 집단을 간단히 짝비교하는 법에 대하여 공부하였다. 그러나 단순히 짝비교를 하지 않고 어떤 집간과 다른 여러 개의 집단을 합성하여 비교하는 방법을 복합비교(complex comparison)라고 하는데 쉐페 방법(The Scheffé method)이 여기에 해당한다. 쉐페 분석을 위한 검정 통계량은 F 값으로서 다음과 같다.

$$F = \frac{(\sum_{j=1}^{J} C_j \overline{X}_j)^2}{\sqrt{MSW[\sum_{j=1}^{J}(C_j{}^2/n_j)]}} \quad \text{식(4.14)}$$

식(4.14)을 이용하여 쉐페 분석을 이해하기 위하여 투키/크래머 방법 때 이용하였던 〈표 4-8〉의 자료를 이용해 보기로 한다. 투키 분석 때와 같이 쉐페 분석의 이해를 위한 절차는 다음과 같다.

첫째, 가설설정을 한다. 귀무가설의 표현은 다음과 같이 다양하게 표현할 수 있다.

$$H_0 : \sum_{j=1}^{J} C_j\ \mu_j = 0 \qquad \text{여기서,}\ \sum_{j=1}^{J} C_j = 0$$

여기서, C_j는 모집단의 대비계수(contrast coefficient)라고 한다.

2) 〈부록표 13〉에는 df=29가 없으므로 근사치인 df=30인 경우로 임계치를 대신한다.

$$H_0 : \mu 2 = \frac{\mu_1 + \mu_2 + \mu_4}{3}$$

또한 대비의 형태로 표시하면

$$H_0 : \left(\frac{1}{3}\right)\mu_1 + (-1)\mu_2 + \left(\frac{1}{3}\right)\mu_4 = 0$$

H_a : 최소한 하나의 대비는 0이 아니다.

식(4.14)를 이용하여 산출된 F값이 F의 임계치보다 크면 귀무가설이 기각되어 Scheffé의 추후분석이 가능해진다.

둘째, C_j의 값을 계산한다.

〈표 4-7〉와 〈표 4-8〉를 이용하여 C_j를 계산해 보자. $\sum_{j=1}^{J} C_j = 0$이므로

표본 $C_1 = \frac{7}{7+7+10} = 0.29$

$$C_2 = \frac{9}{9} = -1$$

$$C_3 = \frac{7}{7+7+10} = 0.29$$

$$C_4 = \frac{10}{7+7+10} = 0.42$$

셋째, F값을 산출한다.

식(4.14)를 이용하면

$$F = \frac{(\sum_{j=1}^{J} C_j \overline{X}_j)^2}{\sqrt{MSW[\sum_{j=1}^{J}(C_j{}^2/n_j)]}} \quad \text{식(4.15)}$$

$$= \frac{[(0.29)(21.86) + (-1)(23) + (0.29)(17.29) + (0.42)(16.80)]^2}{8.13[\frac{0.29^2}{7} + \frac{(-1)^2}{9} + \frac{0.29^2}{7} + \frac{0.42^2}{10}]}$$

$$= \frac{21.07}{1.24} = 16.96$$

넷째, 쉐페의 $F^{c.v}$의 산출해서 가설의 기각과 수락 여부를 결정한다.

쉐페 분석을 위한 F 임계값은 $(J-1) \cdot F_{J-1,\ N-J}$가 된다.

예를 들면, 본 연구에 있어서 유의수준 $\alpha = 0.05$에서의 임계값은 $(4-1) \cdot F^{c.v}_{4-1,\ 33-4,\ \alpha=0.05} = 3 \times 2.93 = 8.79$이며 유의수준 $\alpha = 0.01$에서의 임계값은 $(4-1) \cdot F^{c.v}_{4-1,\ 33-4,\ \alpha=0.01} = 3 \times 4.51 = 13.53$이 된다.

그러므로 유의수준 $\alpha = 0.05$, 0.01 모두에서 산출된 F값이 임계치보다 크므로 귀무가설이 기각되어 다음과 같은 결론을 얻게 된다. 즉, 소득집단 2의 모평균 평균값은 다른 1, 3, 4 세 집단의 조합된 평균값과는 다르다.

즉, 소득집단 2의 외식비 예산지분 평균액수는 다른 1, 3, 4 집단의 외식비 예산지분 평균액수와 다르다.

이제까지는 소득집단 2와 다른 세 집단의 비교였으나 동일한 절차와 방법으로 소득집단 1과 다른 2, 3, 4 세 집단의 비교, 소득집단 3과 다른 1, 2, 4 집단의 비교,

쉬어가는 연구방법과 통계이야기 • 4-2

통계수치를 이용한 비교에서의 오류

교통사고 관련 통계에서도 이 같은 오류는 흔하게 등장한다. 통계에 따르면 시속 80km 이상으로 달릴 때보다 보통 속도로 달릴 때 사고가 더 많이 난다고 한다. 그렇다고 빠른 속도로 달리는 것이 더 안전할까? 대부분의 운전은 보통 속도에서 이루어지므로 사고도 보통 속도에서 더 많이 나는 것이다. 또 교통사고는 대부분 집 주위 50km 이내에서 많이 발생한다고 한다. 그러니까 장거리 여행이 더 안전하다? 물론 어리석은 생각이다. 사람들은 대부분 집 주위에서 운전하는 경우가 훨씬 많기 때문이다.

비슷한 사례는 얼마든지 찾을 수 있다. 우리나라의 경우 교통사고로 희생당한 어린이의 약 38%가 집으로부터 반경 1km 이내에서 사고를 당한다고 한다. 그렇다고 집에서 멀리 떨어진 곳에서 노는 아이들이 더 안전한 것은 아니다. 단지 대다수 아이들이 집 주위에서 놀기 때문에 집 주위에서 일어나는 사고가 많은 것이다.

보험개발원에서 1993년 한 해 동안의 사고를 분석한 통계에 따르면 오후 4시부터 6시 사이에 사고가 가장 많이 발생한다고 한다. 그렇다고 해서 오전 4시에서 6시 사이에 운전하는 것이 오후 4시에서 6시 사이에 운전하는 것보다 안전하다고 할 수는 없다. 오후 4시에서 6시 사이 교통량이 가장 많기 때문에 사고도 많은 것이다. 이에 반해 교통사고의 치사율은 오전 4시에서 6시 사이에 가장 높게 나타나고 있다. 사고 피해자의 연령별 분포를 보면 30대가 26%로 가장 많았다. 이 통계를 인용한 한 신문의 기사에서는 30대의 피해자가 많은 이유는 30대가 술을 자주 마시는 나이이기 때문이라고 상상력(?)을 발휘하여 분석하고 있지만 실제로는 운전자 중에서 30대의 비율이 가장 높기 때문에 피해자 중에도 30대가 많은 것이다.

출처 : 한국경제, 2006년 6월 5일

소득집단 4와 다른 1, 2, 3 집단의 비교 등의 모든 복합비교가 가능하게 된다. 쉐페의 분석은 특히 집단 간의 표본수가 동일하지 않을 때 더 선호되는 경향이 있다.

또한 특정한 평균쌍 사이의 차이가 유의미한 것으로 결론지어질 가능성은 쉐페 검증이 제일 낮고, 그 다음이 투키 검증, 그리고 뉴만 큘 검증이며 제일 유의미한 결론을 얻기 어려운 것이 던컨(Duncan)이다.

6) SAS 프로그램과 결과해석

다음의 |SAS 예시 4-1|은 ANOVA의 기본 프로그램이며, |SAS 예시 4-3|은 추후분석 프로그램이다. 또한 |SAS 예시 4-2|와 |SAS 예시 4-4|는 ANOVA 분석과 추후분석의 결과가 제시되어 있다.

교육수준에 따른 소득에는 차이가 있는가를 연구자의 관심이라고 가정하고 프로그램과 결과를 분석해 보자.

|SAS 예시 4-1|은 교육수준이 고졸 이하인 경우를 집단 1, 교육수준이 고졸 이상부터 전문대졸 이하인 경우를 집단 2, 그리고 교육수준이 대졸 이상인 경우를 집단 3으로 나눈 후 교육수준 상·중·하, 각각의 집단에 따른 소득에 차이가 있는가를 알아보기 위한 프로그램이다. 이때 독립변수는 교육수준이며 종속변수는 소득수

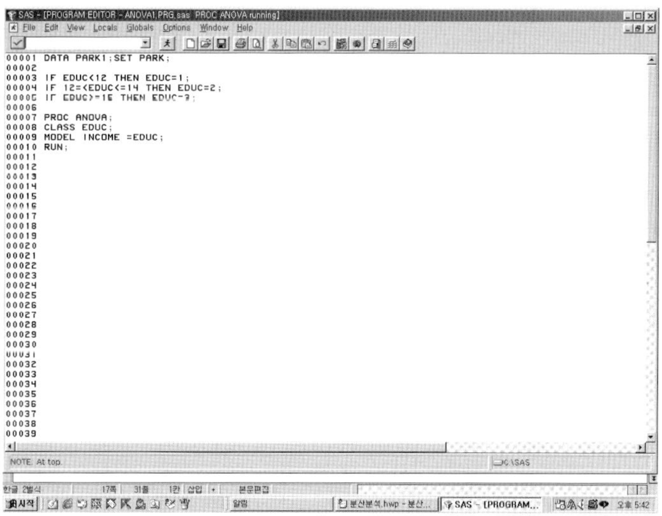

|SAS 예시 4-1| ANOVA 프로그램

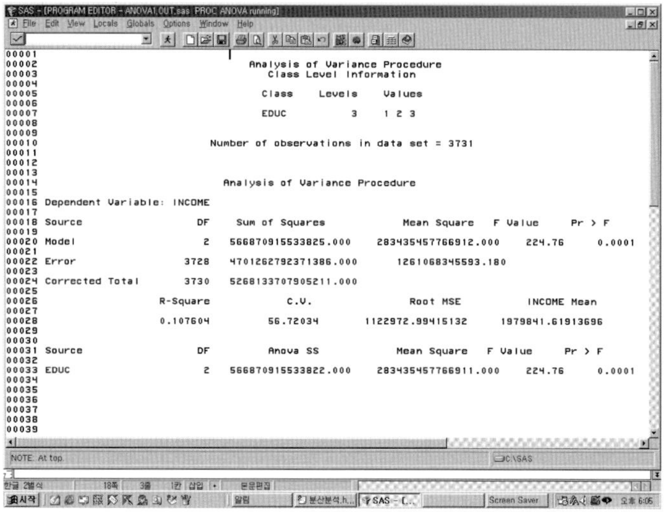

```
SAS - [PROGRAM EDITOR - ANOVA1.OUT.sas PROC ANOVA running]

                         Analysis of Variance Procedure
                            Class Level Information

                           Class     Levels    Values

                           EDUC           3    1 2 3

                   Number of observations in data set = 3731


                     Analysis of Variance Procedure

Dependent Variable: INCOME

Source                DF    Sum of Squares          Mean Square   F Value     Pr > F

Model                  2   566870915533825.000   283435457766912.000    224.76      0.0001

Error               3728   4701262792371386.000    1261068345593.180

Corrected Total     3730   5268133707905211.000

                R-Square            C.V.            Root MSE         INCOME Mean

                0.107604         56.72034      1122972.99415132    1979841.61913696


Source                DF          Anova SS          Mean Square   F Value     Pr > F

EDUC                   2   566870915533822.000   283435457766911.000    224.76      0.0001

NOTE: At top.
```

| SAS 예시 4-2 | SAS 예시 4-1의 ANOVA분석 결과

준이고 CLASS는 교육수준에서 집단구별이 있음을 의미한다.

| SAS 예시 4-2 | 에서 EDUC의 집단은 세 집단으로 구분되며 F값이 224.76으로서 $\alpha=0.001$ 유의수준에서 유의미한 차이가 있음으로 나타났다. 즉, '교육수준에 따른 소득에는 유의미한 차이가 있었다' 고 해석할 수 있다.

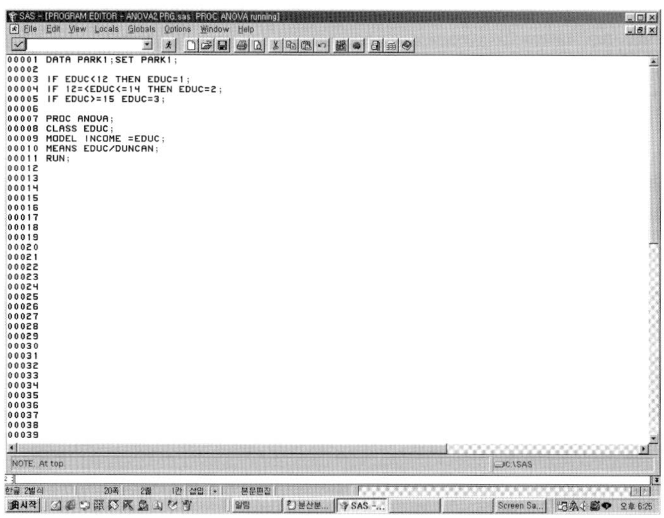

```
SAS - [PROGRAM EDITOR - ANOVA2.PRG.sas PROC ANOVA running]
DATA PARK1;SET PARK1;

IF EDUC<12 THEN EDUC=1;
IF 12=<EDUC<=14 THEN EDUC=2;
IF EDUC>=15 EDUC=3;

PROC ANOVA;
CLASS EDUC;
MODEL INCOME =EDUC;
MEANS EDUC/DUNCAN;
RUN;
NOTE: At top.
```

| SAS 예시 4-3 | ANOVA 추후분석 프로그램

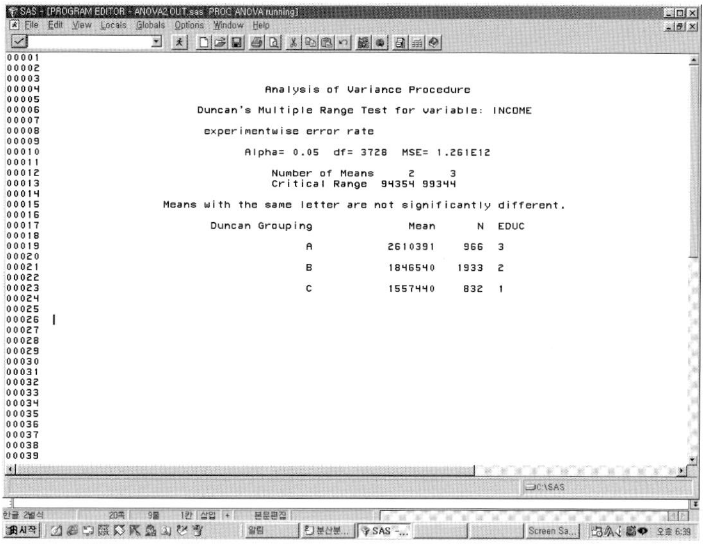

| SAS 예시 4-4 | SAS 예시 4-3의 추후분석 결과

| SAS 예시 4-4 | 는 | SAS 예시 4-3 | 의 프로그램, 즉 던컨(Duncan)의 추후분석을 실시한 것이다. 던컨 이외에도 쉐페나 투키 등의 짝비교에 관심이 있으면 던컨 대신 넣어도 되고, 모든 추후분석 이름을 함께 타이핑해 넣어도 된다. Means는 EDUC에 따른 집단 간의 평균값을 산출하라는 명령어이다. | SAS 예시 4-4 | 를 살펴보자.

| SAS 예시 4-4 | 는 이제까지 설명되어 중복되는 부분을 삭제하고 추가로 산출되는 결과만을 제시하였다. 'Means with the same letter are not significantly different' 라는 문장이 보인다. 즉, 같은 알파벳 기호는 집단 간에 유의미한 차이가 없음을 의미하며, 역으로 다른 알파벳 기호는 집단 간에 유의미한 차이가 있음을 의미한다. 결과를 보면 EDUC 집단 1과 2와 3에 각각 다른 C, B, A 알파벳 기호가 있음으로 세 집단 각기 평균값에서 차이가 있었음을 보여 주었다. 즉 대졸 이상 집단의 평균소득이 약 260만 원으로 제일 높았고, 고졸 이하 집단의 평균소득은 약 156만 원으로 가장 낮았다. 만일 알파벳 기호가 집단 1, 2, 3에 각각 A, A, B로 나타났다면 EDUC 집단 3, 즉 고학력집단이 다른 집단 1, 2, 즉 전문대졸 이하 집단보다 소득이 더 높다고 해석할 수 있다.

7) SPSS 프로그램을 사용한 ANOVA 분석 예시 및 결과

앞서 SAS를 이용하여 ANOVA 프로그램과 결과해석에 대해 살펴보았으므로 여기서는 SPSS Window 10.0 한글 버전을 이용하여 ANOVA 분석을 다시 수행해 보고자 한다. | SPSS 예시 4-5 | 에 제시한 바와 같이 소득, 교육년수, 연령, 성별 자료가 입력되어 있다(자료입력방법은 1장 SPSS 예시 부분 참조).

이미 자료가 입력된 상태에서 분산분석을 수행하기 위해 집단변수를 새로이 만들고자 | SPSS 예시 4-5 | 에 제시한 바와 같이 syntax 창을 열어 명령문을 입력하였다. 교육년수 변수는 등간 척도로서 12년, 14년, 16년 등으로 측정되어 있는데, 여기서는 소득수준이 고졸 이하, 초대졸, 대학원졸에 따라 차이가 있는가를 조사하고자 한다. 또한 각 집단 간의 구체적인 차이를 검증하고자 한다. 다시 말해, 사후검증 또는 다중범위검증(Multiple Range Test)도 수행하고자 한다. 따라서 syntax 창에 제시한 바와 같이 교육년수가 12년인 경우 교육집단(새로운 변수) 값을 1로, 14년과 16년, 즉 전문대 및 4년제 대학졸업의 경우 교육집단 값을 2로, 18년의 경우 3으로 변수를 생성하도록 명령문을 작성하였다. | SPSS 예시 4-5 | 에 제시한 것처럼 SPSS에서 한 명령문이 끝나면 반드시 점, 즉 마침표를 찍도록 되어 있으며, 모든

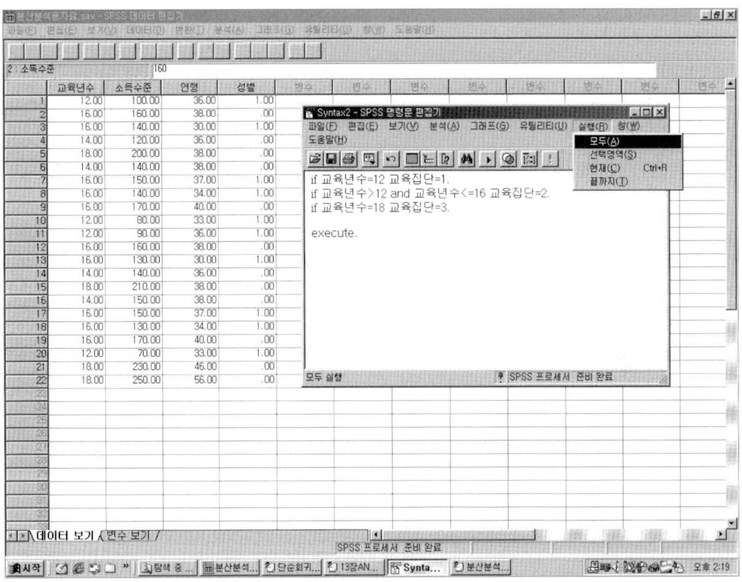

| SPSS 예시 4-5 | ANOVA 분석을 위한 새로운 변수정의과정

명령문의 끝에는 execute.를 쓰도록 되어 있다. 이렇게 작성한 syntax 창을 명령문 파일이라고 하는데 확장자가 .sps로 끝나도록 되어 있다.

명령문은 ｜SPSS 예시 4-5｜의 syntax 창에서처럼 직접 입력하는 방법(사실상 과거의 DOS 형식) 외에도 SPSS 창의 맨 위에 있는 메뉴를 이용하여 클릭만을 통해 교육집단 변수를 만들 수도 있다. 어느 방법을 사용해도 무방하나 모든 작업 후에 작업과정을 기록해 두고자 할 경우, 중간과정에서 문제가 있음을 발견하여 나중에 수정할지도 모르는 경우 등에 대비하여 클릭에만 의존하여 명령문을 만드는 것은 바람직하지 않다. 따라서 ｜SPSS 예시 4-5｜ syntax 창에 제시한 것처럼 DOS 형태의 명령문 파일을 만드는 것을 적극 권장한다. 물론 명령문 파일을 저장해 두어야 나중에 수정할 수 있다.

｜SPSS 예시 4-5｜에서처럼 명령문 파일을 만든 경우 실행 → 모두를 클릭하면 ｜SPSS 예시 4-6｜에 보이는 바와 같이 수정된 자료 파일이 나타난다. 처음의 자료 파일에는 교육집단이라는 변수가 없었으나 ｜SPSS 예시 4-6｜의 파일에 새로운 변수인 교육집단이 생성되었음을 알 수 있다. 이처럼 분산분석을 수행하기 위한 집단 변수가 있는 상태에서 ｜SPSS 예시 4-7｜에 제시한 바와 같이 분석 → 평균비교 → 일원배치 분산분석을 클릭한다.

다음 단계로 ｜SPSS 예시 4-8｜와 같은 창이 뜨게 되는데 먼저 뜨게 되는 창의 왼쪽에는 변수들의 목록이 나오게 되므로 이 중 종속변수에 해당하는 소득수준 변수를 오른쪽 종속변수 박스에 가져다 놓고, 교육변수를 오른쪽의 요인 박스에 가져다 놓은 후 아래에 제시된 사후분석을 클릭하면 ｜SPSS 예시 4-8｜의 아래 작은 창이 나타난다. 그러면 사후분석(또는 Multiple Range Test로써 다중범위분석)방법 종류가 나타나게 되는데, 여기서는 Duncan 검증을 클릭(V)하였다. 이처럼 사후검증방법을 선정하여 클릭한 후 계속을 클릭하고 다시 위의 창에서 확인을 클릭하게 되면 최종적으로｜SPSS 예시 4-9｜에 제시한 바와 같은 결과 창이 나타난다.

｜SPSS 예시 4-9｜의 결과 창을 통해 분산분석 결과를 해석할 수 있는데 간단하게 살펴보면, 먼저 전체적인 분산분석의 결과는 유의도 측면에서 받아들일 만한 수준이며(유의확률이 .05보다 적으므로), 교육집단에 따라 소득수준이 차이가 있음을 알 수 있다. 보다 구체적인 차이는 동일집단군이라는 이름하에 나타난 결과 box를 통해 알 수 있는데, 고졸 집단은 초대졸 집단과 대학원졸 집단보다 유의한 수준으로

소득수준이 낮음을 알 수 있다. 초대졸 집단은 대학원을 졸업한 근로자보다 소득수준이 낮으나, 전문대를 졸업하였는가 아니면 4년제 대학을 졸업하였는가에 따라서는 소득수준상에 차이가 없음을 알 수 있다.

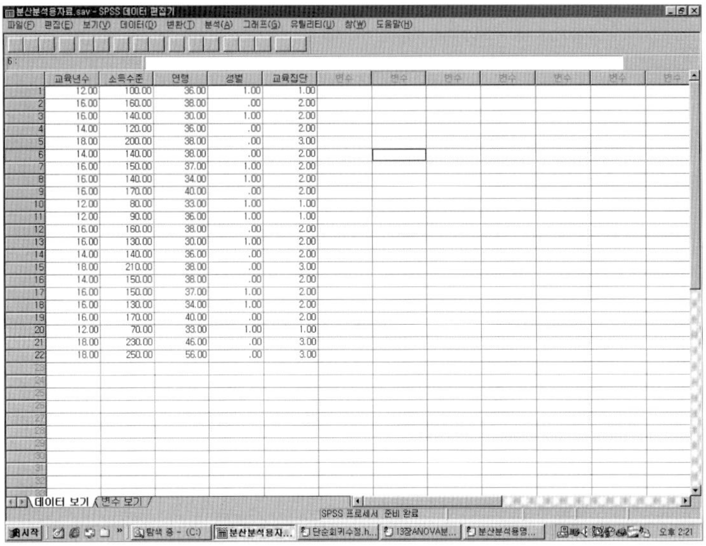

| SPSS 예시 4-6 | 새로운 변수가 추가된 자료 파일

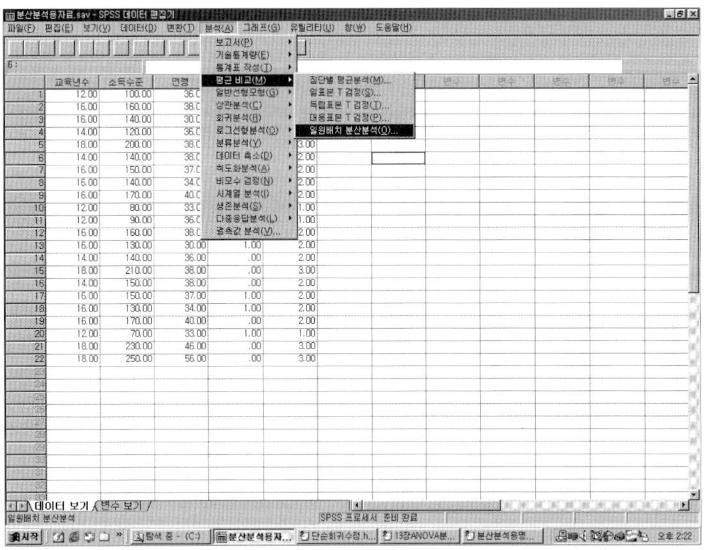

| SPSS 예시 4-7 | 분산분석 수행과정 1

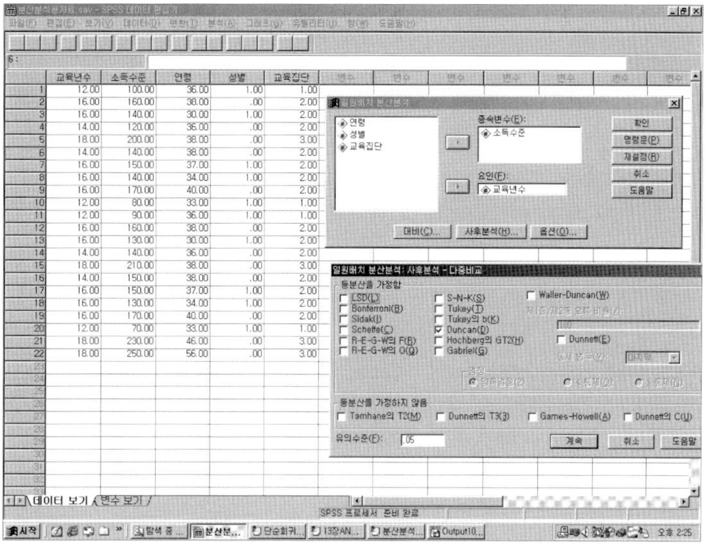

| SPSS 예시 4-8 | 분산분석 수행과정 2

| SPSS 예시 4-9 | 분산분석 수행결과

쉬어가는 연구방법과 통계이야기 • 4-3

정보의 악용사례

통행료 대폭인상에 따른 여론의 비난을 피하기 위해 인상률을 낮게 발표하는 속임수를 쓴 것이다. 이처럼 퍼센트를 계산할 때 기준을 잘못 사용했다고 누가 따지지도 않을 뿐 아니라 설령 따지더라도 계산의 실수라고 변명하는 것이다. 길을 가다가 67%의 대할인 판매를 써 붙인 옷가게가 있어서 싸다고 생각하여 들른 적이 있다. 그런데 실제 할인율은 40%였는데 67% 할인이라고 광고하고 있었다. 원래 가격이 1만 원인 상품을 6000원에 할인 판매하고 있었으므로 할인율은 4000/1만=0.4, 즉 40%였다. 그러나 기준을 할인 후 가격으로 바꿔치기 하여 4000/6000=0.67, 즉 67% 할인이라고 우겼던 것이다.

100% 할인이라고 하면 그냥 공짜로 물건을 준다는 말이다. 그러나 실제로는 100원 짜리를 50% 할인하여 50원에 판매하지만 할인율은 할인 후 가격을 기준으로 사용하여 50/50=100%라고 우기는 것이다. 100% 할인이니 그냥 달라고 따지는 사람이 많게 되면 이렇게 엉터리로 퍼센트 계산을 하지는 않을 것이다.

극심한 가뭄의 피해를 보도하는 뉴스에 등장한 농민이 올해의 딸기 수확량이 가뭄 때문에 작년에 비해 120%나 감소했다고 주장하지만 그것은 피해를 과장하기 위한 것일 뿐 실제로 120%가 감소할 수는 없다.

오래 전 미국 주간지 뉴스위크(Newsweek)의 한 기사는 마오쩌둥이 중국 정부 관리의 임금을 300% 삭감했다고 발표했다(Newsweek, 1967년 1월 16일). 냉전 체제하에서 적대 공산국가인 중국의 어려운 실정을 과장하고 싶었겠지만 300%의 임금 삭감은 너무 심한 과장이었다.

"원래 월급에서 100% 삭감 후에 삭감할 것이 더 남아 있겠느냐"라는 한 주의 깊은 독자의 항의에 편집자는 나중에 300%가 아니라 66.7%라고 정정해야 했다.

다른 예를 들어 보자. 만약 어느 회사의 사장이 다음과 같은 말을 했다면 그 말이 맞는 것일까? "종업원의 임금을 50% 인하하였더니 불평이 많아서 다시 50% 올려 원래대로 하였다."

이 말은 듣는 사람들에게는 임금이 원래의 임금으로 돌아간 것 같은 인상을 주지만 실제로는 그렇지 않다. 즉, 100원의 월급에서 50%를 깎으면 50원이 되고 다시 50원의 월급에서 50%를 올려주면 75원밖에 되지 않는다. 따라서 사장의 말은 틀린 것이며 50%의 인하를 상쇄하기 위해서는 100%를 인상해야 원래의 임금으로 돌아가는 것이다. 이런 이유 때문에 퍼센트를 대할 때는 무엇에 대한 퍼센트인지, 기준이 제대로 적용되어 있는지를 항상 따져 보아야 한다.

출처 : 한국경제, 2006년 3월 6일

2. 이원분산분석

이원분산분석(Two-Way Analysis of Variance)은 독립변수가 2개일 때 분산의 원인이 어디에 있는가를 밝혀 독립변수의 영향력을 알아보기 위한 분석이다. 이원분산분석에 있어서도 일원분산분석에서 설명한 분산분석의 기본원리와 동일하다. 또한 분석에 앞서 종속변수에 대한 모집단의 분포가 정규분포이며 집단 간 모집단의 분산이 동일하여야 하는 등분산의 가정이 선행되어야만 한다.

이원분산분석에서는 독립변수가 2개이므로 각각 변인의 주효과(main effect)와 2개의 상호작용효과(interaction effect)가 산출된다. 이원변량분석을 이해하기 위하여 다음 분산의 구성을 살펴보자.

1) 분산의 구성

일원분산분석에서와 마찬가지로 이원분산분석의 편차의 구성은 다음의 4파트로 구성된다.

총편차 = 변수 A에 의한 편차 + 변수 B에 의한 편차 + 두 변수의 상호작용에 의한 편차 + 집단 내 혹은 개인의 편차

= J행 평균 간 편차 + K열 평균 간 편차 + 상호작용으로 인한 편차 + 집단내편차

$$SST = SSJ + SSK + SSJK + SSW \quad \text{식(4.16)}$$

이원분산의 데이터 분할표(data layout)를 우선 이해한 후에 편차제곱합에 관하여 살펴보기로 한다.

〈표 4-9〉 이원분산의 데이터 분할표

		독립변수 B수준				
		b_1	b_2		b_k	
	a_1	X_{111} X_{211} . . . X_{n11}	X_{112} X_{212} . . . X_{n12}	… … … … … …	X_{11k} X_{21k} . . . X_{n1k}	$\overline{X}_{1\cdot}$
독립변수 A수준	a_2	X_{121} X_{221} . . . X_{n21}	X_{122} X_{222} . . . X_{n22}	… … … … … …	X_{12k} X_{22k} . . . X_{n2k}	$\overline{X}_{2\cdot}$
		. . .	. . .	… … …	. . .	
	a_j	X_{111} X_{211} . . . X_{n11}	X_{111} X_{211} . . . X_{n11}	… … … … … …	X_{1jk} X_{2jk} . . . X_{njk}	$\overline{X}_{j\cdot}$
		$\overline{X}_{\cdot 1}$	$\overline{X}_{\cdot 2}$		$\overline{X}_{\cdot k}$	$\overline{\overline{X}}$

(1) 전체분산(Sum of Squares Total : SST)

$$SST = \sum_{k=1}^{K}\sum_{j=1}^{J}\sum_{i=1}^{n}(X_{ijk} - \overline{\overline{X}})^2 \qquad \text{식(4.17)}$$

(2) J행 평균간 편차제곱합(Sum of Squares Row : SSJ)

$$SSJ = nK\sum_{j=1}^{J}(\overline{X}_{j\cdot} - \overline{\overline{X}})^2 \qquad \text{식(4.18)}$$

(3) K열 평균 간 편차제곱합(Sum of Squares Column : SSK)

$$SSK = nJ\sum_{k=1}^{K}(\overline{X}_{\cdot k} - \overline{\overline{X}})^2 \quad \text{식(4.19)}$$

(4) 상호작용에 의한 편차제곱합(Sum of Squares Interaction : SSJK)

$$SSJK = n\sum_{k=1}^{K}\sum_{j=1}^{J}(\overline{X}_{jk} - \overline{X}_{j\cdot} - \overline{X}_{\cdot k} + \overline{\overline{X}})^2 \quad \text{식(4.20)}$$

(5) 집단 내 편차제곱합(Within-cell Sum of Squares : SSW)

$$SSW = \sum_{k=1}^{K}\sum_{j=1}^{J}\sum_{i=1}^{n}(X_{ijk} - \overline{X}_{jk})^2 \quad \text{식(4.21)}$$

2) 분산의 계산

이원분산의 개념은 다음의 예로써 더욱 명확해진다.

시나리오는 다음과 같다. 성별(남성, 여성)과 교육수준(상, 중, 하)에 따른 소득에 차이를 알아보고자 한다.

〈표 4-10〉 성별과 교육수준에 따른 소득

성별 \ 교육수준	하		중		상	
여성	32	28	28	26	36	46
	27	23	31	33	47	39
	22	25	24	27	42	43
	19	21	25	25	35	40
남성	18	16	27	25	24	26
	22	19	31	32	27	30
	20	24	27	26	33	32
	25	31	25	24	25	29

(1) 평균분산을 산출하기 위하여 다음을 간략히 재정의하여 보자

첫째, 각각의 관찰치(혹은 사례)의 합을 T_{jk}라고 명명한다.

$$\sum_{i=1}^{n} X_{ijk} = T_{jk} \quad \text{식(4.22)}$$

둘째, J행의 각각의 관찰치의 합을 $T_{j\bullet}$ 이라고 명명하며 K열의 각각의 관찰치의 합을 $T\cdot k$라고 명명한다.

$$\sum_{k=1}^{K}\sum_{i=1}^{n} X_{ijk} = T_{j\bullet} \quad \text{식(4.23)}$$

$$\sum_{J=1}^{J}\sum_{i=1}^{n} X_{ijk} = T_{\bullet k} \quad \text{식(4.24)}$$

마지막으로 JK cell의 모든 관찰값의 합을 T라고 한다.

$$\sum_{k=1}^{K}\sum_{j=1}^{J}\sum_{i=1}^{n} X_{ijk} = T \quad \text{식(4.25)}$$

(2) 위의 notation을 이용하여 분산의 식을 다시 표현해 보면 다음과 같다

$$SSJ = nK\sum_{j=1}^{J}(\overline{X}_{j\bullet} - \overline{\overline{X}})^2 \quad \text{식(4.26)}$$
$$= \frac{1}{nK}\sum_{j=1}^{J} T_{i\bullet}{}^{2} \frac{T^2}{N}$$

$$SSK = nJ\sum_{k=1}^{K}(\overline{X}_{\bullet k} - \overline{\overline{X}})^2 \quad \text{식(4.27)}$$
$$= \frac{1}{nJ}\sum_{k=1}^{K} T_{\bullet k}{}^{2} - \frac{T^2}{N}$$

$$SSJK = n\sum_{k=1}^{K}\sum_{j=1}^{J}(\overline{X}_{jk} - \overline{X}_{j\cdot} - \overline{X}_{\cdot k} + \overline{\overline{X}})^2 \qquad \text{식(4.28)}$$

$$= \frac{1}{n}\sum_{k=1}^{K}\sum_{j=1}^{J}T_{ik}^{\ 2} - \frac{1}{nk}\sum_{j=1}^{J}T_{j\cdot k}^{\ 2} - \frac{1}{nJ}\sum_{k=1}^{K}T_{\cdot k}^{\ 2} + \frac{T^2}{N}$$

$$= \frac{1}{n}\sum_{k=1}^{K}\sum_{j=1}^{J}T_{jk}^{\ 2} - SS_J - SS_K - \frac{T^2}{N}$$

$$SSW = \sum_{k=1}^{K}\sum_{j=1}^{J}\sum_{i=1}^{n}(X_{ijk} - \overline{X}_{jk})^2 \qquad \text{식(4.29)}$$

$$= \sum_{k=1}^{K}\sum_{j=1}^{J}\sum_{i=1}^{n}X_{ijk}^{\ 2} - \frac{1}{n}\sum_{k=1}^{K}\sum_{j=1}^{J}T_{jk}^{\ 2}$$

$$SST = \sum_{k=1}^{K}\sum_{j=1}^{J}\sum_{i=1}^{n}(X_{ijk} - \overline{\overline{X}})^2 = \sum_{k=1}^{K}\sum_{j=1}^{J}\sum_{i=1}^{n}X_{ijk}^{\ 2} - \frac{T^2}{N} \qquad \text{식(4.30)}$$

(3) 이원분산표에서의 종합

이원분산분석을 위한 계산표 교육수준은 〈표 4-11〉과 같다.

〈표 4-11〉 이원분산분석을 위한 계산표 교육수준

성별 \ 교육수준		하	중	상	
성별	여성	$T_{11} = 197.0$ $\overline{X}_{11} = 24.63$ $\Sigma X_i^{\ 2} = 4{,}997.0$	$T_{12} = 219.0$ $\overline{X}_{12} = 27.38$ $\Sigma X_i^{\ 2} = 6{,}065.0$	$T_{13} = 328.0$ $\overline{X}_{13} = 41.00$ $\Sigma X_i^{\ 2} = 13{,}580.0$	$T_{1\cdot} = 744.0$ $\overline{X}_{1\cdot} - 31.0$ $\Sigma X_i^{\ 2} = 24{,}622.0$
	남성	$T_{21} = 175.0$ $\overline{X}_{21} = 21.88$ $\Sigma X_i^{\ 2} = 3{,}987.0$	$T_{21} = 217.0$ $\overline{X}_{21} = 27.13$ $\Sigma X_i^{\ 2} = 5{,}945.0$	$T_{21} = 226.0$ $\overline{X}_{21} = 28.25$ $\Sigma X_i^{\ 2} - 6{,}460.0$	$T_{2\cdot} = 618.0$ $\overline{X}_{2\cdot} = 25.75$ $\Sigma X_i^{\ 2} = 16{,}392.0$
		$T_{\cdot 1} = 372.0$ $\overline{X}_{\cdot 1} = 23.25$ $\Sigma X_i^{\ 2} = 8{,}964.0$	$T_{\cdot 2} = 436.0$ $\overline{X}_{\cdot 2} = 27.25$ $\Sigma X_i^{\ 2} = 12{,}010.0$	$T_{\cdot 3} = 554.0$ $\overline{X}_{\cdot 3} = 34.63$ $\Sigma X_i^{\ 2} = 20{,}040.0$	$T = 1{,}362$ $\overline{\overline{X}} = 28.38$ $\Sigma\Sigma\Sigma X_i^{\ 2} = 41{,}014.0$

3) 평균분산과 계산

(1) 자유도

① J행 $J-1=2-1=1$

② K열 $K-1=3-1=2$

③ 상호작용 $(J-1)(K-1)=2$

④ 집단 내 $JK(n-1)=3\times2\times7=42$

⑤ 전체 $N-1=48-1=47$

(2) F값

① $F_J = MSJ/MSW$ … J행(row)의 주요효과를 검정하기 위함

② $F_K = MSK/MSW$ … K열(columns)의 주요효과를 검정하기 위함

③ $F_{JK} = MSJK/MSW$ … 상호작용효과를 검정하기 위함

(3) 〈표 4-10〉의 원자료(raw data)를 이용한 분산과 평균분산의 계산

〈표 4-11〉으로부터 아래의 값을 계산해 보면

① $\sum_{j=1}^{J} T_{j\cdot}^{\,2} = (774)^2 + (618)^2 = 935,460.0$

② $\sum_{k=1}^{K} T_{\cdot k}^{\,2} = (372)^2 + (436)^2 + (554)^2 = 635,396.0$

③ $\sum_{k=1}^{K}\sum_{j=1}^{J} T_{jk}^{\,2} = (197)^2 + (219)^2 + (328)^2 + (175)^2 + (217)^2 + (226)^2$
$= 323,144.0$

④ $T = \sum_{k=1}^{K}\sum_{j=1}^{J}\sum_{i=1}^{n} X_{ijk} = 1,362.0$

⑤ $\sum_{k=1}^{K}\sum_{j=1}^{J}\sum_{i=1}^{n} X_{ijk}^{\,2} = 41,014.0$

위의 계산된 값을 다음의 분산의 계산에 대입시킨다. 그러므로

① $SSJ = \frac{1}{nK}\sum_{j=1}^{J} T_{j\cdot}^{2} - \frac{T^2}{N} = \frac{935,460}{(8)(3)} - \frac{(1362)^2}{48}$

$= 38,977.50 - 38,646.75 = 330.75$

② $SSK = \frac{1}{nJ}\sum_{k=1}^{K} T_{\cdot k}^{2} - \frac{T^2}{N} = \frac{635,396}{(8)(2)} - \frac{(1362)^2}{48}$

$= 39,712.25 - 38,646.75 = 1065.50$

③ $SSJK = \frac{1}{n}\sum_{k=1}^{K}\sum_{j=1}^{J} T_{jk}^{2} - \frac{1}{nK}\sum_{k=1}^{J} T_{j\cdot}^{2} - \frac{1}{nJ}\sum_{k=1}^{K} T_{\cdot k}^{2} + \frac{T^2}{N}$

$= \frac{323,144}{8} - \frac{935,460}{(8)(3)} - \frac{635,396}{(8)(2)} + \frac{(1362)^2}{48}$

$= 40,393.00 - 38,977.50 - 39,712.25 + 38,646.75$

$= 350.00$

④ $SSW = \sum_{k=1}^{K}\sum_{j=1}^{J}\sum_{i=1}^{n} X_{ijk}^{2} - \frac{1}{n}\sum_{k=1}^{K}\sum_{j=1}^{J} T_{jk}^{2}$

$= 41,014.00 - 40,393.00 = 621.00$

⑤ $SST = \sum_{k=1}^{K}\sum_{j=1}^{J}\sum_{i=1}^{n} X_{ijk}^{2} - \frac{T^2}{N}$

$= 41,014.00 - 38,646.75 = 2367.25$

산출된 분산의 값을 갖고 다음의 평균분산을 산출한다.

$MSJ = \frac{SSJ}{J-1} = \frac{330.75}{2-1} = 330.75$

$MSK = \frac{SSJ}{J-1} = \frac{1065.50}{3-1} = \frac{1065.50}{2} = 532.75$

$MSJK = \frac{SSJK}{(J-1)(K-1)} = \frac{350}{(2-1)(3-1)} = \frac{350}{2} = 175.00$

$MSW = \frac{SSW}{JK(n-1)} = \frac{621.00}{3\times2\times(8-1)} = \frac{621.00}{42} = 14.79$

〈표 4-12〉 이원분산표(Two-way ANOVA Table)

source	SS	df	MS	F	Fcv
Rows(성별)	330.75	1	330.75	22.36	4.07
Columns(교육수준)	1,065.50	2	532.75	36.02	3.22
Interaction	350.00	2	175.00	11.83	3.22
Within cell	621.00	42	14.79		
Total	2,367.25	47			

(4) 이제까지의 산출된 값으로 다음 이원분산표 〈표 4-12〉를 만들어 보자

각 각의 F 값은 다음과 같다.

- 행 $F_J = MSJ/MSW = 22.36$
- 열 $F_K = MSK/MSW = 36.03$
- 상호작용 $F_{JK} = MSK/MSW = 11.83$

4) SAS 프로그램과 결과해석

| SAS 예시 4-10 | 은 이원분산분석을 위한 프로그램이다. 교육수준과 연령이 소득수준에 미치는 영향력을 분석하기 위한 프로그램이다. 이때 교육수준과 연령은 각각 범주형변수(categorical variable)이며 소득은 연속변인이다. 또한 EDUC*AGE는 교육수준과 연령의 상호작용 효과를 나타내 준다.

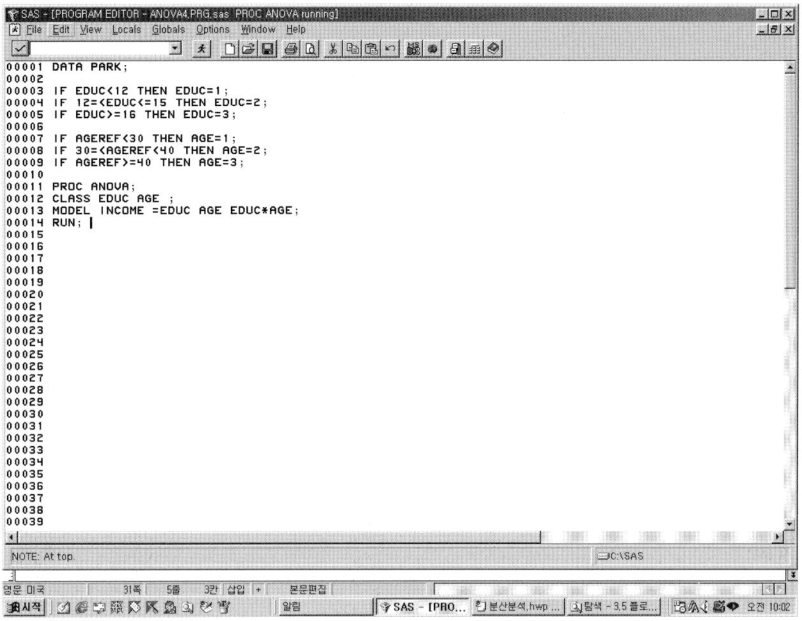

| SAS 예시 4-10 | 이원분산분석(Two-way ANOVA) 프로그램

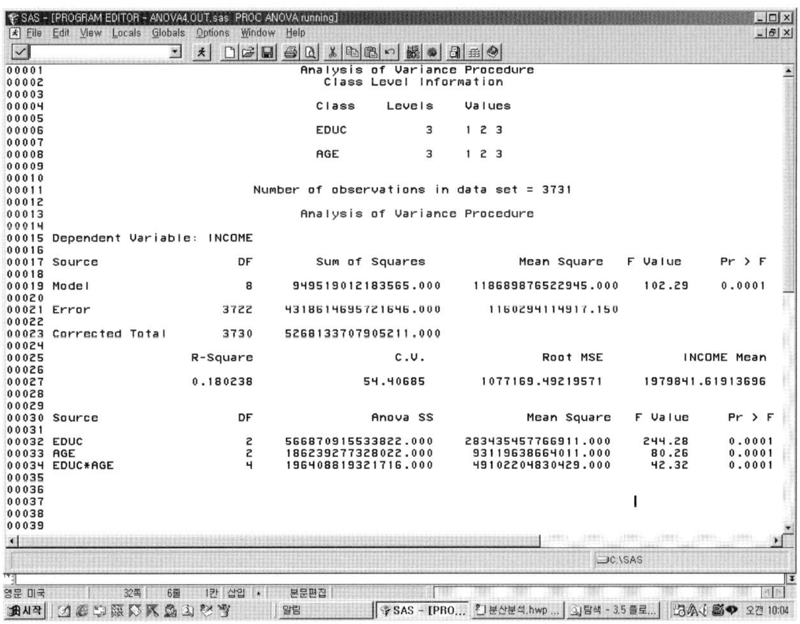

| SAS 예시 4-11 | SAS 예시 4-10의 이원분산분석(Two-way ANOVA) 결과

| SAS 예시 4-11 | 은 이원분산분석의 결과이다. 교육수준이 소득수준에 미치는 주효과의 분산은 566,870억으로서 매우 숫자가 크게 나타났다. 이는 종속변수인 소득의 값이 백만원 이상의 높은 값을 갖고 있기 때문이다. 교육수준의 소득에 대한 주효과의 F값은 244.28로서 p값은 0.0001로 나타났다. 즉, 유의수준 0.001 혹은 0.05에서 교육수준에 대한 주효과의 귀무가설이 기각된다. 주효과로서 연령 역시 유의수준 0.001 혹은 0.05에서 소득수준에 의미 있는 영향을 미치는 것으로 나타났다. 뿐만 아니라 교육수준과 연령 두 변인의 상호작용효과도 있는 것으로 나타났다. 즉, 소득은 가구주의 교육수준과 연령이 어떠한가에 의하여서도 영향을 받을 뿐만 아니라 동시에 교육수준과 연령이 함께 어떤 조합을 이루는가에 의하여서도 영향을 받는다고 할 수 있다.

연구문제

01 〈표 4-1〉의 데이터를 이용하여 일원분산분석을 실시한다. 이때 독립변수는 소득수준(INC)이며 종속변수는 외식비(FAFH, 단위 만 원)이다. 단 엑셀에서 데이터를 만든 후 SAS상에서 Import하도록 한다(힌트 : 소득수준 최저=1, 중하=2, 중=3, 중상=4, 최상=5로 코딩). 데이터 입력은 다음과 같이 한다.

obs	INC	FAFH	obs	INC	FAFH
01	1	1	11	2	4
02	1	4	12	2	3
03	1	3	13	2	5
04	1	2	.	.	.
05	1	5	.	.	.
06	1	1	.	.	.
07	1	6	.	.	.
08	2	8	30	5	11
09	2	6	31	5	8
10	2	7			

02 〈표 4-4〉를 이용하여 일원분산분석의 추후분석을 실시해 보자. 단, 엑셀에서의 데이터 입력은 위의 연구문제1과 동일하게 한다.

03 〈표 4-10〉을 이용하여 이원분산분석을 실시해 보자. 단, 엑셀에서의 데이터 입력은 아래와 같이 한다(SEX 1=여성, 2=남성 ; EDUC 1=하, 2=중, 3=상).

obs	SEX	EDUC	INCOME
01	1	1	32
02	1	1	27
03	1	1	22
04	1	1	19
.	.	.	.
.	.	.	.
.	.	.	.
45	2	3	26
46	2	3	30
47	2	3	32
48	2	3	29

CHAPTER 5

단순회귀분석

회귀분석(regression)은 사회과학 분야 및 생활과학 분야에서 가장 널리 사용되고 있는 통계기법 중의 하나이다. 회귀분석은 크게 두 가지 목적에 의해 수행되고 있는데, 하나는 '설명'이며 다른 하나는 '예측'이라고 할 수 있다. 첫 번째 목적인 설명은 변수 간의 관계를 설명하는 것에 관심을 두는 것으로 사회과학이나 생활과학에서의 관계는 수학이나 물리학에서의 확정적 관계가 아닌, 확률적 또는 통계적 관계를 의미한다.[1] 특히, 회귀분석은 한 변수가 다른 변수에 미치는 인과적 관계를 조사하기 위한 목적으로 사용되고 있다. 다시 말해, 변수 간의 선형적 함수적 관계를 가설화하고 검증하는 목적에 주로 사용되고 있다. 그러나 회귀분석의 주요 목적인 인과관계 규명이 회귀분석을 통해 결정되는 것은 아니며, 회귀분석은 이론적 배경 또는 연구자의 지식에 의해 이미 설정된 인과관계 모델이 수집한 자료에 입증되는지를 분석해 주는 통계기법이다.

두 번째 목적인 '예측'은 특정변수의 변화가 결과변수에 어떤 변화를 초래할지를 예측하는 것이다. 임의적이고 개별적인 것으로 보이는 관측치를 통해 일관적인 특성을 발견해 냄으로써 특정변수의 변화가 결과에 미칠 수 있는 변화를 예측 가능하게 한다. 국민총생산, 물가, 실업률, 가계소비지출 등에 대한 예측이 이에 해당된다고 하겠다.

1) 종속변수가 설명변수 또는 독립변수에 의해 완전하게 설명될 경우를 확정적 관계(deterministic relationship)라고 한다. 확률적 관계(stochastic relationship)란 종속변수가 설명변수에 의해 완전히 설명되지 못하는 관계로서 경제, 사회, 가정학에서의 현상을 포함하여 인간과 관련한 사회과학에서의 관계를 포함한다.

회귀분석을 보다 충분히 이해하기 위하여 다른 통계분석과 비교하여 보자. 회귀분석이 변수 간의 관계를 조사한다는 차원에서는 상관관계분석과 동일한 목적의 분석기법이다. 그러나 상관관계분석은 두 변수 간의 관련성의 정도만을 조사하는 기법이며, 인과관계의 개념이 포함되지 않는 분석법이어서 회귀분석과 구별되고 있다. 결국 회귀분석이 상관관계분석보다 더 확고한 이론적 근거를 기초로 하는 포괄적인 기법이라고 하겠다.

판별분석 역시 현상의 설명이나 예측을 주요목적으로 하고 있어 회귀분석과 유사한 목적으로 사용되고 있다. 회귀분석은 종속변수가 등간척도 이상의 연속적인 변수 또는 등간척도 이상이어야 사용 가능하다. 다만, 회귀분석에서 종속변수와 독립변수 모두 등간척도 이상의 측정척도로 측정되어야 사용 가능하다. 독립변수 중의 일부가 질적 변수, 즉 명목척도 또는 서열척도인 경우에는 가변수처리하여 사용하기도 한다. 그러나 종속변수가 명목척도이거나 집단을 나타내는 변수일 경우는 판별분석이 보다 적합하다고 하겠다. 한편, 판별분석은 종속변수가 여러 그룹인 경우 다변량분산분석(multivariate analysis)의 확대된 유형으로 집단 간의 차이를 결정하는 판별변수(회귀분석의 경우 독립변수)의 상대적 중요도를 조사하는 방법으로 많이 사용된다.

분산분석(ANOVA)의 경우 연구목적, 분석모형이 회귀분석과 유사하다. 차이점을 살펴보면 회귀분석은 종속변수와 독립변수 간의 인과관계를 규명하는 데 초점을 두고 있는 반면, 분산분석은 어떤 기준에 의해 구분된 집단 간의 특성의 차이를 규명하는 것이 주요 목적이다. 또한 사용 가능한 자료의 측정형태가 다르다. 회귀변수에서 종속변수 및 독립변수들은 연속적 변수이어야 하는 반면, 분산분석은 독립변수가 명목척도인 경우 적합한 분석법이라고 하겠다.

회귀분석의 경우 변수들 간의 종속관계에 초점을 두고 있으나 요인분석이나 군집분석의 경우 변수들의 상호관계 파악에 보다 관심을 두고 있는 측면에서 차이점이 있다.

회귀분석은 단순회귀분석(simple regression)과 중회귀 또는 중다회귀분석(multiple regression)으로 구분한다. 단순회귀분석은 1개의 독립변수와 1개의 종속변수 간의 선형적 함수관계를 파악하는 분석법이며, 중회귀분석은 2개 이상 여러 개의 독립변수와 1개의 종속변수 간의 인과관계를 조사하는 분석법이다. 어떤 현상의 원인은 여러 가지인 경우가 대부분이므로 실제 연구에서 단순회귀분석을 잘 사용하지 않는 것이 보통이다. 그러나 회귀분석의 기초지식 및 원리를 이해하기 위해서는 단순회귀분석에 대해 자세히 살펴볼 필요가 있다.

단순회귀분석은 한 변수가 다른 변수에 미치는 효과 또는 인과적 관계를 설명하기 위하여 사용된다. 또한, 한 변수(독립변수)값에 대응하는 다른 변수값(종속변수)을 예측하는 목적으로 사용되어 왔다. 예를 들어, 소득수준이 교육수준에 의해 많은 부분이 결정되고 있는 경우, 교육수준은 독립변수로서 근로소득(종속변수)을 설명하는 원인변수로 간주되며, 교육수준의 변화를 통해 근로소득을 예측할 수 있다. 이때, 두 변수 간의 선형적 관계를 파악하는 것이 우선적 과제라고 할 수 있다. 다시 말해, 주어진 관측치로 두 변수 간의 관계를 식으로 추정해 내는 것이 필요하다.

1. 회귀 모형

회귀 모형은 종속변수(Y)와 독립변수(X) 간의 선형적 관계를 가정한다. 이때 회귀모형은 1차식으로서 설명변수에 의해 설명되는 부분과 설명되지 못하는 부분으로 나타나게 된다. 이 같은 설정은 두 변수 간의 관계가 확률적 또는 통계적 관계에서 근거하기 때문이다. 결국, X값에 대한 Y값의 관계를 나타내기 위해서는 확률적 모형을 설정해야 하며, 그 결과 확률적 모형이 설명하지 못하는 부분을 포함하게 된다. 설명되지 않는 부분은 회귀오차(regression error)로서, 보통 설명이 불가능한 확률오차(random factors), 측정상의 오차(measurement error), 설명변수가 모형에 빠져서 설명하지 못한 경우, 변수 간의 관계가 선형적이지 않은 경우 등의 이유로 나타난다(이종원, 1994).

X가 독립변수이고 Y가 종속변수일 경우의 회귀 모형을 나타내면 다음과 같다.

모집단 회귀모형 $$Y_i = \underbrace{\alpha + \beta X_i}_{\text{설명되는 부분}} + \underbrace{\varepsilon_i}_{\text{설명되지 않는 부분}}$$ 식(5.1)

위의 회귀 모형은 변수 간의 인과적 관계를 설정하고 있으며 선형적 함수관계를 나타내는 1차식으로 되어 있다. 결국, 이 모형은 독립변수가 종속변수에 미치는 효과를 파악할 수 있게 한다. 또한 이 모형은 독립변수의 변화가 종속변수에 어떤 변화를 초래할지를 예측할 수 있게 함으로써 예측의 목적을 달성할 수 있도록 설정되어 있다.

회귀 모형을 통해 모집단 회귀선(population regression line)을 수식으로 나타낼 수 있다. 절편과 기울기 부분으로 구분되는데 α는 절편, β는 기울기이다.

모집단 회귀선 $Y = \alpha + \beta X$ 식(5.2)

대부분의 연구 분야에서 모집단 전체를 가지고 분석하는 경우는 거의 없다. 전수조사는 비용 및 시간 등의 측면에서 사실상 수행하기 어려우며 또한 불필요하기도 하여 표본조사를 통해 통계적 추론을 하는 것이 대부분이다. 표본을 근거로 설정된 모형은 표본회귀 모형(sample regression model)이라 하고, 이 모형을 근거로 추정한 직선을 표본회귀선(sample regression line)이라 하며 아래와 같이 나타낼 수 있다.[2)]

표본회귀모형 $\hat{Y}_i = \hat{\alpha} + \hat{\beta} X_i + \varepsilon_i$ 식(5.3)

표본회귀선 $\hat{Y} = \hat{\alpha} + \hat{\beta} X$ 식(5.4)

2) 회귀 모형은 변수들 간의 확률적 관계를 고려하여 설명되지 못한 부분, 즉 오차항(error term) 또는 잔차(residual)를 포함하는 반면, 회귀식의 표기에서는 오차항을 포함하지 않는 점을 주의하여야 한다. 한편, 모집단에서 추출된 종속변수와 독립변수 간의 선형적 관계를 나타내는 회귀식을 표기할 경우 희랍어를, 표본의 경우 희랍어에 ^를 붙여 표기한다. 어떤 연구자는 모집단의 경우 희랍어를, 표본의 경우 영어의 알파벳을 사용하기도 하나 이 장에서는 ^를 붙여 구별하기로 한다.

쉬어가는 연구방법과 통계이야기 • 5-1

인과관계의 방향

상관관계는 그냥 우연의 일치인 경우가 많다. 아무렇게나 고른 두 변수를 조사했을 때 두 변수가 전혀 관계가 없는 경우보다 그냥 우연히 두 변수가 상관관계를 보이는 경우를 흔하게 볼 수 있다. 물론 여기서 언급되는 상관관계는 모두 통계적으로 유의미한(significant) 상관관계를 말한다. 담배 소비량, 피부암 환자 수, 청소원의 월급, 단층촬영기계의 수, 의치 생산량, 대학생 총수 등등 놀랍게도 이들 변수 간에는 대부분 상관관계가 존재할 것이다.

그리고 이러한 상관관계는 대부분 그냥 우연에 의해서 얻어지는 상관일 뿐이다. 문제는 이런 우연적인 상관관계를 어떤 인과관계가 있는 것처럼 해석할 때 생긴다. 인과관계를 잘못 판단한 가장 엉터리 주장의 예를 들어 보자.

미국에서 한 학자는 남자 아이들의 지능과 바지 길이 사이에 아주 높은 상관관계가 있다는 것을 알아냈다. 그래서 그는 남자아이들의 지능을 높일 수 있는 손쉬운 방법은 '바지 길이를 늘리는 것'이라는 제안을 하였다. 아무리 숫자에 자신이 없는 수 문맹에게도 그의 제안은 어딘가 이상하다는 느낌을 갖게 하였을 것이다.

미니스커트의 길이와 경기 상황과의 상관관계를 이용해서 미니스커트의 길이로 그 해의 경기를 예측하는 경우가 있다. 미니스커트의 길이가 무릎 위로 올라갈수록 경기가 좋아지고, 반대로 무릎 아래로 내려갈수록 경기가 나빠질 것이라고 예측한다. 더욱이 여기에다 그럴 듯한 이유까지 덧붙인다. 치마 길이는(혹은 노출의 정도는) 여자들의 낙관적인 혹은 비관적인 전망의 상대적인 정도를 나타낸다고 억측한다.

소비의 대부분은 여자들에 의해서 결정되므로 여성들의 전망에 따라 경기의 방향이 결정된다는 것이다. 실제로 스커트의 길이와 경기지수 사이에 상관관계가 입증되었는지 확인할 수는 없으나 만일 상관이 있다고 하더라도 그냥 우연히 관계가 있는 것일 뿐이다. 인과 관계의 조건 중 하나가 '원인은 결과에 앞서서 발생한다'는 것이다. 그러나 이것은 여러 조건 중 하나일 뿐이며, 이 조건을 만족한다고 하더라도 인과 관계가 있다고 단정 지을 수는 없다. 즉, A가 일어난 다음 B가 일어났다고 해서 A가 B의 원인이라고 결론짓는 것은 명백한 오류이며 이를 전후 인과의 오류(post hoc fallacy)라고 한다.

벽에 나란히 걸려 있는 두 개의 시계 A, B가 있다고 하자. 시계 A가 시간을 알리면 이어서 시계 B도 땡땡땡 종을 울린다면 시계 A가 원인이 되어서 시계 B가 종을 친다고 생각하는 것이 바로 이 오류다. 우리가 흔히 쓰는 표현에 오비이락(烏飛梨落), 즉 까마귀 날자 배 떨어진다라는 말이 있다. 까마귀가 날아간 후 우연히 배가 떨어졌을 뿐이지 까마귀가 원인이 되어서(배를 쪼아서) 배가 떨어진 것으로 생각하지 말라는 의미이다. 이러한 경고에도 불구하고 전후인과의 오류는 종종 일어난다. '닭 모가지를 비틀어도 새벽은 온다'라는 말이 있다. 민주화를 위해 투쟁하던 사람들이 고난을 겪을 때 믿고 의지하며 구호처럼 사용하던 말이다. 닭이 운 다음에 새벽이 오니까 새벽이 오지 않게 하려고 닭 목을 비튼다면 전후 인과의 오류를 범하는 것이다.

출처 : 한국경제, 2006년 4월 24일

2. 회귀식 도출

회귀분석의 가장 중요한 과제는 회귀식을 도출하는 것이다. 실제 자료를 이용하여 회귀식을 도출하는 과정을 살펴보자.

어느 연구자는 근로자들마다 월평균 소득수준에 차이가 있음에 관심을 갖고 이 차이를 설명할 수 있는 원인변수를 찾고자 하였다. 이 연구자는 무엇보다도 교육수준이 소득수준을 결정하는 주요 요인으로 판단하고 실제로 교육수준이 소득수준에 영향을 미치는가를 조사하고자 하였다. 목적을 달성하기 위하여 어느 회사 10명의 직원들을 대상으로 교육수준과 월평균 소득수준에 대한 자료를 수집하였다. 교육수준과 소득수준에 대해 수집한 자료는 아래 〈표 5-1〉과 같다.

아래 자료는 어느 회사 직원 10명의 교육수준과 소득수준을 보여 주는 자료로서, 연구자는 교육수준이 소득수준에 미치는 인과관계를 규명하고자 교육수준을 독립변수(X)로, 소득수준을 종속변수(Y)로 간주하였다. 위의 자료를 이용하여 직원 10명의 교육수준에 따른 소득수준을 점으로 표시하여 그래프로 표현하면 [그림 5-1]과 같이 나타낼 수 있다.

〈표 5-1〉 교육수준과 소득자료

직원 번호	교육년수(X)	소득수준(Y)
1	12	100
2	16	160
3	16	140
4	14	120
5	18	200
6	14	140
7	16	150
8	16	140
9	16	170
10	12	80

참조: 소득수준의 단위는 만 원

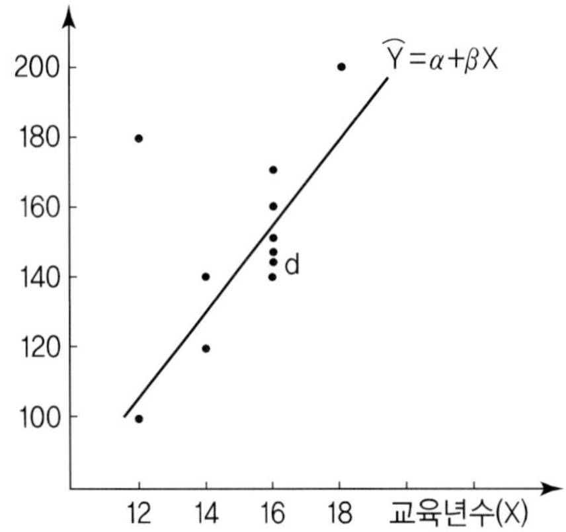

[그림 5-1] 교육수준과 소득수준의 관찰된 관계

위의 [그림 5-1]에서 10개의 점들은 교육수준과 소득수준과의 관계를 나타내고 있는데, 대략 점들 사이를 통과하는 직선을 하나 그을 수 있다. 이때 긋고자 하는 직선은 점들의 분포형태를 전체적으로 잘 나타내야 함은 물론이다. 이처럼 임의적이고 개별적으로 보이는 관측치로부터 일관적인 특성을 발견하는 과정이 회귀분석이라고 하겠다. 여기서는 교육수준과 소득수준과의 일관적인 경향 또는 특성을 수식으로 나타내는 작업이 회귀분석이라 하겠다.

위의 [그림 5-1]에 직선을 그었는데 이 직선을 구하는 과정이 회귀분석이라고 할 수 있다. 이때 직선은 회귀선(regression line)이라고 하며, 이 직선을 나타내는 일차식은 회귀식(regression equation)이라고 한다.

회귀선을 긋는 과정에서 가장 중요한 것은 어떻게 관찰치들을 잘 대표할 수 있는 회귀선을 긋느냐 하는 것이다. 가장 바람직한 방법은 관측점들과 직선과의 거리, 즉 오차(residual, 또는 error, 보통 ε로 표기)를 가장 적게 나도록 직선을 긋는 것이다.

오차를 가장 적게 하면서 회귀식을 도출하고자 하는 방법 중 가장 널리 사용되어 온 방법으로는 최소자승법(least square method)이 있다. [그림 5-1]에서 한 관측치(직원번호 3 : 16, 140)와 도출된 회귀선과의 거리인 오차의 정도를 나타내는 d를 최소화시키기 위하여 d를 제곱한 후 합하여 이 값이 최소가 되는 가장 적합도가 높은 직선을 도출하게 된다. 여기서 오차의 거리를 최소화시켜 자승한다는 의미에서 최소자승법이라고 부른다.

이때 d를 단순히 합하는 방법도 생각할 수 있으나 [그림 5-1]의 어떤 관측점들은 직선 위에 있어 양의 값을 갖기도 하나, 어떤 관측점들은 직선 아래에 있어 음의 값을 갖기도 하여 합을 할 경우 값이 상쇄되어 오차의 정도를 나타낼 수 없게 된다. 다시 말해, 평균의 특성 중에는 $\Sigma(X-\overline{X})=0$이 있어 평균과의 거리를 나타내는 표준편차의 경우에도 제곱을 취하였다.

따라서 관측점과 추정된 회귀선과의 거리에 제곱을 취하여 편차를 최소화하는 원리를 이용하여 회귀식을 구하는 방법이 고안되었는데 이 방법이 최소자승법이다. 결론적으로, 최소자승법은 실제 관측치와 모형에 의한 예측치와의 거리인 오차를 극소화하는 방법이다.[3)]

최소자승법에 의거하여 도출하는 회귀식은 기울기와 절편으로 나타나는 1차식의 형태로 표시할 수 있다.

$$\hat{Y}=\hat{\alpha}+\hat{\beta}X \quad \text{식(5.5)}$$

위의 식에서 기울기값 β를 구하는 공식과 절편 α값을 구하는 일반적인 공식은 다음과 같다.[4)]

$$\hat{\beta}=\frac{\Sigma(X-\overline{X})(Y-\overline{Y})}{\Sigma(X-\overline{X})^2}=\frac{\Sigma xy}{\Sigma x^2} \quad \text{식(5.6)}$$

$$\hat{\alpha}=\overline{Y}-\hat{\beta}\overline{X} \quad \text{식(5.7)}$$

여기서 $(X-\overline{X})$ 또는 $(Y-\overline{Y})$의 형태는 편차형으로 편의상 이탤릭체 소문자로 표시하여 x 또는 y 등으로 간편하게 표시한다.

앞에서 수집한 자료인 회사 직원들의 교육수준과 월평균 소득수준에 대한 자료로 위의 공식을 이용하여 회귀식을 도출하여 보자. 공식을 이용하여 계산하는 과정을 아래의 〈표 5-2〉에 제시하였다.

3) 최소자승법 이외에도 실제관측치와 예측치와의 거리에 절대치를 취하여 거리를 극소화하는 방법(min $|Y-\overline{Y}|$)도 있는데 이를 MAD(minimum absolute deviation)이라고 한다.

4) 기울기와 절편을 구하는 공식은 식을 유도하는 방법에 따라 여러 가지가 있다. 그러나 수식으로 회귀식을 구하기보다 컴퓨터를 이용하여 구하는 방법이 많이 쓰이므로, 편의상 가장 많이 사용하는 공식만을 제시하였다.

〈표 5-2〉 교육수준과 소득수준의 회귀식 도출표

직원 번호	교육년수 (X)	소득수준 (Y)	편차형 $(X-\overline{X})$	편차형 $(Y-\overline{Y})$	편차형 제곱 $(X-\overline{X})^2$	편차형 곱 $(X-X)(Y-Y)$
1	12	100	-3	-40	9	120
2	16	160	1	20	1	20
3	16	140	1	0	1	0
4	14	120	-1	-20	1	20
5	18	200	3	60	9	180
6	14	140	-1	0	1	0
7	16	150	1	10	1	10
8	16	140	1	0	1	0
9	16	170	1	30	1	30
10	12	80	-3	-60	9	180
$N=10$	$\overline{X}=15$	$\overline{Y}=140$	$\sum x=0$	$\sum y=0$	$\sum x^2=34$	$\sum xy=560$

참조 : 소득수준의 단위는 만 원

위의 〈표 5-2〉에서 계산한 값을 기초로 공식에 대입하여 최종회귀식을 도출하면 다음과 같다.

$$\hat{\beta}=\frac{\sum xy}{\sum x^2}=\frac{560}{34}=16.47$$

$$\hat{\alpha}=\overline{Y}-\hat{\beta}\overline{X}=140-(16.47\times 15)=-107.05$$

이 결과를 회귀식으로 표현하면 다음과 같다.

$$\hat{Y}=-107.05+16.47X \qquad \text{식(5.8)}$$

위의 식에서 기울기(β)값인 16.47은 회귀계수(unstandardized regression coefficient)라고 하며 절편(α)인 −107.05는 상수항(constant 또는 intercept) k라고 한다. 기울기인 회귀계수는 독립변수 X 한 단위 변화에 따른 종속변수 Y의 변화를 의미하여 상수항은 독립변수 X 값이 0일 때 종속변수 Y의 기대값, 즉 절편이다. 위의 회귀식에서, 회귀계수의 의미는 교육수준이 1년 증가할 경우 월평균 16만 4천 7백 원의 소득이 증가함을 의미한다.

상수항과 회귀계수가 구해지면 회귀식을 통해 크게 두 가지를 알 수 있다. 첫째, 독립변수값이 주어지면 종속변수의 값을 추정할 수 있어, 회귀분석의 기본 목적인 예측의 기능을 달성할 수 있다. 예를 들면, 대졸(16년의 교육수준)의 교육수준을 가진 회사원의 경우 월평균 156만 원(−107.05+(16.47×16))의 소득을 획득하고 있음을 예측할 수 있다. 둘째, 독립변수와 종속변수의 관계(인과관계, 방향), 또는 독립변수가 종속변수에 미치는 영향력을 검증할 수 있어 회귀분석의 목적인 설명의 기능을 수행할 수 있다.

3. 회귀 모형의 가정

최소자승법에 의해 도출된 회귀선은 일정한 조건이 갖추어질 때 좀 더 바람직한 추정이 된다. 최소자승법에 의거하여 회귀선을 추정할 때 필요한 기본가정에 대해 살펴보자. 기본가정을 크게 두 가지로 구별하여 살펴보면, 첫째 조건은 조건분포에 관한 가정이며, 둘째는 오차항에 관한 가정으로 나누어 볼 수 있다.

1) 조건분포에 관한 전제조건

조건분포(conditional distribution)란 회귀식에서 주어진 독립변수의 값에 대한 종속변수의 분포를 의미한다. 예를 들면, 교육년수가 16년일 경우 도출된 회귀선에 의거하면 예측치는 하나뿐일 것이다. 그러나 실제 관찰치에서 교육수준이 16년인

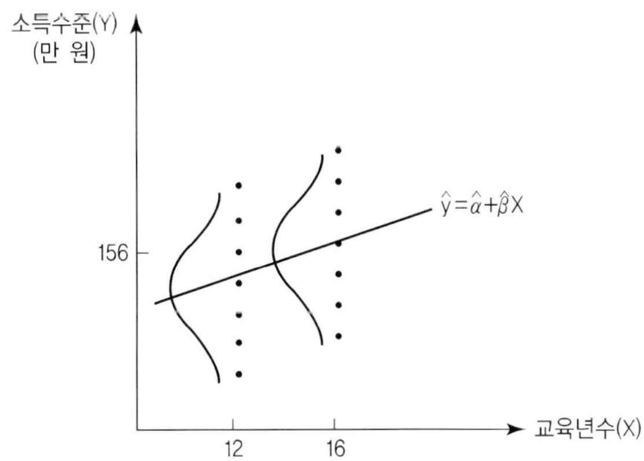

[그림 5-2] 조건분포도

경우의 소득수준은 다양하여 그 자체가 하나의 분포를 이루게 된다. 이때 이 분포를 조건분포라 한다. 다시 말해, 조건분포란 X값에 대응하는 Y값들의 분포이다.

조건분포에 관한 가정은 두 가지로서 조건분포가 정규분포를 이루어야 하며, 이 조건분포들의 표준편차가 같아야 한다. 위의 [그림 5-2]에 나와 있듯이 주어진 X 값들의 관찰치들은 각각 분포를 이루게 되는데 이 분포들이 종모양의 정규분포를 이루어야 한다. 두 번째 조건은 이 조건분포들의 표준편차값이 같아야 하는데 이를 조건분포의 동분산(homoskedasticity)가정이라 한다. [그림 5-3]에서처럼 교육수준이 6년, 12년, 16년 등에 대응하는 소득수준의 분포들의 분산이 같아야 한다는 의미이다.

2) 오차항에 관한 전제조건

바람직한 회귀선이란 추정치와 실제 관측치와의 거리인 오차항의 극소화를 통해 도출된다. 따라서 오차항에 대한 의미가 중요하며 오차항과 관련한 5가지 전제조건이 잘 충족되어야 도출된 회귀식의 가치가 높다. 일반적으로 최소자승법에 의해 회귀선을 추정할 때 필요한 기본가정 또는 전제조건을 수식으로 나타내면 다음과 같다.

$$E[\varepsilon_i] = 0$$

$$E[\varepsilon_i^{\,2}] = \sigma_\varepsilon^{\,2}$$

$$E[\varepsilon_i \ \varepsilon_j] = 0 \quad (i \neq j)$$

$$E[\varepsilon_i \ X_i] = 0$$

$$\varepsilon_i \sim N(0, \ \sigma_\varepsilon^{\,2})$$

첫 번째 조건은 잔차항의 평균이 0임을 의미한다. 다시 말해, 오차들이 도출된 회귀선을 중심으로 대칭적으로 분포되어 있어 오차의 합은 0이며 평균값 역시 0이 된다는 의미이다. 이 가정은 관측치와 평균과의 거리의 합이 0이므로 관찰치와 예측치의 편차제곱을 하여 거리를 측정한 최소자승법의 기본 원리와 부합된다.

두 번째 가정은 오차항의 동분산(homoskedasticity)가정으로 독립변수들에 대응하는 오차항의 분포는 동일한 분산을 가져야 한다. 예를 들면, 교육변수값이 6년, 12년, 16년일 때 각 값마다의 오차항들의 분산은 같아야 한다는 의미이다. 만약 분산이 같지 않을 경우 이분산(heteroskedasticity)현상이라고 하며, 이분산의 경우 최소자승법에 의거해 추정한 회귀선은 문제를 안게 되며 대응책을 강구하여야 한다.

세 번째 각 오차항 간에는 독립적이어야 함을 가정하는 조건이다. 다시 말해, 오차항 간의 공분산(covariance)은 0이어야 한다. 서로 다른 독립변수값에 대응하는 오차항들 간에 함수관계가 성립되거나 상관의 정도가 높은 경우 연속상관(serial correlation) 또는 자기상관(auto correlation)의 문제가 발생하여 도출된 회귀선에 문제가 발생하게 된다. 실제 이 가정이 완전하게 성립되는 경우, 즉 상관이 전혀 없는 경우는 드물다. 문제는 상관의 정도가 어느 정도인가가 중요한 사항이라 하겠다.

네 번째 가정은 오차항과 독립변수 간에는 독립적이어야 하는 가정이다. 오차와 독립변수들 간에는 독립적이어서 반복적인 표본추출과정에서 관측되는 값이 일정한 값을 유지해야 한다는 의미로서 이 가정은 다소 비현실적이다. 그러나 이 가정은 최소자승법에 의한 회귀선을 도출하는 데 큰 문제를 일으키지 않는다는 견해가 지배적이다.

끝으로 오차는 정규분포를 이루어야 한다는 것이다. 각각의 독립변수값에 대응하는 오차항은 분포를 이루게 되는데, 이 분포가 정규분포를 이루어야 한다는 가정이다. 정규분포를 이루게 되면 평균값은 0이 되고 분산은 σ_{ε}^{2}으로 일정하다는 의미이다.

4. 최소자승추정(OLS)의 통계적 특성

앞서 설명한 전제조건이나 가정이 충족된 상태에서 최소자승법에 의거하여 도출된 추정치들은 통계적으로 바람직하다. 이때 바람직하다는 의미는 BLUE(best linear unbiased estimator), 즉 '최량선형불편추정치'라 하여 불편성, 효율성, 선형성 등의 바람직한 특성을 가졌다고 한다. best는 최소의 분산을 갖는다는 의미이며 linear는 선형이라는 의미이고 unbiased는 불편추정치라는 의미이다. 이 특성들에 대해 구체적으로 살펴보자.

1) 불편성

불편성(unbiasedness)은 회귀식에서의 추정치인 $\hat{\alpha}$ 와 $\hat{\beta}$ 의 평균값이 모수치인 α와 β의 실제값과 일치하는 것을 의미한다.[5] 불편성의 의미를 수식으로 나타내면, $E[\hat{\beta}]=\beta$, $E[\hat{\alpha}]=\alpha$이다.

2) 효율성

효율성(efficiency)은 모든 가능한 불편추정치 중에서 최소의 분산을 갖는다는 의

쉬어가는 연구방법과 통계이야기 • 5-2

상관관계가 인과관계로의 작용!!

한 학자가 흡연하는 학생의 대학 성적이 비흡연 학생에 비해서 나쁜가를 공들여 조사한 적이 있었다. 조사 결과 그렇다는 사실이 드러났다. 이 결과는 많은 사람들에게(특히 금연 운동가들) 흡연의 단점을 강조하는 데 중요한 근거로 활용되었다. 성적을 올리려면 담배를 끊어라라든가, 아니면 조금 과장해서 담배는 지능을 저하시킨다라고 주장하였다.

이런 주장을 어떻게 받아들여야 할까? 첫째는 이러한 상관관계를 별 의미가 없는, 그냥 우연한 것으로 해석할 수 있다. 둘째는 상관관계가 우연한 것이 아니라면 인과 관계를 추정하는 데 있어서 전후 인과의 오류를 범하고 있을 수도 있다. 흡연하기 때문에 성적이 나빠졌다는, 그래서 흡연이 성적 불량의 원인이라고 일방적으로 판단하는 것은 문제가 있다. 우선은 반대의 결론도 성립할 수 있다. 즉 성적 불량이 고민이 되어 흡연하게 되었을 수도 있다. 또한 상호 작용의 가능성도 있다.

성적불량이 흡연으로 이어지고 흡연은 다시 성적 불량으로 이어지는 상호 작용을 생각해 볼 수도 있다. 그 외에도 제3의 요인들이 작용할지 모른다. 예를 들어, 사교적인 사람, 외향적인 사람은 흡연할 확률이 더 높을 것이며 이런 사람들은 활동적인 것에 시간을 빼앗겨 공부를 소홀히 할 수도 있다.

상관관계가 있다고 할 때 흔히 생각하는 것과 반대 방향으로 인과 관계가 작용할 수도 있다는 것을 알아야 한다. 한 스포츠 평론가가 칼럼에서 승률이 나쁜 대학 미식축구팀은 감독을 너무 쉽게 해고한다고 주장했다. 그의 주장을 뒷받침하기 위해 그는 감독을 자주 바꾼 대학이 한 사람이 오래 감독한 대학보다 승률이 낮다는 통계 자료를 제시했다. 그러나 그의 논리가 과연 맞는 것일까? 감독을 바꾸는 것이 팀이 지는 것의 원인이 될 수는 없다. 원인과 결과는 반대인 것이다. 즉, 팀이 계속지게 되면 그 다음에 감독을 갈아치우게 되므로 감독의 해고는 연패(連敗)의 결과인 것이다. 원인과 결과가 사람들의 생각과는 반대 방향으로 작용하지만 그것이 쉽게 드러나지 않는 경우도 있다.

출처 : 한국경제, 2006년 4월 24일

5) bias는 편의성으로서 편파적 또는 편중되었다는 의미이다. 따라서 unbiased란 편파적이지 않다, 편중적이지 않다는 의미로 불편성이라고 부른다.

미이다.[6] 같은 불편추정치들 중에서도 최소의 분산을 갖는 추정치라면 가장 바람직한 추정치라고 하겠다. 최소자승법에 근거하여 도출된 회귀식의 추정치들($\hat{\alpha}$ 와 $\hat{\beta}$)은 여러 가능한 불편추정치 중 가장 작은 분산을 갖는다.

3) 선형성

회귀분석은 변수 간의 선형적(linearity) 또는 1차 함수의 관계를 기본가정으로 하고 있다. 최소자승법에 의거해 추정된 $\hat{\alpha}$와 $\hat{\beta}$는 Y의 1차 함수이다. 선형함수관계를 가정하는 이유는 우선 수학적으로 취급이 간단하고 비선형적인 함수관계의 경우 조정을 통해 선형화할 수도 있어 유리하기 때문이다.

최소자승법에 의거하여 추정된 추정치들은 BLUE의 특성 이외에 일관성(consistency)과 최우추정치(maximun likelihood estimator)의 특성을 갖는다.

5. 단순회귀분석과 분산분석(ANOVA)표

최소자승법(OLS)에 의해 회귀식을 추정한 다음 이 추정된 회귀식이 얼마나 적합한 것인가를 살펴볼 필요가 있다. 추정회귀식의 적합도를 살펴보는 대표적인 방법은 회귀식의 결정계수를 살펴보는 방법이다. 앞서의 자료인 교육수준과 소득수준 자료 〈표 5-1〉을 이용하여 결정계수를 설명하여 보자.

[그림 5-3]에서 9번째 직원의 교육수준은 16년이며 월평균소득은 170만 원이다. 이때, 이 직원의 소득인 170만 원은 관측치(Y)이며, 156만 원은(−107.05+16.47×16=156.47) 회귀식에 의한 소득 예측치($\hat{Y}$)이며, 140만 원은 평균치($\overline{Y}$)를 나타낸다.

[그림 5-3]에서 나타낸 바와 같이 점 Y에서 점 $\hat{Y}$ 간의 거리는 회귀식에 의해 설명하지 못하는 부분을 나타내며, 점 $\hat{Y}$에서 $\overline{Y}$ 간의 거리는 회귀식에 의해 설명되

6) 이해를 돕기 위해 다소 색다른 예를 들자면, 계속적인 운전연습을 통해 운전시험의 합격을 의미하게 되는데, 합격했다는 사실이 동일한 자격을 의미한다. 그러나 같은 합격자라고 해도 몇 점을 맞고 합격하였는가에 따라 차이가 있다. 따라서 운전시험에 합격하였다는 사실이 불편추정치라고 한다면, 합격점수는 효율성의 기준이 될 수 있다. 따라서 가장 높은 점수로 합격하였을 때, 다시 말해, 불편성을 가졌으면서 효율적일 때 좀 더 바람직하다고 할 수 있다.

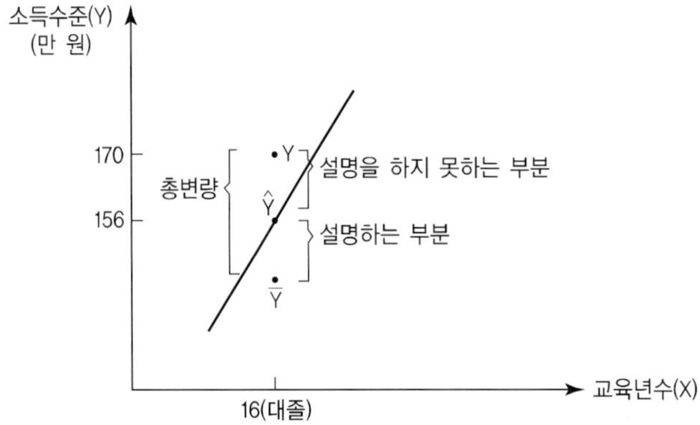

[그림 5-3] 회귀분석에서 종속변수 편차의 구성

고 있는 부분을 나타낸다. 따라서 총변동량은 점 Y에서 $\overline{Y}$ 간의 거리를 의미한다.

최소자승법의 원리에서와 마찬가지로 이 거리들의 값에 제곱을 취할 경우[7] 보다 의미 있는 수치를 갖게 되어 회귀분석의 설명량 및 설명하지 못한 양을 수량화하여 볼 수 있다. 회귀식에 의해 '설명하는 변량의 제곱'을 SSR(sum of square of regression)이라 하며, '설명하지 못하는 부분의 제곱'은 SSE(sum of square of error/residual), 총변량의 제곱은 SST(sum of square of total)라고 한다.[8]

이때 총변량 중 회귀식이 설명하는 부분의 비율, 즉 SSR/SST를 결정계수(coefficient of determination)라고 하며 보통 R^2로 표기한다. R^2값이 1이면 독립변수가 종속변수의 분산을 100% 설명하는 것이 되며, R^2값이 0이면 전혀 설명하지 못하는 것을 의미한다. 그러나 실제 사회과학 또는 생활과학 연구에서 R^2값이 1인 경우는 없다. 왜냐하면 사회과학 및 생활과학의 연구주제는 수학이나 물리학의 확정적 관계가 아닌 확률관계를 연구대상으로 하기 때문이다. 또한 R^2값이 0이면 전혀 설명하지 못한다 해도 두 변수 간의 관계가 전혀 존재하지 않는다는 의미는 아니다. 그 이유는 두 변수 간의 관계가 선형적 관계가 아닌 경우가 존재할 수 있기 때문이다. 결국 R^2값이 1에 가까울수록 독립변수의 설명력 또는 설정한 모델의 적합도가 높다고 판단하게 된다.

---

7) 실제 관측치(직원의 소득수준)가 평균소득보다 낮은 경우(표1에서는 1번과 4번 직원의 경우) 거리가 마이너스 값을 갖게 되어 거리 합의 값이 상쇄되므로 제곱을 취하는 것이 필요하다.

8) 이 용어에 대한 약자는 책자 및 논문마다 일치하지 않고 있어 주의가 요구된다. 예를 들면, 혹자는 SSR을 sum of square of error/residual의 약자로 '설명하지 못하는 부분의 제곱'으로, SSE를 sum of square of explain의 약자로 '설명하는 부분의 제곱'으로 표기하기도 한다.

한편, 독립변수와 종속변수 간의 상관의 정도를 나타내는 상관계수는 보통 r로 표기하며, 이 계수에 제곱을 하면 결정계수값이 된다. 이상의 것을 수식으로 나타내면 다음과 같다.

$$SSR = \sum(\overline{Y} - \hat{Y})^2 \quad \text{식(5.9)}$$

$$SSE = \sum(Y - \hat{Y})^2 \quad \text{식(5.10)}$$

$$SST = SSR + SSE = \sum(Y - \overline{Y})^2 = \sum y^2 \quad \text{식(5.11)}$$

$$R^2 = SSR/SST = \sum(\overline{Y} - \hat{Y})^2 / \sum(Y - \overline{Y})^2 \quad \text{식(5.12)}$$

다음으로 우리가 살펴보아야 할 것은 조정된 또는 수정된 결정계수(adjusted coefficient of determination)이다. 표본의 자료에서 얻은 결정계수값은 모집단의 경우보다 커지는 경향이 있다. 또한 독립변수의 개수가 많아질수록 결정계수값이 커지는 경향이 있다. 다시 말해, 독립변수의 개수가 점차 많아질수록 추가되는 독립변수의 순수한 영향력이 높지 않음에도 불구하고 모델의 설명력이 높은 것으로 나타날 우려가 있다. 따라서 이 같은 문제를 고려하여 보다 정확한 결정계수값을 갖기 위하여 독립변수의 개수 또는 정보의 개수인 자유도를 고려하여 조정된 결정계수 개념을 사용하게 된다. 독립변수의 개수가 많은 중회귀분석에서는 결정계수값보다 조정된 결정계수값으로 모델의 설명력을 판정하는 것이 바람직하다. 조정된 결정계수값은 결정계수값보다 항상 작은 값을 가지게 되며, 이 두 값의 차이가 클 경우 불필요한 독립변수가 모델에 포함되어 있다고 볼 수 있다.

단순회귀모형에서의 조정된 결정계수값을 계산하는 공식은 다음과 같다.

$$\text{adjusted } R^2 = R^2 - (1 - R^2)/n - 2 \quad \text{식(5.13)}$$
$$= 1 - \frac{SSE/n-1}{SST/n-1}$$

지금까지 설명한 것의 이해를 돕기 위하여 ANOVA표를 작성하여 보면 아래와 같다. F값은 분산비로서 각각의 변동을 그에 맞는 분산으로 나누어 준 값이며 아래의 〈표 5-3〉에서처럼 각각의 변동에 자유도를 나누어 준 값, 즉 설명되는 분산에서 설명되지 않는 분산을 나눈 값이다.

〈표 5-3〉 회귀분석모형과 ANOVA 분석표의 비교

회귀분석 모형 ANOVA 분석의 변량	자승합 (sum of square)	자유도 df	평균자승합 (mean of sum of square)	F 값과 R^2 값
regression(X) (between group variance)	SSR $=\sum(\hat{Y}-\overline{Y})^2$ $=\hat{\beta}\sum xy=\hat{\beta}^2\sum x^2$	독립변수의 개수(k)	MSR = SSR/1	F ratio $=\dfrac{SSR/1}{SSE/N-2}$
error(ε) (within group variance)	SSE(ε^2) $=\sum(Y-\overline{Y})^2$ $=\sum y^2-\beta\sum xy$	n − k − 1 n − 2	MSE = SSE/n − k − 1	
total variance	SST = SSR + SSE $=\sum(Y-\overline{Y})^2$ $=\sum y^2$	n − 1		$R^2=\dfrac{SSR}{SST}$

6. 표본회귀식에 대한 검증

지금까지 최소자승법의 원리에 의하여 회귀식을 구하였다. 이때 우리는 회귀분석에 의해 도출한 회귀식 또는 회귀선이 많은 관측치를 잘 나타내고 있는지 확인해 보아야 한다. 이 같은 확인과정을 표본회귀식에 대한 검증과정이라고 한다.

[그림 5-4]에서 두 개의 회귀선이 과연 잘 설정된 것인지를 확인하여야 한다. 추정된 회귀선 $\hat{Y}_1$과 $\hat{Y}_2$의 경우, 육안으로 우리는 $\hat{Y}_1$의 선이 보다 바람직하게 설정되었음을 쉽게 알 수 있다.

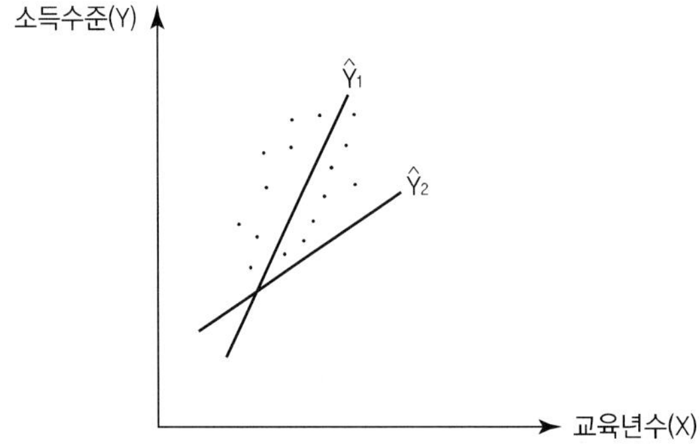

[그림 5-4] 추정 회귀선의 예시

추정된 회귀식을 검증하는 방법은 크게 두 가지가 있다. 하나는 적합도검증(goodness-of-fit-test)이며 하나는 유의도검증(significance test)이다. 이 두 가지 검증에 대해 간략하게 살펴보면 다음과 같다.

1) 적합도검증

도출된 표본회귀선이 각 관측점을 얼마나 잘 나타내고 있는가를 검증하는 것을 적합도검증이라 한다. 이 방법은 크게 두 가지를 생각할 수 있는데, 하나는 결정계수값을 가지고 판단하는 방법으로 상대평가라고 부르기도 하며, 다른 하나는 회귀오차를 통해 검증하는 방법으로 절대평가방법이라고도 부른다. 이 두 방법에 대해 구체적으로 살펴보자.

결정계수값으로 회귀선의 적합도를 검증하는 방법은 회귀오차를 사용하는 방법으로 실증연구에서 많이 사용된다. 결정계수에 대해서는 이미 설명한 바와 같이 전체 변량 중 회귀분석으로 설명되는 부분의 비율을 의미한다. 결정계수값은 0에서 1까지의 값이며, 값이 크면 클수록 회귀분석의 적합도가 높다고 하겠다. 만약 결정계수값이 0.60인 경우는 총변동 중 60%가 표본회귀선에 의해 설명되고 있다고 하겠다. 결정계수가 1, 즉 설명력이 100%인 경우는 사회과학 분야에서는 고려하지 않는다. 이 경우는 종속변수와 독립변수, 두 변수 간의 관계가 확률적 관계가 아니기 때문이다.

절대평가 방법은 회귀분석결과 발생하는 오차의 분산(standard error of the regression)으로 적합도를 검증하는 방법으로 회귀식오차의 계산방법은 〈표 5-3〉의 평균제곱의 합(MSE : mean square of error)과 같다. 회귀식의 잔차의 분산은 표본관측치와 표본회귀선상의 예측치 간의 거리를 제곱하여 설명하지 못하는 부분의 합에 자유도를 나누어 준 값으로 계산을 위한 수식은 아래와 같다.

$$\hat{S}_y{}^2 = \frac{\sum(Y-\hat{Y})^2}{n-2} = \frac{\sum\varepsilon^2}{n-2} = \frac{SSE}{n-2} = MSE \quad \text{식(5.14)}$$

회귀오차의 값이 크면 클수록 표본회귀선의 적합도는 좋지 않은 것으로 본다. 다시 말해 값이 크다면 관측치가 표본회귀선으로 멀리 떨어져 있다는 의미이므로 값이 적을수록 추정한 회귀선의 적합도는 높다고 본다.

이렇게 회귀오차의 값은 추정된 하나의 회귀선에 대한 적합도검증이므로 여러 개의 표본회귀식의 결과를 비교할 수 없게 한다. 이 이유에서 절대평가 검증이라고 부르며, 결정계수의 경우는 여러 표본회귀선의 설명력의 정도를 상대평가할 수 있어 상대평가 검증이라고 부른다.

2) 통계적 유의도검증

최소자승법을 이용하여 회귀선을 추정하였고 또한 적합도가 높아서 바람직한 결과를 얻었을 경우에도 이 회귀선이 완전한 추정결과로 보기는 힘들다. 예를 들면, 결정계수값이 높았다 해도 회귀계수값이 거의 0에 가까운 경우 표본회귀선이 수평에 가까워 완벽한 추정이 되었다고 보기 힘든 경우가 있을 수 있다. [그림 5-5]에서 수평에 가까운 표본의 회귀식은 독립변수 X의 설명력이 높아서가 아니고 종속변수 Y가 독립변수 X에 영향을 받지 않아서 바람직한 추정이라고 단정내릴 수 없다. 따라서 적합도 판정 이외에 추가적으로 회귀식의 기울기에 대한 통계적 유의도검증이 필요하다.

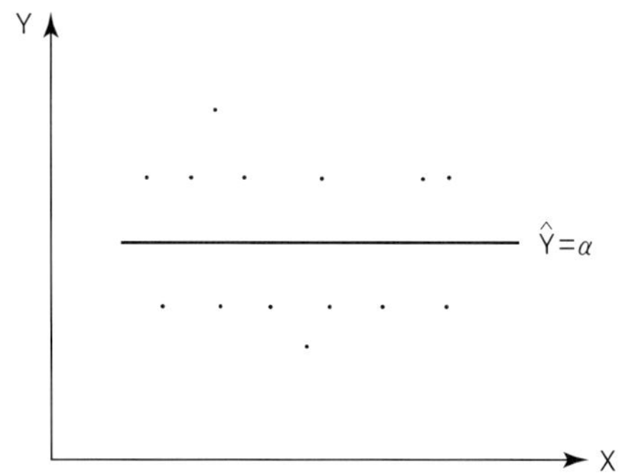

[그림 5-5] 수평에 가까운 회귀선

쉬어가는 연구방법과 통계이야기 • 5-3

통계에 속지 않는 방법

통계를 통한 수많은 발표는 모두 사실일까? 다렐 하르파라는 사람이 쓴 '통계로 거짓말 하는 방법'이라는 책이 있다. 여기서 그는 통계를 읽을 때 조심해야 하는 5가지를 제시하고 있다. 이에 대해 살펴보자.

첫째, 누가 그런 말을 하고 있는가를 확인하라. 즉, 그 통계를 누가 처리했는가를 확인하고 그에게 편견이 있는가를 주의해야 한다. 가령 어느 연구기관이 스스로 제시한 이론을 정당화하려고 발표한 것은 아닌가? 정부가 경제정책을 합리화하려고 하는 것은 아니가? 등을 살펴볼 필요가 있다.

둘째, 어떤 방법을 썼느냐 하는 것을 확인할 필요가 있다. 충분히 납득할 만한 규모의 샘플을 사용하였는가? 예를 들면, 결혼 전 동거와 관련한 앙케트는 1천 명을 보냈는데 회답은 2백 명만이 했다고 하자. 이때 조사대상자의 70%가 동거에 찬성하고 있다는 응답을 했다고 발표하는 것을 어떻게 이해할 것인가? 실제로 1천 명 중의 70%가 아니고 2백 명의 70%에 지나지 않는 것이다. 또, 그 2백 명이 1천 명을 대표한다고 할 수 있는지 의심스럽다.

셋째, 부족한 자료보고는 의심해 보아야 한다. 예를 들면, 퍼센트만 알리고 대상자 수를 알리지 않은 조사는 경계해야 한다. 아주 오래 전 존스 홉킨스 대학이 여학생의 입학을 허가한 후 얼마 지나서 여학생의 33.3%가 그 대학교수와 결혼했다는 것이다. 그러나 사실은 당시 여학생 수가 3명뿐이었으므로 그중 한 명이 교수와 결혼한 것이었다. 또 다른 예로서, 암으로 사망한 자의 수가 20세기 초의 25년 사이에 크게 증가했다는 보고가 있다. 사실인즉 그 전에는 암은 그저 '사망원인 불명'으로 처리되기 일쑤였다는 사실을 알아야 한다. 또 사람들의 평균수명이 늘어났다는 사실도 암사망 증가의 원인임을 저버려서는 안 된다.

넷째, 숫자와 결론 사이에 바꿔치기가 이뤄지지 않았나 주의해야 한다. 1935년 미국에서는 '농촌으로 돌아가자' 운동이 일어났다. 그런 지 5년 후 국세조사에서 50만 가구의 농가가 늘어난 것으로 나타났다. 그러나 실제로는 1930년 당시의 정의로는 농가로 규정되지 않았던 가족들이 35년 농가로 기록된 것이 종가가 늘어난 것으로 간주된 것이다.

다섯째, 도리에 맞느냐 하는 것이다. 장래의 예측과 관련하여 현재까지의 경향은 사실인지 모르나 장래에 관한 경향은 추측 이외의 아무 것도 아니다. 따라서 '다른 상황이 바뀌지 않는다면', '현재까지의 경향이 그대로 지속된다면' 하는 가정이 전제되어야 함을 주지하여야 한다.

출처 : 조선일보, 1999년 1월 12일

회귀선의 기울기에 대한 통계적 검증을 위한 가설을 수식으로 표현하면 다음과 같다.

귀무가설 $H_o : \beta = 0$ 식(5.15)

대립가설 $H_a : \beta \neq 0$ 식(5.16)

귀무가설(영가설)은 회귀식의 기울기값이 0이라고 표현한 것이다. 즉, 회귀식의 기울기는 통계적으로 유의미하지 않다는 것을 표현한 것이다. 지금까지 사용한 교육수준과 소득 자료로 연결하여 설명하자면, 이 가설은 교육수준은 소득수준에 전혀 영향을 미치지 않음을 표현한 것이다. 한편, 대립가설(연구가설)은 귀무가설과 반대되는 가설로 교육수준이 소득수준에 유의미한 영향을 미친다는 의미를 표현한 것이다.

결국 위의 두 식은 회귀식의 기울기에 대한 유의도검증을 위한 가설로 구체적으로 이 가설을 검증하는 방법은 크게 세 가지이다. 신뢰구간을 이용하여 검증하는 방법, t 검증 또는 F 검증법, P값을 이용하는 방법이 그것인데 사실상 이 세 가지 방법의 기본 원리는 모두 같다. 이 세 가지 방법을 이용하여 검증하기 위하여 회귀계수의 표준오차를 추정하는 방법을 먼저 알아야 한다. 회귀계수의 표준오차추정에 대해 먼저 살펴보고 세 가지 유의도검증 방법에 대해 알아보면 다음과 같다.

(1) 회귀계수의 표준오차 추정

회귀계수의 표준오차(standard error of regression coefficient)는 회귀식의 오차와는 구별되는 개념으로 보통 $S_{\hat{\beta}}$로 표기한다. 모집단에서 표본을 추출하여 회귀식을 추정할 때, 표집(sampling)을 어떻게 하느냐에 따라 여러 개의 회귀식을 도출할 수 있어 여러 개의 회귀계수를 추정할 수 있다. 이때 이 회귀계수들이 분포를 이루에 되며 모집단의 회귀계수를 얼마나 잘 측정했는가를 나타내는 표준오차 개념을 생각할 수 있다. 회귀계수의 표준오차공식은 다음과 같다.

$$S_{\hat{\beta}} = \frac{\hat{\sigma}_i^{\,2}}{\sum x_i^{\,2}} = \frac{MSE}{\sum x_i^{\,2}} \quad \text{식(5.17)}$$

(2) 회귀계수의 유의도검증

① 신뢰구간 검증

회귀계수에 대한 신뢰구간을 계산하여 회귀계수가 통계적으로 유의미한가 아닌가를 검증하는 방법이다. 먼저 회귀계수의 유의도검증을 위한 가설은 다음과 같다.

귀무가설 $H_o : \beta = 0$ 식(5.18)

대립가설 $H_a : \beta \neq 0$ 식(5.19)

위의 가설을 검증하기 위하여 회귀계수의 신뢰구간을 구하여야 한다. 신뢰구간을 구하는 공식은 다음과 같다.[9)]

$$\beta = \hat{\beta} \pm t_{0.025,\ n-2} \times S_{\hat{\beta}}$$ 식(5.20)

여기서 앞서의 교육수준과 소득수준의 자료를 이용하여 추정한 회귀계수는 16.47였다. $S_{\hat{\beta}}$는 회귀계수의 표준오차로 앞서의 공식에 의해 주어지는 값이다.

주어진 정보의 개수를 의미하는 자유도는 n−2이다. 그 이유는 미지수인 절편과 기울기 두 개를 공제하여야 정보의 개수가 되기 때문이다.

이제 회귀계수의 신뢰구간을 구해 보자. 신뢰구간을 구하기 위한 계산과정은 아래의 〈표 5-4〉와 같다.

〈표 5-4〉에서 오차항의 제곱의 합을 계산할 수 있었다. 따라서 회귀식의 표준오차 $S_{\hat{\beta}}$를 공식에 의해 구할 수 있다.

$$S_{\hat{\beta}} = \frac{\hat{\sigma}_i^{\ 2}}{\sum x_i^{\ 2}} = \frac{MSE}{\sum x_i^{\ 2}}$$ 식(5.21)

여기서, $\hat{S}_y^{\ 2} = \dfrac{\sum(Y - \hat{Y})^2}{n-2}$ 이다.

9) 보통 모집단의 회귀계수의 표준오차가 알려지지 않은 경우가 대부분이므로 z 분포가 아닌 t 분포를 이용하게 된다.

〈표 5-4〉 교육수준과 소득수준자료를 이용한 회귀계수 추정표

교육년수 (X)	소득수준 (Y)	도출된 회귀식 $\hat{Y}=-107.05+16.47X$	오차항의 제곱 $(Y-\hat{Y})^2$
12	100	91	81
16	160	156	16
16	140	156	256
14	120	124	16
18	200	189	121
14	140	124	256
16	150	156	36
16	140	156	256
16	170	156	196
12	80	91	121
			$\sum(Y-\hat{Y})^2=1{,}355$

$\hat{S}_y{}^2 = \dfrac{1{,}355}{8} = 169.37$이므로

$S_{\hat{\beta}} = \dfrac{169.37}{34} = 2.231$(〈표 5-2〉에서 $\sum x^2$ 값이 이미 34로 계산됨)

계산된 $S_{\hat{\beta}}$ 값을 대입하면,

$$\beta = 16.47 + 2.306 \times 2.231$$

$$11.326 < \hat{\beta} < 21.614$$

이제 신뢰구간이 주어졌으므로 귀무가설 $\hat{\beta}=0$을 쉽게 검증할 수 있다. 귀무가설에서 회귀계수값인 0이 신뢰구간에 포함되는가 아닌가의 여부를 통해 판단하면 된다. 위의 결과에서 신뢰구간 11.326과 21.614 사이에 0의 값이 포함되지 않으므로 우리는 귀무가설을 기각한다.

귀무가설 기각의 의미는 회귀계수가 95% 신뢰구간하에 통계적으로 유의미함을 보여 준다. 다시 말해, 교육수준은 소득수준을 결정하는 유의미한 변수임을 알 수 있다. 이 결과를 통해 회사직원 10명의 소득수준은 차이가 있는데 이는 교육수준의 차이 때문임을 알 수 있다.

② t 검증

t 검증[10]의 공식은 다음과 같다.

$$t\text{값} = \frac{\hat{\beta} - \beta}{S_{\hat{\beta}}}$$

귀무가설에서 $\beta = 0$으로 놓았으므로 공식을 $\hat{\beta} / S_{\hat{\beta}}$으로 나타내기도 한다. 한편, t 임계치는 $t_{.025,\ n-k-1}$로 나타낼 수 있다. 이때, k는 독립변수의 개수이다.

앞서의 교육과 소득의 자료를 이용하여 도출된 회귀계수의 통계적 유의도검증을 t 검증으로 수행하여 보자. t 값은 7.382(16.47/2.231)이며, t 임계치는 $t_{.025,\ 8}$로서 이 책 맨 뒤 〈부록표 3〉의 t 분포표에서 찾으면 값이 2.306이다. 여기서 t값이 임계치보다 크므로 귀무가설을 기각한다.

다시 말해, 회귀계수는 0이 아니므로 통계적으로 유의미한 변수임을 알 수 있다. 즉 교육변수는 소득수준에 유의미한 영향을 미치는 변수임을 확인할 수 있다.

③ P 값을 통한 검증

귀무가설과 대립가설을 근거로 하여 귀무가설을 기각하거나 받아들임으로써 회귀계수의 통계적 유의성을 검증하는 방법보다 더 바람직한 방법은 P 값을 산출하여 검증하는 방법이다. t 값을 구하여 t 값을 넘어서는 확률을 구함으로써 쉽게 검증할 수 있다. 이 방법은 주로 컴퓨터 분석결과에서 많이 사용되는 방법이다.

위의 예제에서 t 값은 7.382 이다. 이 t 값을 넘어서는 확률은 〈부록표 3〉 t 분포표에서 찾을 수 있다. 그동안 t 분포표를 이용하여 찾는 방법과는 반대로 자유도가 8인 가로줄에서 7.382 값과 가장 유사한 확률값을 구하면 되는데, 이 경우 0.01보다 훨씬 작은 수임을 일 수 있다. 따라서 5%와 1% 유의도수준하에서 교육수준이 소득수준에 미치는 영향은 통계적으로 유의미한 변수임을 알 수 있다.

3) SPSS 프로그램을 사용한 단순회귀분석 예시 및 결과해석 I

교육과 소득자료를 가지고 SPSS Window 10.0 한글 버전을 이용하여 실제로 분

10) 단순회귀모형에서 회귀계수의 유의도검증(H_0: β=0)뿐만 아니라 F 검증으로도 가능하며 t 값의 곱은 F 값으로 나타난다. 그러나 중회귀모형에서는 F 검증만이 유의도검증을 할 수 있다.

석을 수행하여 보자. 먼저 | SPSS 예시 5-1 | 에 제시한 바와 같이 SPSS Window 버전 창에서 소득과 교육자료를 입력한다.

이제 자료입력이 끝났으므로 단순회귀분석을 수행해야 하는 단계이다. 자료 파일을 불러놓은 상태에서 | SPSS 예시 5-2 | 에서 제시한 바와 같이 맨 위 메뉴에서 분석 → 회귀분석 → 선형을 클릭한다. 클릭이 끝나면 | SPSS 예시 5-3 | 에 제시한 바와 같은 창이 뜨게 된다. 이 | SPSS 예시 5-3 | 창에서 왼쪽에는 변수목록이 뜨게 되는데 소득수준과 교육년수가 자동적으로 뜨게 된다. 이 변수들 중에서 소득년수에 클릭하여 종속변수에, 교육년수는 독립변수(단순회귀에서 독립변수는 항시 1개)에 넣은 후 확인을 클릭한다. 확인을 클릭하면 자동적으로 | SPSS 예시 5-4 | 와 같은 결과 창이 뜨게 된다. 이 창은 output, 즉 결과 창으로 다음을 위해 저장해 둘 경우 확장자 .spo를 사용하게 된다. 이로써 SPSS Window 한글 버전을 사용하여 단순회귀분석 수행이 끝난 것이라고 할 수 있다.

다음 단계는 | SPSS 예시 5-4 | 의 단순회귀분석 결과를 해석해 보는 것인데, 이에 대한 설명은 이미 앞에서 같은 자료를 사용하여 손으로 공식을 이용하여 계산하는 방법을 보여 주는 과정에서 제시하였으므로 여기서는 생략하기로 한다.

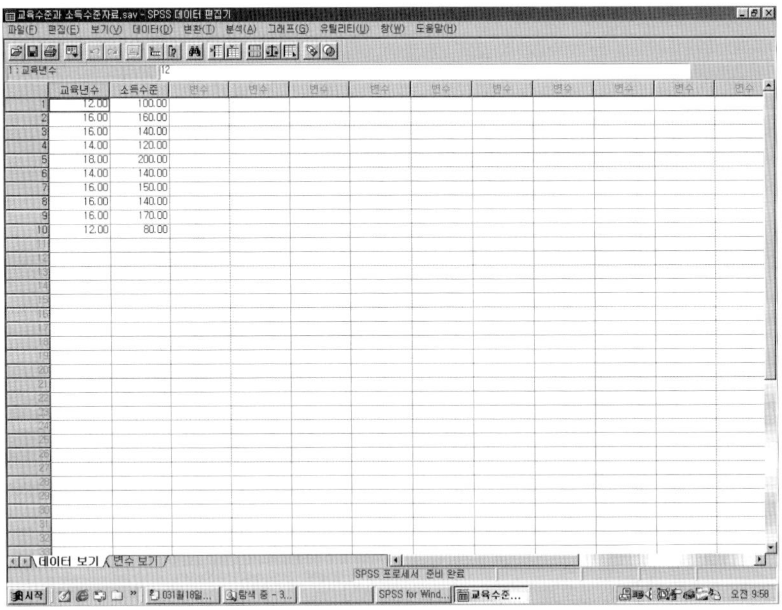

| SPSS 예시 5-1 | 단순회귀분석 수행을 위한 자료 파일

| SPSS 예시 5-2 | 단순회귀분석 수행과정 1

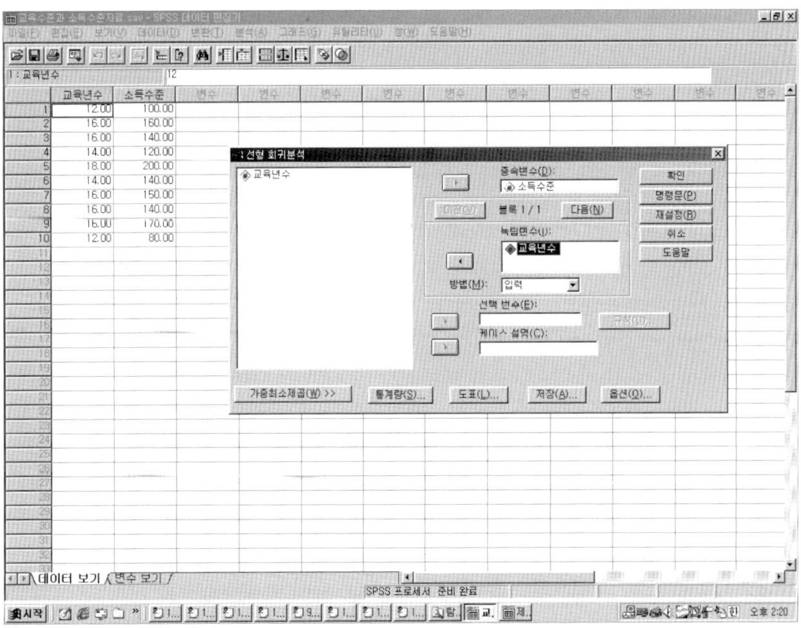

| SPSS 예시 5-3 | 단순회귀분석 수행과정 2

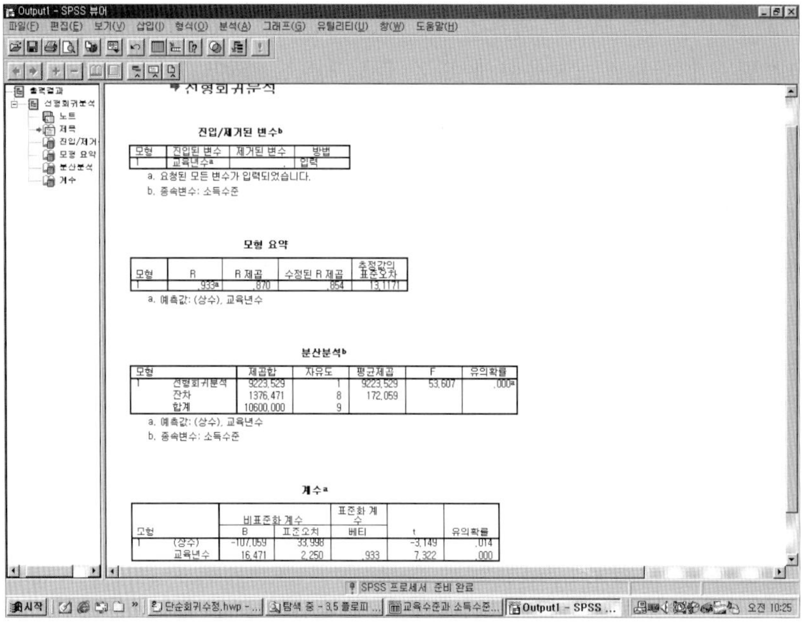

| SPSS 예시 5-4 | 단순회귀분석 수행결과

4) SPSS 프로그램을 사용한 단순회귀분석 예시 및 결과해석 II

실제자료를 이용하여 회귀분석을 수행하여 보자. 회귀분석을 수행하기 위하여 이 책 6, 8장에서 사용하고 있는 소비자불평행동조사 자료를 사용하고자 한다. 소비자 사회화와 성별이 소비자의식에 미치는 각각의 영향력에 관심을 갖고 있다고 하자. 다시 말해, 유년기시절 부모로부터 소비생활과 관련한 경험, 훈련, 또는 교육이 이루어진 정도가 소비자의식에 차이를 초래하는가를 조사하고, 또한 성별에 따라 소비자의식에 차이가 있는가를 조사하고자 두 번의 단순회귀분석을 수행한 결과는 | SPSS 예시 5-5 | 에 제시되었다.

이때 종속변수는 cattit, 즉 소비자의식 변수이며, 독립변수는 소비자의 사회화(soci) 변수이다. 또 하나의 반복되는 회귀분석은 성별(male)이 소비자의식에 미치는 영향력을 검증하기 위한 것이다.

종속변수인 소비자의식 변수는 소비자의 책임과 권리에 대한 의식을 조사하기 위하여 책임에 관한 문항 5개와 권리에 대한 문항 5개를 통해 5점 리커트 척도로 측정하였다.

소비자사회화 변수는 유년기 시절 부모로부터 소비생활과 관련한 경험과 교육을 받은 정도를 7문항을 통해 5점 리커트 척도로 측정한 변수이다. 점수가 높을수록 유년기소비자 사회화가 잘된 것으로 처리하였다. 성별(male)은 가변수로서 남성일 경우는 1로, 여성일 경우는 0으로 코딩하였다.

| SPSS 예시 5-5 | 를 중심으로 소비자사회화와 연령이 소비자의식에 미치는 각각의 영향력을 조사한 두 번의 단순회귀분석 결과를 살펴보자. 이 회귀 모델의 설명력을 나타내는 R^2값은 각각 0.03과 0.01로 소비자사회화의 차이는 소비자의식 차이의 약 3%를 설명하고 있고 성별은 1%를 설명하고 있음을 알 수 있다. 여기서 R^2값이 낮아 소비자사회화 또는 성별 이외에 소비자의식을 결정하는 다른 변수들을 고려해 보아야 함을 알려 주는데, 이 같은 현상은 사회과학 또는 생활과학 연구에서 흔히 나타날 수 있는 결과이다. 단지 한두 가지 원인이 어떤 현상의 많은 부분을 설명하지 못하는 것은 복잡한 현대사회 현상의 공통된 특징이라고 볼 수 있다.

한편, B는 비표준화회귀계수를, Beta는 표준화회귀계수를 의미한다. 회귀계수의 유의도는 회귀계수의 T값이 기각영역($p < .05$)에 있는가의 여부를 가지고 판정하게 된다. 귀무가설이 $H_0 : \beta = 0$인데 위의 결과에서 소비자사회화 변수의 경우 기각영역에 있으므로 귀무가설을 기각하여 소비자사회화변수가 유의미한 변수임을 알 수 있다. 그러나 성별은 귀무가설을 기각하지 못하므로 성별은 소비자의식의 차이 또는 변량을 설명하지 못하고 있음을 알 수 있다. 독립변수가 종속변수에 미치는 영향력의 방향(direction)에 대해 살펴보자. 소비자사회화가 잘된 소비자일수록 소비자의 권리와 책임에 대한 의식이 높음을 알 수 있고, 통계적으로 유의미하지는 않으나 여성일수록 소비자의식이 높음을 알 수 있다.

```
         * *   M U L T I P L E    R E G R E S S I O N   * *
Equation Number 1     Dependent Variable..   CATTIT
Variable(s) Entered on Step Number  1..     SOCI
Multiple R              .18466
R Square                .03410             R Square Change      .03410
Adjusted R Square       .03085             F Change           10.48536
Standard Error         2.96047             Signif F Change      .0013
Analysis of Variance
                         DF          Sum of Squares          Mean Square
Regression                1              91.89786              91.89786
Residual                297            2603.02522               8.76439
F =        10.48536            Signif F =   .0013

        * *  M U L T I P L E   R E G R E S S I O N   * *
Equation Number 1     Dependent Variable..   CATTIT
------------------------------ Variables in the Equation ------------------------------
 Variable          B         SE B          Beta          T       Sig T
 SOCI          .135897     .041968      .184663       3.238     .0013
(Constant)   19.622704     .800203                   24.522     .0000

          * * * *  M U L T I P L E    R E G R E S S I O N  * *
Equation Number 1     Dependent Variable..   CATTIT
Variable(s) Entered on Step Number  1..    MALE
Multiple R              .10714
R Square                .01148           R Square Change      .01148
Adjusted R Square       .00823           F Change            3.53009
Standard Error         3.07556           Signif F Change      .0612
Analysis of Variance
                         DF         Sum of Squares         Mean Square
Regression                1             33.39144             33.39144
Residual                304           2875.56608              9.45910
F =        3.53009            Signif F =   .0612

          * *  M U L T I P L E    R E G R E S S I O N  * *
Equation Number 1     Dependent Variable..   CATTIT
------------------------------ Variables in the Equation  ------------------------------
Variable           B          SE B         Beta          T          Sig T
MALE           .677617      .360654     .107139        1.879        .0612
(Constant)   21.877005      .224908                   97.271        .0000
```

| SPSS 예시 5-5 | 소비자의식에 대한 단순회귀분석 결과

연구문제

01 다섯 가구로 된 무작위표본을 가지고 연평균 저축액수, 연평균 가계소득, 자녀 수에 대한 조사결과 다음과 같은 자료를 얻었다고 하자(단위 : 연평균, 천 달러).

가 구	저축(Y)	소득(X)
1	2.1	15
2	3.0	28
3	1.6	20
4	2.1	22
5	1.2	10

① 소득에 대한 저축의 단순회귀식을 공식을 이용하여 손으로 계산하라(힌트 : 독립변수-소득, 종속변수-저축).

② ①번에서 계산된 회귀계수의 의미를 해석하라.

③ ①번의 문제를 컴퓨터를 이용하여 풀어 보라.

02 10개의 표본을 가지고 교육수준(X)과 연봉(Y)과의 관계를 알아보고자 한다. 이때 회귀모델은 $Y = \alpha + \beta X + \mu$이다. 아래의 주어진 정보를 가지고 이하의 문제에 답하라(참조 : 대문자 알파벳은 원래의 값을 의미하며, 소문자 값은 편차로서 평균과의 차이(예 : $\Sigma X^2 = (X - \overline{X})^2$를 의미함).

$\Sigma X = 80$	$\Sigma Y = 96$	$\Sigma X^2 = 668$	$\Sigma Y^2 = 952$
$\Sigma XY = 789$	$\Sigma X^2 = 28$	$\Sigma y^2 = 30.4$	$\Sigma xy = 21$

① 절편과 기울기를 구하여 회귀식을 완성하라.

② ①번의 기울기 값의 의미를 해석하라.

③ 위의 ①번에 기초하여 16년, 즉 대졸자의 연봉은 얼마일까?

④ 이 회귀모델이 소득의 변량을 얼마나 설명할 수 있을까?

⑤ 귀무가설이 $H_0 : \beta = 0$일 때 유의수준 0.05에서 가설을 검증하라.

해답

01 ①번 해답

가구 번호	소득 (X)	저축 (Y)	편차형 $(X-\overline{X})$	편차형 $(Y-\overline{Y})$	편차형 제곱 $(X-X)^2$	편차형 곱 $(X-\overline{X})(Y-\overline{Y})$
1	15	2.1	−4	0.1	16	−0.4
2	28	3.0	9	1.0	81	9
3	20	1.6	1	−0.4	1	−0.4
4	22	2.1	3	0.1	9	0.3
5	10	1.2	−9	−0.8	81	7.2
N=5	$\overline{X}=19$	$\overline{Y}=2$	$\Sigma x=0$	$\Sigma y=0$	$\Sigma x^2=188$	$\Sigma xy=15.7$

위의 〈표〉에서 계산한 값을 기초로 공식에 대입하여 최종회귀식을 도출하면 다음과 같다.

$$\hat{\beta}=\frac{\Sigma xy}{\Sigma x^2}=\frac{15.7}{188}=0.0835$$

$$\hat{\alpha}=\overline{Y}-\hat{\beta}\overline{X}=2-(0.0835\times 19)=0.414$$

최종적으로 회귀식으로 표현하면 $\hat{Y}=0.414+0.0835$

②번 해답

위의 식에서 기울기(β)값인 0.0835는 회귀계수로서 독립변수 X 한 단위 변화에 따른 종속변수 Y의 변화를 의미한다. 여기서는 소득수준이 $1,000 증가할 경우 연평균 $83.51만큼의 저축이 증가함을 의미한다.

③번 해답 생략. 위의 ②와 같은 결과를 얻는다.

02 ①번 해답

$$\hat{\beta}=\frac{\Sigma xy}{\Sigma x^2}=21/28=0.75$$

$$\hat{\alpha}=\overline{Y}-\hat{\beta}\overline{X}=9.6-(0.75\times 8)=3.6$$

최종적으로 회귀식으로 표현하면 $\hat{Y}=3.6+0.75X$이다.

②번 해답

위의 식에서 기울기(β)값인 0.75는 회귀계수로서 독립변수 X, 한 단위 변화에 따른 종속변수 Y의 변화를 의미한다. 여기서는 교육수준이 1년 증가 시 연봉 $750이 증가한다(연봉의 단위가 $1,000이므로 기울기값인 0.75×1000).

③번 해답

$\hat{Y} = 3.6 + (0.75 \times 10) = 11.1$

즉, 10년의 교육수준을 가진 사람의 연봉은 $11,100이다.

④번 해답

$$R^2 = \frac{SSR}{SST} = b\frac{\sum xy}{\sum y^2} = 15.75/30.4 = 0.518$$

이 회귀모델은 소득변량의 51%를 설명함을 알 수 있다.

⑤번 해답

[방법 1 : F test]

H_0 : b=0 H_a : b≠0

$F^{0.05}_{(1,8)} = 5.32$(부록의 F분포표에서 찾은 값)

여기서, k=1, n−2=8

$$F^* = \frac{MSR}{MSE} = \frac{SSR/1}{SSE/n-2} = \frac{15.75/1}{14.65/8} = \frac{15.75}{1.831} = 8.601$$

$SST = \sum y^2 = 30.4$

$SSR = b^2\sum x_i^2 = b\sum x_i y_i = 0.75 \times 21 = 15.75$

SST = SSR + SSE이므로 30.4 = 15.75 + SSE　　SSE = 14.65

$F^* > F$ 따라서 귀무가설을 기각한다.

[방법 2 : t-test]

H_0 : b=0 H_a : b≠0

$t_{\alpha/2, n-2} = 2.306$

$$t^* = \frac{b-\beta}{SE_b} = \frac{0.75-0}{0.255} = 2.941$$

SE_b는 회귀계수의 표본오차를 의미한다.

$$SE_b = \sqrt{\frac{SSE/n-2}{\sum x_i^2}} = \sqrt{\frac{14.65/8}{28}} = 0.255$$

$t^* > t$　　따라서 귀무가설을 기각한다.

여기서 우리는 t^*값의 제곱은 F값임을 알 수 있다. 이 같은 관계는 단순회귀분석에서만 유효함

CHAPTER 6

중회귀분석

앞서 5장에서 하나의 독립변수와 하나의 종속변수 간의 선형적 관계를 나타내는 단순회귀분석에 대해 살펴보았다. 중회귀분석(multiple regression)은 단순회귀분석의 연장으로 독립변수가 2개 이상인 경우 독립변수들과 종속변수 간의 선형적 인과관계를 조사하기 위한 통계기법이다. 단순회귀분석과 마찬가지로 중회귀분석도 선형적 관계를 가설화하고 설명과 예측의 목적을 달성하는 데 주로 사용한다. 다만, 단순회귀분석과 중회귀분석은 독립변수의 개수에서 가장 큰 차이점이 있다.

실제 사회현상에서 하나의 결과는 여러 원인들에 의해 설명되는 것이 보통이다. 따라서 대부분의 실증연구에서 단순회귀분석보다는 여러 개의 독립변수를 포함하는 중회귀분석을 사용한다. 여러 개의 독립변수가 종속변수에 미치는 영향력을 검증할 때 종속변수의 설명에 대한 오차가 적어지며 보다 정밀한 인과관계를 파악하게 된다.

중회귀분석은 회귀식추정, 기본가정 등 여러 측면에서 단순회귀분석과 같은 원칙에 의해 이루어져 있으며 단순회귀분석의 확대라고 볼 수 있다. 중회귀분석에서 알아야 할 회귀모형, 회귀선 도출, 기본 가정들, 추정된 회귀식의 검증, 실증적 통계분석, 그리고 회귀분석의 실증적 문제들에 대해 차례로 살펴보자.

1. 중회귀분석

1) 회귀 모형

회귀 모형은 단순회귀분석에서처럼 선형적 관계를 나타내는 1차식으로서 여러 개의 설명변수(독립변수)에 의해 설명되는 부분과 설명되지 못하는 부분으로 나타나게 된다. 단순회귀 모형에서와 마찬가지로 설명되지 않는 부분은 회귀오차(regression error)로서 ε으로 표기하는 것이 보통이다. X_1, X_2, X_3, 3개의 독립변수와 한 개의 종속변수, Y의 회귀 모형을 나타내면 다음과 같다.

모집단회귀 모형 $$Y_i = \alpha + \beta_1 X_1 + \beta_2 X_2 + \beta_3 X_3 + \cdots + \beta_i X_i + \varepsilon_i$$ 식(6.1)

모집단회귀식 $$Y_i = \alpha + \beta_1 X_1 + \beta_2 X_2 + \beta_3 X_3 + \cdots + \beta_i X_i$$ 식(6.2)

표본회귀 모형 $$\hat{Y}_i = \alpha + \hat{\beta}_1 X_1 + \hat{\beta}_2 X_2 + \hat{\beta}_3 X_3 + \cdots + \hat{\beta}_i X_i + \varepsilon_i$$ 식(6.3)

표본회귀식 $$\hat{Y}_i = \alpha + \hat{\beta}_1 X_1 + \hat{\beta}_2 X_2 + \hat{\beta}_3 X_3 + \cdots + \hat{\beta}_i X_i$$ 식(6.4)

위의 4개 식은 변수들 간의 선형적 1차 함수관계를 나타내고 있으며 인과관계를 파악할 수 있나. 다른 독립변수들의 값을 통제한 상태에서 특정 독립변수가 종속변수에 어떤 영향을 미치는지를 예측할 수 있게 설정하고 있다.

2) 회귀선 도출

중회귀분석에서 회귀식의 추정은 단순회귀에서와 마찬가지로 최소자승법(OLS)으로 추정한다. 독립변수가 X_1, X_2, 2개인 경우 추정된 회귀식은 식(6.5)로 나타낼 수 있다.

$$\hat{Y}_i = \hat{\alpha} + \hat{\beta}_1 X_1 + \hat{\beta}_2 X_2$$ 식(6.5)

위의 식에서 기울기값 $\hat{\beta_1}$, $\hat{\beta}_2$를 구하는 공식과 절편 $\hat{\alpha}$ 값을 구하는 일반적인 공식은 다음과 같다.

$$\hat{\beta}_1 = \frac{(\Sigma x_1^{\,2}\Sigma x_2 y) - (\Sigma x_1 x_2 \Sigma x_1 y)}{(\Sigma x_1^{\,2}\Sigma x_2^{\,2}) - (\Sigma x_1 \Sigma x_2^{\,2})} \qquad \text{식(6.6)}$$

$$\hat{\beta}_2 = \frac{(\Sigma x_2^{\,2}\Sigma x_1 y) - (\Sigma x_1 x_2 \Sigma x_2 y)}{(\Sigma x_1^{\,2}\Sigma x_2^{\,2}) - (\Sigma x_1 \Sigma x_2^{\,2})} \qquad \text{식(6.7)}$$

$$\hat{\alpha} = \overline{Y} - \hat{\beta}_1 \overline{X}_1 - \hat{\beta}_2 \overline{X}_2 \qquad \text{식(6.8)}$$

여기서, x, y 등은 $(X-\overline{X})$ 또는 $(Y-\overline{Y})$를 나타내는 편차형이다.

5장에서 사용한 자료(표 5-1)인 회사 직원들의 교육수준과 월평균 소득수준에 관한 자료에 연령에 대한 자료를 추가하여 〈표 6-1〉에 제시하였다. 위의 공식을 이용하여 회귀식을 도출하여 보자. 공식을 이용하여 계산하는 과정을 아래의 〈표 6-1〉에 추가시켰다.

〈표 6-1〉 교육수준, 연령, 소득수준자료를 이용한 회귀계수 추정표

교육 (X_1)	연령 (X_2)	소득 (Y)	편차형 (x_1)	(x_2)	(y)	편차형제곱 $(x_1)^2$	$(x_2)^2$	편차형곱 (x_1y)	(x_2y)	(x_1x_2)
12	36	100	−3	0	−40	9	0	120	−40	0
16	38	160	1	2	20	1	4	20	40	2
16	30	140	1	−6	0	1	36	0	0	−6
14	36	120	−1	0	−20	1	0	20	0	0
18	38	200	3	2	60	9	4	180	120	6
14	38	140	−1	2	0	1	4	0	0	−2
16	37	150	1	1	10	1	1	10	10	1
16	34	140	1	−2	0	1	4	0	0	−2
16	40	170	1	4	30	1	16	30	120	4
12	33	80	−3	−3	−60	9	9	180	180	9
$\overline{X_1}=15$	$\overline{X_2}=36$	$\overline{Y}=140$	$\Sigma x_1^{\,2}=34$	$\Sigma x_2^{\,2}=78$	$\Sigma x_1 y=560$	$\Sigma x_2 y=430$	$\Sigma x_1 x_2=12$			

참조: 편차형인 x_1, x_2, y는 각각 $(X_1-\overline{X}_1)$, $(X_2-\overline{X}_2)$, $(Y-\overline{Y})$를 의미한다.
교육의 단위는 교육년수이며, 소득은 월평균 소득으로 단위는 만 원임

〈표 6-1〉에서 계산한 값을 기초로 공식에 대입하여 회귀계수를 산출하면 다음과 같다.

$$\hat{\beta_1} = (\sum x_1{}^2 \sum x_2 y) - (\sum x_1 x_2 \sum x_1 y)$$

$$(\sum x_1{}^2 \sum x_2{}^2) - (\sum x_1 \sum x_2{}^2)$$

$$= (34 \times 430) - (12 \times 560) / (34 \times 78) - (12 \times 78) = 3.83$$

$$\hat{\beta_2} = (\sum x_2{}^2 \sum x_1 y) - (\sum x_1 x_2 \sum x_2 y)$$

$$(\sum x_1{}^2 \sum x_2{}^2) - (\sum x_1 \sum x_2{}^2)$$

$$= (78 \times 560) - (12 \times 430) / (34 \times 78) - (12 \times 78) = 22.44$$

$$\hat{\alpha} = \overline{Y} - \hat{\beta_1}\overline{X}_1 - \hat{\beta}_2\overline{X}_2$$

$$= 140 - (3.83 \times 15) - (22.44 \times 36) = -725.29$$

쉬어가는 연구방법과 통계이야기 • 6-1

우유와 암발병 빈도

두 변수 사이에는 상관관계가 있더라도 원인은 다른 곳에 있는 경우도 있다. 이런 경우 상식과는 동떨어진 원인추정을 할 가능성이 있다.

예를 들면, 교회의 수가 늘어나면 범죄발생률이 증가한다. 그렇다면 교회의 증가가 범죄증가의 원인이 된단 말인가? 진짜 원인은 인구의 증가에 있는 것이다. 인구가 늘어나면 교회도 많아지고 범죄도 증가한다.

한 의학논문에서 우유를 마시면 암에 걸릴 확률이 높아진다는 놀라운 결과를 발표한 적이 있다. 유유가 많이 생산되고 소비되는 미국 동북부, 중부, 그리고 스위스 등에서 암이 놀랄 만큼 많이 발생하는데 유유를 마시지 않는 스리랑카에서는 암이 거의 발생하지 않는다는 것이 이 논문의 주요 근거 사료였다. 또한, 유유를 많이 마시는 영국여자들이 거의 마시지 않는 일본여자들보다 18배나 더 많이 암에 걸린다는 사실이 증거로 추가되었다.

그러나 조금만 파헤쳐 보면 이 결과를 다른 요인으로 설명할 수 있음을 알게 된다. 암은 주로 중년 이후 걸리기 쉬운 병인데 미국 여러 주나 스위스는 평균수명이 길어서 노년층이 많은 공통점을 갖고 있다. 또한 조사 당시 영국여자들의 평균수명은 일본여자들보다 12년이나 길었던 것이다. 평균수명이 길면 당연히 암에 걸리는 사람 수가 많아지는 것이다.

출처 : 한국경제, 1999년 4월 16일

이 결과를 정리하여 중회귀식으로 표현하면 아래의 식과 같다.

$$Y = -725.29 + 3.83X_1 + 22.44X_2 \quad \text{식(6.9)}$$

위의 중회귀식에서 2개의 회귀계수의 의미를 살펴보자. 교육수준의 회귀계수($\hat{\beta}_1$)가 의미하는 바는 다른 독립변수가 일정하면, 다시 말해 연령 변수의 값을 고정시킨다면, 교육수준이 1년 증가할 경우 월평균 38,300원의 소득이 증가함을 의미한다. 한편 연령의 회귀계수($\hat{\beta}_2$)의 경우, 교육수준이 일정할 경우, 연령이 1세 증가할 경우 월평균 224,400원의 소득이 증가함을 알 수 있다.

회귀계수가 주어지면 회귀식을 통해 소득수준을 예측할 수 있다. 만약 어떤 사람이 36세이면서 대졸이라면 그 사람의 소득수준은 1,430,000원임을 예측할 수 있다 ($143.83 = -725.29 + 3.83 \times 16 + 22.44 \times 36$).

또한 주어진 회귀식으로 독립변수가 종속변수에 미치는 영향력의 방향을 알 수 있다. 위의 회귀식을 볼 때, 교육수준이 높을수록, 연령이 높을수록 소득수준이 높음을 알 수 있다. 즉, 교육수준과 연령의 회귀계수가 양의 값이므로 소득수준과는 정적인 관계가 있음을 알 수 있다.

단순회귀분석과는 달리 중회귀분석은 독립변수가 둘 이상이므로 독립변수가 종속변수에 미치는 상대적 영향력을 비교할 수 있다. 보통 독립변수들의 상대적 영향력은 표준화회귀계수(standardized regression coefficient)를 통해 비교하게 된다. 지금까지 우리가 최소자승법을 통해 도출한 회귀계수는 비표준화회귀계수(unstandardized regression coefficient)이다. 표준화회귀계수에 대해 자세히 살펴보면 다음과 같다.

회귀계수를 통해 독립변수가 종속변수에 미치는 영향력을 평가할 때 주의할 사실은 독립변수의 측정척도에 따라 종속변수의 값이 달라진다는 사실이다.[1] 예를 들어, 독립변수의 척도가 교육년수의 단위로 측정되었나 졸업 여부의(예 : 고졸이하, 대졸, 대학원졸 등) 단위인가에 따라 비표준화회귀계수의 값이 달라지게 된다. 물론 이때, 두 변수 간의 관계 본질이 달라지는 것은 아니다. 이 같은 문제는 특히 중회귀분석에서 심각하게 나타나게 되는데 독립변수가 2개 이상인 중회귀분석에서는 각 독립변수들의 측정단위가 다르고 독립변수들의 상대적 영향력을 판단하기가 어렵다.

이 같은 문제점을 해결하기 위하여 독립변수와 종속변수를 모두 Z점수로 표준화시켜 측정척도의 영향을 받지 않도록 하는 방법이 고안되었다. 즉, 종속변수와 독립

1) 보통 회귀계수라 하면 비표준화회귀계수를 의미한다. 그러나 표준화인지 비표준화인지를 구별하여 사용하는 것이 바람직하다.

변수가 모두 Z점수로 변환되어 평균값 0, 표준편차 1로 하게 되면, 상수항은 0이 되어 회귀방정식은 원점을 지나는 직선이 되며 이 직선의 기울기(beta)가 표준화회귀계수이다.[2)] 원점을 지나는 회귀선의 방정식을 수식으로 표현하면 다음과 같다.

$$Z_y = \beta^* \times Z_x$$ 식(6.10)

(여기서, β^*는 표준화회귀계수)

비표준화회귀계수가 주어지면 공식에 의해 표준화회귀계수를 계산할 수 있다. 물론, 표준화회귀계수값과 두 변수의 표준편차값을 알면 계산을 통해 비표준화회귀계수로 환원시킬 수 있다. 비표준화회귀계수에 독립변수 X의 표준편차를 곱하고 이를 종속변수 Y의 표준편차로 나누면 표준화회귀계수값을 알게 된다. 비표준화회귀계수와 표준화회귀계수의 관계는 아래의 식으로 표시할 수 있다.

$$\beta^* = \beta \times (S_x / S_y)$$ 식(6.11)

(여기서, β는 표준화회귀계수)

이때, (S_x / S_y)값은 항상 양(+)의 값을 가지므로 표준화회귀계수와 비표준화회귀계수의 부호는 같다. 사실상 두 계수는 의미상의 차이는 없기 때문이다. 표준화회귀계수의 해석은 독립변수가 독립변수의 표준편차로 1단위 증가하면, 종속변수는 종속변수의 표준편차로 β값만큼 증가하게 됨을 의미한다.

표준화회귀계수를 통해 종속변수값을 직접 추정할 수는 없다. 그러나 중회귀 모형에서 독립변수가 여러 개인 경우 독립변수들이 종속변수에 미치는 상대적 영향력을 알아 낼 수 있는 장점이 있다.

3) 중회귀 모형의 가정

앞서 5장에서 논의한 단순회귀 모형의 기본 가정은 모두 중회귀분석에 적용된다. 따라서 여기에서는 단순회귀 모형에 필요한 기본 가정에 대한 반복적 설명은 생략

2) SPSS/PC+ 프로그램에서는 표준화회귀계수를 계산하라는 명령어가 없을 경우 비표준화회귀계수만을 산출하여 주며 SAS에서는 디폴트로 표준화회귀계수까지 산출하여 준다.

하고 중회귀분석에서 필요한 추가적 가정에 대해 살펴보자. 중회귀분석에서는 독립변수가 늘어남에 따라 필요한 추가적 가정에 대해 살펴보아야 한다.

(1) 가정 Ⅰ: 독립변수들 간에 상관관계가 높지 않아야 한다($E[X_i X_j]=0$)

독립변수들 간에는 서로 높은 상관관계가 존재하지 않아야 함은 다중공선성(multicollinearity)이 존재하지 않아야 함을 의미한다. 다중공선성이라는 표현은 독립변수들 간의 선형관계를 의미한다(김두섭, 1993). 독립변수들 간에 선형적 관계를 갖게 되면 회귀계수의 표준오차가 높아지게 되며 통계적 유의도를 감소시키는 문제를 야기한다. 또한 독립변수 간의 상관관계가 높으므로, 다른 독립변수들을 통제시킨 후 특정 독립변수가 종속변수에 미치는 영향력을 측정하기가 어려운 문제가 있다.

(2) 가정 Ⅱ: 독립변수 간에 상호작용효과가 존재하지 않아야 한다

이 가정은 특정 독립변수가 종속변수에 미치는 영향력이 다른 독립변수와 복합하여 일어나지 않아야 한다는 것이다. 만약 이 가정이 지켜지지 않을 경우에는 가변수를 도입하든지 상호작용항을 구성하여 분석하는 것이 보통이다. 가변수와 상호작용항에 대한 구체적인 논의는 이 장의 질적변수와 회귀분석에서 다루기로 한다.

(3) 가정 Ⅲ: 표본의 수가 독립변수 개수보다 커야 한다

독립변수가 늘어나서 종속변수에 대한 설명력이 높아질 수는 있으나, 정보의 개수인 자유도 역시 늘어나게 되어 회귀 모형의 설명력이 낮아지게 된다. 가능하다면 독립변수의 수가 적으면서도 모델의 설명력이 높도록 하는 것이 가장 바람직하다.

지금까지 살펴본 가정들이 충족되었다면 최소제곱법(OLS)에 의해 회귀식을 추정하게 된다. 그러나 실제 상황에서 위의 3가지 가정이 엄격하게 충족되는 경우는 그리 많지 않다. 따라서 이 조건들이 충족되고 있는가를 조사하고, 충족되지 않은 경우 이 문제점들을 완화하고 대처하기 위한 방법을 강구하여야 한다.

4) 회귀식의 검증

단순회귀분석에서와 마찬가지로 중회귀분석에서도 최소자승법의 원리에 의해 추정된 회귀식이 실제 관측치를 얼마나 잘 반영하고 있는지 확인하여야 한다. 다시 말해, 추정된 회귀계수 및 추정치들이 얼마나 모수치(population parameter)에 근접하는가를 검증하여야 한다.

이 같은 검증은 회귀계수의 통계적 유의도검증을 통해 이루어지는데, 구체적으로, 단순회귀분석에서와 마찬가지로 추정된 회귀계수가 통계적으로 유의미하지 않다는 귀무가설(영가설)을 부정하는 방식으로 이루어지게 된다.

단순회귀분석에서 추정된 회귀계수는 하나이므로(독립변수가 1개) 귀무가설은 간단하게 $H_0 : \beta = 0$로 나타내었다. 그러나 중회귀분석에는 독립변수가 2개 이상 여러 개이므로 귀무가설은 크게 세 가지로 구별하여 생각할 수 있다. 이 세 가지는 여러 독립변수 중 한 개의 특정 독립변수의 추정회귀계수가 0인 경우(single coefficient test), 여러 독립변수의 회귀계수 모두 0인 경우(global coefficient test), 여러 독립변수 중 일부 독립변수의 회귀계수가 0인 경우이다(subsets of coefficient test). 이 장에서는 처음 두 가지의 경우에 대한 유의도검증에 대해 설명하고 독립변수 중 일부의 독립변수가 0인 귀무가설의 검증은 복잡하므로 생략하기로 한다.

(1) 한 개의 회귀계수에 대한 유의도검증

귀무가설(영가설)과 대립가설(연구가설)을 수식으로 나타내면 다음과 같다.

귀무가설 $H_0 : \beta = 0$ 식(6.12)

대립가설 $H_a : \beta \neq 0$ 식(6.13)

이 경우 유의도검증은 t 검증방법을 사용하면 간단하다. F 검증을 사용해도 연구결과는 같다. t 검증의 공식은 다음과 같다.

$$t\text{ 값}^{3)} = \frac{\hat{\beta} - \beta}{S_{\hat{\beta}}}$$

3) 단순회귀분석에서와 마찬가지로 귀무가설에서 $\beta = 0$으로 놓았으므로 공식을 $\frac{\hat{\beta}}{S_{\hat{\beta}}}$으로 나타내기도 한다.

한편, t 임계치는 $t_{.025,\ n-k-1}$로 나타낼 수 있다. 이때 k는 독립변수의 개수이다. 컴퓨터 분석결과를 가지고 추정된 회귀계수의 통계적 유의도검증은 매우 간단하므로 여기서 직접 t 검증을 수행하는 것은 생략하기로 한다.

(2) 모든 회귀계수에 대한 유의도검증

추정한 독립변수의 모든 회귀계수가 통계적으로 유의미하지 않다는 귀무가설을 부정하는 것이 유의도검증으로서 만약 독립변수가 3개인 경우 귀무가설과 대립가설을 수식으로 나타내면 다음과 같다.

귀무가설 $H_o: \beta_1 = \beta_2 = \beta_3 = 0$ 식(6.14)

대립가설 $H_a: \beta_1 \neq \beta_2 \neq \beta_3 \neq 0$ 식(6.15)

이때 귀무가설에 해당하는 회귀 모형은 $Y = \alpha + \varepsilon$이며, 대립가설의 회귀모형은 $Y = \alpha + \beta_1 X_1 + \beta_2 X_2 + \beta_3 X_3 + \varepsilon$ 이다. 이 경우 유의도검증은 검증할 회귀계수의 수가 2개 이상이므로 F 검증방법을 사용한다. F 검증의 공식은 다음과 같다.

$$F = \frac{(SSEo - SSEa)/k - 0}{(SSEa)/n - k - 1}$$ 식(6.16)

여기서 SSEo는 귀무가설에 해당하는 회귀 모형이 설명하지 못하는 부분의 제곱(explained sum of square of error/residual)값이며, SSEa는 대립가설에 해당하는 회귀 모형이 설명하지 못하는 부분의 제곱값으로 이 경우 회귀계수 모두가 0으로 회귀 모형을 전혀 설명하지 못하므로 SSEa=SST임을 알 수 있다.

k는 독립변수의 개수로서 여기서는 3이다. 한편, F임계치는 $F^{\alpha}_{.025,\ n-k-1}$로 나타낼 수 있다. 여기서 직접 F 검증을 수행하는 것은 생략하기로 한다.

5) SPSS 프로그램을 사용한 중회귀분석 예시 및 결과해석 I

단순회귀분석에서 사용한 자료에 연령 변수를 추가한 자료를 가지고 SPSS

Window 10.0 한글 버전을 이용하여 중회귀분석을 수행해 보자. 먼저 아래에 표시한 | SPSS 예시 6-1 | 에 제시한 바와 같이 SPSS Window 버전 창에서 교육, 연령, 소득자료가 입력된 상태에서 중회귀분석을 수행해야 한다. 다음 단계는 | SPSS 예시 6-2 | 처럼 맨 위 메뉴에서 분석 → 회귀분석 → 선형을 클릭한다. 클릭이 끝나면 | SPSS 예시 6-3 | 에 제시한 바와 같은 창이 뜨게 된다. 이때 | SPSS 예시 6-3 | 창에서 왼쪽에는 변수 목록이 뜨게 되는데 소득수준, 교육년수, 연령이 자동적으로 뜨게 된다. 이 변수들 중에서 소득년수에 클릭하여 종속변수에, 교육년수와 연령, 즉 2개의 변수를 독립변수(중회귀분석에서는 독립변수가 2개 이상이어야 함)에 넣은 후 확인을 클릭한다. 확인을 클릭하면 자동적으로 | SPSS 예시 6-4 | 와 같은 결과 창이 뜨게 된다. 이 창은 output 창으로 다음을 위해 저장해 둘 경우 확장자 .spo를 사용하게 된다. 이로써 SPSS Window 한글 버전을 사용하여 중회귀분석 수행이 끝난 것이라고 할 수 있다.

다음 단계는 | SPSS 예시 6-4 | 의 중회귀분석 결과를 해석해 보는 것인데, 이에 대한 설명은 이미 앞에서 같은 자료를 가지고 직접 공식을 이용하여 계산하는 방법을 보여 주는 과정에서 제시하였으므로 여기서는 생략하기로 한다.

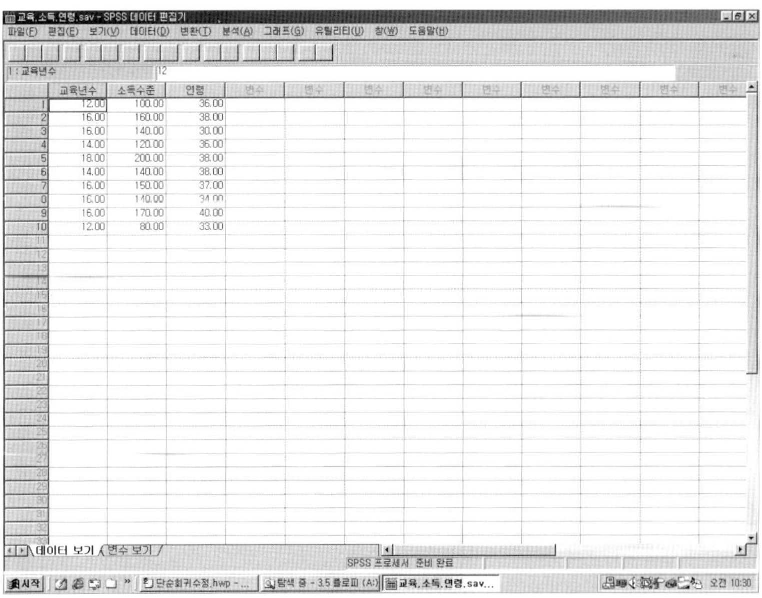

| SPSS 예시 6-1 | 중회귀분석 수행을 위한 자료 파일

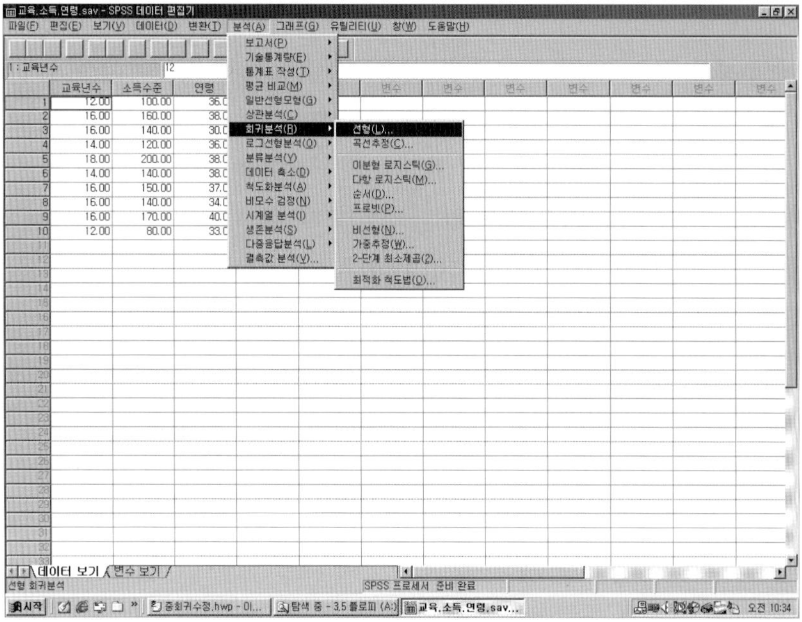

| SPSS 예시 6-2 | 중회귀분석 수행과정 1

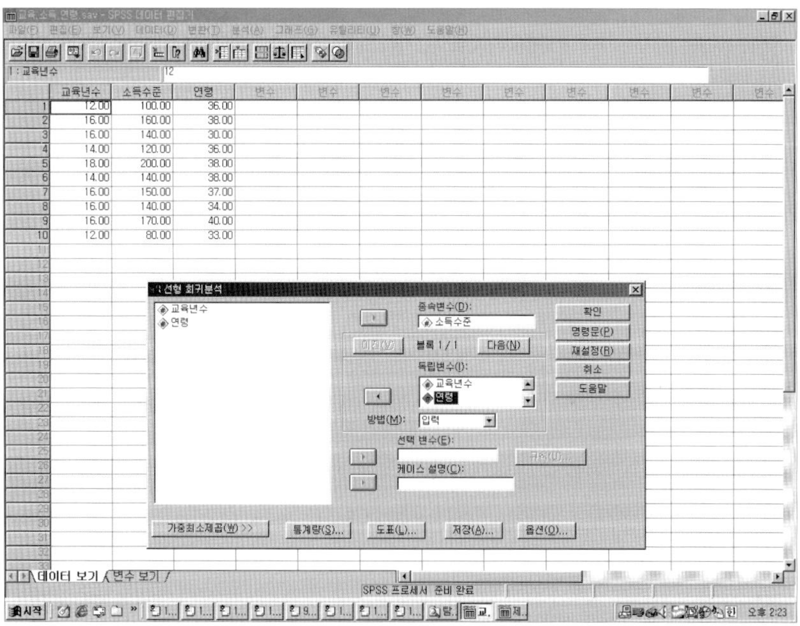

| SPSS 예시 6-3 | 중회귀분석 수행과정 2

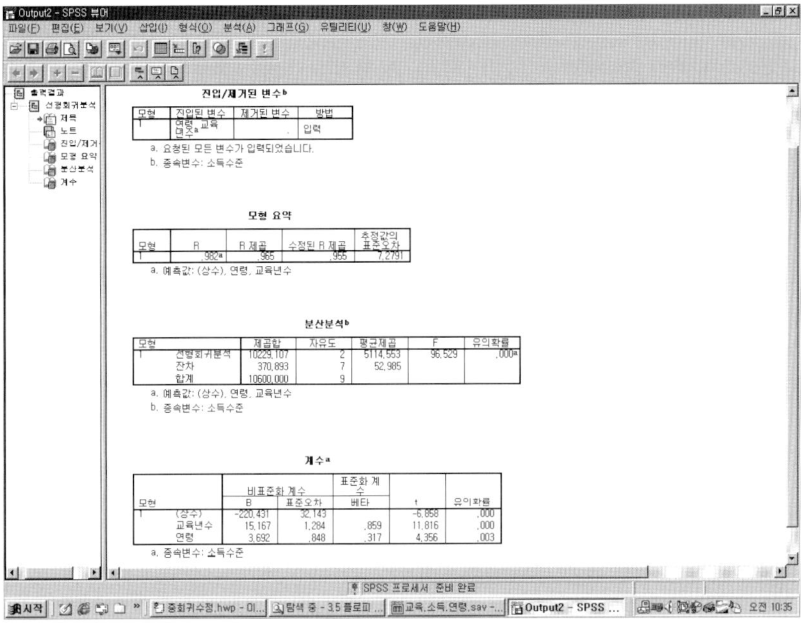

진입/제거된 변수[b]

모형	진입된 변수	제거된 변수	방법
1	연령, 교육년수[a]	.	입력

a. 요청된 모든 변수가 입력되었습니다.
b. 종속변수: 소득수준

모형 요약

모형	R	R 제곱	수정된 R 제곱	추정값의 표준오차
1	,982[a]	,965	,955	7,2791

a. 예측값: (상수), 연령, 교육년수

분산분석[b]

모형		제곱합	자유도	평균제곱	F	유의확률
1	선형회귀분석	10229,107	2	5114,553	96,529	,000[a]
	잔차	370,893	7	52,985		
	합계	10600,000	9			

a. 예측값: (상수), 연령, 교육년수
b. 종속변수: 소득수준

계수[a]

모형		비표준화 계수		표준화 계수	t	유의확률
		B	표준오차	베타		
1	(상수)	-220,431	32,143		-6,858	,000
	교육년수	15,167	1,284	,859	11,816	,000
	연령	3,692	,848	,317	4,356	,003

a. 종속변수: 소득수준

| SPSS 예시 6-4 | 중회귀분석 수행결과

6) SPSS 프로그램을 사용한 중회귀분석 예시 및 결과해석 II

다른 자료를 이용하여 중회귀분석을 수행하여 보자. 단순회귀분석에서와 마찬가지로 소비자불평행동자료를 사용하여 중회귀분석을 수행하여 보자(5장, 8장 참조).

만약 우리가 소비자들마다 소비자의식이 각기 다름에 관심을 갖고 소비자의식의 차이를 결정하는 요인이 무엇인지를 조사하고자 한다고 하자. 다시 말해, 소비생활과 관련한 소비자특성 변수들이 소비자의식에 미치는 영향력을 조사하고자 하는데 소비자특성 변수로서 소비생활과 관련한 소비자지식, 소비자사회화, 소비자교육경험여부 변수 그리고 기타 인구·통계적 변수로서 결혼 여부, 연령, 교육수준, 직업, 성별, 그리고 소득수준을 사용하고자 한다. 회귀분석을 수행한 결과는 | SPSS 예시 6-5 | 에 제시한 바와 같다.

| SPSS 예시 6-5 | 는 10개의 독립변수가 종속변수인 소비자의식에 미치는 영향을 조사하기 위하여 중회귀분석을 실시한 결과로서 이 회귀 모델의 설명력을 나타내는 R^2값은 0.10으로 소비자의식의 차이의 약 10%를 설명하고 있음을 알 수 있다.

앞서 단순회귀분석 결과에서 나타난 바와 같이 소비자사회화 변수를 독립변수로 한 모델의 설명력이 3%였으며, 성별만을 독립변수로 할 경우는 1%임을 알 수 있었다. 단순회귀분석에서 1개의 독립변수만을 가지로 모델을 설정하는 것보다 여러 개의 독립변수를 가지고 모델을 설정한 위의 예제의 경우 모델의 설명력이 높음을 알 수 있다. 이는 복잡한 현대사회에서의 어떤 현상을 설명함에 있어 하나 또는 두 개의 원인을 가지고 설명하는 것보다는 여러 가지 원인을 가지고 설명하는 것이 바람직함을 보여 준다고 하겠다.

```
        * * * *  M U L T I P L ER E G R E S S I O N  * * * *
Equation Number 1      Dependent Variable..      CATTIT
Multiple R               .32169
R Square                 .10348                  R Square Change     .10348
Adjusted R Square        .06805                  F Change           2.92028
Standard Error          2.95869                  Signif F Change      .0018

Analysis of Variance
                         DF        Sum of Squares        Mean Square
Regression        10                 255.63679            25.56368
Residual          253               2214.72306             8.75385
F =               2.92028           Signif F =             .0018

        * * * *  M U L T I P L ER E G R E S S I O N  * * * *
Equation Number 1      Dependent Variable..      CATTIT
------------------------- Variables in the Equation -------------------------
Variable            B           SE B          Beta           T        Sig T
INC            -.460506       .156640      -.286546      -2.940       .0036
CKNOW          -.080751       .118810      -.043655       -.680       .4973
SOCI            .102811       .047339       .136040       2.172       .0308
MALE           -.053238       .441770      -.008458       -.121       .9042
CEDUY         -1.042821       .517512      -.134587      -2.015       .0450
EDU             .127185       .172495       .054211        .737       .4616
PROF           1.107118       .674834       .154270       1.641       .1021
AGE             .024415       .029591       .091743        .825       .4101
EMP             .276105       .603506       .043697        .458       .6477
MARRY           .599617       .741501       .097093        .809       .4195
(Constant)    19.801996      1.277186                     15.504       .0000
```

| SPSS 예시 6-5 | 소비자의식에 대한 중회귀분석 결과

그런데 단순회귀 모델보다 10개의 독립변수를 사용한 중회귀 모델이 보다 설득력이 있다고는 하나 중회귀분석 모델의 설명력, 즉 R^2값이 높다(몇 %는 되어야 한다는 특정 기준은 없으나)고 보기는 어렵다. 따라서 본 연구에서 사용한 독립변수 이외에 소비자의식를 결정하는 다른 변수들을 좀 더 고려해 보는 것도 좋을 듯하다.

10개의 변수 중에서 소비자의식에 유의미한 영향을 미치는 변수는 소득수준, 유년기 시절의 사회화, 소비자교육 경험 여부 변수임을 알 수 있다. 표준화회귀계수값을 볼 때 유의미한 3개의 변수 중 소득수준이 소비자의식에 미치는 영향력이 가장 높음을 알 수 있다. 독립변수가 종속변수에 미치는 영향력의 방향(direction)에 대해 살펴 보자. 소득수준이 높으면 높을수록 소비자의 권리와 책임에 대한 의식이 낮은 것을 알 수 있다. 한편 유년기 소비자사회화가 잘된 소비자일수록 소비자의 권리와 책임에 대한 의식이 높음을 알 수 있다. 통계적으로 유의미하지는 않으나,

쉬어가는 연구방법과 통계이야기 • 6-2

상관관계가 인과관계로의 작용

한 학자가 흡연하는 학생의 대학 성적이 비흡연 학생에 비해서 나쁜가를 공들여 조사한 적이 있었다. 조사 결과 그렇다는 사실이 드러났다. 이 결과는 많은 사람들에게(특히 금연 운동가들) 흡연의 단점을 강조하는 데 중요한 근거로 활용되었다. 성적을 올리려면 담배를 끊어라라든가, 아니면 조금 과장해서 담배는 지능을 저하시킨다라고 주장하였다.

이런 주장을 어떻게 받아들여야 할까? 첫째는 이러한 상관관계를 별 의미가 없는, 그냥 우연한 것으로 해석할 수 있다. 둘째는 상관관계가 우연한 것이 아니라면 인과 관계를 추정하는 데 있어서 전후 인과의 오류를 범하고 있을 수도 있다. 흡연하기 때문에 성적이 나빠졌다는, 그래서 흡연이 성적 불량의 원인이라고 일방적으로 판단하는 것은 문제가 있다. 우선은 반대의 결론도 성립할 수 있다. 즉, 성적 불량이 고민이 되어 흡연하게 되었을 수도 있다. 또한 상호 작용의 가능성도 있다.

성적불량이 흡연으로 이어지고 흡연은 다시 성적 불량으로 이어지는 상호 작용을 생각해 볼 수도 있다. 그 외에도 제3의 요인들이 작용할지 모른다. 예를 들어, 사교적인 사람, 외향적인 사람은 흡연할 확률이 더 높을 것이며 이런 사람들은 활동적인 것에 시간을 빼앗겨 공부를 소홀히 할 수도 있다.

상관관계가 있다고 할 때 흔히 생각하는 것과 반대 방향으로 인과 관계가 작용할 수도 있다는 것을 알아야 한다. 한 스포츠 평론가가 칼럼에서 승률이 나쁜 대학 미식축구팀은 감독을 너무 쉽게 해고한다고 주장했다. 그의 주장을 뒷받침하기 위해 그는 감독을 자주 바꾼 대학이 한 사람이 오래 감독한 대학보다 승률이 낮다는 통계 자료를 제시했다. 그러나 그의 논리가 과연 맞는 것일까? 감독을 바꾸는 것이 팀이 지는 것의 원인이 될 수는 없다. 원인과 결과는 반대인 것이다. 즉, 팀이 계속지게 되면 그 다음에 감독을 갈아치우게 되므로 감독의 해고는 연패(連敗)의 결과인 것이다. 원인과 결과가 사람들의 생각과는 반대 방향으로 작용하지만 그것이 쉽게 드러나지 않는 경우도 있다.

출처 : 한국경제, 2006년 4월 24일

교육수준과 연령이 높을수록, 취업을 한 경우, 특히 전문직에 종사할 경우, 미혼보다는 결혼을 한 소비자일수록, 그리고 여성일수록 소비자의식이 높음을 알 수 있다.

2. 회귀분석의 가정과 실증적 문제

지금까지 살펴본 OLS 방법으로 회귀분석을 수행한 경우 그 결과를 받아들이기에 앞서, 이 결과를 받아들일 수 있는가, 회귀 모델은 적합하게 설정되었는가, 추정된 회귀분석이 실제 관측치를 얼마나 잘 반영하였는가를 검토하여야 한다. 구체적으로 실증연구에서 나올 수 있는 현실적 문제들에 대해 살펴보고, 또한 회귀분석을 위한 가정이 잘 성립되고 있는지를 살펴보아야 한다. 회귀분석을 위한 가정들이 잘 지켜지지 않았을 경우 최소자승법에 의거하여 추정한 회귀분석의 결과는 BLUE의 특성을 갖지 못하며, 믿을 수 없는 결과를 초래할 수 있다. 따라서 회귀분석을 실시한 후 검토하여야 할 것들 3가지인 유의도검증과 적합도검증, 오차항분석, 그리고 기본가정의 위배 여부에 대해 구체적으로 살펴보자.

1) 회귀분석의 실증적 검토

회귀분석 모델을 검토하는 가장 일반적인 방법은 회귀계수의 통계적 유의도검증과 결정계수값의 유의성 결과를 가지고 평가하고 개선하는 방법이다. 많은 실증연구에서 회귀분석을 수행하면 현실적으로 일어날 수 있는, 예상되는 상황은 크게 5가지로 분류할 수 있다. 이 5가지 상황에 대해 살펴보고 문제가 있을 경우 해결책을 알아보자.

첫째, 결정계수(R^2) 값이 높아 모델의 설명력이 높은 것으로 나타났고 동시에 회귀계수들 모두 유의도가 높은 것으로 나타난 경우이다. 이 경우는 매우 바람직한 경우로 연구자들이 이 같은 결과를 얻기 위한 모델을 설정하는 것이 목적이다.

둘째, 결정계수(R^2) 값이 높아 모델의 설명력이 높은 것으로 나타났으나 회귀계수들의 일부만이 통계적으로 유의미한 것으로 나타난 경우이다. 이 경우는 실제연구 시 대부분의 경우로 가장 빈번하게 일어난다. 이 경우 t값 또는 F값을 비교하면서 독립변수를 취사선택하여 유의미한 회귀계수를 모델에 사용하는 것이 바람직한 해결 방법이다.

셋째, 결정계수(R^2) 값은 높으나 모든 회귀계수들이 유의미하지 않는 것으로 나타난 경우이다. 이 경우는 설명변수 전체가 집단적으로는 종속변수에 대해 설명력이 있으나 개별적으로는 설명력이 없는 경우이다. 이 경우는 다중공선성의 문제가 심각한 경우이다. 다중공선성의 문제와 해결방법은 다음 절에서 다룬다.

넷째, 대부분의 회귀계수들은 통계적으로 유의미한 것으로 나타났음에도 불구하고 결정계수(R^2) 값은 낮게 나타난 경우이다. 이 경우는 흔한 상황은 아니고 특이한 경우로서 독립변수가 종속변수와 단순상관계수가 낮은 경우이다. 독립변수 간의 단순상관계수값이 통상 음의 부호인 경우에 일어난다.

다섯째, 일부 회귀계수들은 통계적으로 유의미한 것으로 나타났고, 결정계수(R^2) 값은 낮게 나타난 경우이다. 이 경우는 심각한 상황으로 낮은 t 값을 가진 회귀변수를 제외시키고 설명력이 높은 변수를 추가로 사용하여 모델의 설명력을 높이도록 노력한다. 노력에도 불구하고 개선되지 않으면 추정 모델을 포기해야 하는 문제에 부딪히게 된다.

2) 오차항 분포조사

회귀 모델을 평가하고 개선하는 또 하나의 방법은 오차항의 기본가정이 위배되고 있는 지의 여부를 조사하게 되는데 보통 오차항 분포도(risidual plot)를 통해 판정하게 된다. 오차항 분포는 크게 5가지의 형태로 나누어 살펴볼 수 있는데 그림으로 나타내면 [그림 6-1]과 같다.

오차항의 분포가 (a)와 같은 경우 극단적 관측치가 문제가 되는 경우이다. 몇 개의 극단적 관측치는 추정결과를 무의미하게 만드는 것이 보통이다. 극단치로 인해 자료가 편포된 경우로서 자료를 변환하거나, 극단치를 분석에서 제외시켜 모델의 설명력을 높일 수 있다.[4] 오차항의 분포가 (b)와 같은 경우는 추정회귀선이 적절하지 않은 경우이다.

4) 변수를 dummy로 처리하거나 극단치값을 어느 정도의 최고값으로 조정하여 사용한다. 예를 들면, 연령의 경우 관측치 중 105세, 95세의 경우 70+ 등으로 처리하는 방법이다.

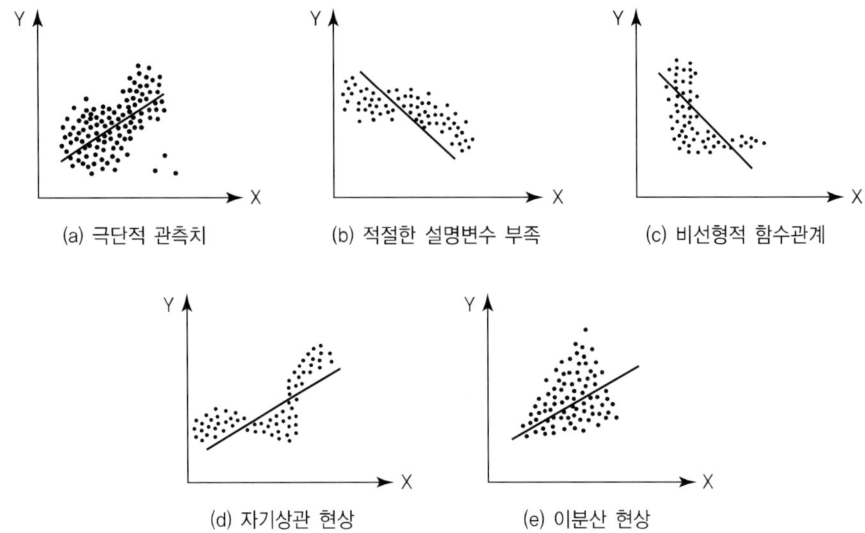

[그림 6-1] 오차항 분포의 여러 가지 형태

즉, 관측치를 충분히 나타내지 못하는 회귀선을 추정한 경우이거나 설명력이 높은 독립변수가 모델에서 누락된 경우이다. 이 경우 누락된 변수가 무엇인가를 생각해 보아 추가하도록 한다.

비선형적인 관계를 보이는 (c)와 같은 경우 자료의 재변환을 통해 선형적인 함수관계로 재조정하여 다시 회귀분석을 수행하는 것이 바람직하다. 다시 말해 비선형적 관계를 선형적 관계로 조정하여 선형적 회귀분석을 수행하는 것이다. 실증연구에서 많이 사용하는 조정방법은 로그변환, 지수변환, 제곱근변환(1장 참조) 등이다.

(d)의 경우 자기상관이 일어난 경우로서 그림에서 오차항 간의 정의 시계열 상관이 존재하는 것을 알 수 있고, (e)의 경우 동분산의 가정이 깨진 경우로 이분산의 문제가 발생하였다. 이분산의 판정과 해결방법은 다음 절에서 설명하기로 한다.

3) 기본가정의 현실성 여부 조사

회귀분석을 위한 기본가정 중 오차항에 대한 가정이 지켜지고 있는가를 살펴봄으로써 회귀 모델을 평가하고 개선할 수 있다. 바람직한 회귀선이란 추정치와 실제 관측치와의 거리인 오차항의 극소화가 전제조건이므로 오차항에 대한 의미가 중요하다. 따라서 오차항과 관련한 가정들이 잘 충족되고 있는지의 여부를 조사하여야 한다. 이미 단순회귀분석과 중회귀분석에서 제시한 오차항의 5가지 기본 가정을 살펴보았는데 다시 한 번 수식으로 나타내면 다음과 같다.

① $E[\varepsilon_i] = 0$

② $E[\varepsilon_i^2] = \sigma_\varepsilon^2$

③ $E[\varepsilon_i \ \varepsilon_j] = 0 \ (i \neq j)$

④ $E[X_i \ X_j] = 0$

⑤ $\varepsilon_i \sim N(0, \ \sigma_\varepsilon^2)$

위의 5가지 가정 중 ① 번의 가정, 즉 오차항의 평균이 0이어야 하는 가정의 경우 크게 문제가 되지 않는다. 오차항의 평균이 0이 아닐 경우 절편($\hat{\alpha}$)에 대한 추정치에 bias가 발생하게 되는데 회귀 모델에서 절편의 절대치는 큰 의미가 없으므로 실제연구에서 이 가정은 크게 문제가 되지 않는다. 또한 ⑤번의 가정, 즉 오차항의 정규분포 가정 역시 크게 문제가 되지 않는다. 오차항의 분포는 표본의 크기가 커질 때 정규분포에 접근하므로 관측표본의 크기가 크다면 큰 문제가 되지 않는다.

실제연구에서 관심을 갖고 조사하여야 할 오차항의 기본 가정은 ②번의 오차항의 동분산(homoskedasticity) 가정[5], ③번 오차항 간에는 서로 독립적이어야 하는 가정, 즉 자기상관의 문제가 존재하지 않아야 하는 것, ④번의 다중공선성 문제가 존재하지 않아야 하는 가정이다. 이 가정들이 현실적으로 위배되었을 경우 최소자승법(OLS)에 의해 추정한 회귀식은 문제를 안게 된다. 따라서 위의 가정이 위배되었을 경우와 이에 대처하기 위한 방법에 대해 구체적으로 살펴보자.

(1) 다중공선성 문제

이 문제는 독립변수들 간에 선형관계가 있을 경우 발생하는 문제이다. 독립변수들간의 상관관계가 높을 경우 이 같은 문제가 발생하게 되는데 현실적으로 변수들 간의 관계가 완벽히 0인 경우는 드물다. 따라서 상관관계 정도가 어느 정도인가가 중요한 사항이다.

중회귀분석에서 특정 회귀계수는 다른 독립변수들의 값을 고정시켰을 때 종속변

5) 분산이 같다는 의미에서 등분산이라고 표현하기도 한다.

수에 미치는 독자적인 영향력을 의미한다. 그런데 독립변수들 간에 상관관계가 매우 높을 경우 특정 회귀계수의 독자적 영향력을 알 수가 없다. 다시 말해, 다중공선성의 문제가 발생하면 한 특정 독립변수의 값이 변할 때 공선관계에 있는 다른 독립변수도 동시에 변화하므로 회귀식에서 도출한 회귀계수의 의미가 상실된다.

또한 다중공선성의 문제로 회귀계수들의 분산과 표준오차가 너무 커지게 되어 귀무가설(H_o : $\beta_i = 0$)을 기각할 가능성이 희박해진다. 결국 회귀계수의 검증과 해석의 의미가 상실된다고 하겠다.

그렇다면 다중공선성의 문제가 심각한지를 어떻게 알 수 있는지가 우선적 과제이다. 다시 말해, 다중공선성의 문제가 존재하는지를 판정하고 문제가 있을 경우 이를 보완 또는 해결하는 방법을 강구하여야 한다. 다중공선성의 문제를 판정하는 방법과 해결방안을 간략하게 살펴보면 다음과 같다.

첫째, 무엇보다도 가장 일반적인 방법은 독립변수들 간의 상관계수치를 가지고 판정한다. 보통의 경우 상관계수값이 0.70 이상인 경우 다중공선성의 문제를 안고 있는 것으로 본다. 이 같은 문제가 발생 시 두 변수 중 하나를 빼고 분석하는 것이 일반적인 대응방안이다.

두 변수 중 어느 변수를 뺄 것인가는 여러 가지 방법을 생각할 수 있다. 가장 대표적인 방법은 결정계수값을 비교하는 방법이다. 만약 5개의 독립변수 중 X_4와 X_5 두 독립변수 간에 상관관계가 높은 경우를 생각해 보자. 먼저, X_4를 뺀 나머지 4개의 독립변수를 포함하여 회귀분석을 수행하고, 다음에는 X_5를 뺀 나머지 4개의 독립변수를 포함하여 회귀분석을 수행하여 각각의 모델의 설명력을 나타내는 결정계수값을 비교하여 큰 값을 주는 회귀 모델에 포함한 변수를 사용하는 방법이다. 또 다른 방법은, 표준화회귀계수값을 비교하여 두 개의 상관관계가 높은 독립변수 중 하나를 선택하는 것이다. 표준화회귀계수는 설명변수 및 종속변수 모두를 표준화하여 독립변수의 상대적 영향력을 평가하는 수치이므로 표준화회귀계수값이 큰 것을 선택하면 된다. 위의 예제의 경우 5개의 독립변수 모두를 포함하는 회귀분석을 수행한 후 X_4와 X_5 두 독립변수 중 표준화회귀계수값이 큰 변수를 최종적으로 선택하면 된다.

둘째, 회귀분석결과표에서 특별히 회귀계수의 분산 또는 표준오차가 큰 변수를 찾아내어 이 변수를 빼고 다시 분석한 후 나머지 변수들의 분산이 유의미하게 작아지는가를 조사하여 다중공선성의 문제를 확인할 수 있다. 어떤 독립변수의 회귀계수의 표준오차가 커서 이 변수를 제외한 후 분석할 경우 나머지 독립변수들의 분산이 작아진다면 이 독립변수를 회귀 모델에서 제외시키면 된다.

셋째, 잔여분산(residual variance)의 값이 0이거나 0에 가까울수록 경우 다중공선성의 문제를 의심하여야 한다(김두섭, 1993). 잔여분산의 값이 0에 가까울수록 회귀계수의 표준오차가 커지게 되어 다중공선성의 문제를 야기하게 된다. 다중공선성의 문제는 표본의 크기가 커짐으로써 다소 완화될 수 있다.

(2) 이분산 문제

이분산(heteroscedasticity)이란 잔차에 대한 동분산(homoscedasticity) 가정이 깨졌을 때 나타나는 현상이다. 이분산은 잔차의 분산이 설명변수와 함수관계에 있을 때 발생하게 된다. 다시 말해, 설명변수의 값이 증가함에 따라 종속변수값의 산포도가 확산, 확대되는 등 독립변수값의 변화에 따라 이분산성(nonconsistant variance)을 보이는 경우 이분산의 문제가 나타나는 대표적인 경우이다.

이분산의 문제가 발생하면 다중공선성의 경우와는 반대로, 회귀계수의 분산 또는 표준오차가 너무 작게 되어 귀무가설을 부당하게 기각시킬 우려(1종 오류)가 높아진다. 다시 말해, 대립가설에 대해 과대평가를 하게 되어 모델의 많은 독립변수들이 유의미한 변수로 나타나게 된다.

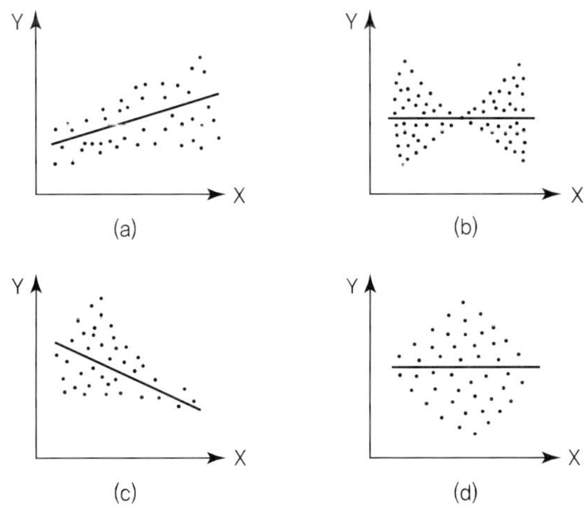

[그림 6-2] 이분산의 여러 가지 형태

이분산의 심각성의 정도를 파악하기 위한 방법 중 가장 대표적인 방법은 도표를 이용하는 직관적인 방법이다. 독립변수값에 대응하는 종속변수값들의 분산을 보여주는 산점도(scatter plot)로 이분산의 존재 여부를 판정한다. [그림 6-2]의 4가지 그래프는 모두 이분산의 문제를 안고 있는 경우이다.

한편, 오차항의 제곱과 X 또는 $\hat{Y}$와의 관계를 도표로 그려 보아 판정하는 방법도 사용할 수 있다. 이 이외에도 이분산의 존재 여부를 판정하기 위한 많은 방법들이 개발되어 왔는데, Park test, Giejser test, Breusch와 Pagan test 등과 같이 함수유형을 이용하는 방법, 스피어만의 순위상관계수를 사용하는 방법 등이 있다.

이분산의 문제가 있음이 발견되면, 이 문제를 해결하기 위한 가장 대표적인 방법은 동분산가정을 충족시킬 수 있도록 함수를 전환하는 것이다. 이분산을 제거하기 위한 함수전환은 각기 다를 수 있는데 가장 대표적인 방법은 관측치에다 적절한 가중치를 두어 가중최소자승법(WLS : Weighted Least Squares)을 사용하는 방법이다. 독립변수와 종속변수를 $\frac{1}{X}$, 그리고 $\frac{Y}{X}$로 변환시켜 OLS 방식으로 분석하는 방법이 가장 대표적인 방법인데 원래의 변수값을 동분산가정을 충족시키도록 재변형하여 OLS 방법으로 추정하는 방법을 총칭하여 일반최소자승법(GLS : generalized least square)으로 부른다. 이 방법에 대해 자세히 살펴보면 다음과 같다.

$$\text{가중치 } W_i = \frac{1}{\hat{Y}_i - (1-\hat{Y}_i)^{1/2}} = \frac{1}{S_i} \quad \text{식(6.17)}$$

가중치를 OLS 회귀 모델에 곱하면,

$$W_iY_i = W_i\alpha + W_i\beta_iX_i + W_i\epsilon_i \quad \text{식(6.18)}$$

W_i를 $\frac{1}{S_i}$로 대치하면,

$$(\frac{Y_i}{S_i}) = \alpha(\frac{1}{S_i}) + \beta(\frac{1}{S_i})X_i + \varepsilon_i(\frac{1}{S_i}) \quad \text{식(6.19)}$$

결국, 위의 식은 OLS 형태와 유사하게 되어 OLS 방법을 통한 추정을 가능하게 한다. 아래의 식으로 동분산가정이 충족됨을 알 수 있고, OLS 사용이 가능함을 알 수 있다.

$$\mathrm{Var}(W_iY_i) = \mathrm{Var}W_i\varepsilon_i = W_i{}^2\mathrm{Var}Y_i \fallingdotseq 1 \quad \text{식(6.20)}$$

지금까지 이분산의 문제를 해결하기 위하여 WLS를 사용함이 좋음을 알았다. WLS는 자료가 law data인 경우에 적합한 방법이며, 만약 자료가 확률적 자료라면 이분산의 문제를 해결하기 위하여 로지스틱 모델(logistic model)에 가중치(weight)를 추가한 가중된 로지스틱 모델(weighted logistic model)을 사용하면 된다.

(3) 자기상관 문제

자기상관 문제는 오차항의 세 번째 가정, '각각의 오차항 간에는 독립적이어야 한다'는 것이 위배될 경우 발생하는 문제이다. 다시 말해, 이 가정은 오차항 간의 공분산(covariance)은 0이어야 함을 의미하는데, 서로 다른 독립변수값에 대응하는 오차항들 간에 함수관계가 성립되거나 상관의 정도가 높은 경우 연속상관(serial correlation) 또는 자기상관(auto correlation)의 문제가 발생하여 도출된 회귀선에 문제가 발생하게 된다. 실제 이 가정이 완전하게 성립되는 경우, 즉 상관이 전혀 없는 경우는 드물다. 문제는 상관의 정도가 어느 정도인가가 중요한 사항이라고 하겠다. 자기상관의 문제는 보통 시계열 자료(time series data)에서 많이 발생하는데 과거의 관측값이 현재의 관측값에 의존적이어서 회귀관계를 갖는 현상이다.

사기상관의 문제가 존재하고 있는데 OLS 방식에 의해 회귀계수를 추정할 경우 불편성의 문제는 없으나 효율성의 문제가 야기된다. 다시 말해 OLS에 의해 추정된 추정치들은 최적합치가 되지 않는데, 구체적으로, 회귀계수의 표준오차는 실제보다 작게 나타나 귀무가설이 기각되는 오류가 발생하게 된다. 또한 오차항의 분산이 과소평가됨으로써 결정계수값이 과대평가된다.

자기회귀의 존재 여부를 파악하기 위해서는 잔차도표(risidual plot)를 통해 판정하게 된다. [그림 6-3]에서 (a)번의 경우는 잔차들이 회귀선 주변에서 특별한 형태가 아니고 무정형하게 분포되어 있어 자기상관의 문제가 없다. 그러나 (b)번과 (c)

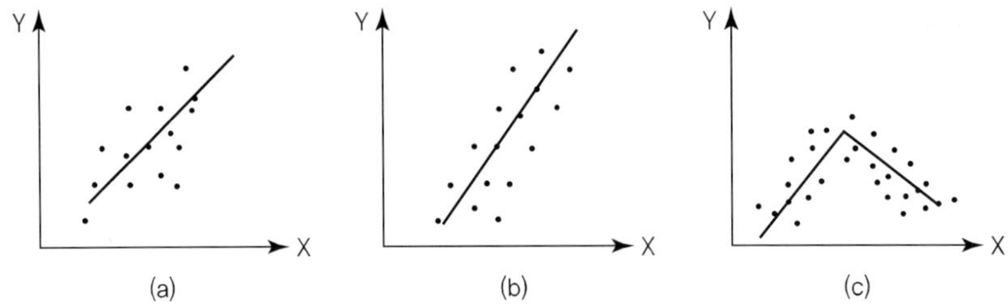

[그림 6-3] 잔차분포의 여러 가지 형태

번의 경우처럼 회귀선 주위에서 잔차가 일정한 형태를 보이게 되면 자기상관의 문제가 있는 것으로 해석한다.

자기상관의 여부를 판정하는 방법은 잔차도표를 통해 판별하는 방법 이외에 더빈 왓슨(Durbin-Watson) 검증, 저지(Geary) 검증 등이 있는데, 보통 더빈 왓슨 검증 방법이 많이 사용된다. 더빈 왓슨 검증은 자기상관이 없다는 귀무가설을 검증하기 위한 d 통계량을 가지고 판정하게 된다.[6)]

자기상관이 존재할 경우 이를 어떻게 해결할 것인가에 대한 연구는 계속적으로 축적되어 왔다. 일반적으로 자료를 재변형하여 새로운 회귀 모형을 구성하여 OLS 방법으로 추정하는 일반최소자승법(GLS : Generalized Least Square)을 가장 많이 사용한다. 그러나 일반최소자승법을 사용할 경우는 잔차항 간의 자기상관이 1차 함수적으로 상관되었을 경우에만 적절한 방법이며 1차 함수가 아닌 형태로 상관되었을 경우에는 다른 방법을 강구하여야만 한다. 횡적 자료(cross-sectional data)를 많이 사용하는 경우 자기상관이 빈번하지 않으므로 자기상관에 대한 설명은 이 정도에서 마치기로 한다.

3. 질적변수와 회귀분석

회귀분석과 관련한 지금까지의 논의는 독립변수의 측정척도가 등간척도(interval scale) 이상인 경우와 독립변수가 종속변수에 미치는 영향력이 가법성(additivity)을 보이는 경우에 국한된 것이었다. 그러나 실제 연구에서 이 두 가지 상황이 충족되지

6) d 값이 0과 4에 가까우면 자기상관이 존재하는 것으로, 2에 가까우면 자기상관이 존재하지 않는 것으로 판정하는 것이 보통이다.

않는 경우가 빈번하다. 따라서 이 같은 조건이 성립되지 않을 경우 어떻게 할 것인가가 중요한 사항이다.

먼저 독립변수의 측정척도가 등간 또는 비율척도가 아닌 경우, 즉 명목척도나 서열척도에 의해 측정된 경우의 문제이다.[7] 실제연구에서 성별, 혼인상태, 거주지역, 어린 자녀의 유무, 가사조력자의 유무 등과 같이 매우 중요하게 다루어지는 변수들이 명목변수로 측정된 경우 어떻게 회귀분석에서 사용할 것인가가 과제이다. 이 같은 질적변수를 회귀분석에서 독립변수로 사용하는 방법은 가변수(dummy variable)로 전환하여 사용할 수 있다. 예를 들면, 성별의 경우 남성과 여성을 0 또는 1로 설정(coding scheme)하여 사용하게 된다.

가법성이란 독립변수값이 변화함에 따라 변화하는 종속변수값이 회귀식에 포함된 다른 독립변수의 값에 관계없이 일정하다는 것을 의미한다. 그러나 다른 독립변수의 값에 따라 특정 독립변수값이 종속변수에 미치는 영향력이 달라질 경우 가법성의 원칙에 위배된다. 다시 말해, 이 같은 경우는 두 독립변수가 서로 상호작용을 일으켜 종속변수에 영향을 미치는 경우로서, 이 같은 경우 상호작용항을 회귀식에 포함시키는 방법으로 문제를 해결할 수 있다. 가변수와 상호작용항에 대하여 구체적으로 설명하면 다음과 같다.

1) 가변수

명목척도나 서열척도와 같이 독립변수가 질적변수인 경우 이 변수를 회귀식에 포함시키기 위하여 가장 많이 사용하는 방법은 질적변수를 가변수(dummy variable) 형태로 전환하는 것이다. 전환하는 방법은 특정 속성을 가지고 있으면 1, 그렇지 않으면 0으로 코딩하는 체계(coding scheme)를 취한다. 이때 0과 1은 점수로서의 의미를 갖지 않는다.

지금까지 교육수준, 연령, 그리고 소득수준의 자료를 사용한 회귀모형을 가지고 설명하여 보자. 어떤 연구자가 성별(S)이 소득수준(Y)에 미치는 영향력을 조사하고자 할 경우, 앞서 단순회귀 모형에서 살펴본 것처럼 성별이 소득수준에 미치는 영향력을 보여 주는 회귀 모형은 아래의 식과 같이 나타낼 수 있다.

---

7) 독립변수가 서열척도(ordinal scale)로 측정된 경우 원칙적으로는 회귀분석에 사용할 수 없으나, 서열척도가 크기의 순서 또는 우선 순위는 나타내 주므로 많은 연구자들이 실제 연구에서 등간척도처럼 사용하기도 한다.

$$Y = \alpha + \beta_1 S + \varepsilon \quad \text{식(6.21)}$$

앞서 설명한 것처럼, 성별의 경우 남성의 경우 0, 여성의 경우 1로 처리된 가변수이므로 성별에 따른 회귀식을 정리하면 두 개의 회귀식으로 나타난다.[8)]

여성의 경우 $\hat{Y} = \hat{\alpha} + \hat{\beta}_1 \times 1 = \hat{\alpha} + \hat{\beta}_1$ 식(6.22)

남성의 경우 $\hat{Y} = \hat{\alpha} + \hat{\beta}_1 \times 0 = \hat{\alpha}$ 식(6.23)

성별의 경우 여성인가, 남성인가 2가지의 범주를 갖는 변수이다. 그렇다면 3가지 이상의 범주를 갖는 변수의 가변수화에 대해 살펴보자.

만약 어떤 연구자는 산업의 분류에 따른 근로자들의 소득에 관심을 갖고 산업별 근로자 변수를 하나의 독립변수로 사용할 경우이다. 이 연구자는 산업의 분류에 따라 근로자를 1차 산업근로자, 제조업근로자, 3차 산업근로자로 측정하였다고 하자. 이 경우 범주는 3개로 코딩은 다음과 같다. 1차 산업근로자일 경우 1, 그렇지 않을 경우 0으로 하는 변수(Z_1), 제조업근로자일 경우 1, 그렇지 않을 경우 0으로 하는 변수(Z_2), 즉 Z_1과 Z_2 두 개의 새로운 독립변수로 처리할 수 있다. 이 경우의 회귀모형을 수식으로 제시하면 다음과 같다.

$$Y = \alpha + \beta_1 Z_1 + \beta_2 Z_2 + \varepsilon \quad \text{식(6.24)}$$

3개의 범주를 갖는 산업별 근로자 변수는 1차 산업근로자일 경우 1로 처리하는 Z_1변수, 제조업근로자일 경우 1로 처리하는 Z_2변수, 두 개의 독립변수로 나타난다. 이 경우 산업별 근로자 변수에 따라 회귀식을 정리하면 세 개의 회귀식으로 나타낼 수 있다.

1차 산업근로자의 경우 $\hat{Y} = \hat{\alpha} + \hat{\beta}_1 \times 1 + \hat{\beta}_2 \times 0 = \hat{\alpha} + \hat{\beta}_1$ 식(6.25)

8) 코딩방법이 남성의 경우 1, 여성의 경우 0으로 처리하여도 무방하며, 최종결과는 마찬가지다.

$$\text{제조업근로자의 경우}\quad \hat{Y}=\hat{\alpha}+\hat{\beta}_1\times 0+\hat{\beta}_2\times 1=\hat{\alpha}+\hat{\beta}_2 \qquad \text{식(6.26)}$$

$$\text{3차 산업근로자의 경우}\quad \hat{Y}=\hat{\alpha}+\hat{\beta}_1\times 0+\hat{\beta}_2\times 0=\hat{\alpha} \qquad \text{식(6.27)}$$

지금까지 살펴본 것을 응용하면, 범주가 4개, 5개, 또는 k개인 명목변수 또는 서열척도 변수의 경우, 3개, 4개, 그리고 (k-1)개의 가변수를 만들 수 있다.

2) 상호작용항

상호작용이란 특정 독립변수가 종속변수에 미치는 효과가 다른 독립변수와 복합 또는 상호작용하여 일어날 때 상호작용효과라 부른다. 다시 말해, 가법성의 원리가 적용되지 않을 경우에 해당된다. 이 같이 독립변수들 간에 상호작용이 일어날 때 어떻게 회귀식을 사용할 것인가가 중요한 사항이다. 지금까지 설정한 회귀 모델인 가법적 모델(additive model) 대신에 상호작용 모델(interactive model)을 사용하여 이 문제를 해결하는 것이 보통이다.

상호작용 회귀 모델은 상호작용을 일으키는 두 독립변수를 곱한 새로운 상호작용항(interaction term)을 만들어 회귀 모델에 포함시키는 것이 일반적인 방법이며 다음의 형태를 띠게 된다.

$$Y=\alpha+\beta_1X_1+\beta_2X_2+\beta_3(X_1X_2)+\varepsilon \qquad \text{식(6.28)}$$

위의 식과 같은 일반적인 모형은 OLS 방식의 회귀식 추정을 가능하게 한다. 다만, 이와 같은 모델에서 몇 가지 요구되는 주의사항은 다중공선성의 문제와 추성된 회귀계수의 해석의 문제이다. 상호작용 모델에서는 두 변수 간의 곱을 나타내는 상호작용항을 독립변수로 취함으로써 다중공선성의 문제가 우려되므로 다중공선성의 검색과 이에 대한 해결방안을 염두에 두어야 한다. 또한 추정된 회귀계수의 해석에 주의를 기울여야 하는데, 특정 회귀계수의 의미는 다른 독립변수들이 고정된 상태에서만 해석이 가능하므로 상호작용항이 포함된 모델의 경우 해석의 주의가 필요하다.

쉬어가는 연구방법과 통계이야기 • 6-3

담뱃값과 흡연연구의 인과관계

담뱃값과 흡연율 간의 인과관계 논란도 빼놓을 수 없다. 금연정책을 담당하는 보건복지부는 2003년 7월 담배소비억제를 위한 국가 간 협력방안을 담은 세계보건기구(WHO)의 '담배규제 기본협약'에 서명한 후 담뱃값 인상과 담배 광고 규제 작업에 본격 나서기 시작했다.

'담배규제 기본협약'이란 담배가 건강에 미치는 폐해가 전 지구적 문제임을 인정하고 효과적인 담배 통제수단과 국제적 협력 방안을 담은 보건 분야 최초의 국제협약이다.

2002년 5월 제56차 세계보건총회에서 WHO 회원국들의 전폭적 지지로 인준된 이 협약은 서명국이 협약 정신에 반하는 행위를 하지 않겠다는 도덕적 의무를 지는 것을 핵심으로 하고 있으며, 40개국 이상이 자국 법 규정을 개정해 국회 비준을 받으면 국제법으로서의 효력을 갖게 된다는 내용으로 이뤄져 있다.

당시 김화중 보건복지부 장관은 정부 대표 자격으로 미국 뉴욕 유엔본부를 방문해 이 협약에 서명한 후 "한국 성인 흡연율을 60.5%에서 30% 수준으로 낮추기 위해 담뱃값 1000원 인상 법안과 담배 광고를 규제하는 법안을 차례로 국회에 제출하겠다"고 선언했다.

담뱃값을 1000원 올리면 건강증진 부담금이 연간 4조 원 정도 모아지는 만큼 이 돈을 흡연이 주된 요인이 되는 암의 조기 검진 · 치료, 흡연자 암 치료,금연 프로그램 운영, 암 병원 10곳 설치 등을 위한 재원으로 쓰겠다는 계획도 함께 밝혔다. 이후 복지부는 재정경제부 등 관계부처를 설득해 담배에 붙는 '건강증진 부담금'을 올리는 방법으로 담배 가격 인상을 유도하기 시작했다. 복지부의 주도 아래 담뱃값은 2004년 말 500원 인상됐다.

복지부는 당초 예정대로 금명간 담뱃값을 추가로 500원 더 인상하는 방안을 추진하고 있다. 이런 상황에서 담뱃값 인상에 관한 찬반논쟁도 재연되고 있다. 담뱃값 추가 인상을 통해 흡연율을 줄여나가겠다는 복지부와 물가인상 및 담배소비 감소로 인한 세수 감소를 들어 담뱃값 인상에 반대하는 재정경제부 행정자치부 간의 이견도 팽팽히 맞서고 있다. 담배를 둘러싼 논란은 담뱃값을 많이 올렸을 경우 담배 소비가 얼마나 줄어들고 금연 인구가 얼마나 늘어날지에 대한 명확한 통계치가 없다는 데서 비롯된다. 객관적 통계가 부재하다 보니 부처마다 '장님 코끼리 만지기'식으로 자기주장만 내놓는 것이다. 복지부는 2000년 통계청이 집계한 도시가계지출 통계를 근거로 담뱃값이 100% 오르면 흡연인구가 적어도 20% 줄어들 것이라고 주장하고 있다. 그러나 재경부나 행자부 등 다른 부처에서는 담뱃값 인상이 담배 수요에 별다른 영향을 미치지 못할 것이라고 반박하고 있다.

행자부는 "담뱃값 인상이 예고되면 사재기 현상이 나타날 뿐 아니라 담뱃값 인상 효과 역시 기껏해야 5~6개월 이상 지속되지 못한다"고 주장한다. 재경부는 자체적으로 수집한 선진국의 사례를 들어 "담뱃값과 흡연율은 전혀 상관관계가 없는 것으로 나타났다"고 주장하고 담뱃값을 올려 흡연율을 낮추겠다는 복지부의 복안은 현실과 동떨어진 구상이라고 비판하고 있다. 또 담배소비자운동단체에서는 "과거 택시 값이 오를 때마다 택시 이용자가 줄어들 것이라고 예측했지만 결국 그대로이지 않았느냐"면서 가격 인상을 통한 담배 소비 억제 정책은 결코 성공할 수 없을 것이라고 목소리를 높이고 있다. 값이 올라도 피울 사람은 다 피우는데 결국 서민층이 담뱃값 인상으로 인한 고통만 고스란히 떠안게 될 것이라는 주장이다.

출처 : 한국경제, 2006년 5월 8일

4. 비선형적 회귀 모델

지금까지 우리는 독립변수와 종속변수 간의 1차적 선형관계를 전제로 한 회귀 모델을 살펴보았다. 그러나 사회과학 또는 가정학 분야와 관련한 자료를 가지고 연구할 경우 종속변수와 독립변수 간의 관계가 비선형적인 경우가 많다. 비선형적인 관계가 존재함에도 불구하고 OLS 방법에 기초한 회귀분석을 수행할 경우 모델의 설명력이 낮을 뿐만 아니라 적합한 모델 설정이라고 보기 힘들다. 변수들 간에 비선형적 관계를 보이는 경우 보완 가능한 방법은 변수의 변환(transformation)을 통해 선형모형으로 전환시키는 방법이다. 다시 말해, 독립변수와 종속변수의 관계가 비선형적인 경우 변수의 변환 또는 재조정을 통해 선형적 관계를 갖도록 한 후 회귀분석을 수행함으로서 비선형적 문제를 보완할 수 있다.

그러나 이 같은 조정이 모든 비선형적인 관계에 적용되는 것은 아니다. 변수들 간의 관계가 비선형적이며 회귀모수(regression parameter)가 선형적으로 대입되는 경우는 선형 모델로 전환하여 OLS 추정법의 사용이 가능하나 비선형적으로 대입될 경우는 최대우도추정법(maximum likelihood estimation)을 사용하는 방법을 고려하여야 한다. 최대우도추정법을 사용할 경우에도 종속변수의 형태나 비선형적인 상황 또는 형태에 따라 적절한 방법을 강구하여야 한다. 예를 들면, 종속변수가 이분변수(dichotomous variable)인 경우 프로빗 모형(Probit model), 로짓 모형(Logit model) 등을, 일부 종속변수가 0 값을 가져 어느 특정부분에서 비선형적인 관계를 갖는 경우 토빗 모형(Tobit model) 등을 고려하여야 한다. 이에 대한 자세한 논의는 이 책의 제12장 제한적 종속변수분석에서 다루고 있으므로 참조한다.

1) 비선형적 관계 조사

비선형적 관계가 존재하고 있다는 의심이 들 경우 비선형적 관계의 존재 여부를 우선 조사하여야 한다. 비선형적 관계를 확인한 후에는 어떤 형태의 비선형적 관계가 존재하는지를 조사하여 이에 대응하는 적절한 방법을 강구하여야 한다. 변수들 간의 비선형적 관계를 조사하는 가장 일반적인 방법은 의심이 가는 종속변수와 독립변수 간의 관계의 형태를 그림이나 산점도(scatter plot)로 그려 보아 비선형관계의 형태를 시각적으로 살펴보는 것이다. 산점도를 통해 살펴볼 때 비선형적 관계의 대표적인 형태는 U자형을 띄는 경우, 쌍봉곡선을 보이는 경우, 다항 모형(polynomial model) 등으로 나타나는 경우가 많은데 [그림 6-4]에 제시하였다.

2) 변수변환

변수들 간의 관계가 비선형적임을 확인하였다면, 이제는 비선형적인 관계를 어떻게 조정하여 선형적 형태로 전환시킬 수 있는가 하는 것이 과제이다. 변수 간의 관계를 도표화하였을 때 비선형적인 관계를 보이는 형태가 매우 다양하므로 각 형태에 적절한 변수의 전환이 필요하다. 아래의 그림은 독립변수와 종속변수의 비선형적 관계를 보이는 여러 가지 형태를 그림으로 제시한 것이다.

[그림 6-4]는 종속변수와 독립변수 간의 비선형적인 관계를 갖는 대표적인 형태를 제시한 것인데, 특히 위와 같은 형태의 경우 변수의 재조정을 통해 회귀분석을 수행할 수 있는 경우이다. 위의 비선형적 형태와 변수의 재변형에 대해 구체적으로 살펴보자.

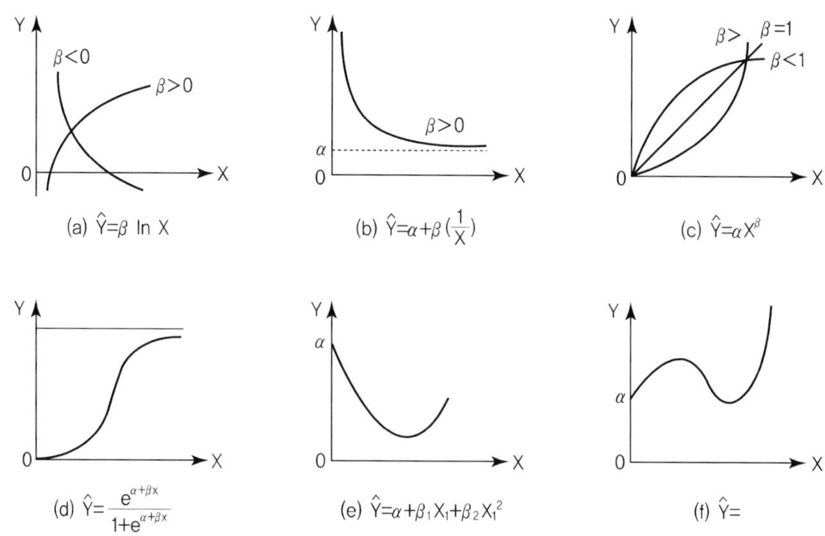

[그림 6-4] 여러 가지 형태의 비선형적 관계와 함수형태

[그림 6-4]에서 (a)의 경우 독립변수에 자연대수인 log(natural log)를 취하여 회귀분석에서 필요한 선형성의 가정을 충족시킬 수 있는 경우이다. 이때 회귀 모형은 아래와 같다.

$$Y = \alpha + \log\beta X \quad \text{식(6.29)}$$

때에 따라서는 독립변수가 아닌 종속변수에 log를 붙여서 회귀 모델을 설정하기도 하는데 이를 특히 로그선형 모델(loglinear model)이라고 부른다. 어떤 변수에 log를 취하여 회귀 모델을 설정하는 경우는 실제연구에서 흔한 경우로서 한 변수의 증가가 어느 시점부터 다른 변수의 계속적 증가를 초래하지 않는 경우 많이 사용하게 된다. log를 취하는 모델을 설정할 것인지의 여부는 그동안의 선행연구, 연구주제 등을 충분히 고려하여 결정하게 되며 log를 취하기 전과 후의 모델의 설명력 등을 비교하여 최종 결정한다.

[그림 6-4]에서 (b)의 경우 역함수 모형(reciprocal model)으로서 이를 회귀 모형화하기 위하여 Z라는 새로운 변수를 만들어 선형화시키는데, 이때의 회귀 모형은 아래와 같이 변형된다.

$$Y = \alpha + \beta Z \quad \text{식(6.30)}$$
$$Z = \frac{1}{X}$$

[그림 6-4]에서 (c)의 경우 지수함수로서 선형화시키기 위하여 각 항에 모두 log를 취하면 선형성을 전세로 하는 회귀분석을 사용할 수 있다. 이때의 회귀 모형은 아래와 같다.

$$\log Y = \log\alpha + \log\beta X \quad \text{식(6.31)}$$

[그림 6-4]에서 (d)의 경우는 로지스틱(logistic) 함수로서 역함수 모형에서처럼 새로운 변수를 만들어 선형화하는 데 다소 복잡하다. 우선, $Y = e^{\alpha+\beta x}$의 함수 각 항에 자연대수 log를 취하면 아래와 같다.

$$\log_e Y = \alpha + \beta X \quad \text{식(6.32)}$$

이때 새로운 변수 $Z = \log_e Y / (1 + \log_e Y)$로 만들면 아래의 수식과 같이 회귀분석의 표준형태를 유지하게 되어 OLS 방식의 회귀분석이 가능하게 된다. 이때의 모델을 특히 로지스틱 모델(logistic model)이라고 부르며 이에 대한 자세한 설명은 이 책 12장에서 하기로 한다.

$$Z = \alpha + \beta X \quad \text{식(6.33)}$$
$$Z = \log_e Y / (1 + \log_e Y)$$

[그림 6-4]에서 (e)와 (f)의 경우 이차선형회귀 모델, 삼차선형회귀 모델의 경우로서 새로운 변수를 만들어 모델을 아래와 같이 선형화한다.

$$Y = \alpha + \beta_1 X + \beta_2 Z \quad \text{식(6.34)}$$
$$Y = \alpha + \beta_1 X + \beta_2 Z + \beta_3 T$$

$$Z = X^2, \ T = X^3 \quad \text{식(6.35)}$$

다항회귀분석에 대한 이해를 돕기 위하여 김두섭(1983)의 논문을 살펴보자. 김두섭은 그의 논문에서 소득수준과 출산자녀 수에 대해 3차선형회귀 분석을 시도하였는데 소득수준이 출산자녀 수에 미치는 영향력을 분석하였다. 분석결과 저소득계층은 소득수준이 증가하면 출산율이 증가하였고, 중간소득계층은 반대로 출산율이 감소함을 알 수 있었는데, 고소득계층의 경우 다시 저소득계층과 같이 소득이 증가할수록 출산율이 감소함을 알 수 있었다. [그림 6-5]는 이 연구의 결과를 나타낸다.

여기서 우리가 생각해야 할 것은 과연 2차, 3차 등의 다항회귀분석을 시도하여야 하느냐는 것이다. 무턱대고 다항회귀분석을 시도하기보다는 분석대상에 대한 충분한 이해와 지식, 선행연구, 그리고 이론적 배경 등에 대한 충분한 이해력을 통해 다항회귀분석 시도 여부를 결정하여야 한다(김두섭, 1994). 특히 다항회귀 모델에서의 독립변수가 사실상 하나의 변수이므로 다중공선선의 문제가 야기될 수 있으므

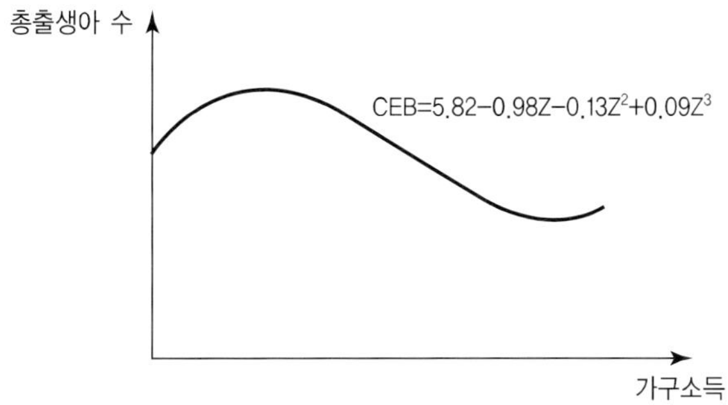

[그림 6-5] 소득과 출산자녀 수 간의 삼차항회귀분석
출처: 김두섭, 1983

로 주의가 요구된다.

지금까지 비선형함수를 선형함수로 변환시키는 것에 대해 살펴보았는데, 여기서 주의할 것은 선형화로 변환된 모델을 가지고 회귀분석을 수행하여 산출되는 계수(β_1, β_2)들의 의미를 변수전환 이전으로 다시 환원하여 해석하여야 한다는 것이다.

비선형관계를 갖는 경우 선형함수로의 변환에 대한 지금까지 논의에 대한 이해를 돕기 위하여 가상적인 자료를 사용하여 독립변수를 로그전환시키는 간단한 경우([그림 6-4] 중 (a)의 경우)를 살펴보자. 어느 연구자가 화분식물의 성장(키)과 물의 관계를 살펴보고자 10개의 화분에 같은 식물을 1달간 재배하였다. 각 화분의 식물에 1달간 준 물의 양(단위: 리터)과 식물의 성장(센티미터)에 대하여 관찰한 결과는 〈표 6-2〉와 같다.

〈표 6-2〉 물과 식물의 성장 관찰자료

화분 번호	물의 양(X)	식물의 키(Y)
1	2	60
2	2	58
3	4	63
4	4	62
5	8	67
6	8	65
7	16	70
8	16	70
9	32	74
10	32	73

위의 결과를 살펴볼 때 물을 주면 식물이 성장함을 알 수 있다. 그러나 어느 정도 물의 양을 넘어서는 물을 더 많이 주었다 하여 그만큼 더 많은 성장을 하지 않음을 직관적으로 알 수 있다. 심지어 지나치게 물을 많이 줄 경우 오히려 뿌리가 썩어 식물의 성장에 좋지 않음을 추측할 수 있다. 이와 같은 경우 물과 화분식물의 성장과의 관계는 어느 시점에 가서는 선형적 관계가 아님을 알 수 있어 선형적 모델이 적합하지 않을 수도 있다는 의심을 하게 된다.

```
data exam ;
input water growth ;
lowater=log(water) ;
cards ;
2 60
2 58
4 63
4 62
8 67
8 65
16 70
16 70
32 74
32 73
run ;
proc plot ;
    plot growth*water / vaxis=58 to 74 by 1 ;
proc plot ;
    plot growth*lowater / vaxis=58 to 74 by 1 ;
proc reg ;
    model growth=water;
proc reg ;
    model growth=lowater;
run ;
```

| SAS 예시 6-6 | 산점도 및 회귀분석 프로그램

연구자는 직관적인 판단을 기초로 물과 화분식물과의 비선형적 관계를 실증적으로 조사하고자 하였다. 위의 표에서 제시한 자료를 가지고 물과 식물의 성장 간에 비선형적인 관계가 존재 여부를 조사하기 위하여 SAS 프로그램을 사용하여 두 변수 간의 산점도를 그려 보고 회귀분석을 수행하였는데 아래의 | SAS 예시 6-6 | 은 이를 위한 SAS 프로그램이다.

아래의 산점도는 위의 프로그램 중 처음의 proc plot에 대한 결과인데 살펴보면 물의 양이 증가하면서 식물의 성장이 계속되고 있음을 알 수 있다. 그러나 어느 시점에서는 계속적인 증가를 하지 않고 있음을 알 수 있다.

물과 화분식물의 성장자료를 사용하여 두 변수 간의 관계를 조사한 위의 결과를 볼 때 비선형적 관계가 있음을 알 수 있다. 따라서 선형성을 갖도록 변환시키고자 물의 양 변수에 log를 취한 후 산점도를 그려 본 결과(두 번째 proc plot 결과) 아래와 같이 나타났다.

[그림 6-6]과 [그림 6-7]의 산점도 그림을 비교하여 보면 연령변수에 log를 취함으로서 연령과 소득수준 간의 비선형적 관계가 선형적 관계로 조정되었음을 알 수 있다. 따라서 위의 [그림 6-4]의 (a)번에 해당하는 경우로서 독립변수인 물의 양 변수(X)에 log를 취하여 회귀 모형을 선형화시켜 회귀분석을 수행하자. 아래의 결과는 연령에 log를 취하기 전과 후의 회귀분석 결과이다.

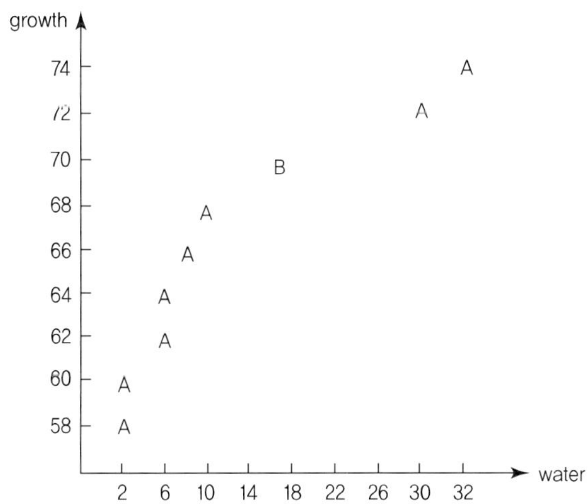

Plot of GROWTH*WATER. Legend : A=1 obs, B=2 obs, etc.

[그림 6-6] 물과 식물의 성장량의 산점도 : SAS 분석 결과

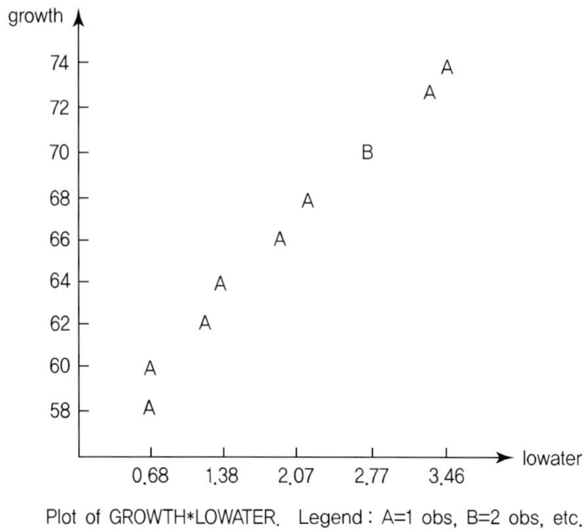

[그림 6-7] 물의 변수에 log를 취한 경우와 식물의 성장량의 산점도

〈표 6-3〉 물과 식물 성장의 회귀분석 결과

독립변수	물	log(물)
회귀계수	0.44***	5.26
F값	49.00	413.90
R^2값	0.85	0.98
adjusted R^2	0.84	0.97

*** P〈.0001

위의 결과를 비교할 때 연령변수에 log를 취한 후 모델의 설명력을 나타내는 R^2 값이 0.98로서 log를 취하지 않은 경우의 0.85보다 높아졌음을 알 수 있다. 따라서 변수에 log를 취함으로써 보다 나은 모델을 설정할 수 있음을 알 수 있다.

연구문제

01 앞서의 5장 단순회귀분석에서의 예제처럼, 다섯 가구로 된 무작위표본을 가지고 연평균 저축액수, 연평균 가계소득, 그리고 자녀 수를 추가하여 다음과 같은 자료를 얻었다고 하자(단위 : 연평균, 천 달러).

가 구	저축(Y)	소득(X)	자녀 수(C)
1	2.1	15	2
2	3.0	28	4
3	1.6	20	4
4	2.1	22	3
5	1.2	10	2

① 소득에 대한 저축의 단순회귀식을 컴퓨터를 이용하여 추정하라(힌트 : 독립변수 : 소득, 종속변수 : 저축).

② 소득과 자녀 수에 대한 저축의 중회귀분석을 컴퓨터를 사용하여 수행하라.

③ ①번의 결과와 ②번의 결과를 가지고 두 모델의 설명력을 비교하라.

02 246개의 표본을 가지고 교육수준(X), 재직기간(Z)과 소득수준(Y)와의 관계를 알아보고자 한다. 아래의 문자는 모두 평균과의 차이를 의미하는 편차식이다(예 : $\sum x^2 = (X-\overline{X})^2$). 모델은 다음과 같다.

모델1. $Y = f(Z, X)$

$Y = -1.1 + 0.226Z + 0.463X$

(0.027) (0.068) 여기서 괄호 안의 수는 표준오차임

SSE(설명하지 못하는 부분의 제곱)=2114.1

모델2. $Y = f(X)$

SSE(설명하지 못하는 부분의 제곱)=2731.4

SSR(설명하는 부분의 제곱)=244.6

모델3. $Z = f(X)$

SSE(설명하지 못하는 부분의 제곱)=12119.4

SSR(설명하는 부분의 제곱)=425.2

① 위의 모델1에서 부분회귀계수인 교육(X)과, 모델2에서의(단순회귀분석) 교육의 회귀계수와의 관계를 보이라.

② 모델1에서의 SSR는 모델2에서의 SSR와 모델3에서의 SSR의 합과 같은가?

③ 모델1에서의 SSE는 모델2에서의 SSE와 모델3에서의 SSE의 합과 같은가?

④ 모델1의 임금률 변동에 대한 설명력은 얼마인가?

⑤ 모델1을 가지고 아래의 귀무가설을 검증하라. 이때 유의수준은 0.05로 하라.

i) 부분회귀계수 X가 zero이다.

ii) 부분회귀계수 Z가 zero이다.

iii) 부분회귀계수 X와 Z가 모두 zero이다.

해답

01

① 컴퓨터로 SPSS나 SAS를 이용하여 분석한 결과는
Y(저축)=0.413298+0.083511X(소득)의 회귀식으로 나타남

② 컴퓨터로 SPSS나 SAS를 이용하여 분석한 결과는
Y(저축)=0.766816+0.147534X(소득)−0.523318C(자녀 수)의 회귀식으로 나타남

③ ①번은 소득만을 독립변수로 하는 단순회귀분석으로 모델의 설명력을 나타내는 R^2값이 0.7204, ②번은 소득과 자녀 수를 독립변수로 하는 중회귀분석으로 R^2값이 0.8989이다. 따라서 자녀 수가 추가된 중회귀분석 모델의 설명력이 단순회귀분석의 경우보다 높음을 알 수 있다.

02

① 단순회귀계수와 중회귀계수의 관계는 $b_{yx} = b^*_{yx} + b^*_{yz} b_{zx}$ 이다.
여기서 b_{zx}는 $Z = f(X)$를 의미함
단순회귀 $Y = f(X)$에서 $SSR = b^2 \sum x^{2244.6} = b(685.9)b = 0.3566$
단순회귀 $Z = f(X)$에서 $SSR = b_{zx} \sum zx 425.2 = b(-904.3)b = -0.470$
$b_{yx} = 0.463 + 0.226(-0.470) = 0.357$ 이므로 $Y = f(X)$에서의 b_{yx} 값인 0.3566과 일치함을 알 수 있다.

② 모델1에서 SST=SSR+SSE2976.1−2114.1=862(SSR값은 862임)
모델2에서 SSR값은 244.6으로 주어짐

$RSS_{yz} = b_{yz}\Sigma yz = \Sigma yz/\Sigma z^2 \times \Sigma yz$

(2414.7/12544.6)×2414.7=464.8

여기서 244.6+464.8은 862보다 작으므로 정답은 '같지 않다' 이다.

③ 모델1에서 SSE값은 2114.1로 주어짐

모델2에서 SSE값은 2731.4로 주어짐

모델3에서 SST=SSR+SSE

ΣZ^2=464.8+SSE(②번에서 나온 정답)

SSE=12544.6-64.8=12079.8

따라서 2114.1은 2731.4와 12079.8의 합보다 작으므로 정답은 '같지 않다' 이다.

④ $R^2 = \frac{RSS}{TSS} = \frac{862}{2976.1} = 0.2896$

정답은 28.96%

⑤ i) $H_o : b_{yx} = 0 \quad H_a : b_{yx} \neq 0$

$t_{0.975,\ 243} = 1.96$(〈부록표 3〉에서 t 분포표 참조)

$t^* = \frac{b_{yx}}{\sigma_{b_{yx}}} = \frac{0.463}{0.068} = 6.81$(회귀계수의 표준오차는 문제에서 0.068로 주어짐)

$t^* > t$ 따라서 귀무가설을 기각한다.

ii) $H_o : b_{yx} = 0 \quad H_a : b_{yx} \neq 0$

$t_{0.975,\ 243} = 1.96$

$t^* = \frac{b_{yz}}{\sigma_{b_{yz}}} = \frac{0.226}{0.027} = 8.37 \frac{b_{yx}}{\sigma_{b_{yx}}} = \frac{0.463}{0.068} = 6.81$

$t^* > t$ 따라서 귀무가설을 기각한다.

iii) $H_o : b_{yx} = b_{yz} = 0 \quad H_a : b_{yx} \neq b_{yz} \neq 0$

$F_{0.05,\ 2,\ 243} = 3$

$F^* = \frac{RSS/df}{ESS/df} = \frac{862/2}{2114/243} = \frac{431}{8.7} = 49.5$

$F^* > F$ 이므로 귀무가설을 기각한다.

CHAPTER 7

요인분석

1. 요인분석 이론

1) 요인분석이란?

요인분석(factor analysis)이란 조사방법을 통해 사회현상을 여러 개의 변수로 측정하였을 때 이를 몇 가지의 기본적인 요인(Factor)으로 묶음으로써 자료를 요약하는 방법이다. 즉, 여러 변수들 간의 관계유형을 밝히고 서로 밀접히 연관되어 있는 변수들의 묶음을 발견해 내는 작업을 통해 많은 수의 변수들을 보다 적은 수의 변수, 즉 요인들로 바꾸는 통계적 기법이다. 측정된 여러 변수들 간의 상호관계를 나타내는 공분산(covariance)을 좀 더 기본적인 몇 개의 가상변수(hypothetical variable)로 재배열함으로써 간결성을 높이고자 하는 방법이다. 그러므로 여러 개의 변수로 측정하는 다문항척도가 필요하며 요인은 각 개별변수들 간의 상관관계를 나타내도록 한 것이어야 한다.

정도의 차이는 있겠으나 변수들은 공통적인 요인을 가지고 있다. 이 공통요인을 찾아내어 각 변수가 요인에 어느 정도 영향을 받고 있는지 그 정도를 산출하기도 하며, 그 집단의 특성을 나타낼 수도 있다. 예를 들어, 어떤 가설을 검정하기 위한 설문조사에 100개 정도의 문항이 포함되어 있는 경우 요인분석을 실시하지 않는다면 분석자는 100개 변수에 대한 분석을 실시해야 한다. 그러나 요인분석 과정을 거친다면 분석자는 100개의 변수가 아닌 비슷한 특성을 가지는 100개의 변수보다 적은 수의 공통요인으로 전체 변수를 분류할 수 있다.

다시 말하면, 알려져 있지 않은 공통의 요인들을 찾아 그 요인들의 선형결합으로 측정된 큰 표본자료의 복잡한 관계를 설명하고자 하는 통계적 분석기법을 요인분석이라고 한다. 요인분석은 복잡하고 큰 다변량 자료를 정보의 손실을 최소화하면서 소수의 공통요인(common factor)으로 전체 자료를 해석한다. 즉, 변수들의 복잡한 상관관계와 직접적으로 해석하기 어려운 여러 변수들의 구조적 연관관계를 요인분석을 통해 변수들의 저변에 깔려 있는 구조를 이해하기 위하여 상대적으로 독립적이며 개념상으로 의미를 부여할 수 있는 공통의 인자로 구조를 단순화시키는 것이다. 예를 들면, 대학에서 기계공학, 환경공학, 경영학, 언어학의 과들을 공대(기계공학, 환경공학)와 인문대(경영학, 언어학)로 공통요인을 묶을 수 있다.

2) 요인분석의 사용목적 및 분류

요인분석의 사용목적은 크게 세 가지로 나뉜다.

(1) 사용목적

① 자료요약

자료를 요약하여 몇 개의 요인으로 압축하는 것으로 측정된 여러 개의 변수들 중 어떤 것들이 동일한 의미를 지니는지 탐색하고자 할 때 사용한다. 요인분석을 통하여 변수들 간의 구조를 파악할 수 있고 측정된 여러 변수들 중에서 불필요하거나 부적합한 변수를 제거할 수 있다. 또한 이 과정에서 중요도가 낮은 변수를 제거할 수 있어 향후 분석이 좀 더 간결해진다.

② 타당성 여부

설문지와 같은 측정도구의 타당성을 평가하는 사용한다. 즉, 변수들 간의 관계에 대한 이론적 지식을 바탕으로 가설검증을 통하여 측정도구의 타당성을 확인할 때 요인분석을 사용한다. 하나의 개념을 여러 가지 변수를 사용하여서 측정하였을 때 이 변수들이 하나의 변수로 묶이지 않는 경우, 해당 변수는 타당성이 결여되는 것으로 간주할 수 있다. 그러므로 요인분석은 측정도구가 측정하고자 하는 개념을 잘 반영하고 있는지 타당성 검증에 유용하다.

③ 추후분석에 이용

요인분석 결과를 회귀분석이나 상관분석과 같은 추가적인 분석에서 요인분석 결과를 이용할 수 있다. 요인분석에서 얻어진 결과를 지수화하여 추후분석에 이용할 때도 요인점수를 활용할 수 있다. 요인점수를 이용하면 요인분석을 통해서 다른 분석기법의 전제에 맞게 자료를 전환시켜 사용도 가능하다. 추가적인 분석을 위해서 여러 개의 변수들을 소수의 새로운 요인으로 축소시키며 각각의 요인들이 독립적(orthogonal)이 되게 하기 위해 요인분석을 한다.

④ 변수 내부 구조 분석

변수 내 상호의존성과 유형을 설명해 주고 수많은 정보를 간결화하여 축소시켜 주며, 이를 통해 분석하고자 하는 현상의 기본구조를 유형화해 준다.

(2) 분류체계

① 공분산행렬(covariance matrix)에 의한 분류

변수와 요인 간의 상관관계를 통하여 분류할 수 있다. 첫째, 공통요인은 하나이며 여러 변수인 경우(one-common factor with many variables), 둘째, 공통요인이 두 개이며 요인들 간 독립성이 유지되는 경우(two-common factors/orthogonal case), 셋째, 공통요인이 두 개이나 요인 간에 상관관계를 가지는 경우(two-common factors/oblique case)로 나누어진다. 다음의 방정식을 통해서 이 세 가지 분류체계를 쉽게 이해할 수 있다.

첫째, 변수 X_1에서 X_5가 공통요인(common factor) F_1과 고유요인(unique factor) U_1에 의하여 선형조합(linear combination)을 이루고 있다고 하자. 이것은 다음과 같이 표기할 수 있다.

$$X_1 = b_1F_1 + d_1U_1,$$

$$\cdots$$

$$X_5 = b_5F_5 + d_5U_5$$

이때 공통요인과 고유요인의 공분산은 0이며, $cov(F_1, U_1) = 0$, 각 변수의 고유요인 간의 공분산 또한 0이다([그림 7-1]).

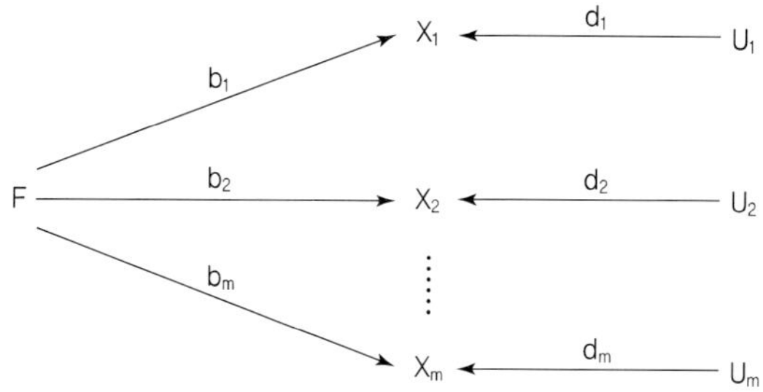

[그림 7-1] 공통요인과 고유요인의 독립적 관계 모형

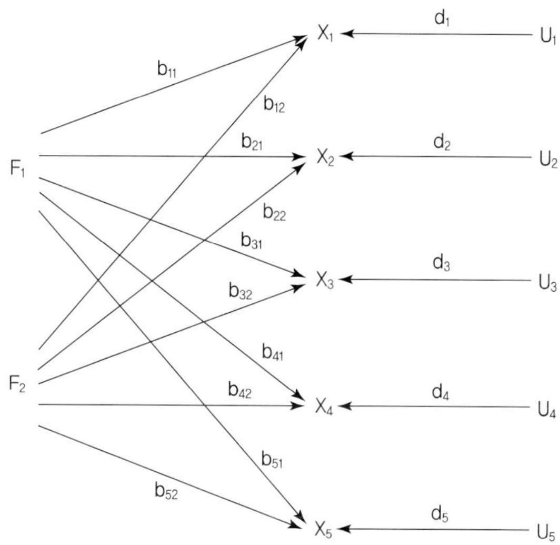

[그림 7-2] 요인 간의 독립성 모형

둘째, 변수 X_1에서 X_5가 공통요인(common factor) F_1과 F_2 그리고 고유요인(unique factor) U_1에 의하여 선형조합(linear combination)을 이루고 있다고 하자. 이때 두 공통요인은 서로 독립적인 관계에 있으므로 두 요인 간의 공분산은 모두 0이며 이것은 $cov(F_1, F_2) = 0$ $cov(F_1, U_2) = 0$으로 표기된다([그림 7-2]).

셋째, 변수 X_1에서 X_5가 공통요인(common factor) F_1과 F_2 그리고 고유요인(unique factor) U_1에 의하여 선형조합(linear combination)을 이루고 있다고 하자. 이때 두 공통요인은 서로 상관관계에 있으므로 두 요인 간의 공분산은 0보다 크고 이것은 $cov(F_1, F_2) / = 0$로 표기된다([그림 7-3]).

② 요인의 추출방법(method of extracting initial factors)에 따른 분류

측정된 변수들의 상관관계를 잘 설명해 주는 요인을 추출하는 데 있어서 사용되는 분류체계로서 주성분분석법(principle component analysis), 공통요인분석법(common factor analysis), 주요인분석법(principle factor analysis), 최대우도법(maximum likelihood estimation), 미지분석법(image analysis) 등이 있다. 이러한 요인분석방법들은 다시 탐색적인 목적인가 또는 확인적인 목적인가에 따라서 구분되는데, 탐색적인 목적의 요인분석은 측정된 변수들이 몇 개의 공통요인들로 묶여있는가를 알아내고자 하는 것이므로 오차분산에 대한 가정을 달리 하는 주성분분석법 그리고 주요인분석법으로 나누어진다. 이때 주성분분석법은 분산 중에 고유분산, 공통분산, 그리고 오차분산을 모두 분석에 이용하지만 주요인분석법은 공통분산만을 이용한다는 점에서 다르다. 따라서 공통분산의 비중이 크고 오차분산이나 고유분산이 적을 때는 주요인분석법을 사용한다. 이외에 요인들의 신뢰도를 극대화시키는 알파요인 분해법과 회귀계수를 공통 부분으로 잔차를 개별 부분으로 정의하는 이미지분석법이 있다. 각 분석에 대한 자세한 설명은 요인분석 절차에서 다루기로 하자.

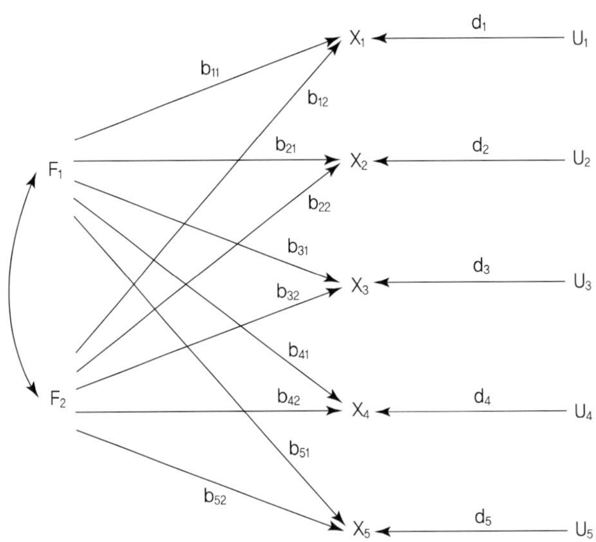

[그림 7-3] 요인 간의 상관관계 모형

③ 회전방법(methods of rotation)에 따른 분류

요인추출과정에 의해서 요인이 결정되면 변수 간의 공통분산비가 정해지는데 보다 단순하고 쉽게 설명할 수 있는 요인을 찾기 위하여 축을 회전하게 된다. 이것은 요인들을 재배치하는 과정으로서 하나의 변수가 하나의 요인과만 높은 상관관계를 가지도록 유도하는 것이다. 요인행렬을 회전시키는 방법으로는 두 가지가 있는데 하나는 직교 모형(orthogonal rotation)으로 요인들 간의 독립성을 가정하는 것이고 다른 하나는 사각 모형(oblique rotation)으로 요인 간의 상관관계가 존재하는 것을 가정한다.

3) 요인분석의 기본가정

요인분석은 많은 수의 변수 간의 관계 유형을 밝혀 변수 간의 공분산을 좀 더 기본적인 적은 변수로 재배열하는 것이다. 그러므로 요인분석을 위해서는 주어진 사건을 여러 개의 측정도구로 나누어서 하는 다문항척도를 이용해야 하며 요인은 각 개별변수들 간의 상관관계로 인하여 생성된다는 것을 알아야 한다. 요인분석은 인과성(factorial causation), 간결성(parsimony)이 적절히 되어야 하는 기본전제를 지니고 있다. 인과성이란 측정된 개별변수들은 측정되지 않은 가상변수(요인)와 인과적 선형함수의 관계에 있다는 가정이고 간결성은 보다 적은 수의 요인으로 많은 설명력을 확보하기 위한 것으로 일차적으로 최소한 몇 개의 공통요인을 추출할 것인가와 관련된 문제이다. 요인분석의 기본전제로는 등간척도, 비율척도 이상이어야 하며, 모든 변수들은 서로 선형적인 관계에 있어야 하며 변수는 정규분포를 이루어야 한다. 시열변수나 이분변수(dichotomous variable)는 요인분석에는 적합하지 않다.

4) 요인분석의 조건

요인분석의 대상이 되는 모든 변수는 등간척도 이상의 연속변수여야 한다. 또한 각 변수는 정규분포를 이루어야 하며, 각 변수의 관찰치는 상호독립적이고, 각 변수의 분산은 같아야 한다.

표본의 수는 일반적으로 최소한 50 이상이며 일반적으로 100개 이상의 표본이 있어야 정상적으로 요인분석을 실시할 수 있다. 분석하려는 변수 수의 약 4~5배 정도의 표본을 관찰하는 것이 일반적이다.

쉬어가는 연구방법과 통계이야기 • 7-1

기가 막히는 어림수-근거없는 숫자는 무의미

어림수를 사용하는 이유는 어떤 것에 관한 숫자를 여러 가지 한계 때문에 정확하게 계산할 수 없기 때문이다. 그렇다고 해서 땅에서 솟아난 듯 근거가 전혀 없이 어림수를 만들어도 된다는 의미는 아니다.

우리나라의 1994년도 경찰청 통계연보에 나타난 터무니없는 어림수의 예를 들어 보자(조선일보, 1994년 10월 20일). 통계 연보에 따르면 각종 범죄로 인해 발생하는 재산피해가 1백 13조 6,000억여 원에 달한다.

당시 우리나라 한 해 예산보다 큰 액수다. 사람들이 그 엄청난 피해의 크기에 놀라자 경찰청에서는 피해규모를 4조 5,000억 원으로 수정했다. 컴퓨터 입력과정에서 착오가 빚어졌다는 변명이었다. 주먹구구식으로 통계를 만들면 통계에 대한 사람들의 불신을 해소하기가 더욱 어려워진다.

다음은 한 스포츠 일간지의 성(性) 칼럼에서 인용한 글이다(일간스포츠, 1995년 7월 13일). 성관계를 가능하게 하는 남성의 발기시간이 20세에는 43분, 25세까지는 54분, 30세까지는 47분, 40세까지는 41분, 45세까지는 31분, 50세까지는 29분, 55세까지는 27분, 60세까지는 22분, 65세까지는 19분, 70세까지는 7분이라는 말도 있다. 연령별 지속시간이 분(分)까지 자세히 나와 있지만 역시 이런 수치가 어떻게 해서 계산이 되었는지는 밝히지 않고 있다. 초(秒)까지 정확하게 제시하지 않은 양심(?)에 감사해야 할 정도다.

가장 터무니없는 숫자를 조작해 낸 사람으론 아무래도 독일인 바이루스(Weirus)를 빼놓을 수 없다(Campbell, Stephen K., Flaws and Falllacies in Statistical Thinking, New Jersey; Prentice-Hall Inc., 1974, p. 4). 바이루스는 16세기 후반에 살았던 의사였다. 13, 14세기의 중세 유럽에서 마술은 하나의 뛰어난 능력으로 대우를 받았다고 한다. 그것이 15세기로 내려오며 마술은 이단(異端)과 배교(背敎)란 이름 아래 재판받기에 이르렀으며 '마녀사냥'이 시작되었다.

바이루스가 살았던 16세기에는 마녀사냥이 한창인 때였다. 어떤 지방에서는 두 개 마을의 여성이 몽땅 처형되기도 했고, 하루에 133명을 처형한 마을도 있었으며, 1년에 5,000명 이상을 화형에 처한 도시도 있었다고 한다. 이런 상황에서 바이루스는 지구상에 살고 있는 악마(demons)의 숫자가 정확히 740만 5,926명이라고 계산했다. 더욱이 그는 한술 더 떠서 이 악마들은 72개의 대대(大隊)로 나누어져 있고, 각각의 대대는 왕자가 지휘한다고 주장했다.

우리나라의 도깨비, 몽달귀신, 달걀귀신, 빗자루 귀신, 그리고 기타 수많은 산신령들도 하나도 빼먹지 않고 어림했는지는 알 수 없지만 하여튼 그 정확함에는 귀신도 기가 막혔을 성싶다.

출처 : 한국경제, 2006년 6월 19일

2. 요인분석방법

1) 요인분석 기본개념

(1) 요 인

측정된 변수들의 수보다는 적으면서 변수들 간의 공분산을 설명해 줄 수 있는 가상적이고 측정되지 않은 변수를 요인(factor)이라고 한다.

(2) 공분산

변수 X의 증감에 따른 다른 변수 Y의 증감에 대한 척도이며 기호로는 cov(X, Y)로 나타낸다. 변수들 간의 관련성을 나타내며 한 변수의 분산 중에서 다른 변수와 같이 변화하는 분산을 의미하며 공통으로 변화하는 부분이 적을수록 상관관계는 낮아진다. 그러나 공분산(covariance)의 크기는 X와 Y의 값이 커지면 같이 커지는 경향이 있으므로 단순히 공분산의 값으로만 두 변수 사이의 관계성을 알기가 어렵다. 표준화된 두 변수의 공분산을 상관계수라고 하며 이것은 cov(X, Y)=E(XY)=rxy로 표기한다.

변수 X와 Y 간의 공분산은 다음과 같이 정의한다.

$$cov(X, Y) = \sum(x - \bar{x})(y - \bar{y})/n$$

(3) 요인적재량

요인과 측정된 개별변수들 간의 상관계수를 그 측정변수의 요인적재량(factor loadings)이라 한다. 회귀분석에서 표준화된 회귀계수와 동일한 것이며 요인적재량은 -1에서 +1 사이의 값을 가지며 부호는 관계의 방향을 나타낸다.

(4) 공통분산비

h^2로 표시되는 공통분산비(communality)는 개별변수의 분산 중 공통의 요인들에 의해 설명되는 비율로 중다귀분석에서의 결정계수와 같은 것이다.

(5) 아이겐값

이것은 각 요인이 설명하는 분산의 크기를 나타내는 수치로 각 변수들이 해당요인에 적재된 값을 제곱하여 모두 합한 값을 말한다. 따라서 아이겐값(eigen value)이 크면 클수록 그 요인이 전체 요인구조에서 차지하는 비율이 큰 것으로 해석된다. 요인분석에서는 각 변수의 전체 분산을 1.0으로 보기 때문에 만일 아이겐값이 1.0보다 작으면 그 요인의 설명력은 변수 하나보다도 작음을 뜻하기 때문에 요인의 수를 정할 때 아이겐값을 기준으로 사용하기도 한다.

(6) 크롬바 알파(α)

요인들의 신뢰도를 나타내는 것으로써 α값은 −1에서 1 사이에 존재하며 1에 가까울수록 신뢰도가 높은 것이다. 컴퓨터 프로그램에서는 요인분석 후에 한 요인으로 묶인 변수들을 가지고 상관관계분석을 통해서 산출된다.

2) 요인분석 모형

p변량 확률 벡터 X의 평균 벡터는 μ이고 공분산행렬은 Σ라고 하자. 그리고 X는 몇 개의 관찰되지 않은 공통요인 $F_1, \cdots, F_m (m < p)$에 선형적인 관계를 갖고 있다. 이때 요인분석 모형식은 다음과 같이 정의된다.

$$
\begin{aligned}
X_1 - \mu_1 &= l_{11}F_1 + l_{12}F_2 + \cdots + l_{1m}F_m + \varepsilon_1 \\
&\vdots \\
X_P - \mu_P &= l_{p1}F_1 + l_{p2}F_2 + \cdots + l_{pm}F_m + \varepsilon_p
\end{aligned}
$$

이를 행렬로 표시하면

$$X - \mu = L_{(p\times m)}F_{(m\times 1)} + \varepsilon_{(p\times 1)} \quad \text{식(7.1)}$$

이다. 여기에서 $\varepsilon = (\varepsilon_1 \cdots \varepsilon_p)$는 오차벡터 또는 공통요인들에 의하여 설명되지 않는 변동을 나타내는 특수한 요인(specipic factor)이라 하며, 계수 l_{ij}는 i번째 요인변수에 관한 j번째 인자 F_j의 중요성을 나타내는 요인적재(factor loading)라고 하며 행

렬 L은 요인적재행렬이라고 불린다. 또한 요인모형의 가정으로는

$$E(\varepsilon) = 0$$

$$\mathrm{Var}(\varepsilon) = \begin{bmatrix} \Psi_1 & \cdots & 0 \\ 0 & \Psi_2 & \cdots \\ \vdots & \vdots & \vdots \\ 0 & 0 & \Psi_p \end{bmatrix}$$

$$\mathrm{Cov}(\epsilon, F) = 0$$

식(7.2)

여기서 Ψ는 대각행렬이며 ε_i와 F_i들은 독립적이다. 그리고 위 가정에 다음의 두 가정을 첨가하면,

$$E(\varepsilon) = 0$$

$$\mathrm{Var}(F) = Im = \begin{bmatrix} 1 & 0 & \cdots & 0 \\ 0 & 1 & \cdots & 0 \\ \vdots & \vdots & & \vdots \\ 0 & 0 & \cdots & 1 \end{bmatrix}$$

식(7.3)

이 모형을 직교요인 모형(orthogonal factor model)이라고 하며 그 외의 요인모형은 사각요인 모형(oblique factor model)이라고 불린다. 이때 직교요인 모형은 유일하게 존재한다.

직교요인 모형의 공분산구조를 간단히 살펴보면 다음과 같다.

$$\Sigma = \mathrm{Var}(X) = \mathrm{Var}(LF + \epsilon) = LL' + \Psi$$

식(7.4)

따라서

$$\mathrm{Var}(X_i) = \sum_{i=1}^{m} l_{ij}{}^2 + \Psi i \quad (i = 1, \cdots, p)$$

$$\mathrm{Cov}(X_i, X_j) = \sum_{k=1}^{m} L_{ik} L_{kj} \quad (i \neq j)$$

그리고

$\mathrm{Cov}(\varepsilon, F) = 0$이기 때문에

$$\mathrm{Cov}(X, F) = \mathrm{Cov}(LF, F) = L \qquad \text{식(7.5)}$$

이 성립되고 이것은 $\mathrm{Cov}(X_i, F_j) = (i, j = 1, \cdots, p)$을 나타낸다.

i번째 변수 X_i의 분산이 m개인 공통요인 $F_1, \cdots, F_m$에 의하여 설명되는 비율을 i번째 공통성(communality) 또는 공통분산(common variance)이라고 하며, X_i의 분산 중 ε_i항과 연관되어 나타나는 부분을 유일성 또는 특수한 분산이라고 불린다. 즉,

$$\begin{aligned} \mathrm{Var}(X_i) &= \text{공통분산} + \text{특수분산} \\ &= \sum_{j=1}^{m} l^2 ij + \Psi_i \\ &= h_i{}^2 + \Psi_i \end{aligned} \qquad \text{식(7.6)}$$

3) 요인분석 절차

(1) 상관계수 도출

변수들 간의 상관관계행렬(correlation matrix)을 보고 변수들 간의 상호관계를 파악한다. 변수들 간의 척도가 다른 경우는 공분산행렬(covariance matrix)을 이용하며 상관관계행렬의 산출은 자료가 요인분석에의 적합성 여부 판단을 위해 중요하다. 대부분의 통계프로그램들이 상관계수행렬표를 직접자료로 입력하는 것이 가능하여 공분산행렬표보다 선호되며 측정된 변수들 간의 상관관계가 낮을 때는 변수들이 어떤 공통요인으로 묶여 있다고 말하기가 어렵기 때문에 요인분석을 사용할 것인지의 여부를 재검토해 볼 필요가 있다. 요인분석의 적합성 여부는 KMO(Keiser-Meyer-Olkin)법과 AIC(Anti-Image Correlation)법이 있다. KMO법은 요인분석에 사용된 변수들 전체의 적합성 여부를 판단하기 위한 것으로서 KMO지수가 1에 가까울수록 요인분석을 하는 것이 적합하다는 것을 의미하며, 0.5 이하는 요인분석을 하기에 부적합한 것으로 여겨진다. AIC는 요인분석을 위한 각 개별변수의 적합성 여부를 Anti-image 상관계수표를 통하여 제시해 준다. 이 상관계수표에서 중심대각선의 값이 1에 가까울수록 그 변수는 요인분석을 하기에 적합하다는 것이다.

(2) 요인추출

크기가 n인 표본자료 $(X_1, X_2, \cdots, X_n)$, 여기서 $X_j = (x_{1j}, \cdots, x_{pj})'$ 을 얻었다고 하자. 이때의 표본분산행렬은 $S = \frac{1}{n-1}\sum_{j=1}^{n}(x_j - \bar{x})(x_j - \bar{x})$이며, 표준화시킨 변량$Z_j = (X_{1j} - \frac{\overline{X_1}}{\sqrt{S_{11}}}, \cdots, X_{pj} - \frac{\overline{X_p}}{\sqrt{S_{pp}}})'$을 사용한다면 표본상 관계수행렬 R을 S 대신으로 사용한다. 공통요인들에 대한 점수를 추정하고자 하는 데 구하는 방법은 세 가지로 집약시킬 수 있다.

① 주성분분석법

주성분분석은 주어진 자료를 많은 변수들보다는 축소된 수의 주성분을 통하여 분석하는 기법이며 변수나 요인의 선형조합을 가정하고 오차분산을 가정하고 있지 않다. 측정된 분산 중에서 가장 많은 부분을 설명하는 요인을 추출하고 나머지 설명되지 않은 분산을 가장 많이 설명하는 다른 요인을 계속적으로 추출해 나가는 것이다. 주성분분석법은 공통요인분석의 기반을 이루나 변수 간의 공통요인과 고유요인을 구분하지 않은 상태에서 주성분을 추출하는 요인분석을 주성분분석이라고 한다. 첫 번째 주성분 축(principal axis)을 찾아내면 두 번째 주성분 축은 직각을 이루는 축

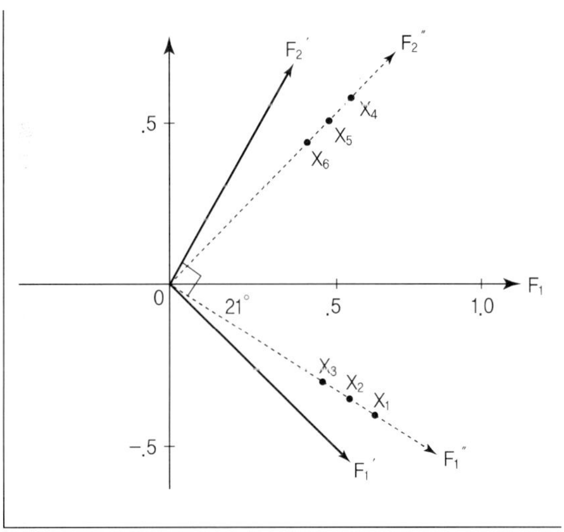

[그림 7-4] 주성분분석의 직각회전 모형

으로 자동으로 결정된다. 여기서 첫 번째 주성분 축은 각 자료의 관찰점에서 축에 직각으로 내린 거리를 제곱하여 모두 합한 값($\sum di^2$)이 가장 적은 축을 찾는 것이다. 회귀분석에서는 관찰점에서 Y축과 평행하고 X축과 직각으로 내린 거리를 제곱하는 데 비해서 주성분분석은 관찰점에서 축에 직각으로 내린 거리를 이용하는 것은 변수와 요인이 선형관계에 있다는 가정과 관련이 있다([그림 7-4]).

공분산행렬 Σ를 주성분분석에서 실시한 분광분해를 하면 다음과 같다.

$$\Sigma = \sum_{j=1}^{p} \lambda_i e_j e_j' \quad \text{식(7.7)}$$

여기서, $\lambda_1 > \lambda_2 > \cdots > \lambda_{p \geq 0}$와 e_j는 Σ의 고유값과 고유벡터이다.

이때 $\sum_{j=m+1}^{p} \lambda_j$가 비교적 0에 가깝다면

$$\Sigma = \sum_{j=1}^{m} \lambda_j e_j e_j^2 = LL' \quad \text{식(7.8)}$$

여기서 $L = [\sqrt{\lambda_1} e_1, \sqrt{\lambda_2} e_2, \cdots, \sqrt{\lambda_m} e_m]$이며, 요인 모형의 공분산구조로부터

$$\Psi = \Sigma - LL' \quad \text{식(7.9)}$$

이며 따라서 특수분산은 다음과 같이 유도할 수 있다.

$$\Psi_i = \sigma_{ii} - \sum_{j=1}^{m} L_{ij}{}^2 = \sigma_{ii} - \sum_{j=1}^{m} \lambda_j e_{ij}{}^2 \quad \text{식(7.10)}$$

요인적재행렬 L과 특수분산행렬 Ψ를 추정하기 위해서는 표본공분산행렬 S와 표본상관행렬 R의 고유값과 고유벡터를 추정함으로써 구할 수 있다. 즉,

$$\hat{L} = [\sqrt{\hat{\lambda}_1}\, \hat{e}_1, \sqrt{\hat{\lambda}_2}\, \hat{e}_2, \cdots, \sqrt{\hat{\lambda}_m}\, \hat{e}_m] \quad \text{식(7.11)}$$

$$\Psi = S - \hat{L}\hat{L}' \quad \text{식(7.12)}$$

그러므로 추정특수분산은 $\Psi_i = S_{ii} - \sum_{j=1}^{m} \hat{\lambda}_j \hat{e}_{ij}^{\,2}$이며, 추정공통분산은

$$h_i = \sum_{j=1}^{m} \hat{L}_{ij}^{\,2} = \sum_{j=1}^{m} \hat{\lambda}_j \hat{e}_{ij}^{\,2} = S_{ii} - \hat{\Psi}_i$$

이 된다. 이때 k번째 요인에 의해 설명되는 총분산의 기여도(비율)는

$$\frac{\lambda_k}{tr(S)} \ (\text{S 사용 시}) \quad \frac{\lambda_k}{p} \ (\text{R 사용 시}) \quad \text{식(7.13)}$$

로 정의된다.

② 주요인분석법

주성분분석과 같은 원리를 사용하고 절차는 같으나 분석자료로 사용하는 변수들 간의 상관계수행렬표에서 대각선행렬을 공통분산비(hi^2)를 대치하여 중다상관계수의 제곱을 공통분산비의 추정치로 대치시킨다. 여기서 공통분산비의 추정치를 사용하여 우선 주요 요인을 추출한 뒤에 이들 요인을 이용한 요인적재량을 통하여 공통분산비를 추정하여 그것을 통해 또 요인을 추출해 낸다. 이 과정을 여러 번 반복하게 되면 공통분산비의 추정치가 근사한 값으로 유지되는 시기의 요인을 최종적으로 사용하게 된다.

주성분분석에서는 분산 중에 공통요인과 개별특성을 나타내는 고유요인이 있다고 보고, 이 중 공통요인을 추출해 내는 것이다. 이러한 주요인분석법은 공통분산, 고유분산, 그리고 오차분산까지 모두 합하여 하나의 분산으로 추정하는 단점을 이론적으로 보완하기는 하지만 실제상으로 어느 정도가 공통분산인지 고유분산인지, 또는 과연 고유분산이 존재하는지에 대한 가정을 확인할 수 없기 때문에 비판적인 시각으로 바라보는 학자들도 있다. 사회과학에서는 개별변수의 고유요인이 0인 경우는 극히 드물기 때문에 이론상으로는 공통요인이 더 합당할 수 있으나 자연과학에서는 사용하는 자료의 고유분산이 적은 편이므로 주성분분석을 해도 의미 있는 요인을 추출할 수 있다. 주성분분석은 측정된 변수의 분산에 대한 설명력을 극대화

하고자 할 때 적절하고 주요인분석은 측정된 변수들이 다른 변수들에 의한 선형함수로 표시될 때에 적절한 요인추출방법이다.

상관계수행렬 R을 고려한다. 요인 모형으로부터 다음을 유도할 수 있다.

$$LL' = R - \Psi = \begin{bmatrix} h_1^{\ 2} & r_{12} & \cdots & r_{1p} \\ r_{21} & h_2^{\ 2} & \cdots & r_{2p} \\ r_{p1} & r_{p2} & \cdots & h_p^{\ 2} \end{bmatrix} \qquad \text{식(7.14)}$$

여기서 $h_i^{\ 2} = 1 - \Psi_i^{\ 2}$ 공통성에 대한 초기 추정값 $(h_i^{\ *2}, \cdots, h_p^{\ *2})$를 구했다고 가정하자. 그러면

$$\begin{matrix} h_1^{\ *2} & r_{12} & \cdots & r_{1p} \\ r_{21} & h_2^{\ *2} & \cdots & r_{2p} \\ r_{p1} & r_{p2} & \cdots & h_p^{\ *2} \end{matrix} = L^* L^{*\prime} \qquad \text{식(7.15)}$$

로 분해될 수 있으며, 여기서 $L^* = [\sqrt{\lambda_1}^{\ *} e_1^{\ *} \cdots \sqrt{\lambda_m}^{\ *} e_m^{\ *}]$이며

$$\Psi_i^{\ *} = 1 - \sum_{j=1}^{m} \lambda_j^{\ *} e_{ij}^{\ *2} \qquad \text{식(7.16)}$$

$$h_i^{\ *2} = \sum_{j=1}^{m} \lambda_j^{\ *} e_{ij}^{\ *2} = 1 - \Psi_i^{\ *}$$

를 유도할 수 있다. 여기에서 $\lambda_j^* \geq \cdots \geq \lambda_m^{\ *}$은 표본상관계수행렬 R의 고유값들이며 $e_1^{\ *}, \cdots, e_m^{\ *}$은 대응하는 고유벡터이다.

따라서 이러한 관계를 다음과 같이 반복과정을 통하면 $h_i^{\ 2}$와 요인적재계수들이 수렴하여 추정값을 구할 수 있다.

- 초기값으로 $h_i^{*2} = 1 - \frac{1}{r^{ii}}$를 사용한다. 여기서 r_{ii}는 R의 역행렬의 I번째 대각 원소이며, 이는 X_i변수가 나머지 변수들에 대한 다중상관계수($\sqrt{R^2}$)이다.

(X_i변수를 종속변수로 나머지 변수들을 독립변수로 한 회귀분석에서의 $\sqrt{R^2}$ 값을 의미한다.)

- 위의 관계를 통하여 새로운 h_i^* 값과 추정적재값을 구한다.

  이 방법에서는 음수의 고유값이 발생할 수 있다는 점과의 선정에 많은 문제점이 있다.

③ 공통요인분석법

많은 변수 사이의 관계를 가능한 적은 수의 공통요인으로 기술하는 것이므로 몇 개의 중요한 공통요인을 추출해 내는 것이 중요하다. 여기서는 측정된 변수의 분산은 다른 변수와의 공통요인과 그 변수의 고유요인으로 구성되어 있다고 보고 공통요인과 고유요인은 독립적이라고 가정한다. 각 변수의 고유요인을 제외한 공통요인인 공분산을 설명하는 요인을 추출해 내고자 하는 것이 목적이다.

- 최소자승법: 공통요인인 공분산을 설명하는 요인을 추출한 후에 남은 상관관계를 최소화하면서 실제 측정된 상관관계 사이와 인과 모형으로 말미암아 재생된 상관관계 사이의 적합성을 비교하는 방법이다. 요인분석에서 인과 모형하에서 재생된 상관계수행렬을 계산한 것을 재생상관계수행렬이라고 한다. 실제 측정된 상관계수행렬과 재생상관계수행렬 사이에 비대각의 원소들끼리의 차이를 최소로 하는 기준으로 요인분석의 기초구조를 구하는 방법이 최소자승법이다. 공통분산비의 값에 대한 가정을 하는 것이 아니고 몇 개의 공통요인이 있다는 것을 가정하고 기초구조를 구한다.
- 최대우도법: 추출된 요인들로 구성된 인과모형이 실제 측정된 상관계수행렬표와 가장 근접하도록 요인적재량을 찾아나가는 방법이다. 공통요인을 설명하는 요인과 측정된 변수들 간의 정준상관관계가 최대가 되도록 하는 방법이며, 이 방법은 추출된 요인들로 구성된 인과 모형의 적합성을 검증하면서 추출된 인과 모형이 유의미하지 않을 때는 다른 공통요인을 포함시켜 모형의 적합성을 높이도록 한다.

  우도함수를 사용할 때 필요한 가정은 정규성이다. 즉,

  $$X_j = LF_j + \varepsilon_j$$

그리고

$$X_1, \cdots, X_n \sim N_p(\mu, \Sigma) \qquad \text{식(7.17)}$$

여기서

$$\Sigma = LL' + \Psi \qquad \text{식(7.18)}$$
$$F_1, \cdots, F_m \sim N(0, I_m)$$
$$\varepsilon_1, \cdots, \varepsilon_m \sim N(0, \Psi)$$

그리고 ε_i 와 F_i는 독립적이다. 또한 유일한 해를 구하기 위한 조건으로

$$L'\Psi^{-1}L = \varDelta \text{ (대각행렬)}$$

이 필요하다. 그러면 최대우도추정량은 다음과 같다.

$$L = [l_{ij}]$$
$$\Psi = [\Psi_i]$$
$$\mu = X$$

m개의 공통요인이 있는 요인 모형에 대하여 추정 공통분산은 다음과 같다.

$$h_i^2 = \sum_{k=1}^{m} l_{ik}^2$$

- 알파요인법: 축소상관행렬을 분해하여 요인분석의 기초구조를 만들 때 주성분을 공통요인의 근사치로 사용하는 방법이다. 상관계수행렬을 각 변수의 공통분산비를 이용하여 다시 표준화하여 상관계수행렬을 구하고 이렇게 구한 상관계수행렬을 가지고 요인분석의 기초구조를 구성하는 것이다. 자료를 분석하기 위한 변수들의 공통요인은 변수들의 모집단에 존재하고 있는 공통요인과 상관관계가 최대가 되도록 공통요인을 추출하여 추출된 요인의 신뢰도를 극대화시키는 방법이다.

이 방법은 최대우도법의 변형으로 요인분석을 하기 전에 자료를 분석하는 변수들의 측정오차를 없애고 변수들 사이의 상관계수를 구한 후 측정오차가 제거된 상관계수를 가지고 최대우도법을 이용하여 요인분석을 하는 것이다. 이때 측정오차가 제거되었기 때문에 결과를 일반화하는 데 있어 훨씬 이점이 있으며 이 방법은 척도개발을 위해 하나의 동일한 척도에 포함되는 변수들을 가지고 요인분석을 할 때 많이 사용된다.

④ 이미지분석법

이미지분석법은 개별변수의 공통요인과 고유요인을 나누어 공통요인은 분석에 포함된 다른 변수들과의 선형조합으로 되어 있다고 가정하여 다른 변수들에 의해 예측이 가능하다고 보며 이것을 변수의 이미지라고 보고 다른 고유 부분을 반이미지(anti-image)라고 본다. 이미지분석법은 여러 개의 변수들을 하나의 변수가 각각 다른 변수와 선형조합을 가지고 있어 회귀분석을 통하여 각각의 개별변수의 예측치를 산정할 수 있고, 이때 다른 변수들에 의하여 예측되지 않은 예측오차를 제거한 후에 그들의 상관계수를 구하여 요인분석을 하는 것이다. 이렇게 다른 변수들의 관계 속에서 얻어진 개별변수의 예측값을 사용하기 때문에 한 변수를 예측하는 다른 독립변수들의 이미지라고 볼 수 있어 이미지 요인이라고 이름이 붙여지게 되었다.

(3) 요인적재량 산출

요인적재량은 각 변수와 요인 간의 상관관계 정도를 나타내어 주므로 각 변수들은 요인적재량이 가장 높은 요인에 속하게 된다. 요인적재량이 어느 정도가 되어야 유의한 변수로 채택할 수 있는지 결정함에 있어 일반적으로 요인적재량이 0.4 이상 되면 유의한 변수로 간주하며 0.5가 넘으면 아주 중요한 변수로 여긴다. 그러나 표본의 수가 증가할수록 요인적재량의 고려 수준을 낮추어야 하며, 변수의 수가 증가할수록 요인적재량의 고려수준은 낮추어야 하고, 요인의 수가 많을수록 나중요인에 대한 요인적재량의 고려수준은 높아야 한다. 연구자는 최종적으로 몇 개의 요인으로 측정된 공분산을 되도록 많이 설명할 수 있는 요인의 수를 잘 결정하여야 한다. 다음은 요인의 수를 결정하는 데 있어서 기준이 되는 방법이다.

(4) 요인의 수 결정

요인의 수를 몇 개로 하는가를 결정하는 데 있어서 기준이 되는 대표적인 방법으로는 스크리(scree)검사법, 아이겐값 방법, 누적분산 백분율기준, 그리고 카이 검증이 있다. 너무 적은 수의 요인을 추출하면 중요한 내용을 상실하게 되기도 하고 위의 방법을 이용해도 적당한 요인의 수를 결정하기 힘들 때는 이론적인 배경과 관련하여 해석의 가능성 또한 고려하여야 한다. 일반적으로 하나의 요인에 적어도 3개 이상의 변수가 포함되어야 하는 점도 고려하여야 한다.

① 스크리검사법

이 검사법은 요인의 수가 증가함에 따라 요인의 아이겐값의 변화를 그래프로 그려 아이겐값이 위에서 아래로 떨어지면서 거의 수평상태를 이루는 바로 그 지점에서 요인의 수를 결정하는 방법이다. 이 방법은 요인들 중에서 일부는 요인의 아이겐값, 즉 분산이 높고 일부는 요인의 분산이 낮을 때 가장 적절한 방법이다.

② 아이겐값 방법

요인분석에서 요인의 수를 가장 쉽게 결정할 수 있는 방법은 아이겐값이 1.0보다 큰 요인만을 요인으로 간주하는 방법이다. 요인분석 모든 변수들이 표준화되는데 표준화된 변수는 분산이 1이므로 요인의 아이겐값은 요인의 분산을 의미하며, 이 아이겐값이 1보다 작다면 그 요인의 분산이 관찰된 개별변수의 분산보다도 작다는 것을 의미하므로 개별변수의 분산보다도 작은 양의 정보를 가지는 요인은 공통요인으로 축출되기 힘들다. 그러나 표본의 크기가 큰 자료일 경우에 이러한 규칙을 적용한 결과 요인의 수가 잘못 측정되는 경우가 있었으며(표본과 변수가 10 : 1의 비율이 적당) 그 정도로 이 기준은 변수의 공통요인과 고유요인의 구별을 배제한 주성분분석에만 적절한 것으로 나타나 모든 요인분석방법에 아이겐값으로 요인의 수를 결정할 수는 없는 것으로 다른 측정도구를 사용할 필요가 있다.

③ 누적분산 백분율기준

누적분산은 요인을 하나씩 더 추출할 때마다 누적되는 분산의 백분율을 가지고 요인의 수를 결정하는 것으로 공통요인분석에서는 전체 분산의 75~85% 정도가 설명되면 그 다음의 요인으로 추가되는 백분율이 크지 않는 한 요인의 수를 늘리지 않는다. 분산을 기준으로 하는 경우에는 연구주제나 학문분야에 따라 크게 다르지만 사회과학에서는 일반적으로 총분산의 60% 정도를 설명해 주는 요인까지를 추출한다. 일반적으로 분산을 이용하는 이유는 많은 변수를 몇 개의 요인으로 축약할 때 너무 많은 정보의 손실을 막기 위함이다.

④ 카이 검증

이 검증은 공통요인분석법과 주성분분석법에서 적절하며 요인의 수를 결정하는 방법이 통계적인 기준이 명확하므로 연구자의 주관적인 판단의 가능성을 적게 할 수 있는 장점이 있다. 우선 요인이 하나라는 가정하에서 출발하여 인과 모형이 설정이 되고 요인 적재량이 산출되면 변수들 사이의 예측된 스피어만 상관계수를 역산한다. 이 예측상관계수와 실제 측정된 상관계수 사이에 차이가 크게 나면 하나의 요인을 상정하는 인과 모형이 실제자료를 설명하는 데 부족하다는 것을 의미하며, 이 두 상관계수를 카이 검증(x^2)하여 통계적으로 유의하게 나타나면 요인이 하나임을 부인하고 두 개의 요인을 포함한 인과 모형을 다시 설정한다. 그리고 두 개의 요인으로 구성된 인과 모형의 변수를 가지고 다시 두 상관계수의 카이 검증을 하여 새로 설정된 모형을 기각할지의 여부를 판단한다. 이렇게 계속 반복하여 최종적으로 가장 적절한 인과 모형을 결정하는 것이지만 카이 검증은 표본의 크기에 의해서 결과가 크게 좌우되므로 요인의 수를 결정하는 데 있어서 전적으로 받아들일 수는 없는 검증방법이다.

(5) 요인의 회전

변수들이 여러 요인에 비슷하게 요인적재량을 나타낼 경우 변수들을 각 요인으로 분류하기가 힘들기 때문에 한 변수가 어느 한 요인과 상관관계가 높게 요인을 회전하는 것이다. 회전방식은 요인들 간의 독립성을 가정하는 것으로 회전축이 직각을 유지하는 직교요인 모형과 회전축이 직각을 유지하지 않는 사각요인 모형이 있는데 현실적으로는 요인들 간의 완전히 독립성을 보장하기 힘들기 때문에 사각 모형을 적용하는 것이 바람직하다. 그러나 요인분석을 통해 추가적으로 회귀분석이나 판별분석을 하는 경우 요인점수를 이용하려면 직각회전방식을 사용해야만 요인들 간의 상관관계 때문에 발생하는 다중공선성(multicollinearity)을 방지할 수 있다.

① 직교요인 모형

직교회전방법에는 요인적재행렬의 열을 단순화시키는 베리맥스(varimax)법과 행을 단순화하는 쿼리맥스(quartimax) 그리고 행과 열을 절충하여 단순화시킨 이퀴맥스(equimax)의 세 가지가 있다.

- 베리맥스법: 베리맥스법은 하나의 요인에 높게 적재하는 변수의 수를 줄여서 요인의 해석에 중점을 둔 방식이다. 이 방법은 요인행렬의 열을 단순화하는 것이며 추출된 요인들에 걸린 여러 변수들의 요인적재량의 제곱을 극대하는 것이다. 직교요인 모형에서는 베리맥스법이 가장 많이 쓰이고 있으며 요인의 명명을 쉽게 할 수 있는 장점이 있다. 베리맥스를 방정식을 이용하여 설명하면 다음과 같다.

$$\frac{n\sum_{i=1}^{n} bij^4 - (\sum_{i=1}^{n} bij^2)^2}{n^2}$$ 식(7.19)

$$(\sum_{j=1}^{n} bij^2)$$ 식(7.20)

$$V = \sum_{j=1}^{r} \qquad v_i = \frac{\sum_{j=1}^{r} n \sum_{i=1}^{n} bij^4 (\sum_{i=1}^{n} bij^2)^2}{n^2}$$ 식(7.21)

- 쿼리맥스법: 하나의 변수를 설명해 주는 요인의 수를 최대한 줄여서 변수의 해석에 중점을 두는 방식이다. 각 변수의 분산이 하나의 요인에만 최대적재량을 가지도록 축을 회전시키는 것으로 요인의 적재량의 제곱이 각 변수의 공통분산비와 유사하게 하는 방법이다. 결과적으로 요인의 행렬의 행이 단순해지고 소수의 요인만이 최종적으로 추출될 수 있도록 한다.

factorial complexitiy 식(7.22)

$$\text{of a Variable } I = \frac{1}{r}\sum_{j=1}^{r}(bij^2 - \bar{b}ij^2)^2$$

$$q_j = \frac{\sum_{i=1}^{r} bij^4 - (\sum_{i=1}^{r} bij^2)^2}{r^2}$$ 식(7.23)

$$q = \sum_{i=1}^{n} q_i = \sum_{i=1}^{n} = \frac{\sum_{i=1}^{r} bij^4 - (\sum_{i=1}^{r} bij^2)^2}{r^2}$$ 식(7.24)

• 이퀴맥스법: 베리맥스와 쿼리맥스와의 절충형으로 요인행렬의 행과 열을 동시에 단순화하는 방법이다. 이퀴맥스를 방정식으로 설명하면 다음과 같다.

$$\alpha Q + \beta V = \text{Maximum}$$ 식(7.25)

$$\sum_{j=1}^{r}(\sum_{i=1}^{n} bij^2) - \gamma(\sum_{i=1}^{n} bij^2)^2/n = maximum \text{ where } \gamma = \beta(\alpha+\beta)$$ 식(7.26)

② 사각요인 모형

요인들의 축이 직각이 아닌 사각(oblique)으로 요인들 간의 연관성을 갖게 하는 사각회전(oblique rotation)방법이 있는데 이는 이론상 의미 있는 요인들이나 그 구조를 발견하고자 할 때 쓰인다. 사각회전방법으로는 프로맥스(PROMAX)방법이 있다. 사각회전의 회전이라는 단어는 직교회전에서의 회전의 의미와는 달리 해석하여야 한다. 사각요인 모형에서는 요인들 간의 독립성이라는 가정이 배제되어서 요인축을 회선시키는 네 있어서 직각이 되지 않으며 변수들의 군집경향을 가장 잘 가려낼 수 있도록 하는 방법이다. 이 모형은 서로 상관되어 있는 변수들 간을 대표하는 요인들이 다시 상관되어 있기 때문에 추출된 요인들의 상관관계를 다시 설명해야 하는 단점이 있다.

따라서 요인 간에 상관관계가 있다는 이론적인 근거가 충분히 뒷받침이 되었을 때 사각요인 모형을 쓰는 것이 바람직하다. 실제로 어느 요인 간에도 전혀 상관관계가 없다고 하는 경우는 일반 사회과학에서 드물기 때문에 이론상으로는 사각요인

모형이 더 적합한 것으로 여겨지고 있으나 가정학은 사회과학과 자연과학의 요소를 함께 지니고 있으므로 연구주제에 따라서 적절한 이론적 근거에 맞춰서 축회전 모형을 선택해야 한다. 때로는 요인분석을 몇 차례로 나누어서 첫 단계에 직교요인 모형을 이용하여 요인을 추출한 다음 여기서 생긴 요인상관행렬표를 이용하여 다시 요인분석을 재실시할 때 사각요인 모형을 사용하여 요인 간의 상관관계를 최대화하는 사각회전의 방법을 쓰기도 한다.

(6) 요인점수 측정 및 요인분석 평가

① 요인점수 측정

요인분석을 통하여 추후분석을 할 때에 요인점수를 사용하는 경우가 종종 있다. 요인점수를 구하는 방법은 크게 세 가지로 분류되는데 첫째는 개별변수가 하나의 요인에 속하는 변수들의 Z값을 구한 후 이를 합하여 요인점수로 정하는 것이고 둘째는 Z값의 평균을 가지고 요인점수로 하는 경우와 셋째는 요인점수계수를 이용하는 방법으로 요인분석결과 요인분석계수를 이용하여 변수들이 요인들의 선형조합으로 이루어진 것을 가정하여 요인점수를 산출하는 방법이다. 이렇게 해서 얻어진 요인점수는 판별분석과 같은 추후검정에 유의하게 사용된다.

② 요인분석 평가

요인을 추출하고 요인의 수를 결정한 후에는 변수들을 대표하는 요인들이 의미있는가에 대하여 평가하는 과정이 필요하다. 의미있는 요인 분석의 기준으로는 요인적재량행렬에 대하여 다음과 같은 기준이 필요하다. 첫째, 요인적재량의 행렬에서 각 열에서 적어도 하나의 0이 있어야 한다. 둘째, 요인적재량의 행렬에서 각 열에는 최소한 공통요인의 수만큼의 0이 있어야 한다. 셋째, 위의 경우에 요인의 수가 4개를 넘는 경우 두 열 모두에서 0이 되는 경우도 많다. 넷째, 0이 아닌 변수가 가능한 한 적어야 한다. 요인적재량을 통해서 어느 변수가 어느 요인에 속하게 되는지를 결정하게 되는데 SAS에서는 reorder라는 명령어 선택으로 요인적재량의 크기를 재조정하여 숫자가 한 열상에 큰 것부터 작은 것까지 순서대로 나타나 각 요인으로 선정된 변수를 파악하는 데 용이하다. 이러한 조건을 충족시키지 못하면 요인분석의 회전절차를 다른 방법으로 진행해야 한다.

3. SPSS를 사용한 요인분석과 결과해석

1) 자 료

본 요인분석에서 사용하는 자료는 프로슈머 유형에 따라 기업이 소비자에게 어떻게 대응해야 효과적인지에 대하여 연구하는 논문자료이다. 프로슈머란 생산자(Producer)와 소비자(Consumer)의 합성어로 기업에 자신의 의견을 표시하고 소비자들과 정보를 공유하여 제품 판매에 영향을 미치는 소비자를 말한다. 본 분석은 소비자가 기업에 대해 어떻게 인식하는지에 대하여 설문한 자료를 바탕으로 진행되었다.

이 자료를 이용한 요인분석은 많은 요인들로 구성되어 있는데, 자료를 단순화시켜 몇 개의 필요한 변수들의 상관관계를 통한 요인추출에 초점을 맞추도록 한다.

2) SPSS 프로그램을 사용한 요인분석과 결과해석

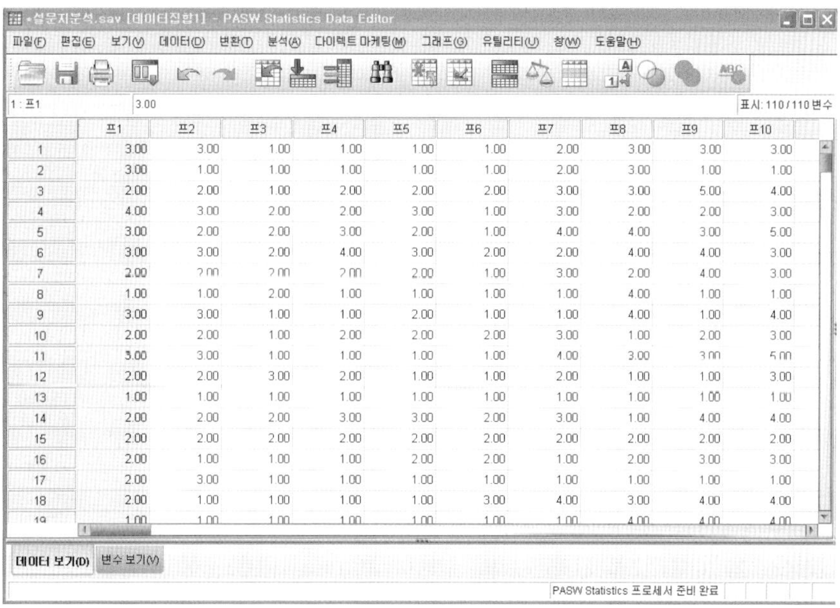

설문조사를 통해 수집한 자료를 코딩하여 SPSS에 데이터 불러오기를 실행한다.

분석-차원 감소-요인분석을 선택한다.

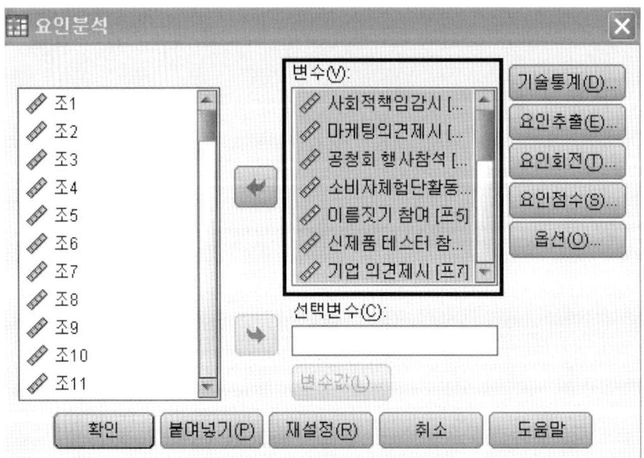

[요인분석] 창이 나타난다.

요인분석에 사용할 변수들을 왼쪽 리스트에서 선택한 뒤 → 버튼을 이용하여 [변수] 란으로 이동한다.

우측 [기술통계]를 클릭하여 [요인분석 : 기술통계] 창을 생성시킨 뒤, [상관행렬] 란에서 [계수]와 [KMO와 Barlett의 구형성 검정]을 선택한 뒤 [계속]을 눌러 진행한다.

우측 [요인점수]를 클릭하여 [요인분석 : 요인점수] 창을 생성한 뒤 [변수로 저장]을 선택하면 요인분석을 통해 추출된 요인들의 요인점수를 변수들로 저장한다. 점수를 산출하는 방법으로 [회귀분석]이 일반적으로 이용된다.

[요인점수 계수행렬 출력]을 선택하여 요인점수추출에 사용된 식의 계수값들을 출력한다.

[계속]을 눌러 진행한다.

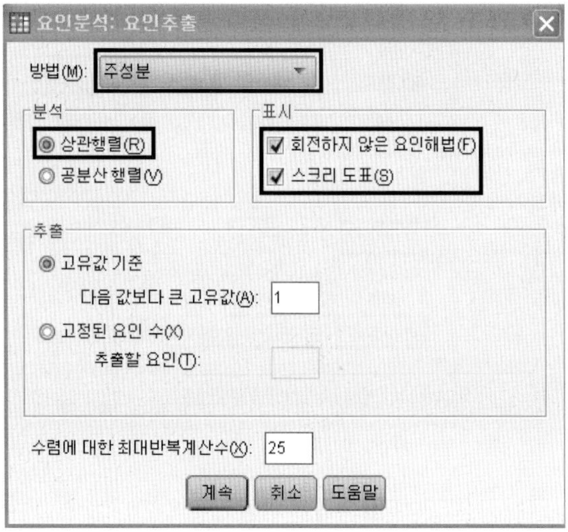

우측 [요인추출]을 클릭하여 [요인분석 : 요인추출] 창을 생성한 뒤 [방법]으로 [주성분]을 선택한다.

[분석]은 [상관행렬]을 선택한다. [출력]은 [회전하지 않은 요인해법]과 [스크리 도표]를 지정한다.

[추출]에서는 추출할 요인 수에 관하여 [요인의 수]를 직접 지정하거나 [고유값 기준]으로 요인을 추출할 것인지 선택할 수 있다.

[계속]을 눌러 진행한다.

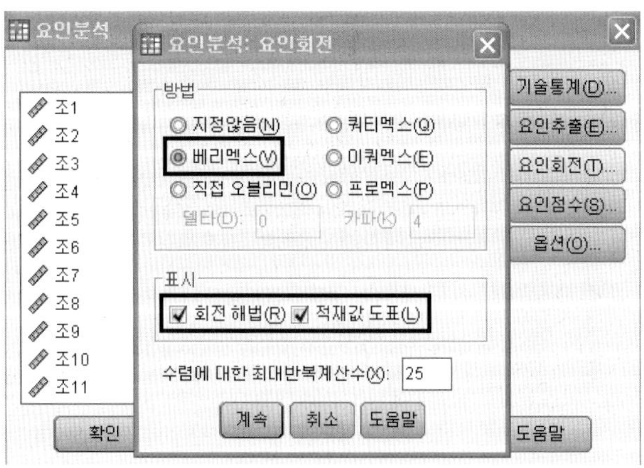

우측 [요인회전]을 클릭하여 [요인분석 : 요인회전] 창을 생성한 뒤 요인 추출 후 회전하는 방법을 지정할 수 있다.

직각회전 방법으로 [쿼티맥스]와 [베리맥스], [이쿼맥스]가 있고, 비직각회전 방법으로 [직접 오블리민]과 [프로멕스]가 있는데 일반적으로 직각회전 방법인 [베리맥스]가 가장 많이 사용된다.

[표시]에서 [회전 해법]과 [적재값 도표]를 지정한다.

[계속]을 눌러 진행한다.

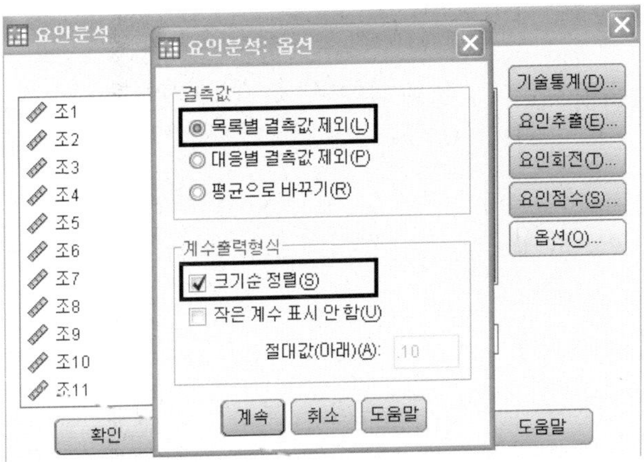

우측 [옵션]을 클릭하여 [요인분석 : 옵션] 창을 생성한 뒤 결측값 및 계수출력형식에 대해 설정할 수 있다. [결측값]에서는 결측값이 있는 레코드를 제거하거나, 그 변수 자체를 사용하지 않거나, 평균으로 변환하여 사용할 수 있는 요인을 지정할 수 있다.

[계수출력형식]에서는 요인적재량을 보기 쉽게 크기 순으로 정렬하거나, 지정한 절대값보다 낮은 값을 나타나지 않게 할 수 있다.

[계속]을 눌러 진행한 뒤, 아래의 [확인] 버튼을 클릭하여 [요인분석]을 실행한다.

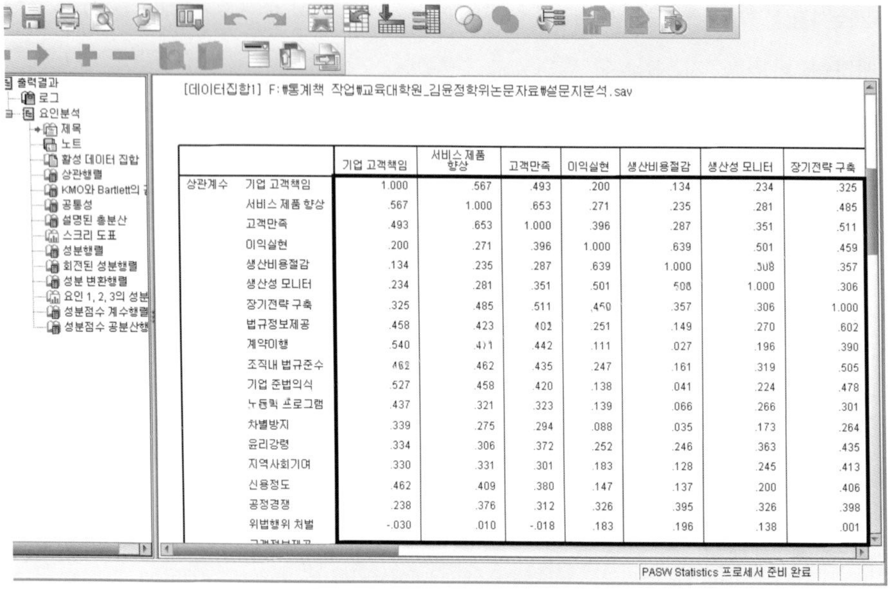
[데이터집합1] F:₩통계책 작업₩교육대학원_김윤정학위논문자료₩설문지분석.sav

		기업 고객책임	서비스 제품 향상	고객만족	이익실현	생산비용절감	생산성 모니터	장기전략 구축
상관계수	기업 고객책임	1.000	.567	.493	.200	.134	.234	.325
	서비스 제품 향상	.567	1.000	.653	.271	.235	.281	.485
	고객만족	.493	.653	1.000	.396	.287	.351	.511
	이익실현	.200	.271	.396	1.000	.639	.501	.459
	생산비용절감	.134	.235	.287	.639	1.000	.508	.357
	생산성 모니터	.234	.281	.351	.501	.508	1.000	.306
	장기전략 구축	.325	.485	.511	.450	.357	.306	1.000
	법규정보제공	.458	.423	.402	.251	.149	.270	.602
	계약이행	.540	.471	.442	.111	.027	.196	.390
	조직내 법규준수	.462	.462	.435	.247	.161	.319	.505
	기업 준법의식	.527	.458	.420	.138	.041	.224	.478
	노동력 프로그램	.437	.321	.323	.139	.066	.266	.301
	차별방지	.339	.275	.294	.088	.035	.173	.264
	윤리강령	.334	.306	.372	.252	.246	.363	.435
	지역사회기여	.330	.331	.301	.183	.128	.245	.413
	신용정도	.462	.409	.380	.147	.137	.200	.406
	공정경쟁	.238	.376	.312	.326	.395	.326	.398
	위법행위 처벌	-.030	.010	-.018	.183	.196	.138	.001

[요인분석: 기술통계] 창에서 [상관행렬]의 [상관계수]를 지정하여 입력변수들 간의 상관계수 행렬을 분석하였다.

각 변수들 간의 상관계수 값을 행렬로 표시한다. 대략 살펴보면, 비슷한 속성을 가지는 변수들이 높은 상관성을 가지는 것을 파악할 수 있다. 반대로 비슷하지 않은 속성을 가지는 변수는 낮은 상관성을 가진다.

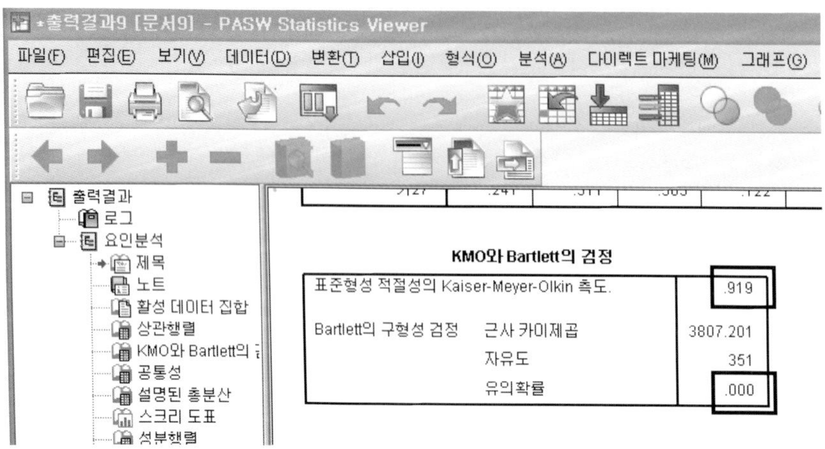

KMO와 Bartlett의 검정

표준형성 적절성의 Kaiser-Meyer-Olkin 측도.		.919
Bartlett의 구형성 검정	근사 카이제곱	3807.201
	자유도	351
	유의확률	.000

[요인분석: 기술통계] 창에서 [상관행렬]의 [KMO와 Barlett의 검정]을 지정하여 검정결과가 출력되었다. KMO(Kaiser-Meyer-Olkin)값은 입력변수들 간의 상관관계 정도를 나타내는 값으로, 일반적으로 0.5 이상인 경우 요인분석을 실시할 수 있다. 검정값이 0.919이므로 요인분석이 가능하다.

Barlett의 구형성 검정 분석은 "상관행렬이 단위행렬이 아니다."라는 연구가설에 대한 검정으로, "단위행렬이 아니다."라는 검정 결과는 변수들 간에 연관성이 존재하기 때문에 요인분석을 실시할 수 있음을 의미한다.

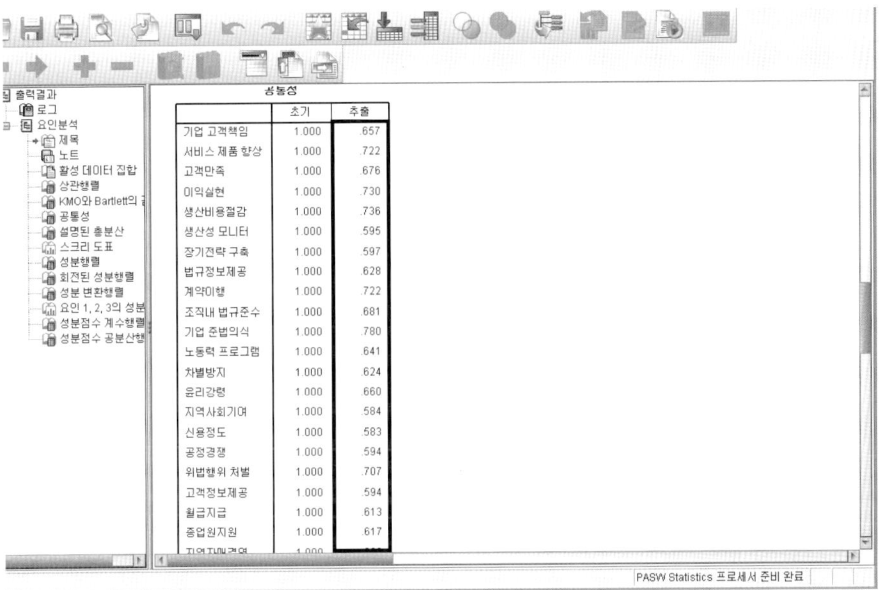

공통성

	초기	추출
기업 고객책임	1.000	.657
서비스 제품 향상	1.000	.722
고객만족	1.000	.676
이익실현	1.000	.730
생산비용절감	1.000	.736
생산성 모니터	1.000	.595
장기전략 구축	1.000	.597
법규정보제공	1.000	.628
계약이행	1.000	.722
조직내 법규준수	1.000	.681
기업 준법의식	1.000	.780
노동력 프로그램	1.000	.641
차별방지	1.000	.624
윤리강령	1.000	.660
지역사회기여	1.000	.584
신용정도	1.000	.583
공정경쟁	1.000	.594
위법행위 처벌	1.000	.707
고객정보제공	1.000	.594
월급지급	1.000	.613
종업원지원	1.000	.617

공통성은 추출된 요인들에 의하여 설명되는 변수의 분산을 나타낸다. 일반적으로 추출된 공통성이 0.5 이상인 경우 그 변수의 분산이 추출된 요인들에 의하여 이느 정도 설명된 것으로 판단할 수 있다.

추출값의 의미는 각 변수들이 나머지 다른 변수들에 얼마나 많이 영향을 받는가, 즉 다른 변수들에게 얼마나 종속되어 있는가를 측정한 값이다. 각 변수에 대하여 나머지 변수들로 회귀분석을 수행했을 때 결정계수(R^2)를 계산한 값이므로, 이 값이 1에 가까울수록 다중공선성이 존재하고, 0에 가까울수록 다중공선성의 정도가 없는 것이다.

분석 결과 모든 변수의 추출된 공통성이 0.5 이상임을 확인할 수 있다.

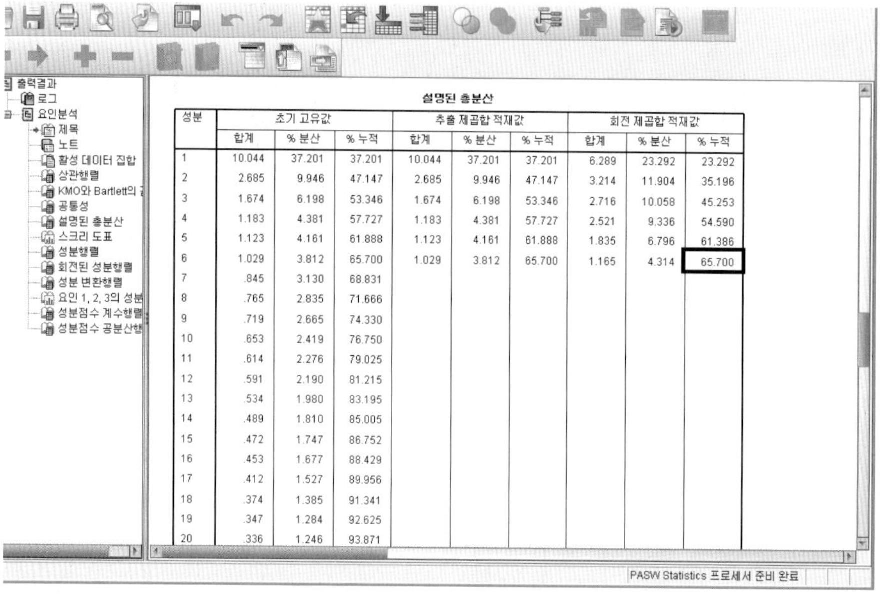

설명된 총분산

성분	초기 고유값			추출 제곱합 적재값			회전 제곱합 적재값		
	합계	% 분산	% 누적	합계	% 분산	% 누적	합계	% 분산	% 누적
1	10.044	37.201	37.201	10.044	37.201	37.201	6.289	23.292	23.292
2	2.685	9.946	47.147	2.685	9.946	47.147	3.214	11.904	35.196
3	1.674	6.198	53.346	1.674	6.198	53.346	2.716	10.058	45.253
4	1.183	4.381	57.727	1.183	4.381	57.727	2.521	9.336	54.590
5	1.123	4.161	61.888	1.123	4.161	61.888	1.835	6.796	61.386
6	1.029	3.812	65.700	1.029	3.812	65.700	1.165	4.314	65.700
7	.845	3.130	68.831						
8	.765	2.835	71.666						
9	.719	2.665	74.330						
10	.653	2.419	76.750						
11	.614	2.276	79.025						
12	.591	2.190	81.215						
13	.534	1.980	83.195						
14	.489	1.810	85.005						
15	.472	1.747	86.752						
16	.453	1.677	88.429						
17	.412	1.527	89.956						
18	.374	1.385	91.341						
19	.347	1.284	92.625						
20	.336	1.246	93.871						

[설명된 총분산]은 추출된 요인들이 변수들이 가지고 있는 분산을 어느 정도 설명하는지를 나타낸다.

고유값(Eigenvalue)은 한 요인이 몇 개 변수들이 가지고 있는 양(+)의 분산을 설명하는가를 나타내는 값이다.

고유값이 1 이상인 요인 6개가 추출되었음을 확인할 수 있다.

[누적 회전 제곱값]을 통해 추출된 6개 요인들이 전체 입력변수들이 가지는 총분산을 어느 정도 설명하는지를 알아볼 수 있으며, 65% 정도 설명하고 있음을 알 수 있다. 즉, 6개의 새로운 성분만 사용하더라도 전체 데이터의 65%를 설명할 수 있음을 말해 준다.

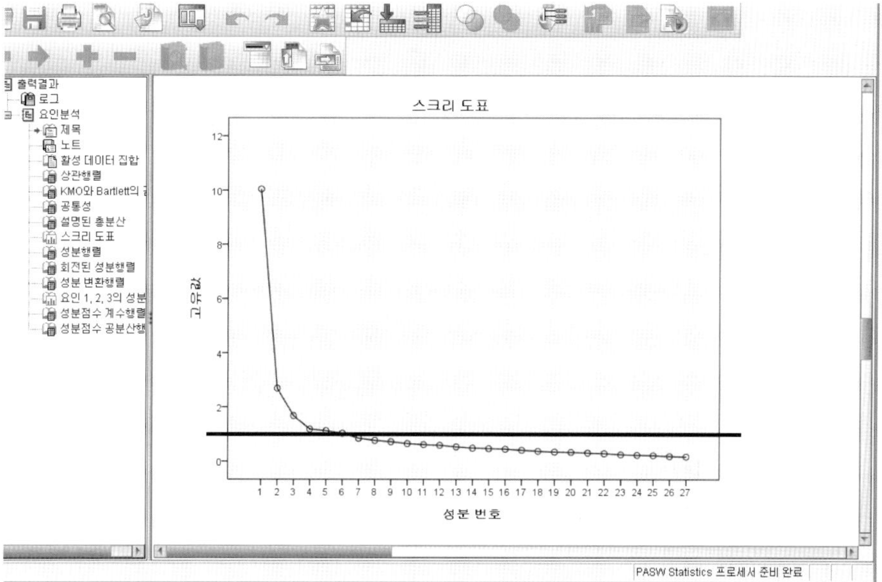

[스크리 도표]에서는 추출된 각 요인의 고유값을 내림차순으로 정렬하여 시각적으로 나타낸 것이다. 일반적으로 1 이상의 고유값을 가지는 지점에서 잘라 요인 수를 결정하는데, 여기에서는 6개의 요인을 추출하는 것이 적당함을 파악할 수 있다.

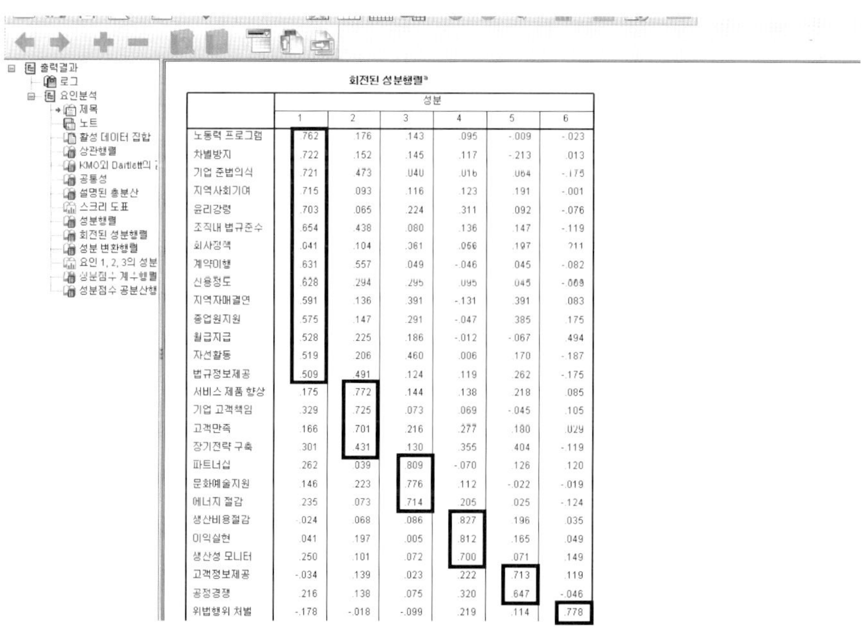

회전된 성분행렬ª

	성분					
	1	2	3	4	5	6
노동력 프로그램	.762	.176	.143	.095	-.009	-.023
차별방지	.722	.152	.145	.117	-.213	.013
기업 준법의식	.721	.473	.040	.016	.064	-.175
지역사회기여	.715	.093	.116	.123	.191	-.001
윤리강령	.703	.065	.224	.311	.092	-.076
조직내 법규준수	.654	.438	.080	.136	.147	-.119
회사정책	.041	.104	.361	.066	.197	.211
계약이행	.631	.557	.049	-.046	.045	-.082
신용정도	.628	.294	.295	.095	.045	-.068
지역자매결연	.591	.136	.391	-.131	.391	.083
종업원지원	.575	.147	.291	-.047	.385	.175
월급지급	.528	.225	.186	-.012	-.067	.494
자선활동	.519	.206	.460	.006	.170	-.187
법규정보제공	.509	.491	.124	.119	.262	-.175
서비스 제품 향상	.175	.772	.144	.138	.218	.085
기업 고객책임	.329	.725	.073	.069	-.045	.105
고객만족	.166	.701	.216	.277	.180	.029
장기전략 구축	.301	.431	.130	.355	.404	-.119
파트너십	.262	.039	.809	-.070	.126	.120
문화예술지원	.146	.223	.776	.112	-.022	-.019
에너지 절감	.235	.073	.714	.205	.025	-.124
생산비용절감	-.024	.068	.086	.827	.196	.035
이익실현	.041	.197	.005	.812	.165	.049
생산성 모니터	.250	.101	.072	.700	.071	.149
고객정보제공	-.034	.139	.023	.222	.713	.119
공정경쟁	.216	.138	.075	.320	.647	-.046
위법행위 처벌	-.178	-.018	-.099	.219	.114	.778

[요인분석 : 요인회전]창에서 [요인회전]과 [베리맥스]를 선택한 결과, 회전된 성분행렬이 출력되었다. 숫자는 요인적재량을 나타내는데, 이는 도출된 요인과 각 변수와의 상관계수이다. 즉, 회전된 성분행렬의 요인 적재량이 큰 것들을 묶어서 요인을 간략화하고 축소할 수 있다.

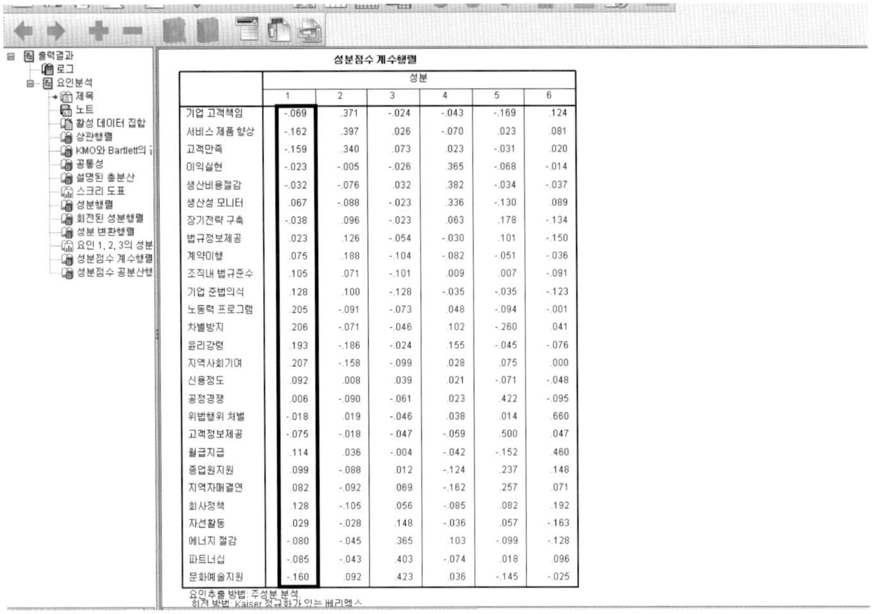

성분점수 계수행렬

	성분					
	1	2	3	4	5	6
기업 고객책임	-.069	.371	-.024	-.043	-.169	.124
서비스 제품 향상	-.162	.397	.026	-.070	.023	.081
고객만족	-.159	.340	.073	.023	-.031	.020
이익실현	-.023	-.005	-.026	.365	-.068	-.014
생산비용절감	-.032	-.076	.032	.382	-.034	-.037
생산성 모니터	.067	-.088	-.023	.336	-.130	.089
장기전략 구축	-.038	.096	-.023	.063	.178	-.134
법규정보제공	.023	.126	-.054	-.030	.101	-.150
계약이행	.075	.188	-.104	-.082	-.051	-.036
조직내 법규준수	.105	.071	-.101	.009	.007	-.091
기업 준법의식	.128	.100	-.128	-.035	-.035	-.123
노동력 프로그램	.205	-.091	-.073	.048	-.094	-.001
차별방지	.206	-.071	-.046	.102	-.260	.041
윤리강령	.193	-.186	-.024	.155	-.045	-.076
지역사회기여	.207	-.158	-.099	.028	.075	.000
신용정도	.092	.008	.039	.021	-.071	-.048
공정경쟁	.006	-.090	-.061	.023	.422	-.095
위법행위 처벌	-.018	.019	-.046	.038	.014	.660
고객정보제공	-.075	-.018	-.047	-.059	.500	.047
월급지급	.114	.036	-.004	-.042	-.152	.460
종업원지원	.099	-.088	.012	-.124	.237	.148
지역자매결연	.082	-.092	.069	-.162	.257	.071
회사정책	.128	-.105	.056	-.085	.082	.192
자선활동	.029	-.028	.148	-.036	.057	-.163
에너지 절감	-.080	-.045	.365	.103	-.099	-.128
파트너십	-.085	-.043	.403	-.074	.018	.096
문화예술지원	-.160	.092	.423	.036	-.145	-.025

요인추출 방법: 주성분 분석.
회전 방법: Kaiser 정규화가 있는 베리멕스

[요인분석: 요인점수]창에서 [방법] 중 [회귀분석]을 지정하고, [요인점수 계수행렬 출력]을 선택한 결과, 회귀분석으로 추출된 성분점수 계수행렬이 출력되었다.

요인점수는 요인점수 계수행렬에서 제시된 계수들과, 실제 응답자가 응답한 값을 표준화한 입력변수 Z값을 곱하고, 그 값들을 모두 더해 구할 수 있다.

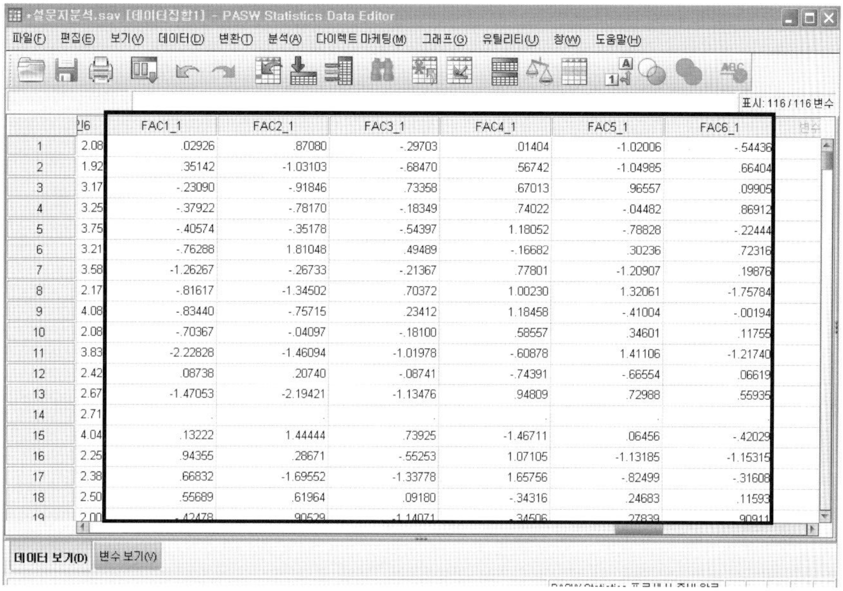

[요인분석 : 요인분석] 창에서 [변수로 저장]을 지정한 결과, 6개의 요인점수가 새로운 변수들로 지정되었다. 이 6개의 요인은 27개의 요인을 압축한 것으로, 전체 데이터의 65%를 대변한다.

3) 요인분석 결과

27개의 변수들을 요인분석을 통해 6개의 요인을 추출하였다. 추출된 요인들이 해석상, 그리고 이론적으로 합당한지의 여부는 연구자의 주관에 의해 판단된다. 각 요인에 할당된 변수들의 특성을 고려하여, 적당한 요인으로 묶을 수 있다.

CHAPTER 8

판별분석

판별분석(discriminant analysis)은 피셔(Fisher)에 의해 소개된 통계분석법으로 집단 간의 차이를 설명하고 또 새로운 집단을 어느 집단으로 분류할지를 예측할 수 있다. 다시 말해, 판별분석은 크게 두 가지로, 설명 또는 해석(interpretation)과 분류(classification)의 용도로 사용한다. 판별분석은 집단 간의 차이를 결정하는 판별변수의 상대적 영향력을 검증한다. 주어진 관찰값으로부터 공통된 특징들 중 어느 것이 집단 간의 차이를 설명하는가를 조사하는 것이 판별분석의 주요 목적으로 해석의 목적이라고 한다. 또한 판별분석은 집단을 분류하기도 한다. 개개의 사례로부터 근접한 집단을 찾아내면서 분류된 집단이 얼마나 정확하게 분류되고 있는가를 평가함으로써 집단을 분류하는 데 사용한다. 뿐만 아니라 새로운 사례가 어느 집단으로 분류될지를 예측할 수 있다. 이 같은 판별분석의 용도는 회귀분석에서의 설명과 예측의 목적과 유사하여 앞으로 논의될 분석방법, 분석절차, 검증 등 여러 측면에서 회귀분석과 유사한 점이 많다.

판별분석을 사용할 수 있는 실제 예를 들면, 은행에서 고객의 신용도(예 : 신용이 좋은 집단, 중간집단, 낮은 집단)를 결정하는 요인을 조사하고자 하는 경우, 대학생들의 성역할 태도가 대학생(예 : 자유주의적 대학생집단, 보통 집단, 보수적 집단 등)마다 차이가 있는데 이 차이를 설명하는 요인을 조사하고자 하는 경우, 가족형태(예 : 핵가족, 확대가족)에 따른 아버지의 가사노동 참여도 또는 부부만족도의 차이를 조사하고자 하는 경우, 소비자들의 소비행태 유형(예 : 과시적 소비자 집단, 충동적 소비자 집단, 합리적 소비자 집단 등)을 판별하는 변수를 조사하고자 하는 경우 등 집단의 차이를 결정 또는 판별하는 변수를 찾고자 하는 경우이다.

판별분석을 사용하기 위해서는 판별변수가 등간척도 또는 비율척도여야 하며, 집단의 개수는 둘 이상으로 명목척도 또는 서열척도로 측정된 변수를 가지고 집단을 나누게 된다. 여기서 판별변수는 회귀분석의 독립변수와 의미가 유사하며 집단의 경우 명목척도로 측정된 종속변수 개념으로 볼 수 있다. 결국, 중회귀분석과 판별분석의 경우 변수들의 척도상에서 우선적인 차이를 발견할 수 있다.

판별분석을 보다 충분히 이해하기 위하여 다른 통계분석기법과 간단하게 비교하여 보자. 연구목적이 집단 간의 차이를 결정하는 판별변수의 영향력 검증이라면, 이때의 판별분석은 회귀분석과 유사하다. 이 경우 집단이 판별변수에 종속된 의미로 보게 되어, 독립변수가 종속변수에 미치는 영향력을 검증하는 회귀분석과 유사하다고 볼 수 있다. 다시 말해, 판별변수가 집단의 차이에 미치는 영향력을 검증한다는 의미에서 두 통계분석은 유사하다.

한편, 분산분석(ANOVA : Analysis of Variance)은 판별분석과는 정반대로 독립변수가 명목척도이고 종속변수가 등간 또는 비율척도인 경우 사용하는 통계기법이다. 분산분석은 집단이 판별변수에 종속되지 않고 역으로 판별변수가 집단에 종속되도록 모델을 설정한 경우이다. 판별분석이 하나가 아닌 여러 개의 판별변수의 판별력을 조사한다는 측면에서는 분산분석보다는 다변량분산분석(MANOVA : Multivariate Analysis of Variance)과 유사하다고 볼 수 있다. 종속변수가 여러 개로서 이 여러 종속변수의 차이가 동시에 독립변수의 차이를 유발하는 경우 다변량분산분석을 사용하게 되는데 판별분석에서도 집단의 차이 자체가 판별변수의 변화에 영향을 미치는 것으로 모델을 설정하는 경우는 다변량분산분석과 유사한 의미를 갖게 된다. 여기서 주의할 것은 판별분석에서 회귀분석에서처럼 판별변수는 독립변수의 의미로 집단은 종속변수의 의미로 모델을 설정하는 경우가 많은데 역으로 집단이 독립변수의 의미로 판별변수가 종속변수의 의미로 모델을 설정하기도 한다는 것이다.

요인분석 또는 군집분석(cluster analysis)과 비교할 때 가장 큰 차이는 집단의 분류이다. 판별분석에서 집단 간의 차이를 판별하는 변수를 검증하고자 할 경우, 판별분석 이전에 연구자의 식견이나 선행연구를 기초로 집단을 먼저 분류한 후에 판별변수들의 판별력을 검증한다. 다시 말해, 판별분석은 사전에 집단에 대한 정보가 주어진다는 점에서 요인분석 그리고 군집분석과 구별된다. 요인분석과 군집분석은 사전에 집단을 분류하지 않고 분석결과를 통해 경험적으로 집단을 분류하게 된다. 군집분석은 집단이 사전에 규정되지 않은 상태에서 탐색적인 목적의 기법으로 집단을 분류하는 분석법이라는 면에서 판별분석과 차이가 있다.

1. 판별분석의 가정

어느 통계분석도 일정한 가정 또는 조건이 성립되어야 비로소 신뢰할 수 있는 결과를 얻게 된다. 판별분석에 필요한 가정은 판별변수의 판별력을 검증한다는 차원에서 회귀분석의 전제조건과 유사하다. 이 조건 이외에도 판별분석이 분류의 목적을 달성하고자 하는 분석기법이므로 분류를 위한 기초적 가정이 추가로 성립되어야 한다. 판별분석의 전제조건 또는 가정은 다섯 가지로 다음과 같다.

① 집단은 상호 배타적이어서 수집된 사례가 여러 집단에 속하는 경우가 없어야 한다.

② 전체 사례 수(n) 및 집단의 개수(g)는 판별변수의 수(p)보다 많아야 한다. 다시 말해, 집단의 개수 및 판별변수의 수는 최소 2개 이상이어야 한다.

$$g \geqq 2,\ \ 0 < p < n-2,\ \ n > 2$$

③ 판별변수들 간에는 서로 독립적이어야 한다.

④ 모집단의 각 부분집단은 정상분포이어야 한다.

⑤ 모집단의 각 부분집단들의 공분산이 집단마다 동일해야 한다.

위의 조건 ①과 ②는 집단의 분류를 위해 필요한 기초적인 가정이다. 조건 ③과 ④의 경우 회귀분석에서의 가정과 유사하다. ③의 가정은 판별변수 간에 1차적 조합이 하나의 판별변수가 되어서도 안 됨을 의미한다. 가정 ④는 판별함수가 1차 함수, 즉 선형적 함수가 되기 위한 가정이다. 또한 가정 ⑤가 지켜지지 않을 경우, 즉 두 공분산이 같지 않을 경우 비선형적 함수가 되므로 배제하여야 한다.

위의 5가지 조건 중 가정 ④, 즉 정규성(normality)의 경우 현실적으로 완벽히 충족되기 어려우나 다소 벗어나도 무리가 없다는 견해가 지배적이다. 이 가정에 위배되어 판별분석의 정확도를 떨어뜨리지 않기 위한 해결방법은 크게 두 가지이다.

첫째, 도출된 여러 개의 판별함수 중 1차 판별함수를 사용함으로서 이 조건의 문제를 보완하는 것이 가장 쉬운 방법이다. 한편, 판별함수의 개수와 통계적 유의도를 결정하기 위한 wilks's 람다, 카이 자승치(chi-square)를 이용하는 대신 정준상관계수와 상대백분율을 검토하여 이 두 개 중 어느 하나라도 값이 작은 경우 통계적으로 유의한 함수라 해도 무시하는 것이 좋다. 판별함수 중 1차 판별함수를 사용하도록 권하는 이유는 1차 판별함수가 2차 또는 3차 등의 경우보다 정준상관계수와 상대백분율 면에서 우월하기 때문이다.

둘째, 정확분류비율를 살펴보아 분류비율이 낮은 경우 그 원인이 판별분석의 가정이 위배된 것으로 추정할 수도 있다. 보통 분류비율이 낮은 경우 판별변수의 영향력이 낮아 나타나는 현상일 수도 있으나 판별분석의 기본 가정이 충족되지 않은 경우일 수도 있다. 이 경우 분류 시 경계선에 있는 사례를 정확히 예측하여야 한다(채서일, 1995).

모집단의 부분집단들이 정규분포를 이루지 않을 경우 정규성을 가정하지 않는 로지스틱 판별분석(logistic discriminant analysis)을 사용하기도 한다. 이 분석방법은 부분집단이 두 개인 경우에 한하며 최대우도법(maximum likelihood estimation)을 사용하여 모수치를 추정한다. 그 이외의 경우 부분집단의 정규성이 지켜지지 않았을 경우 k-최소근방(k-nearest neighbor) 분석방법과 같은 비모수적 분류방법을 사용할 것을 고려하는 것이 바람직하다.

가정 ⑤가 지켜지지 않아 부분집단들의 공분산이 같지 않을 경우 비선형적 함수가 되므로 판별분석을 사용할 수가 없다. 부분집단들의 공분산이 같은가의 여부를 판정하기 위하여 SPSS 프로그램에서는 Box's M test를 사용하여 검증한다.

지금까지 판별분석을 위한 가정들을 살펴보았는데 이 같은 가정들이 완벽히 지켜지지 않아도 판별분석결과는 유용하다고 주장하는 학자들도 많다. 특히 표본의 크기가 클 경우 크게 문제가 되지 않는다는 견해가 지배적이다(유동근, 1994).

지금까지 살펴본 다섯 가지의 소선 이외에도 어번 동세분석에서도 필요한 조건인 충분한 표본수, 높은 상관관계가 있는 변수 제거, 불충실한 답변의 자료 삭제, 극단치의 해결 등은 판별분석의 효과적인 수행을 위해 필수적이다. 특히, 판별분석에서 고려하여야 할 것은 부분집단의 사례 수가 동일하도록 연구설계하는 것이다. 판별분석의 경우 사례 수가 적은 집단의 수가 유효표본수의 역할을 하게 되므로 부분집단의 사례 수가 같게 하여 판별력을 증가시키는 것이 바람직하다(서정희, 1996; 채서일, 1995).

쉬어가는 연구방법과 통계이야기 • 8-1

조사결과에 대한 사전이해 필요

조사결과를 대할 때 행간(行間)을 읽기 위해서는 조사방법에 대한 약간의 지식이 필요하다. 이러한 약간의 지식에 대해서는 지난 여러 주 동안 기사의 다양한 사례와 함께 제시했는데 이를 간단히 요약하면 다음과 같다.

조사결과의 행간을 읽기 위해서는 조사결과를 대할 때 우선 누가(조사기관),무슨 목적으로 조사를 했는지 자문해야 한다. 더욱이 조사에 드는 비용을 전적으로 부담한 후원자가 있다면 그 후원의 동기도 미루어 짐작해야 한다. 다음으로 표본이 적절한가를 생각해야 한다. 조사의 내용이나 목적이 다양해도 본질적으로 대부분의 조사는 같은 성격을 지닌다. 전체를 다 조사하는 것이 아니라 전체의 일부인 표본만을 조사해 전체에 대해 예측을 하는 것이다. 그러나 표본만을 조사해 그 결과를 갖고 전체를 예측하는 과정에서 여러 가지 오류와 왜곡이 생길 수 있다.

표본조사의 과정은 긴 연결고리로 이어진 매듭에 비유할 수 있다. 각각의 연결고리가 모두 튼튼해야 견고한 매듭이 되듯이 훌륭한 조사도 각 단계가 올바르게 수행되어야 한다. 조사과정의 어느 한 단계에서라도 잘못이 있게 되면 전체의 조사는 신뢰성이 낮은 결과를 낳게 된다. 더욱이 첫 단계인 표본의 선정부터 잘못된다면 조사의 신뢰성은 크게 빗나가므로 모집단의 정의, 표집방법, 응답률, 그리고 표본의 크기 등에서 표본의 대표성이 유지되도록 주의를 기울였는지를 체크해야 한다. 이러한 사항이 발표되지 않은 조사결과는 굳이 심각하게 읽을 필요가 없는 것들이 대부분일 것이다.

설문에 관해서도 매우 비판적인 시각을 가져야 한다. 질문과 응답항목을 만드는 데 조사자의 주관적인 의도가 개입되지 않았는가를 판단해야 한다. 따라서 질문과 응답항목이 결과와 함께 제시되지 않은 경우에는 질문과 응답항목에 따라 전혀 다른 결과가 나올 수 있음을 명심해야 한다. 질문과 응답항목이 제시된 경우에는 직접 응답자가 되어서 질문에 응답을 해 보는 것도 좋다. 그 과정에서 왜곡의 여지에 대한 의문이 없다면 그 결과는 신뢰할 수 있을 것이다.

끝으로 해석을 함에 있어서 구체적인 해석의 명확한 근거를 확인해야 한다. 특히 해석이 이상한 느낌이 든다면, 즉 상식적으로 이해가 되지 않는다면 구체적인 결과의 수치들을 확인해야 한다. 숫자와 제시된 결론 사이에 커다란 논리적인 틈이 존재할 수도 있다.

참고로 미국에서도 여론 조사에 대한 사회적 비판이 높아지자 1969년 미국 여론조사 협회는 여론 조사 결과를 발표할 때 다음의 8개 사항을 함께 발표하도록 했다.

1. 조사의 주관자와 후원자
2. 조사대상 모집단에 관한 정보
3. 자료수집의 구체적 정보
4. 표본의 크기와 추출방법
5. 실제 조사에 사용된 설문
6. 조사 시기
7. 표본 오차와 신뢰 수준
8. 오차의 요인들에 관한 정보

우리나라에서도 방송위원회에서 '방송의 여론조사보도기준'을 마련해서 각 방송사로 하여금 준수하도록 했는데 그 내용은 여론조사 결과를 보도할 때 위의 8개항을 명시하라는 것이었다. 위와 같은 8개항의 내용이 조사결과와 함께 요약되어 발표되지 않았다면 그 결과를 굳이 심각하게 읽거나 의미를 부여할 필요가 없는 경우가 대부분이다.

출처 : 한국경제, 2006년 6월 26일

2. 정준판별함수와 기초개념

판별분석은 주어진 관측치들로부터 전체 집단을 특정한 특성에 따라 상호 배반적인 여러 개의 집단으로 분류하는 과정과 판별과정에서 유도된 기준을 사용하여 다시 알려지지 않은 개체를 특정집단으로 분류하는 과정이다. 집단을 분류하는 방법에는 정준판별 방법과 판별변수 벡터에 기초한 방법이 있다. 정준판별방법에 의한 분류는 판별분석의 두 가지 목적인 해석과 분류를 잘 달성할 수 있으므로 보편적으로 사용하는 방법이다. 판별변수 벡터에 의해 분류하는 방법은 간단하게 최대한의 분리를 목적으로 사용하는데 함수의 해석이나 유의성이 고려되지 않는 방법이다.

정준판별방법에 의한 분류방법의 유용성과 보편성을 인정하여 이 장에서는 다른 방법에 의한 분류방법, 즉 우도비 원리에 의한 방법(likelihood ratio principle), 일반화된 거리와 사후 확률(posterior probability)에 의한 방법, 부분 F(partial F)비에 의한 판별변수의 선택방법 등과 같은 판별분류방법 등은 생략하고 정준판별함수를 통한 분류방법에 대해 구체적으로 살펴본다. 한편, 정준판별함수에 대한 설명 이외에도 판별분석을 이해하기 위해 알아야 할 기초개념에 대해서도 함께 살펴보기로 한다.

1) 정준판별함수

주어진 관측치들로부터 특성에 따라 여러 집단으로 분류하는 과정에서 도출되는 정준판별함수에 대해 살펴보자. 주어진 관측치가 두 개의 정규분포를 보이고 있을 때 이를 그래프로 그리면 [그림 8-1]과 같다. [그림 8-1]은 2개의 집단이 정규분포를 보이고 있는 경우이다.

주어진 관측치로부터 집단을 분류하는 기본원리는 한 개체를 가장 가까운 집단에 분류시키는 것이다. 다시 말해, 분류하고자 하는 한 개체로부터 가장 가까운 집단중심(또는 집단평균)을 갖는 집단에 분류시키면 된다(심기영·전명식, 1994).

[그림 8-1]에서는 특성에 따라 분류 시 2개의 집단으로 분류할 수 있는 경우이다. 만약, 특성에 따라 모집단을 분류하였을 경우, 집단이 3개 이상인 경우 n차원 공간 내 특정집단은 일정한 영역을 차지하며 다른 집단과 구분되는 양상을 보일 것이다.

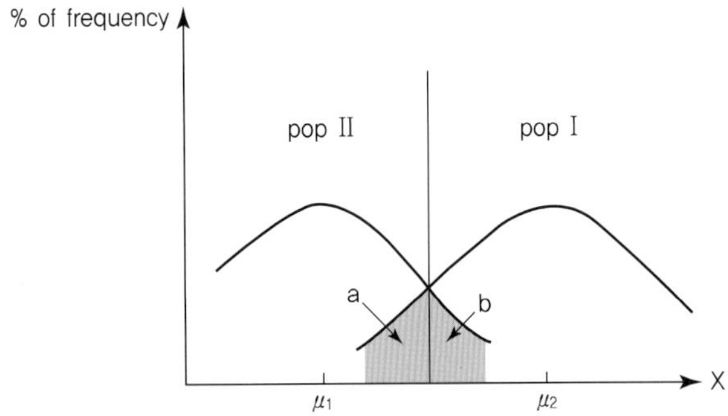

[그림 8-1] 관측치가 두 개의 집단으로 분류되는 경우
a : 집단 I에 속하는데 집단 II로 잘못 분류된 사례 수의 비율
b : 집단 II에 속하는데 집단 I로 잘못 분류된 사례 수의 비율
출처 : Afifi, A.A., & Clark, V.(1990 : 275)

이때 특징을 나타내는 판별변수의 수가 많은 경우 3차원, 4차원 등 n차원 공간 등 차원이 높아져 해석 등 여러 가지로 복잡해진다. 따라서 집단들을 잘 분리할 수 있도록 변환시켜 처리하고자 하는 차원축소법에 근거한 피셔(Fisher)의 정준판별함수(canonical discriminant function)를 많이 사용하게 된다. 집단이 두 개인 경우의 정준판별함수는 피셔의 선형판별함수와 동일하며, 두 개 이상인 경우는 피셔의 판별함수를 연장, 확대하는 형태의 함수를 의미한다. 이때 앞서 설명한 바와 같이 정준판별함수는 모집단의 부분집단들의 공분산행렬이 같다는 가정이 성립될 때 도출하게 되며 그렇지 않은 경우 우도비원리(likelihood ratio principle)에 의한 방법 등 다른 방법을 강구하여야 한다(김기영·전명식, 1994).

이미 살펴본 바와 같이 판별분석의 주요 목적은 판별변수들이 집단 간의 차이를 판별하는 판별력을 검증하는 것인데 이때 판별변수들의 영향력은 회귀분석과 마찬가지로 1차 선형함수이다. 관측치를 가지고 어떤 특성, 즉 판별변수(X_i)에 따라 여러 집단으로 분류하기 위하여 정준판별함수를 도출하게 되는데 이는 피셔의 판별함수로서 수식으로 제시하면 다음과 같다(Afifi & Clark, 1990).

$$Y_{k,j} = \beta_0 + \beta_1 X_{1,k,j} + \beta_2 X_{2,k,j} + \beta_3 X_{3,k,j} + \cdots + \beta_{n} X_{n,k,j} \quad \text{식(8.1)}$$

여기에서 $Y_{i,j}$ 는 집단 k에 속하는 사례 j에 대한 정준판별함수의 값, 즉 판별점수(discriminant scores)를 의미하며, $X_{i,k,j}$는 집단 k에 속하는 사례 j에 대한 판별변수 X_i의 값을, 그리고 β_i는 판별함수에서 특정 집단으로 분류하기 위한 기준이 되는 판별특징에 대한 계수(canonical discriminant coefficient)를 의미한다.

위의 식에서 도출할 수 있는 정준판별함수의 개수는 몇 개인가를 살펴보자. 보통 집단의 개수보다 1개 적은 수(k-1)와 판별변수의 개수(n) 중 작은 숫자가 산출 가능한 판별함수의 개수이다. 예를 들어, 집단이 3개이고 판별변수의 수가 7개인 경우 2개의 판별함수 도출이 가능하다.

주어진 관측치로부터 어떤 특성, 즉 판별변수(X_i)에 따라 여러 집단으로 분류하기 위해 정준판별함수가 도출되면 이 함수에 대한 의미를 파악하여야 한다. 이때 정준판별함수에 대한 해석은 판별변수들이 집단 간의 차이에 미치는 영향력을 검증하기 때문에 회귀분석에서와 유사하다. 실제자료를 사용하여 판별분석한 결과를 가지고 정준판별함수의 의미를 살펴보자.

이 장에서는 서비스에 대한 소비자들의 불평행동에 관한 허경옥(1997)의 자료를 가지고 판별분석한 결과를 중심으로 설명하고자 한다. 1996년에 실시한 이 조사는 병원 서비스에 대한 불만의 대응행동으로 소비자불평행동 유형을 분류하여 이 유형을 판별하는 요인을 조사하였다. 허경옥(1997)의 연구에서는 불만을 느낀 소비자들이 불평행동을 취할 것인가의 여부 및 불평행동을 취할 경우 어떤 형태의 불평행동을 취할 것인가를 판별하는 소비자 특성은 어떤 것인가를 조사하기 위하여 판별분석을 실시하였다. 불만을 느낀 소비자들은 각기 다른 형태의 불평행동을 취하게 되는데, 여기서는 불평행동의 유형을 세 가지로 구분하여 각 유형에 따른 소비자집단을 판별하는 소비자특성은 어떤 것인가를 조사하였다. 세 가지 불평행동은 비불평행동, 소극적 불평행동, 그리고 적극적 불평행동이며, 소비자특성은 소비생활과 관련한 특성인 소비자교육경험의 유무, 소비자사회화, 소비자의식, 소비자지식, 예산관리능력과 사회·인구적 변수인 연령, 교육수준, 소득, 성별, 직업수준 그리고 시간제약 변수이다.

〈표 8-1〉은 소비자들의 불평행동에 관한 자료를 사용하여 병원 서비스 불만에 대한 불평행동을 판별하는 판별분석결과이다. 판별분석방법은 변수의 판별력에 따라 단계별 변수투입방법(stepwise procedure)이 사용되었으며, 판별력이 통계적으로 유의미하지 않은 판별변수의 경우는 〈표 8-1〉에 제시하지 않았다.

〈표 8-1〉 소비자불평행동을 판별하는 판별분석 결과

판별변수	비표준화계수		표준화계수	
	함수1	함수2	함수1	함수2
연 령	-.037	.124	.450	.407
교육수준	-.296	.260	-.390	.343
시간제약	-.841	.138	-.321	.528
소비자지식	-.337	-.335	-.054	-.543
소비자의식	-.037	.124	-.191	.535
서비스 만족	.204	.258	.802	.101
상 수	-.746	-7.203		
정준상관계수	.358	.244		

주어진 비표준화판별계수를 사용하여 판별함수식을 구할 수 있는데 소비자불평행동의 집단이 3개이므로 최대 2개의 판별함수를 도출하게 된다. 도출된 판별함수는 판별변수들과 집단변수 간의 선형적 조합을 최대화시킨 것으로 아래 두 개의 수식으로 나타낼 수 있다.

$$C_1 = -.746 - .037X_1 - .296X_2 - .841X_3 - .337X_4 - .037X_5 + .204X_6 \quad \text{식(8.2)}$$

$$C_2 = -7.203 + .124X_1 + .260X_2 + .138X_3 - .335X_4 + .124X_5 + .258X_6 \quad \text{식(8.3)}$$

X_1 =연령 X_2 =교육수준 X_3 =시간제약 X_4 =소비자지식
X_5 =소비자의식 X_6 =서비스만족의 정도

위에서 도출한 판별함수식을 이용하여 각 사례에 대한 판별점수를 구할 수 있다. 판별점수를 구하는 방법은 비표준정준판별계수와 대응하는 판별변수의 값을 대입하여 계산하면 된다. 예를 들어, 어느 소비자의 연령이 24세, 대졸(4로 코딩됨), 시간제약이 매우 심한(5로 코딩됨) 경우에서 판별변수의 값들(24, 4, 5)을 대입하여 판별점수를 구할 수 있다. 이와 같이 각 사례에 대한 판별점수를 모두 계산하여 각 집단에 속한 사례들의 평균값 또는 중심치를 구할 수 있다. 결국 각 사례들의 판별점수를 가지고 이 사례들이 어느 집단에 속할지를 분류할 수 있고 새로운 사례를 가지고 어느 집단으로 분류할 수 있을지 예측할 수 있다.

2) 표준화판별계수와 비표준화판별계수

판별함수식(8.1)에서 β_1, β_2 등과 같은 계수는 비표준화정준판별계수(unstandardized canonical discriminant coefficient)이며 그 의미는 회귀분석의 비표준화 회귀계수와 유사하다. 비표준화판별계수는 특정 판별변수값의 변화가 판별점수에 미치는 정도, 즉 절대적 의미를 가진다.

회귀분석에서와 마찬가지로, 비표준화정준판별계수는 각 판별변수의 측정단위가 다르므로 대응하는 표준편차가 서로 달라 한 판별변수가 다른 변수에 대하여 가지는 상대적 판별력을 보여 주지 못한다. 따라서 비표준화판별변수의 표준편차가 1이 되도록 표준화시킨 후 판별분석을 수행할 경우 산출되는 계수를 표준화정준판별계수(standardized canonical discriminant coefficient)라 하며 판별변수들의 상대적 판별력을 나타낸다. 다시 말해, 표준화정준판별계수는 한 판별변수의 변화가 판별점수에 미치는 상대적 기여도를 의미하며 변수들의 값을 Z점수로 변환시켜 원점을 지나는 직선의 기울기이다. 따라서 표준화정준판별계수는 각 특징을 대표하는 각각의 판별변수들이 집단 간의 차이에 미치는 영향력의 비교를 가능하게 하는 계수이다. 회귀분석에서와 마찬가지로, 표준화정준판별계수값이 크면 클수록 상대적 기여도 또는 집단 간의 차이에 미치는 영향력이 높다.

판별분석 결과인 〈표 8-1〉을 가지고 정준판별계수의 의미를 해석하여 보자. 병원 서비스에 대해 불만을 느낀 경우의 대응행동인 소비자불평행동유형을 판별하는 유의미한 변수는 연령, 교육수준, 시간제약, 소비자지식, 소비자의식, 서비스만족의 정도인 것을 알 수 있다. 소비자가 불만을 느낀 경우 어떤 형태의 소비자불평행동을 취할 것인가 하는 불평행동결정에 서비스 만족의 정도, 연령, 교육수준, 시간제약, 소비자의식, 소비자지식 변수가 순서대로 영향을 미치고 있음을 알 수 있다. 이때 판별변수의 상대적 중요도는 표준화정준판별계수의 절대값의 크기로 판정하며 계수의 음양부호(+, -)는 중요도에는 상관없음에 주의한다. 결국 회귀분석의 표준화 회귀계수의 해석원리와 동일함을 알 수 있다.

3) 정준상관계수

정준상관계수(canonical correlation coefficient)는 집단과 판별함수 간의 상관관

계의 정도를 나타내는 수치로서 r^*로 나타내는 것이 보통이며 회귀분석의 상관계수(r)와 의미가 유사하다. 정준상관계수는 판별식에 의해 설명되는 판별점수의 분산을 총분산으로 나누고 제곱근한 것으로 판별식의 판별력을 나타낸다.

$$r^* = \frac{\text{판별식으로 설명되는 판별점수의 분산}}{\text{총분산}} \quad \text{식(8.4)}$$

만약 정준판별함수가 2개가 도출되었는데, 이중 첫째 판별함수의 정준상관계수값이 0.32였으며, 두 번째 판별함수의 정준상관계수값이 0.21인 경우 첫째 판별함수의 판별력은 32%, 두 번째의 경우 21%로 생각할 수 있다. 정준상관계수는 0과 1(또는 −1) 사이의 값을 가지며 그 의미도 1의 경우 동일한 정보를 갖는 경우, 0의 경우 전혀 관계가 없는 경우를 의미한다. 〈표 8-1〉에서 병원서비스에 대한 판별분석 결과 정준상관계수가 0.36으로 병원서비스 불만에 대한 소비자들의 불평행동유형 판별을 위한 모델의 설명력이 36%임을 알 수 있다.

4) 구조계수

하나의 특정 판별변수와 판별함수와의 관계, 즉 단순선형관계를 나타내는 것은 구조계수(structure coefficients 또는 structure correlations) 또는 판별부하이다. 여기서의 구조계수는 집단 내 구조계수(within-groups structure coefficients)를 의미한다. 전체 구조계수(total structure coefficient)는 집단 간의 차이를 판별하는 데 사용한다.

표준화정준계수는 다른 판별변수값이 일정한 경우 해당 표준화정준계수가 판별점수값에 미치는 다시 말해, 집단 간의 차이를 판별하는 영향력을 나타내는데 이 계수는 해석상의 한계를 내포하고 있다. 어느 특정 표준화정준판별계수의 의미는 다른 판별변수들이 일정한 경우에 한하여 그 의미를 설명할 수 있다. 만약 두 판별변수의 판별력이 거의 같은 경우 이들의 표준화정준계수는 각각의 판별변수 하나만을 사용하였을 때보다 작게 나타난다. 그 이유는 한 판별변수의 공헌도가 다른 변수에 의해 상쇄되는 효과가 나타났기 때문이다. 결국 표준화정준계수는 다른 변수와의 관계에 따라 영향을 받는 계수이다.

그러나 구조계수는 다른 판별변수와의 관계에 영향을 받지 않는 단순히 특정 판별변수와 정준판별함수와의 상관관계를 보여 주는 수치이므로 표준화정준계수보다 정준판별함수의 의미를 파악하는 데 유리하다(가족학연구회, 1994 ; 채서일, 1992). 결국 구조계수는 각 판별변수의 판별력을 해석하는 데 유리하나 이 계수 역시 표본에 따라 불안정하다.

구조계수는 일반적으로 전체 표본에 걸친 판별변수와 판별함수 간의 상관관계를 나타내는 전체 구조계수(total structual coefficient)와 집단 내 구조계수(within-group structual coefficient)로 나누어 생각할 수 있다. 구조계수 역시 상관관계를 보여 주는 수치이므로 0과 1(−1) 사이의 값을 가지며, 1의 값은 양자가 동일한 정보를 갖고 있는 경우, 0의 값은 양자가 전혀 관계가 없을 때를 의미하는데, 실제연구에서 완벽하게 동일하거나 전혀 관계가 없는 경우는 드물어 0과 1의 값을 갖지 않는다.

〈표 8-2〉에서 병원서비스에 대한 소비자만족의 정도가 함수 1과 가장 높은 상관관계를 보이고 있으며 연령과 시간제약이 다음으로 높은 상관관계를 보이고 있음을 알 수 있다.

〈표 8-2〉 소비자불평행동을 판별하는 판별분석 결과 중 구조계수

판별변수	함수1	함수2
연 령	.413	.454
성 별	−.071	.176
교육수준	−.218	.409
시간제약	−.326	.31
소득수준	.100	.415
소비지지식	−.198	−.401
소비자의식	.191	.394
소비자사회화	−.077	−.029
예산관리능력	−.142	−.242
소비자교육	−.024	−.211
서비스만족	.732	.198

5) 고유값과 상대백분율

상대백분율은 몇 개의 판별함수를 도출할 것인가를 결정하는 기준이 되기도 하며, 판별함수가 여러 개 도출되었을 경우 그 함수 중 어느 판별함수가 유력한가를 판정하는 기준이 된다. 다시 말해 각 함수 간의 설명력을 비교 가능하게 하는 수치이다. 상대백분율은 도출된 모든 함수의 고유값(eigen value)을 합한 수치 중 해당 판별함수의 고유값의 비율로 계산된다.

상대백분율=(해당함수의 고유값/전체도출 함수의 고유값)×100 식(8.5)

고유값은 집단간분산을 집단내분산으로 나눈 것으로 값이 클수록 판별함수의 판별력이 높음을 보여 준다. 따라서 상대백분율의 값이 큰 함수가 가장 강력한 판별력을 가지고 있으며 보통 첫 번째로 도출된 판별함수가 가장 상대백분율이 높아 판별력이 높은 함수이다. 여기에서 판별함수와 집단 간의 관계는 정준상관계수값에 따라 달라질 수 있다. 따라서 도출된 판별함수의 실제 의미, 즉 집단 간의 차이를 설명하는 데 있어서의 판별력은 상대백분율과 정준상관계수값을 통해 판정할 수 있다.

〈표 8-3〉은 병원서비스 불만에 대한 소비자불평행동 유형의 판별분석결과이다. 앞서 설명한 바와 같이, 함수1의 상대백분율인 69.29%는 (0.143/0.209)×100으로 계산된 것이다. 함수1과 함수2의 상대백분율을 비교할 경우 함수1의 것이 크므로 함수1이 함수2보다 강력한 판별력을 가지고 있음을 쉽게 알 수 있다. 첫 번째 판별함수가 총판별력의 69.29%를 점유하고 있고 두 번째 판별함수가 나머지 30.71%를 점유하고 있다. 결국, 함수2가 집단 간의 분리에 미치는 공헌도가 첫 번째 함수에 비해 미약함을 알 수 있다. 또한 함수1의 정준상관계수값도 함수2보다 크므로 함수 1의 판별력의 우월성을 다시 한 번 확인할 수 있다.

〈표 8-3〉 소비자불평행동유형에 대한 판별분석 결과

판별함수 Function	정준상관계수 Canonical corr	고유값 Eigenvalue	상대백분율 Pct of variance	wilks' s λ
함수1 함수2	0.358 0.244	0.143 0.063	69.29 30.71	
전 체		0.209	100.00	

6) wilks's lambda

판별분석에서 기본적 가설, 즉 귀무가설은 분류한 두 개의 집단 또는 두 개 이상의 집단들 간의 평균값이 같다는 것이며 통계적 검증을 통해 이 가설을 기각함으로서 집단들 간의 차이를 검증하게 된다. 이때 집단들 간의 차이를 설명하는 기준은 집단내분산에 대한 집단 간의 분산의 비율, 즉 wilks's λ(U-statistic 이라고도 부름)가 사용된다. wilks's λ는 모집단이 다변량정규분포를 갖는 경우 모집단 평균 간의 차이를 검증하는 우도비 통계량(likelihood ratio statistic)이다. λ는 다음과 같이 나타낼 수 있다.

$$\lambda = \pi_{i=k+1} \frac{1}{(1+e_i)} = \text{집단간분산/집단내분산} \quad \text{식(8.6)}$$

k는 도출된 판별함수의 개수

위의 식에서 볼 수 있듯이 wilks's λ는 역수치(inverse measure)의 의미를 갖는 것으로 잔여분의 판별력을 의미한다. 따라서 도출된 판별함수의 유의도검증에서 λ 값이 적을수록 잔여분의 판별력이 낮음을 그리고 판별함수의 유의도는 높음을 의미한다. wilks's λ는 집단 내의 분산을 전체분산으로 나눈 값으로, 값이 클수록 집단 간의 분산이 작고 집단 내 분산이 큼을 의미하여, 결국 집단 간의 차이를 충분히 설명하지 못함을 의미한다.

7) 집단중심

판별함수식에서 설명한 바와 같이 집단에 속한 각 사례들의 정보를 판별함수식에 대입하여 판별점수들의 평균값 또는 중심치(centroids)를 구하게 되는데 이 값을 집단중심치(group centroids)라고 부른다. 결국 집단중심치는 집단을 분류하는 데 사용하게 되는데, 주어진 관측치를 가지고 집단을 분류하는 기본원칙은 한 관측치로부터 가장 가까운 집단에 분류한다는 것이다. 이때 얼마나 가까운가는 집단의 평균값 또는 중심치값과의 거리를 통해 알 수 있다.

각 함수에 있어 각 집단의 판별점수를 나타내는 중심치를 〈표 8-4〉에 제시하였

〈표 8-4〉 소비자불평행동유형에 대한 판별분석 결과

집단중심치		
소비자집단	함수 1	함수 2
비불평 집단	.328	-.064
소극적불평 집단	-.505	-.135
적극적불평 집단	-.135	.681

는데 집단중심치(centroids)를 통해 각 부분집단 간의 불평행동유형의 차이를 알 수 있다. 병원서비스에 대한 불만의 경우 비불평소비자와 소극적 불평행동소비자 간에 불평행동유형상의 차이가 심한 것으로 나타났다. 각 부분집단 간의 차이는 각 비교집단 간의 집단중심치값의 거리로 결정한다. 비불평행동집단과 소극적행동집단 간의 집단중심치값의 거리(0.328+0.505=0.833)가 여타의 집단 간(비불평행동집단과 적극적 집단의 거리 : 0.463, 소극적 집단과 적극적 집단의 거리 : 0.640)의 거리보다 길어 차이가 심함을 알 수 있다.

집단중심치를 통해 집단 간의 차이를 조사하는 방법 이외에 간단하게 집단 간의 차이를 알 수 있는 또 하나의 방법은 산포도를 사용하는 방법이다. 각 개체의 판별점수를 공간에 도표화하여, 즉 정준판별함수값의 산포도(plot)를 살펴봄으로써 개괄적인 파악이 가능하다. 그러나 이 방법은 정준판별함수의 개수가 3개 이상이거나 표본의 크기가 커질 경우 도표로 그릴 수 없는 단점이 있다.

3. 정준판별함수의 통계적 유의도검증

판별함수가 도출된 후 이 판별함수의 유용성에 대한 검증이 필요하다. 판별함수의 두 가지 목적이 판별력의 검증인 해석과 분류이었는데 판별력의 검증은 wilks's λ를 사용한 X^2검증을 통해 수행하며 분류의 목적과 관련하여 분류정확률검증을 통해 수행한다. 결국 판별분석 후 판별함수의 유의도검증은 wilks's λ를 사용한 X^2 검증과 분류정확율검증 두 가지를 통해 달성된다. 이 두 가지에 대해 구체적으로 살펴보면 다음과 같다.

1) wilks's λ를 사용한 x^2 검증

판별함수의 통계적 유의도는 wilks's λ에 자유도를 고려한 X^2검증(컴퓨터 프로그램에 따라서는 Mahalanobis D^2 통계치 사용)을 통해 검증하는 것이 일반적이다. 자료를 사용하여 도출된 판별함수가 실제로 어느 정도의 의미를 갖는가를 검증하기 위하여 wilks's λ를 사용한 X^2검증을 하게 된다. 앞서 살펴본 바와 같이 wilks's λ는 잔여분의 판별력을 통해 도출된 판별함수의 유의도를 판단하게 되므로 간접적인 유의도판정법이다. 잔여분의 판별력이 낮을 경우 판별함수의 유의도는 높은 것으로 해석한다. wilks's λ 값이 클수록 집단 간의 분산이 작고 집단 내의 분산이 큼을 의미하여 결국 집단 간의 차이를 충분히 설명하지 못하므로 도출된 판별함수의 설명력이 낮음을 보여 준다(채서일, 1988). 결국 판별함수에서 판별변수의 wilks's λ 값이 적은 변수를 사용해야 함을 알려 준다.

wilks's λ 통계량을 사용하는 대부분의 통계 패키지는 이 통계량을 X^2 또는 F 분포의 값으로 전환시켜 쉽게 유의도검증을 하도록 하고 있다. 판별분석의 귀무가설인 집단들 간의 평균값이 같다는 것을 기각함으로써 집단들 간의 차이를 검증한다.

〈표 8-5〉는 병원서비스에 대한 소비자불평행동 유형에 대한 판별분석의 결과이다. 판별함수의 통계적 유의도는 wilks's λ에 자유도를 고려한 X^2값으로 도출된 함수의 통계적 유의도를 검증하게 되는데 위의 표에서 불평행동유형에 대해 도출된 판별함수 중 제1함수와 제2함수가 통계적으로 유의미한 것으로 나타났다. 함수1과 함수2 모두에 대한 유의도수준이 모두 .05보다 낮으므로 집난들 간의 평균값이 같다는 귀무가설을 기각함으로써 집단 간의 소비자불평행동 유형은 소비자특성 및 사회·인구적 변인에 따라 차이가 있음을 알 수 있다.

〈표 8-5〉 소비자불평행동 유형에 대한 판별분석 결과

판별함수	정준계수	wilks' s λ	X^2	p
함수 1***	0.358	0.819	41.40	.0001
함수 2*	0.244	0.940	12.80	.0275

*** : p<.001, ** : p<.01, * : p<.05

2) 분류행렬표를 통한 검증

판별변수들의 통계적 유의도를 검증하기 위하여 X^2검증을 수행하였다 하더라도 판별함수가 집단을 분류함에 있어 사례들을 얼마나 정확하게 판별하였는지를 검토하기 위하여 분류행렬표(classification matrix)를 사용하여 추가적 검증을 하여야 한다. 통계검증이 안고 있는 전통적인 문제와 마찬가지로, 표본의 크기가 크면 X^2검증은 집단간의 차이가 없음에도 불구하고 집단 간의 차이가 있다고 판정할 수 있어 검증력이 낮은 문제점이 있다. 회귀분석에서 회귀계수의 통계적 유의도가 높음에도 불구하고 R^2값이 낮아 모델의 설명력이 낮은 경우가 있듯이 판별분석에서도 X^2검증을 통해 판별변수들의 유의도가 검증되었다 하더라도 분류행렬표를 사용하여 분류의 정확도를 검토하는 것이 추가적으로 필요하다. 분류행렬표를 사용하여 도출한 판별함수의 유용성을 검증하는 것도 회귀분석에서 각 회귀계수의 통계적 유의도검증 이외에 결정계수(R^2) 값을 사용하여 회귀 모델의 설명력을 검토하는 것과 유사하다.

주어진 관측치를 가지고 판별변수의 특성에 따라 집단을 분류하기 위하여 판별함수를 구축하게 된다. 그 후 판별과정에서 유도된 기준을 사용하여 각 사례들의 판별점수를 계산하게 되고 이 점수로 각 사례들이 속할 집단을 예측하게 된다. 여기서 우리는 예측된 집단과 실제 소속된 집단 간의 빈도수를 통해 분류행렬표를 작성하게 된다. 이 분류행렬표는 도출된 판별함수가 얼마나 실제의 집단을 잘 분류하여 주는가를 제시해 주는 표이다. 다시 말해, 실제소속집단과 판별함수에 의해 분류된 예측집단을 표시하는 표이다.

〈표 8-6〉은 각 사례들이 속할 집단을 예측한 경우와 실제 소속된 집단의 경우의 빈도수를 표시한 분류행렬표이다.

〈표 8-6〉 분류행렬표: 집단들의 표본수가 동일한 경우

실제 집단	예측된 집단	
	집단 A	집단 B
집단 A(N =50) 집단 A(N =50)	30 15	20 35
계(N =100)	40	60
분류정확률(hit ratio)		(30+35)/100=0.65

이 표에서 대각선상의 빈도수(30, 35)는 판별함수가 정확하게 분류한 경우이다. 전체표본의 수에서 정확히 분류한 수로 나누면 정확하게 분류된 비율이 나온다. 이때 이 비율을 분류정확률(percent of correct classicification) 또는 예측적중률(hit ratio)이라고 부르며 회귀분석에서의 결정계수개념(R^2)과 유사하다. 위의 표에서 분류정확률은 65%임을 알 수 있다.

여기서 우리가 생각해 보아야 할 것은 과연 어느 정도의 분류정확률이 의미 있는 것인가 하는 것이다. 분류정확률이 어느 정도일 때 도출된 판별함수가 유용한 것인가에 대한 판단은 집단의 표본수가 동일한 경우와 다른 경우로 분류하여 판단한다. 먼저 표본의 수가 동일한 경우에는 우연히 얻을 수 있는 확률보다 분류정확률이 약 25% 정도 높아야 하며, 표본의 수가 동일하지 않을 경우에는 최대우연기준치(maximum chance criterion)와 비율우연기준치(proportional chance criterion)보다 분류정확률이 역시 25% 정도 높아야 한다. 이때 높은 정도에 대해서는 학자마다 다소 차이가 있으나 20~30% 정도 높아야 하는 것이 지배적인 견해이다. 먼저 표본의 수가 동일한 경우부터 자세히 살펴보자.

만약 모집단을 2개의 집단으로 분류한 경우 판별함수를 통해 분류정확률을 구하지 않고 연구자가 무작위로 분류할 경우, 즉 재수에 의해 분류할 경우 우연히 얻을 수 있는 확률은 50%가 될 것이며, 3개 집단으로 무작위로 분류할 경우 33%가 될 것이다. 그렇다면 판별함수를 통해 분류할 경우 분류정확률은 우연히 얻을 수 있는 확률보다는 높아야 함은 당연하다. 어느 정도 높아야 하는가에 대한 일치된 기준은 없으나 25% 이상 높아야 의미가 있는 것으로 받아들이는 것이 보통이다. 다시 말해, 2개 집단을 판별분석을 통해 분류할 경우 우연히 얻을 수 있는 확률인 50%에 다시 이 50%의 25%를 합한 62.5%$(0.50+(0.50\times0.25)=0.625)$ 정도 이상의 정확률을 보일 때 비로소 도출된 판별함수가 의미 있는 것으로 받아들일 수 있다. 같은 이치로 세 집단, 네 집단의 경우 41%, 31% 이상의 분류정확률을 보일 때 유용하다고 판정하게 된다.

지금까지 집단들의 표본수가 같은 경우 우연히 얻을 수 있는 확률과 분류정확률을 가지고 판별함수의 유용성을 검토하였다. 그러나 집단들의 표본수가 같지 않은 〈표 8-7〉과 같은 경우 어떻게 판별함수의 유용성을 판정하는지 살펴보자.

〈표 8-7〉 분류행렬표: 집단의 표본수가 다른 경우

실제 집단	예측된 집단	
	집단 A	집단 B
집단 A(N=30) 집단 B(N=70)	10 30	20 40
계(N=100)	40	60
분류정확률(hit ratio)		(10+40)/100=0.50

집단들의 표본수가 동일하지 않은 경우에 판별함수의 유용성을 판단하기 위해서 사용하는 기준인 최대우연기준치와 비율우연기준치를 구하는 공식은 아래와 같다.

최대우연기준치=(표본수가 많은 집단으로 분류된 총표본수/전체표본수) 식(8.7)

비율우연기준치$=P^2+(1-P)^2$ 식(8.8)

P : 전체표본수 중 한 집단으로 분류된 표본수의 비율
1−P : 전체표본수 중 다른 집단으로 분류된 표본수의 비율

최대우연기준치는 표본수가 많은 집단을 기준으로 삼는데, 전체집단 중 표본의 수가 많은 집단으로 분류된 총빈도수의 비율이다. 위의 경우 표본수가 많은 집단은 B인데 최대우연기준치는 60%(60/100=0.60, 즉 60%)이다. 비율우연기준치는 전체 표본수 중 각 집단으로 분류된 표본수비율을 제곱하여 합한 값으로 계산된다. 위의 표에서 비율우연기준치는 50%(집단 A : $(40/100)^2=0.16$ 집단 B : $(60/100)^2=0.36$, 합=0.52)이다. 비율우연기준치에 관한 수식(8.8)을 이용하여 계산할 경우에도 결과는 마찬가지이다. 두 집단 중 어느 한 집단에 대한 전체표본수 중 이 집단에 분류된 수값을 P로 놓고 계산하면 된다. 예를 들면, 집단 A를 기준으로 할 경우 P값은 0.40이므로 이때의 계산은 $(0.40)^2+(1-0.40)^2=0.52$가 되어 마찬가지의 결과를 얻게 된다. 최종적으로 비율 우연기준치인 52% 그리고 최대우연기준치인 60%보다 약 25% 정도 높은 65~75% 정도는 되어야 판별함수의 유용성을 인정할 수 있다. 그러나 위에서 분류정확률은 50%이므로 이 판별함수는 유용하다고 보기 어렵다.

소비자들의 불평행동 유형을 판별하는 판별함수의 유용성 여부 검토에 대해 다시

한 번 살펴보자. 아래의 표는 소비자불평행동 유형에 관한 분류결과표로서 판별함수에 의한 판별값이 과연 얼마나 정확하게 불평행동 유형을 분류시켰는지를 보여주고 있다. 아래의 경우 집단의 표본수가 동일하지 않으므로 최대우연기준치와 비율우연기준치를 사용하여 판별함수의 유용성을 검증하여야 한다.

표본수가 많은 집단은 비불평행동집단으로 최대우연기준치(84/228=0.36)는 36%이다.

비율우연기준치는 전체 표본수 중 각각의 집단의 사례수 비율을 제곱하여 합한 값으로 계산하는데 비율우연기준치(집단A : $(84/228)^2=0.13$, 집단B : $(89/228)^2=0.15$, 합=0.28)는 28%이다.

결국 비율우연기준치인 28% 그리고 최대우연기준치인 36%보다 약 25% 정도 높은 35%에서 45% 정도라면 판별함수는 유용한 판별력을 갖는 것으로 볼 수 있는데 위의 결과에서 분류정확도는 51%이므로 유용하다고 하겠다. 결국 앞에서 도출된 판별함수는 병원서비스에 대한 불평행동 유형을 판별하는 데 유용함을 알 수 있다.

〈표 8-8〉 소비자불평행동 유형에 관한 분류결과표

실제 집단	예측된 집단		
	비불평 집단	소극적 집단	적극적 집단
비불평집단(N=125)	59	39	27
소극적집단(N=76)	19	46	14
적극적집단(N=27)	9	4	14
계(N=228)	84	89	55
분류정확률(hit ratio)	(59+46+14)/228=0.52		

쉬어가는 연구방법과 통계이야기 • 8-2

자연스러운 거짓말

각종 조사에서 설문에 대한 사람들의 응답을 분석할 때 주의해야 할 또 하나의 사항은 사람들이란 필요한 경우 언제나 자연스럽게 거짓말을 한다는 사실이다. 특히 그 질문이 지극히 사적인 내용과 관련된 것이면 더욱 그렇다. 개인소득이 얼마인지, 플레이보이 잡지와 같은 음란잡지를 보는지, 퇴폐 이발소에 출입하는지, 성생활은 어떤지 등에 관한 물음에는 사람들이 속마음을 터놓고 응답한다고 가정하기 어렵다. 이처럼 질문의 응답자체가 사회적인 규범에 의해 사회적으로 바람직하다고(socially desirable) 여겨지는 특정한 대답을 할 수밖에 없는 경우 응답자들은 자연스럽게 거짓말을 하거나 응답을 거부하게 된다. 예를 들어, '당신은 부인을 때리십니까? ① 예 ② 아니오'라는 질문에 대해 응답자들은 응답을 거부하거나 자연스럽게 '② 아니오'를 선택하게 된다.

이런 경우 조사자는 응답자 자신과 관련된 직접적인 문제가 아닌 일반적인 문제로 바꾸어 '당신은 남자들이 부인을 때리고 있다고 생각하십니까? ① 예 ② 아니오'로 질문하는 것이 좋을 것이다.

하지만 이렇게 간접적인 문제로 바꿀 수 없는 경우 응답자들의 자연스러운 거짓말을 피할 수 없다. 예를 들어보자.

중국의 한 지역에서 세금과 징병의 목적으로 인구조사를 실시했다. 조사결과 그 지역의 인구는 2800만 명으로 나타났다. 그런데 몇 년 후 같은 지역에서 기아구제에 대한 인구조사가 다시 실시되었는데 인구가 1억 500만 명이라는 결과가 나왔다. 수 년 동안 인구가 폭발적으로 증가했을리 만무하고 처음조사에서는 세금과 징병을 피하려는 목적에서 사람들이 가족 수를 줄여서 응답했을 것이고, 둘째 조사에서는 기아구제 구호혜택을 많이 받으려는 이유에서 가족 수를 부풀렸을 가능성이 높다.

이런 거짓응답이 중국의 시골에서만 일어나는 것은 아니다. 현대에 있어서 세금을 내기 위한 소득신고에서 여전히 같은 현상이 벌어지고 있다.

출처 : 한국경제, 2006년 2월 6일

4. 공분산가정의 검정

앞의 판별분석의 가정에서 언급한 바와 같이 판별분석을 잘 사용하기 위해서는 몇 가지의 기본가정이 지켜져야 한다. 특히 공분산가정이 지켜지고 있는지의 여부를 살펴보는 것이 필요하다. SPSS 프로그램에서는 'Box's M test'를 사용하여 공분산가정의 여부를 판정한다. 공분산가정이 지켜지고 있는지의 여부를 조사한 Box's M test의 결과를 〈표 8-9〉에 제시하였다.

〈표 8-9〉 Box's M test의 결과

Group Label	Rank	Log Determinant
1	6	14.230584
2	6	13.892560
3	6	13.720264
Pooled Within-Groups Covariance Matrix	6	14.404452

Box's M	Approximate F	Degrees of freedom		Significance
72.084	1.6030	42,	19786.0	.0079

위의 표에서 공분산행렬의 값을 사용하여 각 집단의 공분산이 같다는 귀무가설을 가정한 경우의 p값은 0.79로서 유의도수준인 0.05보다 작으므로 귀무가설을 기각할 수 없음을 보여 준다. 따라서 병원서비스불만에 대한 소비자불평행동 집단들은 동일한 공분산을 갖고 있어 이제까지의 판별분석결과는 유용하게 사용할 수 있음을 확인하였다.

5. 판별분석 수행절차

1) 판별변수 선정 및 집단분류

판별분석을 수행하기 위한 몇 가지 절차를 살펴보자. 무엇보다도 판별분석을 수행하기 전에 집단을 분류하여야 하고 또한 판별변수를 선정하여야 한다. 집단을 분류하는 것은 연구자의 연구목적에 맞추어 2개 이상으로 분류하는데 각 집단은 상호배타적이어서 한 사례가 여러 집단에 동시에 포함되는 일이 있어서는 안 된다. 보통 명목척도로 측정된 변수를 가지고 집단으로 분류하게 되는데 이 장에서 사용한 소비자불평행동자료를 가지고 어떻게 집단을 나누었는가를 살펴보자.

1996년 소비자불평행동조사에서 소비자들의 불평행동유형은 여러 형태로 조사되었는데 이는 아무 행동도 취하지 않음, 이웃이나 아는 사람에게 악평을 함, 관련담당자에게 불평하고 시정을 요구함, 해당 책임자에게 고발하고 시정을 요구함, 신문사·언론기관·소비자단체 및 정부기관에 불만 및 문제점을 알림, 법적조치를 취함

등이었다. 이같이 다양한 대응행동을 분류함에 있어 그동안의 선행연구와 이론적 배경을 바탕으로 아무 행동도 취하지 않은 경우는 비불평집단으로, 이웃이나 아는 사람에게 악평을 하는 경우는 소극적 불평집단으로, 그리고 나머지 형태의 불평행동을 취한 경우는 적극적 불평집단으로 분류하였다.

판별변수선정은 연구자의 그동안의 지식, 이론적 배경, 선행연구들의 견해 등을 바탕으로 선정하게 된다. 실제연구에서 판별력이 있다고 고려되는 잠재적 변수는 여러 개가 있기 마련이다. 이때 가능한 한 적은 수의 변수를 사용하면서도 모수추정이 가장 정확하게 되기 위한 최적의 변수를 선택하여야 한다. 컴퓨터 분석에서 변수 선택의 기준은 집단 내의 분산에 대한 집단 간의 분산의 변화를 고려하는 F-통계량을 사용하거나 분류방법의 오분류율을 고려하게 된다.

2) 판별변수 투입방법

변수들을 선정하고 나면 이 변수들을 투입하여야 하는데 판별변수를 투입하는 방법은 크게 두 가지로 동시적 방법(simultaneous method)과 단계적 방법(stepwise method)이다. 판별변수를 어떤 방법으로 투입할 것인가를 결정하여야 하는데 동시적 투입방법과 단계적 투입방법 중 어느 것을 사용할지를 선택해야 한다.

동시적 투입방법은 여러 개의 판별변수를 한꺼번에 투입시켜 어떤 판별변수가 집단의 차이를 잘 판별하는가를 알아보고자 하는 경우이다. 조사자가 이론적 근거에 의해 모든 판별변수를 한꺼번에 투입하는 경우로 판별력이 큰 변수만으로 분석된 중간결과에 관심이 없는 경우에 사용한다(유동근, 1994). 이 방법은 각 판별변수들이 집단의 차이에 미치는 독립적 변별력을 제대로 반영하지 못하므로 분석과정이 복잡하고 분류상의 오류가 나타날 수 있다.

단계적 투입방법은 가장 많이 사용되는 방법으로 판별변수 중 판별력이 높은 변수들을 순서대로 추출해 투입한다. 단계별 변수투입방법의 경우 독립변수의 F치로 판별력을 판정하게 되는데, F치 값이 클수록 판별력이 크다. 이 방법은 전진단계적 과정, 후진단계적 과정, 전진과 후진의 병행방법 등 세 가지로 나누어 살펴볼 수 있다. 전진적 방법은 가장 판별력이 높은 변수 순으로 투입하는 방법이며, 후진적 방법은 모든 판별변수를 투입 후 가장 판별력이 낮은 변수 순으로 제거해 가면서 투입하는 방법이다. 병행방법은 처음에는 전진방법으로 그리고 각 단계에서는 판별력이 낮은 변수를 제거하는 후진단계적방법을 사용하게 된다.

단계적 투입방법이 판별변수의 최적결합을 찾는 데 매우 유용하고 효율적인 방법으로 널리 사용되어 왔다. 그러나 여기서 주의하여야 할 것은 어떤 변수들은 개별적으로는 판별력이 높으나 다른 변수들과의 높은 상관관계로 인하여 판별정보를 공유하므로 판별력이 낮게 나타나는 경우가 있다. 이는 회귀분석에서의 다중공선성의 문제와 유사하다. 물론 이와 같은 경우는 어느 한 변수를 모델에서 제외하는 것이 바람직한데 제거하지 않을 경우 판별력이 높음에도 불구하고 단계적 방법의 변수투입 순서에서 나중에 선택되거나 아주 선택되지 않을 수도 있다(김기영·전명식, 1994). 다시 말해 특정판별변수가 선택되는 순서가 반드시 그 변수의 판별력의 순서와 일치하지 않을 수도 있다는 사실이다. 이 같은 문제를 충분히 인식하여 판별정보를 공유하는, 즉 상관관계가 높은 변수들은 충분히 고려하여 해결책을 강구하여야 한다.

3) 판별변수 선정기준

판별변수를 선정하기 위하여 사용하는 방법에는 wilks's Lamda(λ), Mahalanobis's Distance, Rao's V 등이 있으나 대부분의 경우 wilks's λ를 가장 많이 사용한다. wilks's λ는 이미 앞에서 설명했듯이 역수치의 개념으로 값이 적을수록 집단 간의 차이를 설명하는 변별력이 높다. 따라서 λ값이 적은 변수를 우선적으로 선정하게 된다.

4) 통계적 유의도검증 및 분류검증

판별함수가 도출된 후 이 함수의 통계적 유의도를 검토해야 하는데 wilks's λ에 자유도를 고려한 X^2검증을 통해 확인하는 것이 일반적이다. X^2검증뿐만 아니라 도출된 판별함수가 실제의 집단을 얼마나 잘 분류하여 주는가를 검토하기 위한 분류행렬표를 작성하여 판별함수의 유용성을 검증하는 것이 필요하다. 예측된 집단과 실제 소속된 집단 간의 빈도수를 보여 주는 분류행렬표를 통해 분류정확률을 구하게 되며 우연기준치, 최대우연기준치, 비율우연기준치 등의 기준을 통해 도출된 판별함수가 얼마나 집단을 잘 분류하였는지를 검토하여 X^2검증의 문제점을 보완하여야 한다.

6. SPSS를 사용한 판별분석과 결과해석

SPSS Window 10.0 한글 버전을 이용하여 판별분석을 수행해 보자. | SPSS 예시 8-1 | 은 자료가 이미 입력된 상태에서 판별분석을 수행함에 있어 가장 중요한 집단변수의 정의과정을 보여 주고 있다. 변수명인 '전만족' 은 전자상거래에서 소비자 만족도를 4개 문항 5점 리커트 척도를 측정한 것이므로 12점까지는 만족 정도가 가장 낮은 1집단, 13에서 15점까지는 2집단으로, 16 이상은 만족수준이 가장 높은 3집단으로 구분하였다. 결국 전자상거래에서 소비자만족상 차이가 있는 세 집단이 구분되었는데 이 집단들을 판별하는 변수들은 무엇인가를 조사하기 위해 판별분석을 수행하고자 한다. 이때 판별분석에서는 집단변수가 명목변수를 사용하는 것에 더 적합한 방법이나, 이 연구에서는 서열척도로 측정된 만족 정도를 세 집단으로 분류하여 사용하였다.

다음 단계로 | SPSS 예시 8-2 | 에서 제시한 바와 같이 맨 위 메뉴에서 분석 → 판별분석 → 판별분석을 클릭한다. 클릭이 끝나면 | SPSS 예시 8-3 | 에 제시한 바와 같은 창이 뜨게 된다. 왼쪽에는 변수 목록이 뜨게 되는데 이들 변수 중 집단변수인 불만집단 변수는 오른쪽 집단변수 박스에 넣고, 독립변수는 왼쪽 목록에서 골라 클릭하여 넣으면 된다. 그 후 독립변수를 모두 진입과 단계선택법 사용 중 하나를 지정해야 하는데 지정하지 않으면 자동적으로 독립변수는 모두 진입이 사용되나, 단계선택법을 지정하면 독립변수를 단계적으로 진입시켜 판별분석을 수행하게 되는데 독립변수 중 어느 변수가 유의한가를 자세하게 알기 위해서는 단계선택법을 선택(V자 표시)하는 것이 효과적이다.

한편 집단변수의 경우 집단값의 최소값과 최대값을 지정해야 하는데 | SPSS 예시 8-1 | 에서 불만집단은 1부터 3까지 3개 집단이므로 1과 3을 입력한다. 계속을 확인한 후 | SPSS 예시 8-4 | 에서처럼 위 창 아래의 통계량을 클릭하면 아래 창이 뜨므로 '평균', 'Fisher의 방법', '집단-내 상관행렬' 등에 클릭하면 더 많은 정보가 결과물로서 제시된다. 계속을 클릭한 후 | SPSS 예시 8-5 | 에서처럼 위 창 아래의 분류를 클릭하면 아래 창이 뜨므로 요약 표를 클릭하면 역시 결과물에 요약 표가 추가적으로 제시된다. 그 후 계속 → 확인을 클릭하면 자동적으로 판별분석 결과 창이 뜬다. 판별분석 결과는 하나의 창으로 나타나는데 결과물이 많아 여기서는 | SPSS

예시 8-6 | 부터 | SPSS 예시 8-8 | 까지 3개의 창으로 잘라서 보여 주고 있다.

다음 단계는 판별분석 결과를 해석하는 것이다. 먼저 | SPSS 예시 8-7 | 에 제시한 바와 같이, 이 연구 모델에서 사용한 독립변수 중 단지 전자거래를 위한 쇼핑몰에서 제공하는 정보에 대한 만족도(변수이름: 전정보만) 변수만이 유의한 변수임을 알 수 있어 모델이 그리 좋지 않음을 추측하게 한다. | SPSS 예시 8-7 | 에서는 전자상거래에서의 소비자만족 집단이 3개이므로 최대 2개의 판별함수가 도출될 수 있으나 이 모델을 통해서는 1개가 도출되었음을 알 수 있다. 한편 정준상관 계수는 0.717이므로 전자상거래에서의 소비자만족 판별을 위한 모델의 설명력이 71%임을 알 수 있다. 끝으로 | SPSS 예시 8-7 | 에 따르면, 함수의 집단중심점으로 표시된 결과 상자 안의 수치는 집단 중심치로서 각 부분 집단 강의 소비자만족의 차이를 알 수 있게 한다. 구체적으로 집단 1과 3의 거리(1.53+1.31)가 1집단과 2집단(1.53+0.0085) 또는 2집단과 3집단(0.0085+1.317)보다 길어 차이가 심함을 알 수 있다. 다시 말해 소비자만족의 정도는 1집단과 3집단 간에 더 심함을 알 수 있다.1)

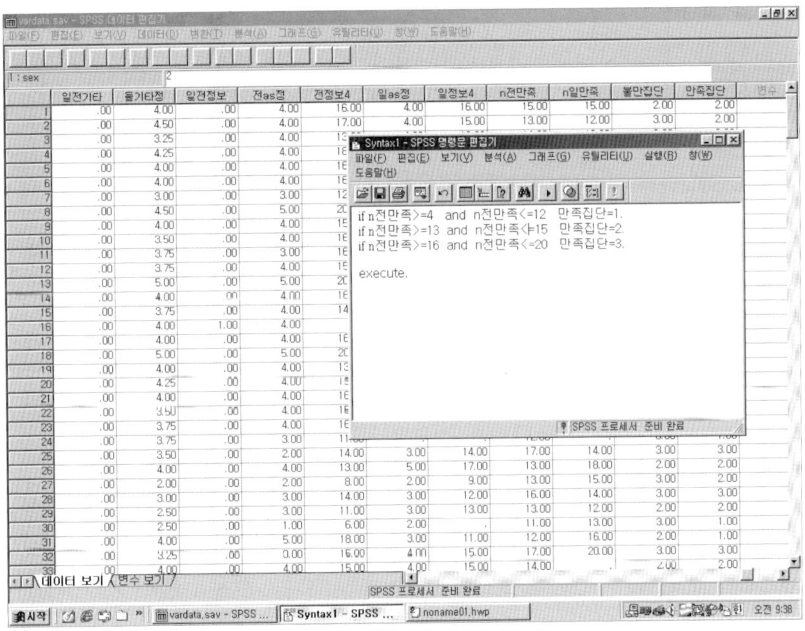

| SPSS 예시 8-1 | 판별분석 수행 이전의 집단변수 생성과정

1) 통계 결과물에 8.523E-03에서 E-03의미는 소수점 3개가 더 있다는 의미로서 0.0085를 의미한다.

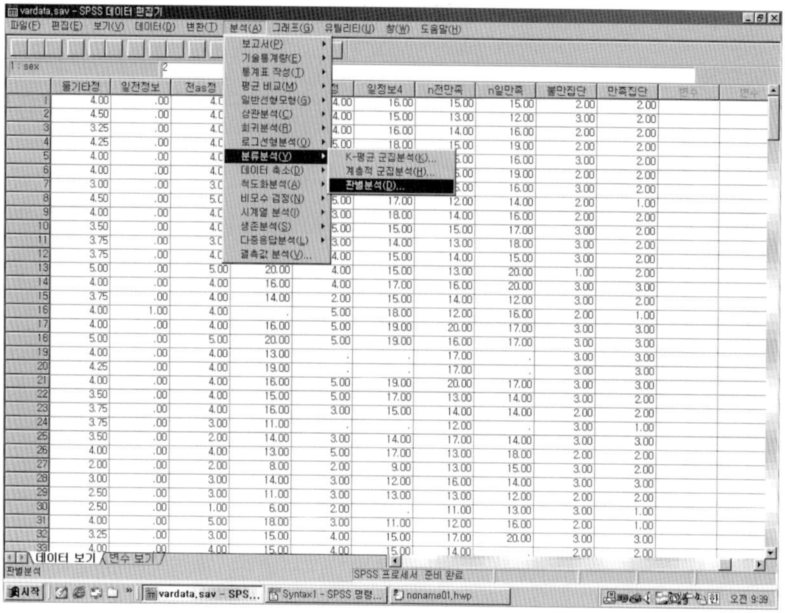

| SPSS 예시 8-2 | 판별분석 수행과정 1

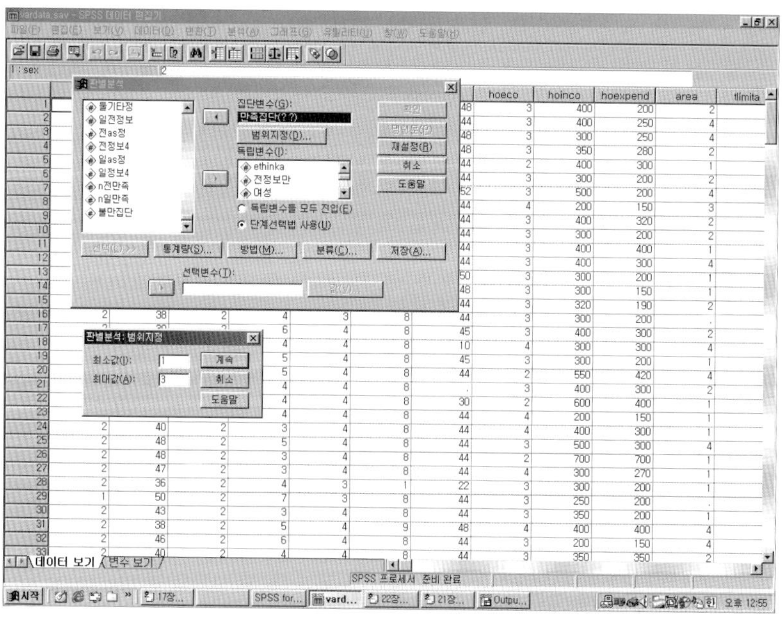

| SPSS 예시 8-3 | 판별분석 수행과정 2

참조 : 판별분석 수행과정 2에서 단계적선택법 사용을 클릭하여야 유의한 판별변수가 무엇인가를 알아낼 수 있다.

| SPSS 예시 8-4 | 판별분석 수행과정 3

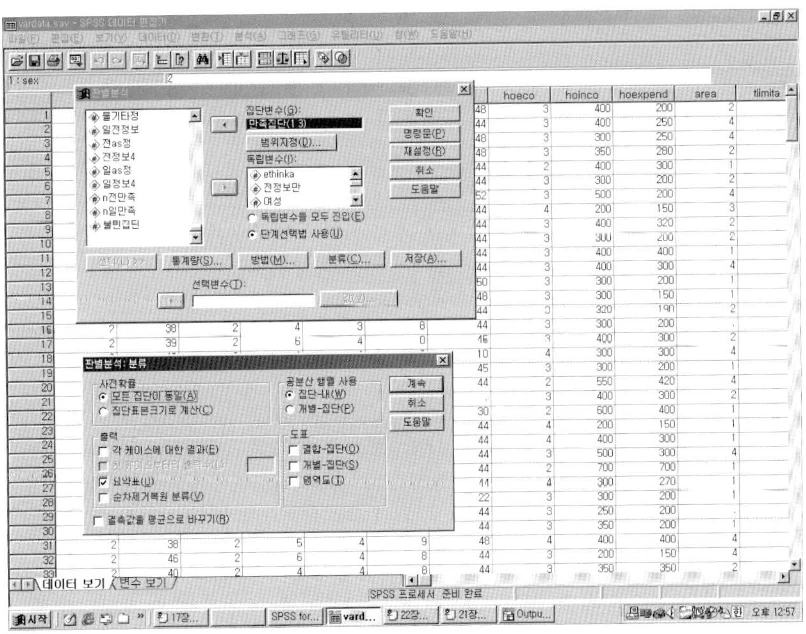

| SPSS 예시 8-5 | 판별분석 수행과정 4

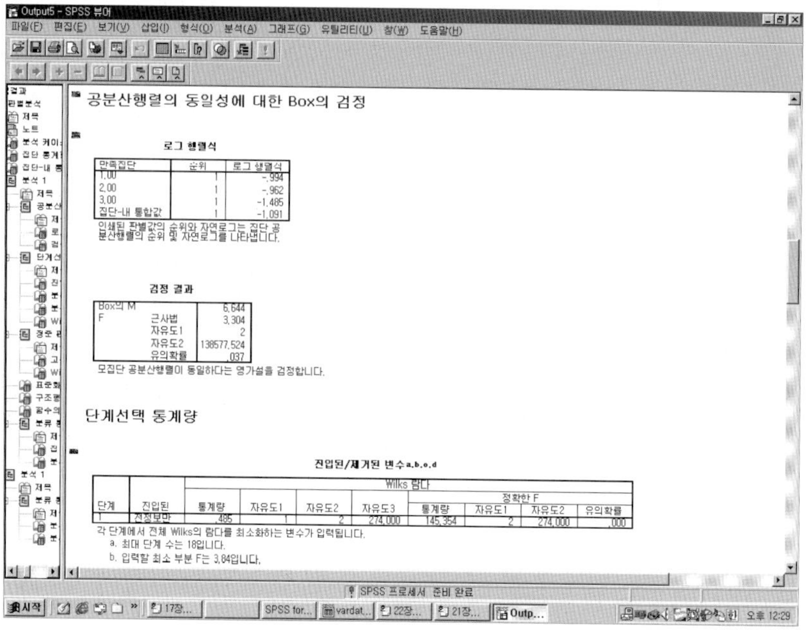

| SPSS 예시 8-6 | 판별분석 결과 첫 부분

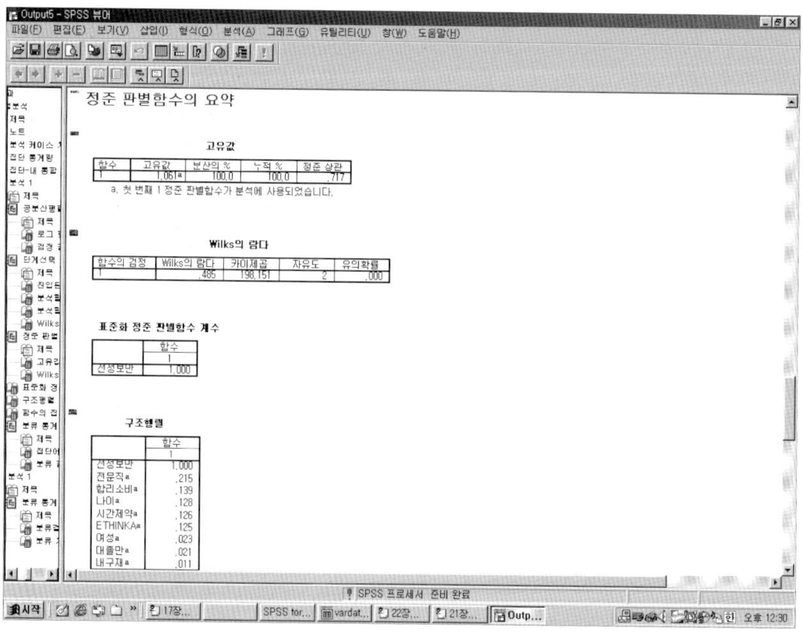

| SPSS 예시 8-7 | 판별분석 결과 중간 부분

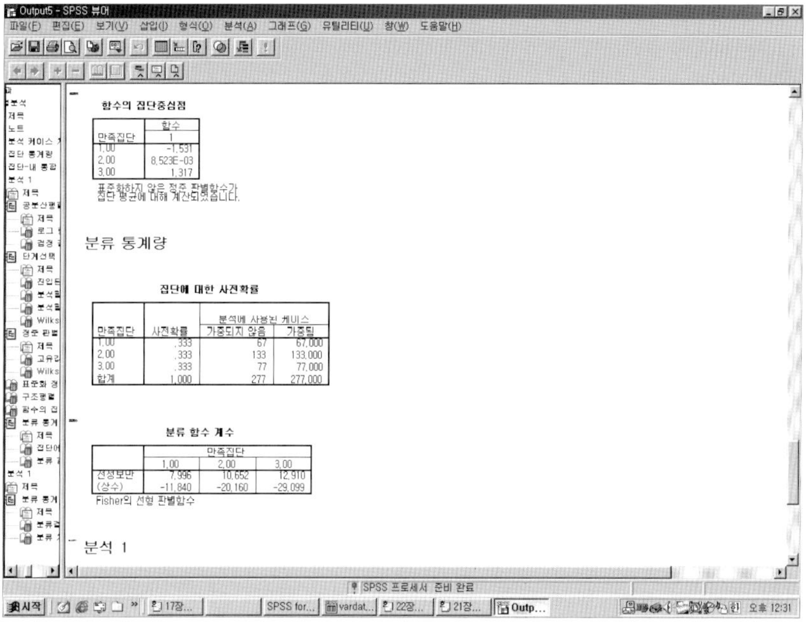

| SPSS 예시 8-8 | 판별분석 결과 끝 부분

연구문제

01 아래의 분류행렬표를 보고 최대우연기준치, 비율우연기준치를 구하여 이 경우 도출된 판별함수가 얼마나 집단을 잘 분류하였는지 검토하라.

실제집단	예측된 집단	
	집단 A	집단 B
집단 A(N =250)	220	30
집단 B(N =50)	25	25

02 X^2 검증으로 판별변수들의 통계적 유의도검증을 수행하였음에도 분류행렬표를 사용하여 판별함수의 유용성을 검증하여야 하는 이유에 대해 논하라.

03 판별분석과 회귀분석의 유사점과 차이점에 대해 설명하라.

■ **자료 기초작업**

| SPSS 예시 8-9 | 는 8장에서 설명한 내용들의 자료를 사용하여 판별분석 프로그램을 수행하기 위한 것이다. 자료처리방법은 모든 분석에서 필요하므로 살펴볼 필요가 있다. 판별분석수행을 위한 준비단계는 크게 세 단계로서 자료를 가지고 변수를 지정하는 단계, 무응답을 처리하는 단계, 그리고 판별변수들을 만드는(creating)하는 단계이다. 이 세 가지 단계에 대한 아래의 | SPSS 예시 8-9 | 와 같은데 각 단계마다의 SPSS 명령문 프로그램과 이에 대한 구체적인 설명을 살펴보면 다음과 같다.

1) **1단계 : 변수 지정 단계**

SPSS를 사용하여 변수를 지정하는 프로그램을 제시하면 아래와 같은데 이 프로그램을 이해하기 위해서는 부록의 설문지와 코딩방법을 참조하여야 한다.

| SPSS 예시 8-9 | 프로그램에 대해 구체적으로 살펴보자. set listing으로 시작하는 명령어는 이하의 수행되는 모든 결과를 'read.out' 라는 파일 이름으로 A : 드라이브의 디스켓에 저장하라는 명령어이다. data로 시작하는 명령어는 A : 드라이브 있는 'sobi.dat' 라는 raw data를 불러들이는 명령어이다. 그 다음의 모든 명령어는 data가 fixed format(space 없이 연속적으로 data가 입력된 경우)으로 입력되었으므로 칼럼을 지정해 주어 변수를 정의하고 있다.

```
set listing='a:\read.out'.
data list file='a:\sobi.dat' fixed
        /ID 1-3 cbudgeta 4 cbudgetb 5 cbudgetc 6 cbudgetd 7
        cbudgete 8 cattita 9 cattitb 10 cattitc 11 cattitd 12 cattite 13
        cattitf 14 cattitg 15 cattith 16 cattiti 17 cattitj 18 cknowa 19
        cknowb 20 cknowc 21 cknowd 22 cknowe 23 cknowf 24
        cknowg 25 cknowh 26cknowi 27 cknowj 28 socia 29 socib
        socib 30 socic 31 socid 32 socie 33 socif 34 socig 35
        eduyn 36 sex 37 age 38-39 edu 40 job 41 marry 42
        youngdon 43-45 arbeit 46-48 miscel 49-51 hinc 52-54
        winc 55-57 dsera 58 dserb 59 dserc 60 dserd 61 dsere 62
        dserf 63 dproact 64 hsera 65 hserb 66 hserc 67 hserd 68
        hsere 69 hserf 70 hproact 71 time 72.
descriptive variables=all.
save outfile='c:\huh\read.sys'.
```

| SPSS 예시 8-9 | 변수 지정 : syntax 창에서 사용하는 명령문 프로그램

변수의 지정이 끝난 후 일단 기초통계분석을 위해 descriptive 이하의 명령어를 사용하였고 C : 드라이브의 huh subdirectory에 'read.sys' 라는 SPSS 시스템 파일 형태로 저장하도록 하고 있다. 시스템 파일로 저장하면 앞으로 계속되는 후속 프로그램에서 위의 작업, 즉 변수지정을 더 이상하지 않아도 모두 읽어들일 수 있어 매우 효율적이다. 이때 시스템 파일을 저장할 때 A : 드라이브보다는 C : 드라이브의 서브디렉토리에 저장하여야만 시간적으로 그리고 효율적으로 수행된다. 물론 C : 드라이브에 huh 라는 서브디렉토리를 만들어 둔 후에 위의 작업을 수행하여야 한다.

2) 2단계 : 무응답 처리

무응답자의 경우 9로 코딩하여 데이터를 만드는 것이 일반적인 방법이다. 데이터가 만들어진 후 무응답에 대한 처리를 하여야 하는데 이를 위한 프로그램을 제시하면 | SPSS 예시 8-10 | 과 같다.

변수지정이 끝나면 무응답처리를 하여야 하는데 변수지정을 끝낸 바로 전 단계에서 만들어진 시스템 파일인 'read.sys' 를 c:\huh의 서브디렉토리에서 불러들인다(get file='c:\huh\read.sys'). set으로 시작하는 명령어는 이하의 모든 작업결과를 'var.out' 의 이름으로 A : 드라이브에 저장하도록 하는 명령어이다. 변수들의 무응답처리는 missing이라는 명령어를 사용하여 시작하고 있다. 9의 의미는 한 자리 수로 코딩한 변수들의 무응답처리를 위한 것이며, 99는 두 자리 수로 코딩한 변수들의 경우로 연령변수가 이에 해당한다. 예외적으로 job의 경우 직업에 관한 것으로 9가지의 직업분류를 설문지에 제시한 관계로 무응답을 0으로 처리하였기에 job(0)의 명령어가 나온 것이다.

```
get file='c:\huh\read.sys'.
set listing='a:\var.out'.
missing values
        cbudgeta cbudgetb cbudgetc cbudgetd cbudgete cattita cattitb
        cattitc cattitd cattite cattitf cattitg cattith cattiti cattij cknowa
        cknowb cknowc cknowd cknowe cknowf cknowg cknowh
        cknowi cknowj socia socib socic socid socie socif socig
        socih socii socij eduyn sex edu job marry dsera dserb dserc
        dserd dsere dserf dproact hsera hserb hserc hserd hsere hserf
        hproact time (9)
        age (99)
        job (0).
descriptive variables=all.
save outfile='c:\huh\miss.sys'.
```

| SPSS 예시 8-10 | 무응답처리 : syntax 창에서 사용 가능한 명령문

무응답처리가 끝난 경우의 기초통계(descriptive)를 수행하면 무응답처리 이전의 단계인 1단계에서의 read.out의 결과와 다를 것이다. save로 시작하는 명령어는 무응답처리 작업을 시스템 파일의 형태인 miss.sys를 c:\huh의 subdirectory에 저장하도록 한 명령어이다.

3) 3단계 : 판별변수 만들기

무응답처리가 끝나면 판별분석에서 사용할 판별변수를 만들어야 한다. 소비자불평행동연구에서 사용한 판별변수들은 소비자교육경험의 유무, 소비자사회화, 소비자의식, 소비자지식, 예산관리능력, 연령, 교육수준, 소득, 성별, 직업수준 그리고 시간제약 변수이다. 이 변수들을 만들기 위한 프로그램을 아래의 표에 제시하였다.

| SPSS 예시 8-11 | 에 대해 구체적으로 살펴보자. 먼저 앞 단계에서 무응답 처리를 마친 시스템 파일인 miss.sys를 get 이하의 명령어를 사용하여 c:\huh의 subdirectory에서 불러들인다.

recode로 시작되는 명령어는 예산관리능력, 소비자의식, 유년기 소비자사회화과정에 관한 설문지의 질문이 어떤 문항은 긍정적 문항이며 어떤 문항은 부정적 문항으로 작성되어 있으므로 일치시키기 위하여 변환시킨 것으로 모두 값이 크면 클수록 관리능력, 의식수준, 소비자사회화 수준이 높도록 정리하였다.

if로 시작하는 명령어는 소비자지식에 관한 것으로서 소비자지식에 관한 질문을 맞힌 문항 수를 측정하기 위하여 만들어 놓은 명령어이다. 예를 들면, 제일 첫 번째 질문인 cknowa의 경우 2번을 답한 경우는 맞은 것으로 그렇지 않은 경우 틀린 것으로 하여 맞힌 문항의 개수를 소비자지식(cknow)의 변수로 취하였다.

compute로 시작하는 문항은 여러 개의 설문문항을 통해 하나의 변수를 측정한 경우 합산을 통해 하나의 개념으로 측정하는 방법을 보여 주는 명령어이다. 소비자교육변수, 성별, 직업 등은 if로 시작하는 명령어를 통해 가변수 처리를 하였으며, 소득의 경우 설문지에서 미혼소비자와 기혼소비자를 구분하여 질문하였으므로 이를 고려한 명령어이고 최종적으로는 소득변수를 서열척도화하였다. 소득변수를 서열척도화한 이유는 소득수준이 계속적으로 증가한다고 하여 계속적으로 선형적인 영향을 미친다는 가정보다 차라리 소득수준을 서열화함으로써 소득의 순수효과를 파악하고자 하였기 때문이다.

dservice와 hservice는 서비스에 대한 소비자의 평가로서 서비스의 질 측정에 가장 일반적으로 많이 사용되어 온 Parasuraman, Zeithaml, Berry(1993)의 서비스질(SERVQUAL) 평가기준을 기초로 하여 친절 또는 예의바름, 신용도(credibility), 신뢰성(reliability), 응답성(responsiveness), 안전성(security), 능력(competence) 등을 기준으로 6문항을 사용하여 이 문항들의 응답값으로 공공서비스와 병원서비스에 대한 소비자의 평가를 측정하였다.

변수만들기를 마친 후 SPSS 시스템 파일인 var.sys를 c:\huh의 서브디렉토리에 저장함으로써 판별분석 수행을 위한 준비를 모두 마친 셈이다.

```
get file='c:\huh\miss.sys'.
set listing='a:\var.out'.
recode cbudgete (1=5) (2=4) (4=2) (5=1).
recode cattita (1=5) (2=4) (4=2) (5=1).
recode cattitc (1=5) (2=4) (4=2) (5=1).
recode cattitd (1=5) (2=4) (4=2) (5=1).
recode cattite (1=5) (2=4) (4=2) (5=1).
recode cattitf (1=5) (2=4) (4=2) (5=1).
recode cattitg (1=5) (2=4) (4=2) (5=1).
recode cattith (1=5) (2=4) (4=2) (5=1).
recode socia (1=5) (2=4) (4=2) (5=1).
recode socib (1=5) (2=4) (4=2) (5=1).
recode socic (1=5) (2=4) (4=2) (5=1).
recode socid (1=5) (2=4) (4=2) (5=1).
recode socie (1=5) (2=4) (4=2) (5=1).
recode socif (1=5) (2=4) (4=2) (5=1).
recode socig (1=5) (2=4) (4=2) (5=1).
if (cknowa=2) knowa=1.
if (cknowa ne 2) knowa=0.
if (cknowb=1) knowb=1.
if (cknowb ne 1) knowb=0.
if (cknowc=2) knowc=1.
if (cknowc ne 2) knowc=0.
if (cknowd=1) knowd=1.
if (cknowd ne 1) knowd=0.
if (cknowe=2) knowe=1.
if (cknowe ne 2) knowe=0.
if (cknowf=2) knowf=1.
if (cknowf ne 2) knowf=0.
if (cknowg=1) knowg=1.
if (cknowg ne 1) knowg=0.
if (cknowh=1) knowh=1.
if (cknowh ne 1) knowh=0.
if (cknowi=2) knowi=1.
if (cknowi ne 2) knowi=0.
```

```
if (cknowj=1) knowj=1.
if (cknowj ne 1) knowj=0.
compute cbudget=(cbudgeta+cbudgetb+cbudgetc+cbudgetd+cbudgete).
compute cattit=(cattita+cattitb+cattitc+cattitd+cattite+cattitf+cattitg+cattith+cattiti+cattitj).
compute cknow=(knowa+knowb+knowc+knowd+knowe+knowf+knowg+knowh+knowi+knowj).
compute soci=(socia+socib+socic+socid+socie+socif+socig).
if (eduyn=1) ceduy=0.
if (eduyn=2) ceduy=1.
if (sex=1) male=1.
if (sex=2) male=0.
if (job<=5) prof=0.
if (job>5 and job<=9) prof=1.
if (youngdon=999) younga=0.
if (youngdon ne 999) younga=youngdon.
if (arbeit=999) youngb=0.
if (arbeit ne 999) youngb=arbeit.
if (miscel=999) youngc=0.
if (miscel ne 999) youngc=0.
if (marry=1) income=(younga+youngb+youngc).
if (hinc=999) hinca=0.
if (hinc ne 999) hinca=hinc.
if (winc=999) hincb=0.
if (winc ne 999) hincb=winc.
if (marry=2) inc=(hinca+hincb).
if (inc<=50) income=1.
if (inc>50 and inc<=100) income=2.
if (inc>100 and inc<=150) income=3.
if (inc>150 and inc<=200) income=4.
if (inc>200 and inc<=250) income=5.
if (inc>250 and inc<=300) income=6.
if (inc>300) income=7.
compute dservice=(dsera+dserb+dserc+dserd+dsere+dserf).
compute hservice=(hsera+hserb+hserc+hserd+hsere+hserf).
descriptive variables = all.
save outfile='c:\huh\var.sys'.
```

| SPSS 예시 8-11 | 판별변수 만들기 : syntax 창의 명령문 프로그램

■ **소비자불평행동 조사 설문지**

01 귀하의 소비생활에 관한 질문입니다. 가장 가깝다고 생각되는 곳에 ✔표해 주세요.

문항내용	매우 그렇다	대체로 그렇다	보통	대체로 그렇지 않다	전혀 그렇지 않다
1. 한 달의 생활비를 정해 놓고 그 액수를 넘기지 않도록 한다.					
2. 지출 후 지출내역을 써 본다.					
3. 물건을 살 때 꼭 필요한 것인지를 다시 한 번 검토한다.					
4. 소득에 대한 예산을 세워 비목별로 배분해서 지출한다.					
5. 마음에 드는 것은 비싸더라도 사도 괜찮다.					

02 귀하의 의견에 가장 가깝다고 생각되는 곳에 ✔표해 주세요.

문항내용	매우 그렇다	대체로 그렇다	보통	대체로 그렇지 않다	전혀 그렇지 않다
1. 사용설명서, 주의사항 등을 반드시 읽어 보아야 하며 읽어 보지 않아서 생기는 소비자피해는 소비자의 책임이다.					
2. 재산관리에 있어서 개인적 이익이 가장 우선시되어야 한다.					
3. 물건을 구매하기 전에 상표와 가격에 관한 정보를 수집해야 한다.					
4. 소비자보호는 소비자의 적극적인 참여로 이루어질 수 있다.					
5. 구입한 물건을 사용하면서 나름대로 평가한 후 다음 구매에 반영하여야 한다.					
6. 소비자는 기업으로부터 제품의 장점 이외에 단점에 관한 것까지도 정보를 제공받아야 한다.					
7. 부당한 가격으로 판매하는 회사의 제품에 대해서는 불매운동을 해야 한다.					

문항내용	매우 그렇다	대체로 그렇다	보통	대체로 그렇지 않다	전혀 그렇지 않다
8. 소비자의 안전과 건강에 해로운 상품을 생산하지 못하도록 기업에 요구해야 한다.					
9. 사소한 물건을 가지고 보상을 요구한다는 것이 인격에 해가 오는 것 같아 하기 싫다.					
10. 부당거래, 불량상품에 대한 고발은 내가 하지 않더라도 누가 할 것이다.					

03 자신의 경험에 비추어 가장 알맞은 곳에 ✔표해 주세요.

문항내용	매우 그렇다	대체로 그렇다	보통	그렇지 않다	전혀 그렇지 않다
1. 어릴 때 나의 부모님은 내가 불량제품이나 하자가 있는 물건을 사오면 꼭 다시 가서 교환이나 환불을 해오도록 시키셨다.					
2. 어릴 때 나의 부모님은 용돈 사용에 관한 금전출납부를 꼭 쓰게 하셨다.					
3. 어릴 때 나의 부모님은 나를 데리고 물건을 사러 많이 다니셨다.					
4. 나의 부모님은 물건 구입 시, 여러 곳을 살펴보고 충분한 비교를 한 뒤 구입하셨다.					
5. 어릴 때 어머니가 적당한 가격으로 구입하려고 판매상과 흥정을 하는 것을 많이 보았다.					
6. 어릴 때 나의 부모님은 학교 앞에서 불량식품을 사먹는 것에 대해 꾸중하셨다.					
7. 어릴 때 나의 부모님은 소비자 정보 수집에 적극적이셨다.					

04 아래의 문항을 읽고 답하여 주세요.

문항내용	맞 다	틀리다	모르겠다
1. 인플레이션이란 생활수준이 지속적으로 상승하는 현상이다.			
2. 소득과 목표에 맞춰 지출계획을 세우기 위해 예산을 세운다.			
3. 민간 소비자단체들은 소비자보호에 관한 법률 제정에 직접 참여한다.			
4. 소비자는 상품과 용역에 대한 객관적이고 정확한 정보를 제공받을 권리가 있다.			
5. 우리나라 정부출연 소비자기관은 소비자연맹이다.			
6. 제조물책임법은 결함 있는 상품에 대해 제조업자가 결함을 스스로 공개하고 시정하는 법이다.			
7. 의류구입 후, 교환하고자 판매장소를 재방문 시 원하는 치수가 없을 때, 소비자 피해보상규정에는 환불이 가능하도록 되어 있다.			
8. 할인매장이나 세일기간이라는 이유로 상품권 이용을 거부하는 경우, 상품권을 전액 환불받을 수 있다.			
9. 가전제품의 품질보증기간은 2년이다.			
10. 어떤 사람이 할부로 자동차를 구입했다면, 이것은 일정 기간 동안 자동차 회사에 빚을 지는 것이다.			

05 소비자 교육을 받은 경험이 있습니까? ① 없다. ② 있다.

06 귀하의 성별은 무엇입니까? ① 남성 ② 여성

07 귀하의 연령은? 만 ____________ 세

08 귀하의 최종 학력은?

① 중졸 이하 ② 고졸
③ 현재 대학생 ④ 현재 대학원생이다.
⑤ 전문대, 4년제 대졸 ⑥ 대학원졸 이상

09 귀하의 직업은 무엇입니까? (해당란에 ✔표 하세요.)

① 주부 또는 직업 없음

② 학생

③ 단순노무직(예 : 식당종업원, 수위)

④ 고용된 판매 및 서비스직(예 : 점원, 외판원, 요리사)

⑤ 자영업자, 제조업자

⑥ 사무직 또는 계장급 이하의 회사원/공무원

⑦ 전문기술직

⑧ 경영관리직 또는 과장급 이상의 회사원/공무원

⑨ 전문직(예 : 의사, 중소기업주, 정부고위관리)

10 월평균 총소득은? (세금공제 이후의 총가계소득, 예 : 2백만 원)

① 미혼인 경우

- 부모에게 받는 용돈/월급 ______ 만 원
- 직장/아르바이트 등 귀하의 소득 ______ 만 원
- 기타 ______ 만 원

② 기혼인 경우

- 남편 소득 ________ 만 원
- 부인 소득 ________ 만 원

11 다음 문항들은 공공서비스(예 : 동사무소, 구청, 세무서, 등기소 등)에 대한 귀하의 평가를 묻고자 하는 것입니다. 귀하의 생각과 가장 비슷한 것 중에서 하나만 골라 ✔표해 주세요.

문항내용	전혀 그렇지 않다	대체로 그렇지 않다	그저 그렇다	대체로 그렇다	매우 그렇다
1. 직원은 업무처리 시 친절하고 공손하다.					
2. 직원은 업무에 대한 충분한 지식을 가지고 있다.					
3. 직원은 일을 빨리 처리해 준다.					
4. 직원은 업무처리 시 시민의 이익을 우선시 한다.					
5. 공공서비스 직원은 용모가 단정하다.					
6. 적절한 시설과 장비를 갖추고 있다.					

12 귀하는 공공서비스 이용 후 불만족을 어떻게 해결하셨습니까? 아래 사항을 읽고 귀하가 실제로 취하셨던 행동에 ✔표해 주세요.

① 주위사람들에게 공공서비스에 대해 악평
② 아무런 행동도 취하지 않음
③ 관련담당자에게 불평하고 시정 요구
④ 해당기관의 장에게 문제점/불만을 해결 요구
⑤ 신문사/잡지사에 불만 및 문제점을 알림
⑥ 소비자단체, 정부기관에 고발
⑦ 법적인 조치를 취함

13 다음 문항들은 종합병원의 서비스에 대한 귀하의 평가를 묻고자 하는 것입니다. 귀하의 생각과 가장 비슷한 것 중에서 하나만 골라 표시해 주십시오.

문항내용	전혀 그렇지 않다	대체로 그렇지 않다	그저 그렇다	대체로 그렇다	매우 그렇다
1. 종합병원의 의사 및 관련직원은 서비스 제공시 친절하고 공손하다.					
2. 종합병원의 의사 및 관련직원은 서비스 약속을 반드시 이행한다(예 : 예약시간).					
3. 종합병원의 의사 및 관련직원은 환자가 오래 기다리지 않도록 의료서비스를 빨리 제공해 준다.					
4. 종합병원의 의사 및 관련직원은 의료서비스 제공 시 환자의 입장을 먼저 고려한다.					
5. 종합병원의 의사 및 관련직원은 용모가 단정하고 깔끔하여 위생 측면에서 바람직하다.					
6. 종합병원은 의료서비스 및 각종 부대서비스를 위한 적절한 시설과 장비를 갖추고 있다.					

14 귀하는 종합병원서비스 이용 후 불만족을 어떻게 해결하셨습니까? 아래 사항을 읽고 귀하가 실제로 취하셨던 행동에 ✔표해 주세요.

① 주위 사람들에게 공공서비스에 대해 악평
② 아무런 행동도 취하지 않음
③ 관련담당자에게 불평하고 시정 요구
④ 해당기관의 장에게 문제점/불만을 해결 요구
⑤ 신문사/잡지사에 불만 및 문제점을 알림
⑥ 소비자단체, 정부기관에 고발함
⑦ 법적인 조치를 취함

15 귀하의 시간 사용 및 시간 제약의 정도에 대한 내용입니다. 귀하는 생활전반에 걸쳐 시간에 쫓기고 있습니까? 귀하의 의견에 ✔표 하세요.

① 전혀 그렇지 않다
② 대체로 그렇지 않다
③ 그저 그렇다
④ 대체로 그렇다
⑤ 매우 그렇다

■ 소비자불평행동 자료의 코드(code)

문항번호	변수명	칼 럼	기 타
	id	1~3	
1-1	cbudgeta	4	매우 그렇다(1), 대체로 그렇다(2), 보통이다(3)
1-2	cbudgetb	5	대체로 그렇지 않다(4), 전혀 그렇지 않다(5)
1-3	cbudgetc	6	〃
1-4	cbudgetd	7	〃
1-5	cbudgete	8	〃
2-1	cattita	9	〃
2-2	cattitb	10	〃
2-3	cattitc	11	〃
2-4	cattitd	12	〃
2-5	cattite	13	〃
2-6	cattitf	14	〃
2-7	cattitg	15	〃
2-8	cattith	16	〃
2-9	cattiti	17	〃
2-10	cattitj	18	〃
3-1	socia	9	〃
3-2	socib	10	〃
3-3	socic	11	〃
3-4	socid	12	〃
3-5	socie	13	〃
3-6	socif	14	〃
3-7	socig	15	〃
4-1	cknowa	19	맞다(1), 틀리다(2), 모르겠다(3)
4-2	cknowb	20	〃
4-3	cknowc	21	맞다(1), 틀리다(2), 모르겠다(3)
4-4	cknowd	22	〃
4-5	cknowe	23	〃
4-6	cknowf	24	〃
4-7	cknowg	25	〃
4-8	cknowh	26	〃
4-9	cknowi	27	〃
4-10	cknowj	28	〃

문항번호	변수명	칼 럼	기 타
5	eduyn	36	없다(1), 있다(2)
6	sex	37	남성(1), 여성(2)
7	age	38~39	
8	edu	40	중졸(1), 고졸(2), 대학생(3), 대학원생(4), 대졸(5), 대학원졸(6)
9	job	41	주부/직업 없음(1), 학생(2), 단순노무직(3), 판매직(4) 자영업자(5), 사무(6), 전문기술(7), 경영관리(8), 전문직(9)
	marry	42	10번의 문항을 보아 미혼(1), 결혼(2)
10-a	youngdon	43~45	월평균소득으로 단위는 만 원
	arbeit	46~48	〃
	miscel	49~51	〃
10-b	hinc	52~54	〃
	winc	55~57	〃
11-1	dsera	58	전혀 그렇지 않다(1), 대체로 그렇지 않다(2), 보통(3)
11-2	dserb	59	대체로 그렇다(4), 매우 그렇다(5)
11-3	dserc	60	〃
11-4	dserd	61	〃
11-5	dsere	62	〃
11-6	dserf	63	〃
12	dproact	64	주위에 악평(1), 아무행동도 안 취함(2), 시정요구(3), 책임자해결요구(4), 신문사고발(5), 소비자단체고발(6), 법적조치(7)
13-1	hsera	65	전혀 그렇지 않다(1), 대체로 그렇지 않다(2), 보통(3)
13-2	hserb	66	대체로 그렇다(4), 매우 그렇다(5)
13-3	hserc	67	〃
13-4	hserd	68	〃
13-5	hsere	69	〃
13-6	hserf	70	〃
14	hproact	71	주위사람에게 악평 (1), 아무 행동도 안 취함 (2), 시정요구 (3)
15	time	72	책임자 해결 요구 (4), 신문사 고발 (5), 소비자단체 고발 (6), 법적조치(7)

CHAPTER 9

군집분석

1. 군집분석 이론

1) 군집분석이란?

연구자는 많은 대상을 일정한 속성에 따라 몇 개의 집단으로 분류하여 집단 내 연구대상이 가지는 동일한 속성을 찾아내거나 집단 간의 차이점을 규명하고자 한다. 예를 들어, 국제 커뮤니케이션 연구에서는 언론에 대한 통제의 주체와 목적에 따라 언론체제를 권위주의, 공산주의, 자유주의, 사회책임주의의 체제로 분류하게 되며 정치학에서는 권력 엘리트와 일반 대중 간에 영향력의 행사에 따라서 정치를 민주주의, 전체주의, 다원주의, 무정부주의로 구분하기도 한다. 경영학에서는 마케팅 의사결정과정에서 소비자들의 상품구매형태나 라이프 스타일에 따라 몇 개의 소비자군으로 분류하여 시장세분화 전략을 수립한다. 가정학에서는 라이프 스타일에 따라 소비자들이 필요로 하는 재화나 서비스가 다르고 라이프 스타일은 주거특성에 따라서 다르다고 본다. 이러한 경우 복합적인 자료로부터 간결한 구조를 찾아내어 집단에 대한 정보를 서술하고 설명하고자 하는 통계적 기법이 필요한데, 군집분석은 대상들의 분류기준이 명확하게 존재하지 않거나 밝혀지지 않은 상태에서 다양한 특성을 지니고 있는 대상자들을 동질적인 몇 개의 집단으로 분류하는 데 이용되는 기법이다.

판별분석은 이미 정해진 그룹이나 소집단에 대한 정보가 각 개체에 대해 주어져 있을 때 이들 집단 간의 차이를 분석하고 집단정보를 가지지 않은 새로운 개체를 이미 주어진 소집단 중 하나에 분류하는 것이었다. 그러나 군집분석에서는 소속 그룹에 대한 정보가 없는 다변량 자료를 토대로 '가까운' 개체를 묶어 자연스러운 군집으로 만들어 가는 작업을 하게 된다. 유사성을 판단하는 기준 역시 주어진 자료에 의존하게 된다.

2) 군집분석의 기본원리

군집분석(cluster analysis)은 많은 변수들로 관측된 객체들을 적절한 군집으로 나누는 통계적 기법이다. 군집으로 나누는 과정은 집단화(grouping)한다고 하는데 판별분석에서 분류(classification)와 다른 점은 분류에서는 이미 알려진 집단의 구조와 집단의 개수를 미리 알고 있어서 새로운 객체를 할당하는 것이 목적이고 군집분석에서는 집단의 수나 구도가 가정되어 있지 않아서 객체들의 유사성(similarity) 또는 비유사성(nonsimilarity) 등에 의하여 집단화(grouping)하는 것을 주요 목적으로 하는 탐색적 통계분석 기법이다. 일반적으로 군집을 구성할 때 사용되는 알고리즘의 선택, 형성된 군집수의 결정, 그리고 특별히 척도화가 필요한 변수의 선택 등을 들 수 있다.

군집분석은 특성들의 유사성, 즉 특성자료가 얼마나 비슷한 값을 갖는지를 거리로 환산하여 거리가 가까운 대상들을 동일한 집단으로 편입시키게 된다. 요인분석이나 판별분석 등은 자료의 분산, 즉 상관관계를 이용하여 유사한 집단분류를 하게 되지만 군집분석은 단지 측정치의 차이를 이용하는 방법이다.

따라서 군집분석에서는 ① 어떠한 특성에 대한 측정치의 차이를 비교할 것인가라는 변인의 선정문제와 ② 어떻게 유사성의 차이를 측정할 것인가라는 측정방법과 ③ 어떻게 동질적인 집단으로 묶을 것인가라는 군집화방법이 중심과제가 된다.

2. 군집분석의 절차 및 방법

군집분석은 계층적(hierarchical) 군집방법과 비계층적(non-hierarchical) 군집방법으로 나누어 설명할 수 있다.

1) 계층적 군집방법

계층적 방법은 다음과 같은 절차로 군집화된다.

첫 단계로 각각의 개체들은 크기 1의 군집이다(n개의 군집이 존재한다).

두 번째 단계로, 각 단계에서 가장 가까운 거리에 있는 군집 쌍을 하나의 새로운 군집으로 형성한다(군집의 수가 하나씩 줄어든다).

세 번째 단계로, 두 객체가 일단 하나의 군집으로 집락화되면 마지막 단계까지 다른 군집으로 분리되지 않는다.

네 번째 단계로, 최종 단계는 n개의 객체가 모두 집단화되어 하나의 군집으로 나타나는 (n-1)단계이다.

(1) 변수의 선택

우선 변수들을 적절히 선택하여 집단을 구분하는 데 사용하는 것이 중요하다. 필요치 않은 변수가 포함되거나 중요한 변수가 누락됨으로써 변수값들의 유사성을 평가하는 데 오류를 범할 수 있기 때문이다. 군집분석에서는 회귀분석이나 판별분석과는 달리 선정된 모든 변수의 가중치가 동일하게 여겨지기 때문에 연구자가 어떠한 변수를 선택하느냐에 따라 결과가 완전히 달라지게 된다. 그러므로 기존의 연구이론을 통한 신중한 변수선택이 군집분석의 정확도를 높일 수 있는 지름길이라고 볼 수 있다.

(2) 유사성 척도

군집분석에 쓰이는 유사성이란 두 개의 대상이 여러 가지 속성에서 비슷하다든가 똑같은 속성들을 많이 가지고 있을 때 유사성이 높다고 할 수 있으며 유사성 척도는 대상들 간의 상대적 거리의 개념으로 나타낸다. 여기에서 '거리'는 유사성의 정의와 유사성에 영향을 미치는 속성에 따라 측정방법도 달라진다. 군집분석에서 사용되는 유사성의 척도는 크게 거리형태 척도(distance type measure)와 내응형태 척도(matching type measure)의 두 가지 형태로 나누어진다.

① 거리형태 척도

대상들의 특성에 대한 하나의 거리로 환산하는 방법으로서 가장 편리하게 사용되는 척도는 유클리디안 거리이다. p개의 변수로 구성된 n개의 개체(확률변수)들을 p차원 공간에 산재하는 n개의 점으로 생각할 수 있다. 만약 이 개체들을 g개의 군집으로 집단화한다고 가정하면 우선 개체들 사이의 거리(또는 유사성)를 측정하는 기준이 필요하다. 두 점 $x_i = (x_{1i}, \cdots, x_{\pi})'$과 $x_j = (x_{1i}, \cdots, x_{\pi})'$ 사이의 거리 $d(x_i, x_j)$에는 다음과 같은 종류가 있다.

- 유클리드(euclidean) 거리 $\sqrt{(x_i - x_j)'(x_i - x_j)}$
- 제곱한 유클리드 거리 $(x_i - x_j)'(x_i - x_j)$
- 일반적 거리 $\sqrt{(x_i - x_j)'\Sigma^{-1}(x_i - x_j)}$
- 평균거리 $\frac{1}{P}\sum_{k=1}^{p} | xki - xki |$
- 상관계수를 기초한 거리 $| r_{ij} |$

SAS에서는 유클리드 거리를 사용하나 여러 종류 중 어떤 거리 척도를 쓴다 할지라도 거리값이 작다는 것은 객체들끼리 유사하다는 것을 의미한다. 또한 실제적인 군집방법에서는 집단화하기 위하여 유사성 척도를 사용하며 그 결과는 의미 있는 해석과 표현을 제공하여야 한다.

② 대응형태 척도

거리형태 척도에서는 비교대상체들을 1점에서 7점까지 서열 척도로 거리를 측정하거나 또는 등간 척도로서 측정할 때에 적용되지만 종종 군집분석에서는 명목 척도로 측정된 자료를 가지고 대상물의 유사성 정도를 나타내게 된다. 즉, 비교대상물이 특정 속성을 갖고 있는지(1) 아닌지(0)를 측정하는 것이다. 이와 같이 명목 척도로 측정된 대상 간의 유사성을 비교하는 방법은 전체 속성 가운데 어느 두 대상들이 같이 가지고 있는 속성(1, 1)이나 같이 가지고 있지 않은 속성(0, 0)의 수가 얼마나 되는가를 이용하게 된다.

(3) 군집화방법

이와 같은 과정을 나무(tree)그림 또는 덴드로그램(dendrogram)을 통하여 나타낼 수 있으며 적절한 집락의 수를 결정하는 문제는 주관적으로 정할 수 있다. 계층적 군집방법의 종류에 대하여 살펴보자.

① 최단연결법(nearest neighbor 또는 single linkage)

이 방식은 최소거리 기준(minmum distance rule) 방법이라고도 하며, 이 방식에 의한 거리의 계산은 어느 한 대상이나 군집과 다른 한 대상이나 군집 사이의 거리를 계산할 때 가장 가까운 거리를 택하여 그 거리를 기준으로 군집화하는 방법이다. 이것을 덴드로그램(dendrogram)이라는 도표를 설명하면 [그림 9-1]과 같다.

5개의 대상 A, B, C, D, E가 하나의 속성으로 사용할 때 제1단계로 C와 D의 거리가 1로서 제일 가까우므로 하나의 군집이 되고 A, B, E 각각이 하나의 군집으로 도합 4개의 군집이 존재한다. 제2단계에서는 A와 B의 거리가 5이고, B와 (CD)군집과의 거리는 B에서 가까운 C와의 거리인 6이며, (CD)군집과 E의 거리는 E에서부터 가까운 D와 E의 거리인 8이 되어 가장 가까운 거리인 A와 B가 하나의 군집을 이룬다. 따라서 제2단계 이후에는 (AB)와 (CD) 각각이 하나의 군집, E가 하나의 군집으로 3개의 군집이 존재한다. 제3단계에서는 (AB)와 (CD) 군집의 거리가 6이고 (CD) 군집과 E의 거리가 8이므로 (AB) 군집과 (CD) 군집의 최단거리는 B와 C의 거리이다. 즉, (ABCD)가 하나의 군집이 되고 E가 다른 하나의 군집으로 2개의 군집이 존재한다. 마지막 단계에서는 (ABCD) 군집과 E가 합쳐져 전체가 모두 하나의 군집이 된다. 이상의 과정이 최단연결법에 의한 군집화과정이다. 이 방법은 계산이 간편하고 개념적으로 쉽게 이해된다는 장점을 가진다.

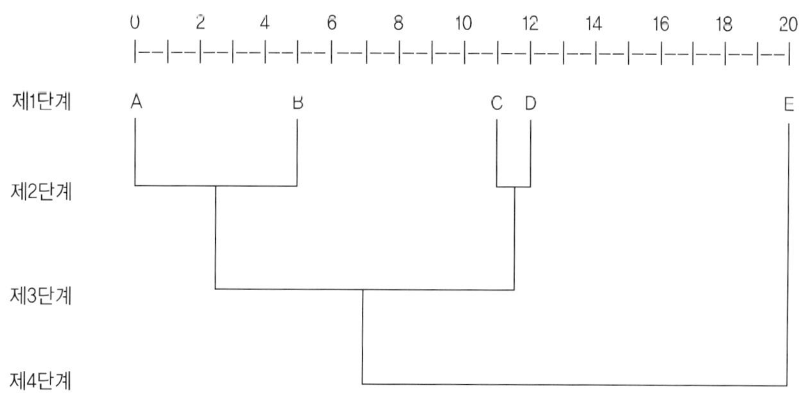

[그림 9-1] 최단연결법에 의한 덴드로그램

그러나 이 방법에 의하면 상식적인 모순을 가지는 경우도 있다. 예를 들어, 3단계 후의 결과를 보면 (ABCD)가 하나의 군집을 이루고 있으며 같은 군집에 속해 있는 A와 D의 거리는 12인데 다른 군집을 이루고 있는 E는 D에서 8의 거리밖에 떨어져 있지 않는 모순이 발생한다.

예를 들어, $\{x^1, x^3\}\{x^2, x^6\}$와 같은 두 개의 군집 사이의 거리(비사성)척도는 $\min\{d(x^1, x^2), d(x^1, x^6), d(x^3, x^2), d(x^3, x^6)\}$이다.

즉, 각 군집에 속하는 개체들 사이의 거리들 중에서 가장 가까운 거리로 정의한다. 그리고 각 군집 단계에서 가장 유사성이 높은(거리가 짧은) 두 개의 군집끼리 연결하여 하나의 군집으로 만든다. 이 군집방법은 최단끼리 연결하는 방법으로 체인효과(chain-effect)가 있다고 한다. 그러므로 특이값을 다른 군집으로 형성하는 경향이 있다.

② 최장연결법(farthest neighbor 또는 complete linkage)

이 방법에서 첫 단계의 계산은 최단연결법과 동일하나, 제2단계부터는 어느 한 대상이나 군집과 다른 한 대상이나 군집 간의 거리를 계산할 때 최단연결법에서 최소거리를 기준으로 한 것과는 반대로 최장거리기준(maximum distance rule)을 사용하여 계산한 거리를 기준으로 군집화하는 방법이다.

[그림 9-2]에 있는 5개의 대상은 앞의 경우와 동일하나 최장연결법을 이용한 계층적 군집화의 결과는 최단연결법과 다르다. 앞에서의 설명과 같이 제1단계는 최단

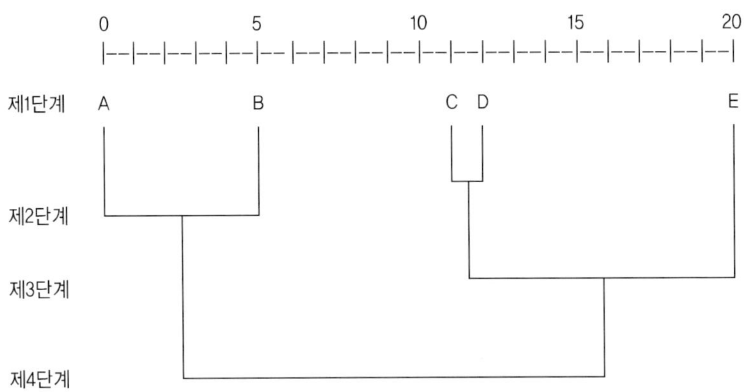

[그림 9-2] 최장연결법에 의한 덴드로그램

연결법과 동일하다. 제2단계에서 A와 B의 거리는 5이고, (CD)군집과 B와의 거리는 BC와 BD의 최장거리인 7이다. 따라서 A와 B가 하나의 군집을 이루어 (CD)군집과 E 하나의 군집과 함께 3개의 군집이 존재한다. 제3단계에서 (CD)군집과 E의 최장거리는 9이고, (AB)군집과 (CD)군집과의 최장거리는 12가 되어(A와 D거리가 두 군집 간의 최장거리이다), (CD)와 E가 하나의 군집을 이루고 (AB)가 다른 하나의 군집이 된다. 이 결과는 최단연결법에 의한 결과와 다르다.

따라서 동일한 대상들이라도 적용되는 방법에 따라 군집화의 결과가 틀리게 나타날 수 있음을 알 수 있다. 제4단계에서는 모든 대상이 하나의 군집으로 합쳐지게 된다. 이 방식을 사용할 경우에도 앞의 방법에서와 같은 모순이 발생하게 된다. 즉, 제3단계 이후의 결과에서 C와 E의 거리는 9이고, B와 C의 거리는 6임에도 불구하고 C와 E는 동일한 군집에 소속되어 있으며 B는 다른 군집에 소속되게 된다.

예를 들어, $\{x^1,\ x^5\}\{x^2,\ x^6\}$와 같은 두 군집 간의 거리는
$\max\{d(x^1,\ x^2),\ d(x^1,\ x^6),\ d(x^5,\ x^2),\ d(x^5,\ x^6)\}$이다.

즉, 가장 긴 거리로 정의하고 각 군집단계에서 가장 유사성이 높은 두 군집을 하나의 군집으로 하는 군집방법이다. 이는 미니맥스(minimax) 방법으로 가장 긴 거리 중 가장 짧은 거리의 군집을 집락화한다. 이 방법에서는 최단연결법과 대조적인 현상이 나타나는데 일반적으로 최단연결법은 고립된 군집을 찾는 데 유용하고 최장연결법은 군집들의 응집력에 초점을 둔 방법이다. 두 방법의 보완책으로 평균연결법이 있다.

③ 평균연결법(average linkage)

두 군집 A와 B 긴의 기리를 다음과 같이 가중평균거리로 정의한다.

$$\sum_{i \in A} \sum_{j \in B} w_{ij}\, d(x_i,\ x_j)$$

여기서 w_{ij}는 가중값이며 일반적으로 $\frac{1}{n_A n_B} = \frac{1}{\text{쌍의 수}}$로 많이 쓰인다.

이 방법에서 제2단계는 단일기준 결합방식이나 완전기준 결합방식과 동일하나 제2단계 이후부터 어느 한 대상이나 집락과 다른 한 대상이나 집락과의 거리를 계

산할 때 단일기준 결합방식의 최단거리와 완전기준 결합방식의 최장거리의 중간인 평균거리를 사용한다는 점이 다르다.

④ 왈드의 군집방법

첫 단계로 각 개체를 크기 1의 서로 다른 군집으로 만든다. 그리고 각 군집 내에서 각 군집의 평균벡터(중심)로부터의 유클리디안 거리의 제곱합을 계산한다. 즉, i번째 군집에 대하여

$$SSi = \sum_{j=1}^{n1} (x_{ij} - \bar{x}i)'(x_{ij} - \bar{x}I)$$

를 계산한 뒤 총 제곱합 SST를 구한다.

$$SST = \sum_{i=1}^{I} SSi$$

그리고 SST의 증가를 최소화하는 두 군집을 하나의 군집으로 합한다. 이러한 과정을 되풀이하는 것을 왈드(Wald)의 군집방법이라고 한다.

두 군집 A와 B를 하나의 군집으로 합할 때 발생하는 SST의 증가분은

$$\frac{n_A n_B}{n_A n_B} @$$

이며 왈드는 이것을 두 군집 A와 B 사이의 거리제곱이라고 정의하였다. 왈드의 방법은 특이값이 존재하는 경우에는 민감하게 반응하는 것이 단점이다. 그리고 최장연결법과 마찬가지로 타원체의 군집 모양을 형성한다. 그러나 최장연결법은 같은 크기의 지름을 가지는 타원체를 형성하는 반면에 왈드의 군집방법에서는 비슷한 개체 수를 포함하는 타원 형태의 군집모양을 형성한다.

⑤ 밀도연결법

밀도연결법(density linkage)은 k번째까지 가까운 개체연결법(kth nerest neighbor method)이라고도 하는데 우선 두 개체 사이의 거리는

$$d(x_i, x_j) = [(x_i, x_j)'(x_i, x_j)]$$

이며, $\gamma_k(x_j)$를 x_j로부터 k번째로 가까운 개체까지의 거리라고 할 때, x_j에서의 추정된 밀도함수는 다음과 같다.

$$f(x_j) = \frac{\text{반지름이 } \gamma_k(x_j)\text{인 원 안에서의 개체 수}}{\text{반지름이 } \gamma_k(x_j)\text{인 원의 면적}}$$

그리고 새로운 거리 척도는 $d(x_i, x_j) < \max Y_k(x_i), Y_k(x_j)$를 만족할 때

$$d^*(x_i, x_j) = \frac{1}{2}\left[\frac{1}{f(x_i)} + \frac{1}{f(x_j)}\right]$$

으로 정의하며 이 새로운 척도를 사용하여 최단연결법을 사용한다.

만약 $k = 1$이라면 이 방법은 최단연결법과 동일하며, 표본수 n이 매우 클 때면 $\frac{k}{n}$가 작은 수이며 $\frac{k}{\ln(n)}$가 큰 수를 만족하는 k를 선정하는 것이 바람직하다.

⑥ Uniform-kernel 밀도연결법

밀도연결법은 가까운 이웃까지의 개체의 수에 관심이 있다면 이 방법은 반지름의 길이를 명시하는 것이다. 우선 x_j를 중심으로 반지름이 r인 원을 그려 그 안에 있는 개체의 수를 구한다. 그 다음 밀도함수

$$f(x_j) = \frac{\text{개체의 수}}{\text{원의 면적}}$$

를 구하고, 밀도연결법과 동일한 아래의 거리척도를 구한 뒤 최단연결법을 사용한다.

$$d^*(x_i, x_j) = \frac{1}{2}\left[\frac{1}{f(x_i)} + \frac{1}{f(x_j)}\right]$$

여기서 $d^*(x_i, x_j) \leq r$ 을 만족한다.

위에서 언급한 두 가지 종류의 밀도연결법에서 k와 r을 선정하는 일반적인 법칙은 없고 여러 값을 시도함으로써 적절한 값을 선정하여야 한다(예로 $k = 2\ln(n)$).

(4) 군집의 해석

각 대상들의 군집화를 마치면 연구자는 군집의 수를 결정하여야 하며 군집 내의 대상들이 동질적이며, 군집들 간은 서로 틀린 집단이라고 할 수 있게 상이점이 나타나야 한다. 그러나 군집분석에서는 군집분류의 통계적 유의수준도 나타내 주지 않을 뿐만 아니라 각 군집의 특성을 설명해 주는 정보를 제공하지 않는다.

그러므로 조사자는 군집 내의 대상들과 그 대상들의 속성을 살펴보아 그 군집이 어떠한 기준에 의하여 군집화되었으며 그 의미가 무엇인가를 유추하여야 한다. 흔히 각 군집들의 중심치(centroid)나 속성들의 평균값을 살펴보아 각 군집들의 특성을 찾거나 군집의 의미를 부여하는 방법이 사용된다. 가령 중심치를 이용한 판별분석기법을 이용하거나 속성들의 평균값 또는 다른 독립변인들을 측정하여 회귀분석이나 변량분석을 이용함으로써 군집의 특성을 파악할 수 있겠다.

현재까지 군집분석 기법들이 완벽히 개발되어 있지는 않기 때문에 대상들을 사전에 미리 분류해 보기 위하여 사용하거나, 판별분석기법을 이용하여 군집의 특성을 파악하거나, 다른 독립변수들을 측정하여 회귀분석이나 분산분석을 이용함으로써 의사결정에 그 결과를 이용하는 것을 권장한다.

2) 비계층적 군집방법

전 단계에서 집단화된 군집을 분해하여 분해된 조각과 더불어 새로운 군집을 형성하는 방법을 말한다. 그러므로 나무그림(또는 덴드로그램) 등으로 표현할 수 없다. 또한 많은 컴퓨터 시간이 소요되는 반복적인 과정을 통하여 군집을 실시한다. 대표적인 비계층적 군집방법으로는 K개 평균연결법 등이 있다.

(1) K개 평균(K-Mean)연결법

각각의 개체를 가장 가까운 중심(평균)의 군집에 할당하는 방법으로 그 과정은 다음과 같다.

① n개의 개체를 K개의 군집으로 할당하기 위하여 군집의 수 K를 설정한다.

② 각 군집의 평균 K개를 구한다. 처음에는 자료를 K개의 군집으로 할당한 뒤 각 군집의 평균($\overline{x_i}$, $i = 1, \cdots K$)을 구한다.

쉬어가는 연구방법과 통계이야기 • 9-1

이중계산의 과오

다음은 지능지수(IQ)에 관한 신문칼럼의 일부다(조선일보, 1994년 10월 20일).

"보통 사람이 못하는 일을 해내는 사람은 천재다. 모차르트의 지능지수는 150이었다. 프랑스의 여류소설가 조르지 상드가 150이었고 볼테르가 170, 괴테는 186로 되어 있다. (…) 그러나 꼭 150이 천재의 기준이 되는 것은 아닌 듯하다. 갈릴레오는 145였고 다윈, 베토벤, 레오나르도 다빈치 등도 135였다. 그런가 하면 렘브란트, 코페르니쿠스 등은 110밖에는 되지 않았다."

심리학자들이 인간의 지능에 관심을 가지기 시작해 지능검사(IQ 테스트)를 개발한 것은 20세기 초의 일이다. 코페르니쿠스나 레오나르도 다빈치가 살았던 시대에는 IQ 테스트가 없었음이 확실하다. 죽은 사람들의 혼을 불러다 지능검사를 한 것은 아닐 테고 어떻게 그들의 지능지수를 측정했는지 궁금하기만 하다. 우리 사회에 민주화의 열기가 대단했을 시절에는 전국에서 많은 시위가 있었다. 그러나 시위에 참가한 군중의 수에 대한 추산은 경찰과 주최측이 언제나 크게 달랐다. 어느 숫자가 맞는지 판단할 방법이 없는 언론에서는 언제나 경찰이 추산한 숫자와 주최측이 추산한 숫자를 함께 발표했다. 시위에 참가한 사람들의 숫자를 놓고 벌이는 실랑이는 꼭 한국에만 한정된 일이 아니다.

최근 미국 워싱턴에서 열렸던 '100만 흑인남성 대행진'의 참가자 수를 놓고 흑인과 경찰당국의 설전이 뜨겁다고 한다. 집회가 끝난 뒤 경찰은 참가자 수가 40만 명 정도라고 공식발표했다. 그러자 참가자 수가 100만 명을 넘었다고 주장하는 흑인회교지도자인 패러칸은 경찰에 재집계를 요구하고 신속한 답변이 없을 경우 법원에 재집계를 위한 소송까지 불사할 것이라고 경고했다. 참가자 수를 놓고 이렇게 실랑이를 벌이는 이유는 뭘까? 아마도 그들의 정치적인 영향력을 축소하거나 과시하려는 의도 때문일 것이다. 1963년에 워싱턴의 같은 장소에서 흑인 민권운동가 마틴 루터 킹 목사가 주도한 집회에는 20만 명이 모였다. 그 집회에서 킹 목사는 "나에겐 꿈이 있다(I have a dream)."라는 유명한 연설을 함으로써 흑인민권운동을 한 단계 발전시킨 적이 있다. 흑인지도자를 꿈꾸는 패러칸은 그의 영향력을 과시하기 위해 참가자 수를 늘리려는 것이고, 경찰측에서는 과격한 노선으로 물의를 빚고 있는 패러칸의 영향력을 축소하기 위해 숫자를 줄이려는 것이다. 시위참가자 숫자와 마찬가지로 그 크기가 논란이 되는 것이 있다. 바로 화재 피해액 추산이다. 경찰과 피해당사자의 피해액 추산은 항상 큰 차이가 있는데 화재보험 보상과 관련된 피해당사자의 추산이 소방경찰의 추산보다 언제나 훨씬 크다. 그렇지만 그 차이가 너무 클 때는 당황하게 된다.

예전에 광주에 있는 금호타이어 공장에 큰 화재가 있었다. 그런데 소방당국과 화사 측이 추산한 피해액이 무려 100배의 차이가 나서 논란이 됐다. 회사 측은 피해액이 총 185억 원에 이른다고 하고 소방당국은 피해액을 1억 8,000만여 원으로 집계했다. 세계 인구는 분명 늘어나고 있는데 반대로 인구가 줄어들고 있다고 주장하는 사람도 있다. 그 궤변은 이렇다. 사람마다 2명의 부모가 있고 부모는 또 각각 2명의 부모가 있다. 즉, 한 사람에게는 4명의 조부모가 있다. 그런데 그 조부모들에게는 또 각각 2명의 부모가 있다. 이렇게 조상의 수는 한 세대를 올라갈수록 두 배씩 늘어난다. 이런 식으로 중세까지만 올라가도 한 사람의 조상 수는 100만 명이 넘으니까 중세시대의 인구는 오늘날의 100만 배가 넘는다는 주장이다. 무엇이 잘못되었을까? 바로 조상이 이중계산된 것이다. 내 동생의 모든 조상들과 나의 모든 조상이 같은 사람인데 그들이 다른 사람으로 계산된 것이다.

이런 이중 계산방식은 오늘날에도 여전히 존재하고 있다. 자동차 · 조선 · 중공업 회사가 파업을 할 때면 그 파업으로 인한 손실이 하루에 수백억 원이나 된다고 언론에서 발표한다. 자동차 공장이 파업하는 경우 피해액은 공장에서 생산되어야 할 자동차 값이 대부분을 차지한다. 그런데 여기에다가 부품회사 손실 등이 덧붙여진다. 하지만 자동차값에 이미 부품값과 부품회사의 마진이 다 포함되어 있는 것이다. 물론 파업으로 인한 국가의 손실을 막기 위해 파업은 빨리 해결돼야 하겠지만 그렇다고 해서 파업으로 인한 손실을 이중계산으로 부풀려서는 곤란하다.

출처 : 한국경제, 2006년 6월 19일

③ 전 단계에서 형성된 군집들을 해체하고 개체 각각에 대하여 K개의 평균에 이르는 유클리디안 거리를 계산하여 가장 가까운 군집으로 개체를 재배치한다.

④ 재배치가 수렴할 때까지 반복한다.

이 군집방법은 군집의 수(K)에 민감하게 영향을 받으며, 따라서 초기 평균 벡터의 선정과 ③단계에서 사용된 거리 척도의 종류에 의한 군집분석 결과에 영향을 받는다.

3. SPSS를 사용한 군집분석과 결과해석

1) 자료 및 연구문제

소비자들의 그룹을 기업에 대한 가치관별로 나누어 분석하려고 한다. 기업 및 단체에 대한 설문결과가 그룹을 구분하는 기준변수가 된다. 이러한 변수들을 이용하여 집단을 구분(grouping)하고 분산분석을 이용하여 나누어진 그룹 간의 프로필에 차이가 있는지 알아보기로 한다.

2) SPSS 분석

[분석]-[분류분석]-[계층적 군집분석]을 선택한다.

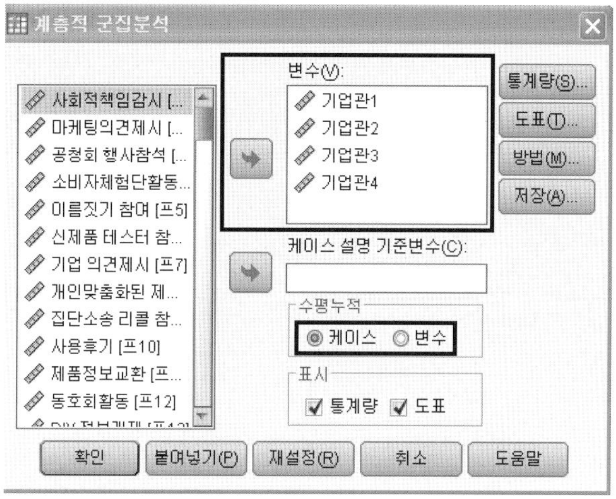

[계층적 군집분석] 창이 생성되면 리스트에서 군집분석에서 사용할 변수들을 [변수] 란으로 이동한다. 응답자를 분류할 목적으로 실시하였으므로 [수평누적] 부분에서 [케이스]를 선택한다.

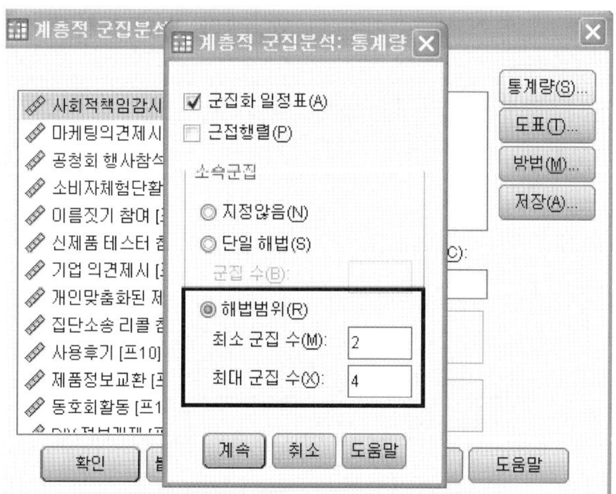

우측의 [통계량] 버튼을 클릭하여 [계층적 군집분석 : 통계량] 창을 생성한다. 군집의 범위를 몇 개로 해야 하는지를 모르는 경우, 개수에 범위를 설정하여 결과값을

살펴보고 결정할 수 있다. 여기에서는 2개에서 4개 사이로 설정하기로 한다.
[계속]을 클릭하여 설정을 계속한다.

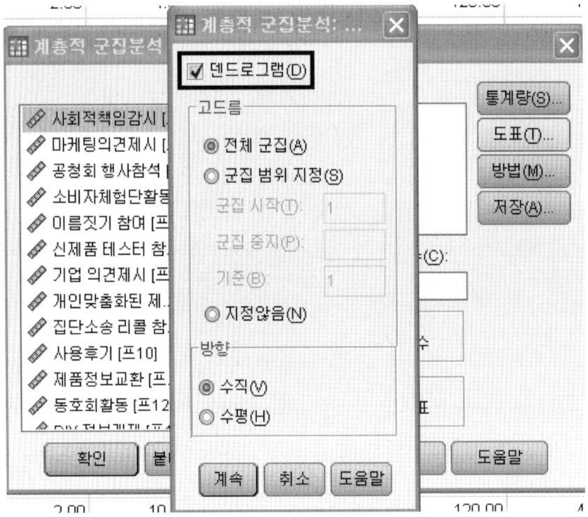

우측의 [도표] 버튼을 클릭하여 [계층적 군집분석: 도표] 창을 생성한다. [덴드로그램]을 선택하면 덴드로그램의 결과값을 얻을 수 있다. 덴드로그램을 응답자가 어떻게 군집화되는지 나뭇가지 형태로 도식한다.

[계속]을 클릭하여 설정을 계속한다.

우측의 [방법] 버튼을 클릭하여 [계층적 군집분석 : 방법] 창을 생성한다. [군집방법]으로 왈드의 방법을 선택하고, 군집화할 때 거리를 산정하는 방법을 선택한다. 일반적으로 [간격]을 사용하며, 주로 [제곱 유클리디안 거리]가 많이 사용된다.

[계속]을 클릭하여 설정을 계속한다.

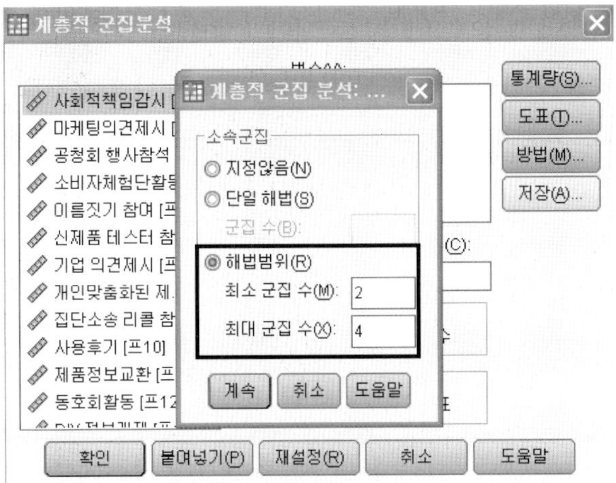

우측의 [저장] 버튼을 클릭하여 [계층적 군집분석 : 저장] 창을 생성한다. 어떤 응답자가 어떤 군집에 속하는지 새로운 데이터로 저장해 주는 옵션이므로, [해법범위]를 [통계량]에서 사용했던 2에서 4로 동일하게 설정한다.

[계속]을 클릭한 뒤, [확인] 버튼을 눌러 결과를 확인한다.

3) 군집분석의 결과

계층적 군집분석 결과에 의해 도출된 덴드로그램을 이용하여 적절한 군집의 수를 파악할 수 있다. 덴드로그램을 살펴보아 적절하다고 생각하는 레벨에서 군집의 수를 결정한 뒤, 분류된 군집을 이용하여 추후 분석을 실시한다. 군집의 수를 결정하는 방법으로는 군집분석에 사용된 변수 간의 분산분석을 이용하는 등 여러 가지의 방법이 있으나 절대적인 기준은 없으며, 연구의 성격 및 필요에 맞추어 연구자가 직관적으로 결정하는 것이 일반적이다.

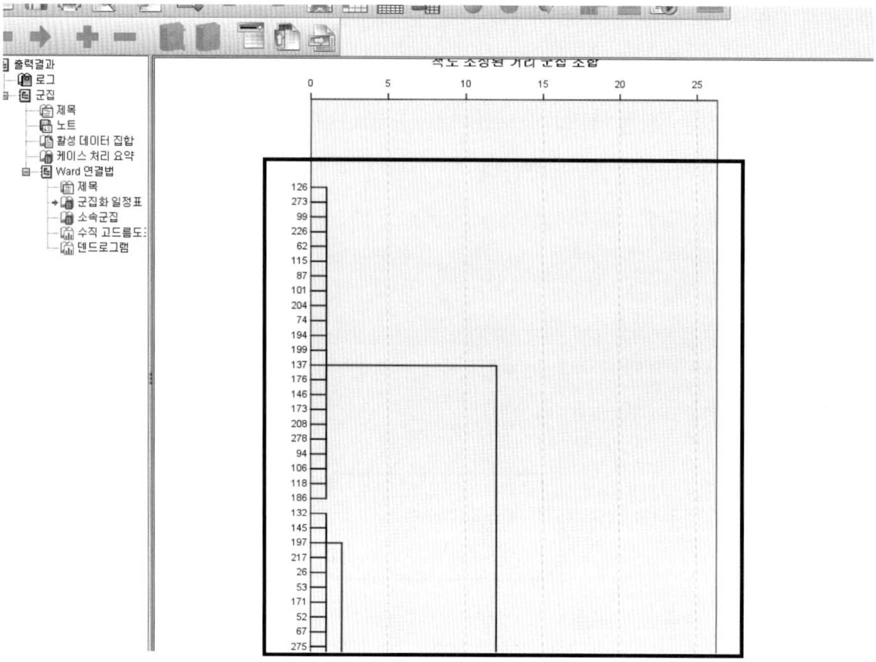

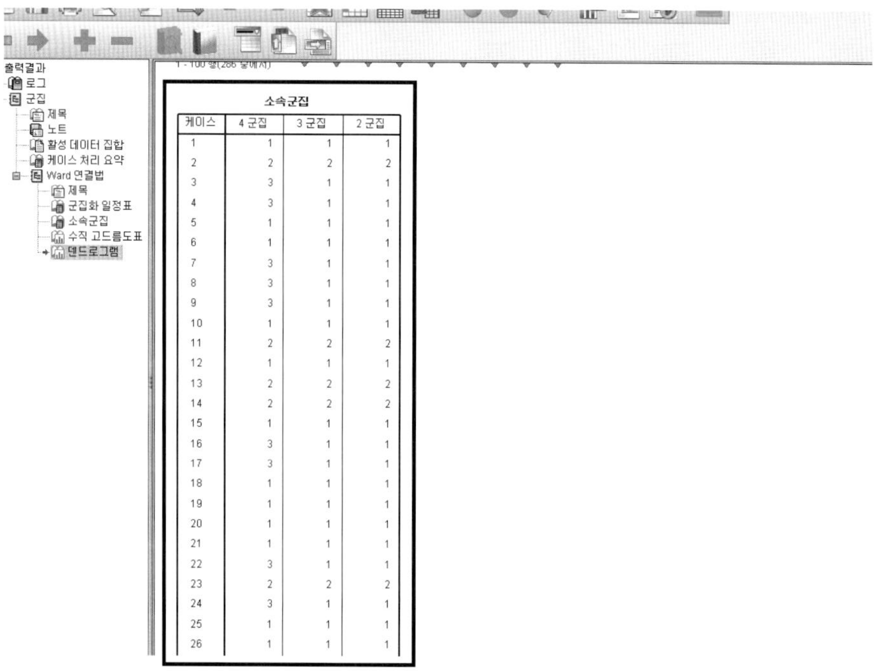

소속군집

케이스	4 군집	3 군집	2 군집
1	1	1	1
2	2	2	2
3	3	1	1
4	3	1	1
5	1	1	1
6	1	1	1
7	3	1	1
8	3	1	1
9	3	1	1
10	1	1	1
11	2	2	2
12	1	1	1
13	2	2	2
14	2	2	2
15	1	1	1
16	3	1	1
17	3	1	1
18	1	1	1
19	1	1	1
20	1	1	1
21	1	1	1
22	3	1	1
23	2	2	2
24	3	1	1
25	1	1	1
26	1	1	1

군집의 수가 2개, 3개 그리고 4개일 경우 각각의 응답자가 어느 군집에 속하는지 나타낸다. 추출된 조사대상자의 프로슈머 성향 요인들에 대한 요인점수로서 각각의 요인들에 대해서 프로슈머 성향 집단을 알아보기 위하여 군집분석을 실시하고, 군집의 개수를 결정하기 위해 PST2(Pseudo Hotelling' s T2)를 기준으로 살펴본 결과 위와 같이 4개 유형의 프로슈머 성향을 도출할 수 있었다. 프로슈머 성향집단을 최종적으로 4개의 군집 간의 구분을 위하여 F값을 구한 후 Duncan의 사후 검정을 실시하였다. 결과는 다음과 같다.

집 단	요인1 : 적극		요인2 : 창조		요인3 : 커뮤니티		요인4 : 댓글		요인5 : 자기개방		요인6 : DIY	
	M	D[a]	M	D[a]	M	D[a]	M	D[a]	M	D[a]	M	D[a]
군집1	2.83	A	3.71	A	3.82	A	3.85	A	3.63	A	3.61	A
군집2	1.96	B	3.30	B	2.63	B	3.03	C	2.67	C	3.28	B
군집3	1.79	B	2.65	C	3.62	A	2.43	B	3.03	B	2.84	C
군집4	1.97	C	1.89	D	2.02	C	1.74	D	2.46	C	2.29	D
F비	73.57***		122.81***		115.31***		99.24***		23.71***		39.54***	

*: p〈.05, **: p〈.01, ***: p〈.001

군집1 : Super Prosumer　　군집2 : DIY Prosumer

군집3 : Community Prosumer　　군집4 : Average Cosumer

4) 교차분석 방법 및 결과분석

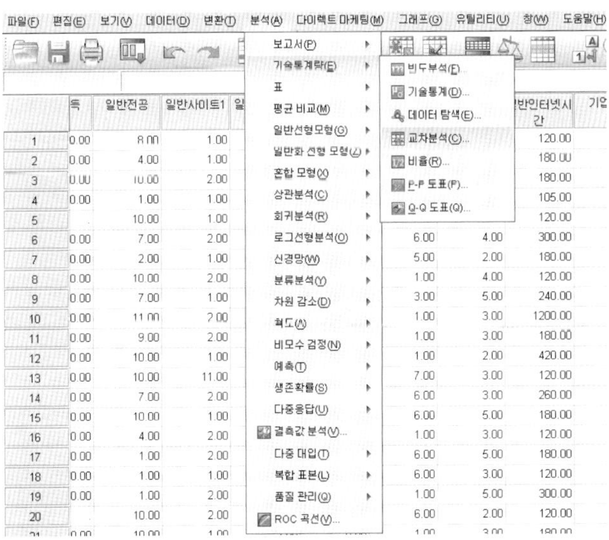

군집의 프로필을 추출하기 위해서 [분석]-[기술통계량]-[교차분석]을 선택한다.

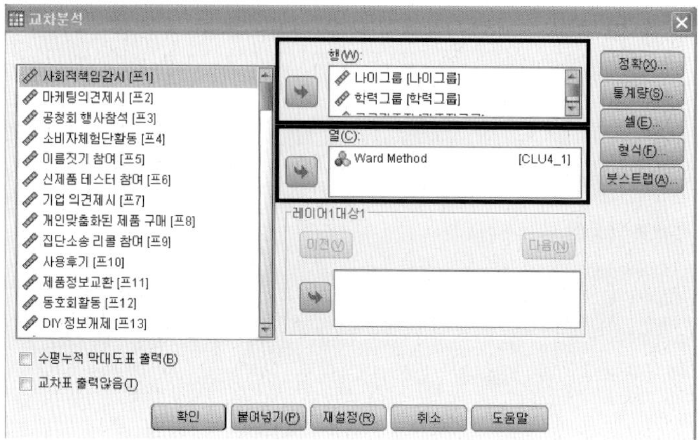

[교차분석] 창이 생성되면 프로필을 추출하기 위한 변수들 중에 나이, 학력과 같은 명목 척도 혹은 서열 척도로 이루어진 변수들을 리스트에서 선택하여 [행] 칸으로 옮긴다.

군집분석에 의해 새롭게 생성된 응답자가 속한 군집을 나타내는 변수인 [Ward Method]를 선택하여 [열] 칸으로 옮긴다. 여기에서는 4개의 군집으로 나눈 결과를 사용하였다.

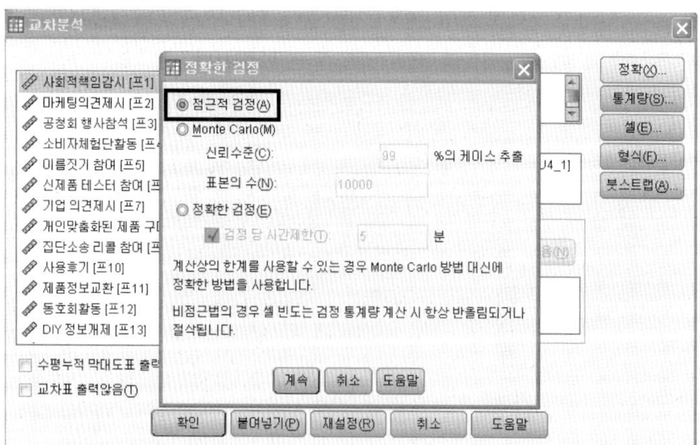

[정확]을 클릭하여 [정확한 검정] 창을 생성시킨 뒤 [검근적 검정]을 선택한다. [계속] 버튼을 클릭하여 설정을 계속한다.

[통계량]을 클릭하여 [카이제곱]을 선택한다. 카이제곱 검정을 통하여 명목 척도로 측정된 변수 간의 상호연관성을 검정할 수 있다.

[계속] 버튼을 클릭하여 설정을 계속한다.

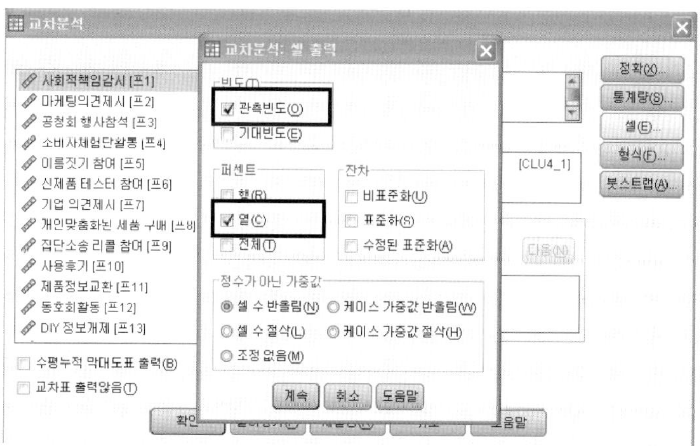

[셀]을 클릭하여 [교차분석: 셀 출력] 창을 생성한 뒤 [빈도]에서는 관측빈도를, [퍼센트] 출력은 [열]을 선택한 뒤 [계속]을 클릭하여 설정을 저장하고 [확인]을 눌러 교

교차표

구 분			Ward Method				전 체
			1	2	3	4	
거주지	서 울	빈도 Ward Method 중 %	79 68.1%	50 68.5%	61 80.3%	13 59.1%	203 70.7%
	경기도	빈도 Ward Method 중 %	29 25.0%	19 26.0%	13 17.1%	7 31.8%	68 23.7%
	광역시	빈도 Ward Method 중 %	5 4.3%	4 5.5%	1 1.3%	1 4.5%	11 3.8%
	기 타	빈도 Ward Method 중 %	3 2.6%	0 .0%	1 1.3%	1 4.5%	5 1.7%
전 체		빈도 Ward Method 중 %	116 100.0%	73 100.0%	76 100.0%	22 100.0%	287 100.0%

거주지 * Ward Method

차분석을 실시한다.

교차분석 결과로 [교차표]가 출력되었다. 그룹별로 거주지 프로필을 비율로 확인할 수 있다. 본 결과는 [거주지]라는 변수와 군집 간의 교차분석을 실시한 결과를 나타내고 있다.

CHAPTER 10

경로분석

1. 개요

1) 경로분석의 의미

경로분석(path analysis)은 일련의 중회귀분석을 통해 변수들 간의 연결관계(network of relationship)를 특정화하여 변수들의 관계에 대해 논리적으로 설명하는 방법이다. 이 문장에서 변수들 간의 인과관계가 아니라 연결관계로 표현한 것은 의도적인데, 그 이유는 인과관계란 특정 사건이 일어나는 시작점에 위치하는 원인이 결과적으로 어떤 결과를 초래하는가의 인과성을 표현하는 것이고 인과관계란 연구자의 이론과 논리에서 구축된 구조이지 실제 세상에 존재하는 구조이기는 힘들다는 점을 강조하기 위해서이다. 따라서 연구자의 이론과 논리로부터 가정된 인과관계에 적용할 수 있는 방법이 경로분석인 것이지, 인과적 이론과 논리가 구축되지 않은 상태에서 경로분석을 적용하고 그 결과로부터 인과관계를 주장하려는 것은 옳지 않다.

유전학자 Sewell Wright는 1910년대 후반부터 색 유전에서 유전자의 역할에 관심을 갖기 시작했고 유전학 실험결과에 미치는 영향 요인들의 상대적인 영향력을 측정하기 위한 목적으로 경로분석을 개발했다. 그는 유전학 실험의 결과인 실험효과가 원인으로 가정했던 변수들 각각에 의해 얼마나 영향을 받는지 영향 요인의 상대적인 영향력을 가려내기 위해 경로분석을 개발했다. 따라서 경로분석은 현상의 원인을 발견하기 위한 방법이 아니고 연구자의 이론적 논리에 의해 구축된 인과모델에 적용하는 방법임을 강조한다. 즉, 경로분석으로부터 인과관계 자체를 유추하는 것은 불가능하고, 연구자의 이론적 논리에서 제안하는 인과모델의 틀 안에서 결과변수(dependent variable, criterion variable)에 영향을 미치는 예측변수(independent variables, predictors)들의 상대적인 영향력을 일련의 회귀분석을 통해 계산해 내는 방법이다.

그렇다면 경로분석과 회귀분석의 차이는 무엇일까? 회귀분석은 경제학에서는 예측의 목적으로 그밖의 사회과학에서는 설명의 목적으로 사용되는데, 사실 설명의 기능은 Wright(1920)의 경로분석과 Jorskog(1973)의 공변량구조분석이 단연 앞서 있고 공변량구조분석은 경로분석의 비현실적인 가정들의 결점을 해결함으로써 현시대에 가장 위력적인 방법이다. 따라서 경로분석은 공변량구조분석으로 가는 중간에 위치하는 방법인 셈이다.

회귀분석은 경제학에서 예측의 목적에 사용되는데 이 경우 결정계수(R^2)를 높이기 위해 일련의 예측변수들을 동시에 하나의 회귀식에 넣고 분석한다. 그러나 회귀분석은 예측변수들이 서로 상관(correlation)되어 있을 경우 이들 변수들 간의 관계를 설명하지 못할 뿐 아니라 예측변수들의 상대적 영향력을 설명함에 있어서 제한적이고 부분적인 정보만 이용하는 한계가 있다. 따라서 회귀분석은 설명이 목적일 경우 한계가 있고 경로분석은 회귀분석이 설명하지 못하는 예측변수들 간의 관계를 설명하는 데에 적합하다. 동일한 데이터를 가지고 경로분석은 회귀분석에서 이용하지 않은 정보를 발굴하여 변수들 간의 관계를 설명한다. 그러나 경로분석이 설명에 유용한 방법이긴 하지만 비현실적인 가정들로 인해 이를 해결한 공변량구조분석이 개발된 것이다.

예측변수들이 서로 상관되어 있을 경우 회귀분석이 매우 제한적인 정보만을 제공하는 이유를 살펴보기로 하자.

단순회귀분석에서 단일의 예측변수와 결과변수는 영(zero)이 아닌 상관(correlation)을 가질 것인데 이 상관은 다음 세 가지의 원인에 의해 발생한다고 볼 수 있다(Kenny, 1979).

첫째는 직접효과로서 예측변수의 증감이 결과변수의 증감을 직접적으로 초래하는 것이고, 둘째는 간접효과로서 예측변수가 결과변수에 미치는 영향이 하나 이상의 중간변수(intervening variable)를 통하여 전달되는 것이며, 셋째로 제3변수 효과(spurious effect)는 두 변수 간에 직접적, 간접적 연결은 없으나 제3의 변수로부터 동시에 영향을 받고 있기 때문에 마치 두 변수 간에 관계가 있는 것처럼 보이는 것이다. 이에 더하여 상관의 원인이 밝혀지지 않아 분석되지 않은 효과(unanlyzed effect)가 존재한다. 회귀분석의 회귀계수는 직접효과를 나타내는 계수이므로 회귀분석은 일련의 예측변수들과 결과변수 사이의 직접효과만을 밝히는 방법이다. 따라서 두 개 이상의 예측변수가 상관되어 있는 경우 회귀분석을 설명의 목적으로 사용하는 것은 그 한계가 뚜렷하며 이러한 한계는 경로분석으로 해결된다. 경로분석은 예측변수들이 가지는 직접효과, 간접효과, 제3변수 효과를 분석하는 방법이다. 다만, 변수들의 관계에 관한 가설을 검증함에 있어서 경로분석에서 전제되는 가정들 중 세 가지를 해결한 방법이 공변량구조분석이므로 경로분석은 다음 장과의 사이에 존재하는 방법이다.

쉬어가는 연구방법과 통계이야기 • 10-1

인과관계의 방향 추정

상관관계가 있지만 어느 것이 원인이고 어느 것이 결과인지 명백하지 않은 경우가 있다.

원인과 결과가 시간에 따라 뒤바뀌기도 하고, 양쪽이 동시에 원인이면서 결과일 수도 있는 것이다. 광고와 매출액 사이에는 상관관계가 있다. 흔히 사람들은 광고를 많이 하면 매출액이 증가한다고 생각한다. 그러나 두 변수는 서로 상호작용을 하여 원인도 되고 결과도 된다고 해석하는 것이 더 현실에 가깝다. 즉, 광고가 매출액을 늘리면 다시 매출액 증가로 인해 광고비를 더 지출할 수 있는 여유가 생기고 광고를 더 하게 된다. 광고를 더 하게 되면 매출액도 다시 늘어나는 것이다.

따라서 초기에는 광고가 매출액 증가의 원인일 수 있지만 나중에는 매출액 증가가 광고 증가의 원인이 되는 것이다.

개인소득과 개인이 보유한 주식 수와는 상관관계가 있다. 이 상관관계도 서로 원인과 결과가 상호작용하는 것으로 해석해야 한다. 즉, 소득이 많을수록 주식을 많이 사게 되지만 주식을 많이 사면 다시 배당 등으로 소득이 늘어날 것이다. 이런 상호작용이 연속적으로 일어나므로 소득이나 주식보유 수는 모두 원인도 되고 결과도 되는 것이다.

남태평양에 있는 뉴 헤브리디스(New Hebrides) 섬 주민들은 몸의 이가 건강의 원인이라고 믿고, 건강하려면 이를 몸에 많이 지녀야 한다고 생각했다. 건강한 사람에게는 이가 있지만 환자에게는 이가 없는 경우가 많다는 과거 수세기에 걸친 경험과 관찰을 토대로 이런 결론을 내린 것이다. 그러나 나중에 판명된 바에 따르면 이 섬에는 이가 득실거려 대부분의 사람들이 몸에 이가 있었다. 그러나 이가 옮기는 열병에 걸리게 되면 체온이 올라가서 이가 살기 어려운 조건이 되므로 이가 환자의 몸에서 달아나는 것이었다. 즉, 건강하면 이가 꼬이고, 이는 열병을 옮기고, 열병은 이를 쫓아내고, 이가 없어지면 열병이 낫고, 건강해지면 다시 이가 꼬이는 순환을 반복하는 것이므로 원인과 결과는 뒤죽박죽으로 뒤엉키는 것이다.

출처 : 한국경제, 2006년 5월 1일

2. 경로분석방법

1) 경로분석의 전제조건

어떠한 통계분석방법이든지 그 결과로부터 내용적 유추(inference)의 타당성을 확보하기 위해서는 각각의 전제조건, 즉 가정을 만족시켜야 한다. 따라서 가정들이 충족되지 않은 상태에서 통계분석을 적용하는 것은 그 결과로부터 타당한 유추가 불가능하다.

경로분석의 가정은 다음과 같다(Pedhazun, 1982: 582).

- 경로분석에 포함되는 모든 변수들 간의 관계는 선형적(linear)이고 가법적(additive)이다.
- 경로분석에 포함되는 변수들 사이의 관계의 방향이 일방적(one-way)이다. 두 변수가 서로 동시에 설명변수가 되지 않고 상호관계(reciprocal relationship)를 가지지 않는다.
- 모든 변수들은 원칙적으로 등간척도의 성질을 가진 것이어야 한다.
- 각각의 잔여변수는 자기보다 먼저 발생하는 선행변수들과 상관되어 있지 않다. 이는 잔여변수들 간에 상관이 없음을 의미한다.
- 모든 변수의 측정이 완벽하여 측정오차(measurement error)가 없어야 한다. 즉, 이론변수를 측정함에 있어서 하나의 측정변수만이 사용되므로, 그 이론변수의 측정에 측정오차가 없어야 한다.

2) 경로도형

경로분석을 위해서는 변수들 간의 관계를 그림으로 나타내는 것이 유용한데 이것을 경로도형이라고 한다. 경로도형(path diagram)은 변수들 간의 연결관계(network of relationship)의 유형을 그림으로 나타낸 것으로, 변수들 간의 관계를 개념화하거나 가설을 검증하기 위하여 이용된다. 경로분석에서는 표준점수로 모형을 설계하므로 경로모형을 구성할 때 각 변수들은 평균이 0이고 분산이 1인 표준화된 변수를 사용한다. 경로도형은 일반적으로 다음과 같은 약속에 따라 그림으로 나타낸다.

- 경로도형 내의 왼쪽에 위치한 변수는 오른쪽에 위치한 변수보다 선행하는 것으로 가정된다.
- 변수 간의 직접효과는 일방화살표(single-headed arrows)로 나타내고 직접경로(direct path)라 부르며, 변수 간의 상관의 원인이 밝혀지지 않아 분석되지 않은 효과(unanlyzed effect)는 양방화살표 곡선(curved, double-headed arrows)으로 나타내고 상관관계(correlation)라 부른다.
- 경로도형에서 맨 처음에 놓이는 변수는 다른 변수들의 설명변수가 되고, 맨 끝에 놓이는 변수는 결과변수가 된다. 경로도형의 중간에 위치하는 변수는 결과변수인 동시에 그보다 후생하는 변수들에 대해서는 설명변수가 된다. 경로도형의 맨 앞에 하나 혹은 서로 상관되어 있는 변수들은 나머지 어느 변수에 의해서도 설명되지 않기 때문에 독립변수(independent varialbe) 혹은 외생변수(exogenous varible)라 부르고, 나머지 변수들은 외생변수를 포함하여 다른 변수들에 의해 설명되기 때문에 결과변수 혹은 내생변수(endogenous variable)라 부른다.
- 내생변수들이 경로도형 안의 다른 변수들에 의해 설명되기는 하지만 완벽하게 설명되기 어렵기 때문에 설명되지 않는 부분이 언제나 존재하기 마련이고 이를 잔여변수(residual, disturbance, equation error)라 부른다. 잔여변수에는 이론구조에 포함되지 않아 경로도형에는 표현하지 않았지만 내생변수를 설명할 수 있는 누락된 모든 예측변수들이 함축된 것으로 본다. 따라서 잔여변수는 내생변수에 직접효과를 주는 알방화살표로 표시하되 아주 짧은 일방화살표로 표현한다.
- 각 경로의 위나 아래에는 경로계수를 표시하고 상관의 원인이 밝혀지지 않아 원래의 상관관계가 분석되지 않은 외생변수 간에는 상관관계를 표시한다. 경로계수는 인접하는 두 변수 간의 직접효과를 나타내고 그 영향의 방향은 + 또는 −부호로 나타낸다. 이는 한 변수가 변함에 따라 다른 변수가 어떠한 방향으로 영향을 받는가를 나타낸다.
- 경로도형에서 어느 변수의 예측변수들은 그 변수에 직접경로를 가지는 모든 변수를 지칭하고, 예측변수에서 시작되는 화살표를 받는 변수는 그 예측변수의 결과변수라 한다. 설명변수(predetermined variable)란 결과변수보다 먼저 발생하는 변수를 지칭하기도 하는데 직접경로 없이 간접경로를 통해 영향을 미치는

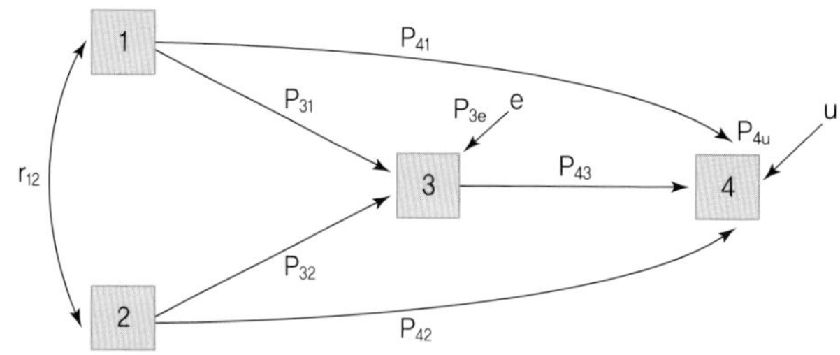

[그림 10-1] 경로분석의 경로도형

변수들이 모두 설명변수라 할 수 있다. 따라서 예측변수는 반드시 설명변수이지만, 모든 설명변수가 예측변수인 것은 아니다.

경로도형은 연구자가 이론적 배경에 근거하여 변수들 간의 관계에서 발생하는 직접효과, 간접효과, 제3변수 효과, 분석되지 않은 효과 등의 지식 혹은 가설을 [그림 10-1]과 같이 표현하는 것이다.

위의 경로도형은 다음과 같은 가설을 표현하는 것이다.

- 변수4는 변수1, 2, 3의 직접적인 영향을 받는다.
- 변수3은 변수1과 2의 직접적인 영향을 받는다(혹은 변수3은 변수1과 2의 예측변수이다).
- 변수1과 2는 상관관계는 있으나 그 관계에 대한 분석은 연구의 주제가 아니다.

이와 같은 가설을 설정한 연구자의 목적이 변수4의 예측이라면 다음의 회귀식 하나로 해결된다.

$$변수4 = P_{41} \cdot 변수1 + P_{42} \cdot 변수2 + P_{43} \cdot 변수3 + P_{4u} \cdot u \quad 식(10.1)$$

경로분석에서는 표준점수로 모형을 설계하므로 회귀식 식(10.1)에서 회귀상수(intercept)는 0이고, u는 변수4를 설명함에 있어서 연구자가 설정한 예측변수1, 2, 3 이외의 모든 변수가 내포된다. 그러나 변수 간의 관계에 대한 설명이 연구자의 목적이라면 예측변수1, 2, 3 간에 어떤 관계가 있는가를 경로분석해야 한다. 이를 위해 변수1과 변수2가 변수인 3에 직접효과를 가지고 있다는 다음의 회귀식이 필요하다.

$$변수3 = P_{31} \cdot 변수1 + P_{32} \cdot 변수2 + P_{3e} \cdot e$$ 식(10.2)

여기에서 e는 변수3을 설명함에 있어서 변수1과 변수2 이외의 모든 변수를 대변한다. 회귀식 식(10.1)과 식(10.2)를 도형으로 표현한 것이 [그림 10-1]의 경로도형이다. 변수1과 변수2 사이의 상관관계는 그 관계가 어떤 관계인지 밝혀지지 않은 효과를 나타내기 위해 양방화살표로 표시한다. [그림 10-1]에서 변수1, 2, 3 간의 관계에 관심이 없고 이들 예측변수들을 가지고 변수4라는 결과변수를 예측하는 것이 목적이거나 이들 예측변수들이 결과변수에 미치는 직접효과만 설명하고자 한다면 회귀식 식(10.1)에 대한 회귀분석만으로 충분하다. 그러나 다수의 방정식들로 서로 연결된 변수들 간의 관계를 설명하려는 것이 목적이라면 경로분석이 필요한 것이다. 이와 같이 다수의 회귀식이 동시에 포함되어 있기 때문에 계량경제(econometrics)에서는 동시방정식 모델(simultaneous equations model)이라 표현한다.

3) 경로계수분석

[그림 10-1]에 제시된 경로모형에 대한 경로계수의 추정은 회귀식 식(10.1)과 회귀식 식(10.2)에 대한 두 개의 회귀분석 결과로부터 얻는 표준화 회귀계수, 즉 베타값(beta coefficients)으로 얻는다.

경로계수를 표현함에 있어서 31, 32와 같이 두 글자를 쓰는 것은 변수1과 2가 변수3에 직접 관련되어 있음을 가정하기 때문에 어떤 결과변인이 어떤 예측변인에 의해 예측되는가를 분명히 하기 위함이다. 회귀식 식(10.2)에서 경로계수 P_{31}과 P_{32}는 표준화 회귀계수, 즉 베타값(beta weights)과 같다. 즉,

$$P_{31} = \beta_{31}$$
$$P_{32} = \beta_{32}$$

또한 우리는 다음의 결과를 유도할 수 있다.

$$P_{3e} = \sqrt{1 - R^{2}_{3.12}}$$

즉, 잔여변수 e로부터 변수3에 대한 경로계수(잔여경로계수, residual path coefficient) P_{3e}는 설정된 경로도형 내에서 측정되지 않은 변수들이 변수3에 대해 영향을 미치는 정도를 나타내는 것으로 비결정계수의 제곱근이다. 회귀식 식(10.1)의 경로계수 또한 표준화 회귀계수, 베타값과 같다.

$$P41 = \beta 41$$

$$P42 = \beta 42$$

$$P43 = \beta 43$$

$$P4u = \sqrt{1 - R^2_{4.123}}$$

경로계수는 표준화 회귀계수와 같으므로 경로계수의 유의도는 회귀분석에서와 같이 t값을 이용하여 검증하게 된다. 경로계수를 해석할 때에는 경로계수가 0이 아닌지의 여부와 경로계수의 부호가 양인지 음인지에 관한 사실이 가장 많이 이용된다. 또한 잔여변수의 변량이 너무 클 경우에는 그에 대한 내생변수의 예측변수들이 빈약하다는 것을 나타낸다.

4) 상관계수의 분해

설정한 경로모형에서 외생변수와 내생변수 혹은 두 개의 내생변수 사이의 상관(correlation)의 성격을 분해할 수 있는데, [그림 10-2]와 같이 세 가지 경우를 살펴보기로 하자.

먼저 [그림 10-2]의 (a)의 경우부터 살펴보자. (a)는 변수1과 변수2라는 두 개의 외생변수와 변수3이라는 하나의 내생변수가 설정된 경로모형이다. 외생변수1과 2 간의 상관(correlation)의 성격에 대한 정보가 없기 때문에 단순히 상관관계 r_{12}가 주어진다. 변수1과 3 간의 상관계수 r_{13}은 어떤 요소들로 구성될까? 이것은 다음의 두 가지 요소로 구성되므로 이 두 요소로 분해할 수 있다. ① 변수1로부터 3에 이르는 직접경로계수 P_{31}으로 나타나는 직접효과(Direct Effect : DE)와 ② 변수3의 또 다른 원인이 되는 변수2와 변수1의 상관에 의한 상관적 원인(correlated causes), 즉 $r_{12}P_{32}$로 나타나는 부분인데, 바로 이 안에 상관의 효과를 분석할 수 없어 단순히 상관관계가 주어졌던 변수1과 2의 상관관계가 포함됨으로써 분석되지 않은 부분

(Unanalyzed due to correlated causes : U)이라 표현한다. 변수2와 3 간의 상관계수 r_{23}에 대한 분해는 r_{13}의 경우와 동일하다. P_{32}로 나타나는 직접효과(DE)와 상관적 원인 때문에 발생한 $r_{12}P_{31}$로 나타나는 분석되지 않은 부분(U)으로 분해된다.

(b)의 경로도형으로 옮겨가 보면, 하나의 외생변수1과 두 개의 내생변수2와 3으로 구성된 경우이다. 먼저 변수1과 3의 상관계수 r_{13}을 분해해 보자. 이것은 다음의 두 가지 요소로 분해된다. ① 변수1로부터 3에 이르는 직접경로계수 P_{31}으로 나타나는 직접효과(DE)와, ② 변수1이 변수2를 매개하여 변수3에 영향을 미치는 간접효과(Indirect Effect : IE), 즉 매개변수로 가는 직접경로계수와 그 매개변수로부터 결과변수로 가는 직접경로계수를 곱한 값인 $P_{21}P_{32}$로 나타나는 부분이다. 결과변수와 예측변수 간의 상관으로부터 발생하는 직접효과(DE)와 간접효과(IE)의 합을 총효과(total effect)라 부르고 때로는 효과계수(effect coefficient)라 표현하기도 한다. 이어서 변인2와 3 간의 상관관계 r_{23}을 분해해 보자. 이 두 변수 간의 직접경로계수 P_{32}는 직접효과를 나타내고 이를 제외한 나머지 부분 $P_{31}P_{21}$은 허위적(Spurious: S)인데, 이것은 이 두 변수가 변수1로부터 동일하게 영향을 받고 있기 때문에 발생한다. 공통 원인에 의해 발생하는 허위적 (S) 부분은 상관계수에서 직접효과를 뺀 나머지 $r_{23}-P_{32}$혹은 $P_{31}P_{21}$이다.

경로도형 (c)는 두 개의 독립적 원인을 설정한 경우인데, 변인1과 3 혹은 변인2와 3 간의 상관계수는 오직 직접효과로만 구성된다. 따라서 변인1과 3간의 상관관계 r_{13}는 직접경로계수 P_{31}와 동일하고 변인2와 3 간의 상관관계 r_{23}는 직접경로계수 P_{32}와 동일하다.

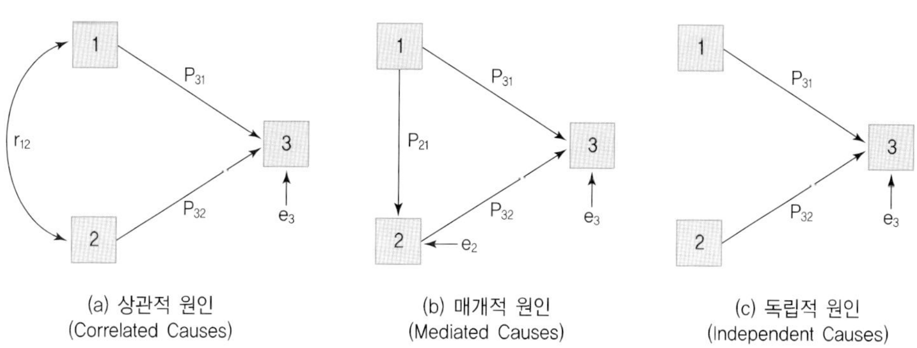

[그림 10-2] 경로도형

이상의 내용을 정리해 보면, 경로도형에 표현되는 두 변수 간의 상관계수는 다음의 요소들로 분해될 수 있다. ① 직접효과(DE), ② 간접효과(IE), ③ 상관적 원인에 의해 분석되지 않는 부분(U), ④ 공통원인에 의해 발생되는 허위적 부분(S)이다. 이 가운데에서 직접효과와 간접효과를 더한 값이 총효과(혹은 효과계수)에 해당되고 때로는 인과효과(causal effect)로 표현되기도 한다. 반면, ③의 U와 (4)의 S를 합하여 상관계수의 비인과적 부분(noncausal part)으로 표현하기도 한다. 여기에서 우리는 모든 상관계수가 위에서 열거한 4개 요소로 모두 구성되는 것이 아님을 [그림 10-2]의 세 개 경로도형을 통해 알 수 있었다. 따라서 허위에 의한 부분(S)은 오직 내생변수 간의 관계에서만 확인되고, 분석되지 않는 부분(U)은 상관되어 있는 외생변수들이 경로모형에 설정된 경우에만 확인될 수 있다. 또한 경로모형이 어떻게 구성되는냐에 따라 직접효과와 간접효과가 발생하게 된다.

5) 경로분석 검증방법

경로분석은 변수들 간의 연결관계 모형의 적합도(goodness of fit)를 평가하는 중요한 도구이다. 여기서 적합도란 설정된 경로도형이 '현실의 자료를 잘 설명한다' 거나 혹은 '자료에 의해 잘 뒤받침된다' 는 것을 의미한다. 경로도형은 근본적으로 이론적 배경에 기초하여 설정되므로, 경로분석을 통해서 이론이 검증될 수 있고, 검증결과 모형이 부당하다는 결론이 나올 경우 이론의 수정을 도모할 수 있다는 점에서 경로도형의 적합도 평가는 중요한 작업이다. 경로분석에서는 대개 경로계수의 유의도 검증과, 전체 경로모형에 대한 적합도검증이라는 두 가지 측면에서 유의도검증을 실시한다. 이외에도 F 검증을 통해서 각각의 내생변수에 대한 추정회귀식의 결정계수(R^2)가 통계적으로 유의한가를 검증할 수 있다.

① 경로계수의 유의도 검증

경로계수는 사실상 회귀계수이므로 각각의 경로계수에 대한 유의도는 회귀분석에서와 같이 t 값이 유의수준에 미치지 못할 경우 연구자는 설정된 경로도형에서 이 경로를 제거할 수 있다. 그러나 경로계수의 통계적인 유의도 검증결과에만 전적으로 의존하여 유의하지 않은 경로를 제거하는 것은 결코 바람직하지 않다. 왜냐하면,

통계적으로 유의하지 않은 경로를 삭제시키면 다른 경로계수의 크기가 변화되어 결국 이 경로를 통과하는 모든 인과효과의 계산이 영향을 받기 때문이다.

또한 경로계수에 대한 통계적 유의도 검증은 표본의 크기에 따라 일정하지 않다는 점에 주목할 필요가 있다. 특히 표본의 크기가 크면 경로계수의 유의도 검증이 대부분 유의하게 나올 가능성이 커져서 실제 이론적으로 필요 없는 경로의 경우에도 그 경로를 계속 유지해야 하는 것으로 해석될 수 있다.

따라서 통계적 유의도의 검증결과에만 의존하여 경로도형을 수정하는 것은 결코 바람직하지 않으며, 이론적 배경을 근거로 통계적인 분석결과를 해석하고 판단함으로써 경로의 제거 여부를 결정하는 것이 더욱 바람직하다. 즉, 경로계수가 통계적으로 유의한 결과를 보이더라도 이 경로에 대한 이론적인 의미가 부족하다고 간주되면 이를 경로도형에서 제거해도 괜찮을 것이다. 반대로 어떤 경로가 통계적으로 유의하지 않은 결과를 보였다고 하더라도, 이 경로에 대한 이론적인 근거가 확실하다면 경로도형에서 이를 제거하지 않는 것이 바람직할 것이다. 결국 경로도형의 설정과 경로의 삭제 여부는 이론적 배경에 따라 결정될 문제이며, 연구 자료를 이용한 통계적 검증은 설정된 경로도형이 주어진 상황에서 지지되는가의 여부를 판단하는 수단에 불과한 것이다.

② 전체 경로 모형에 대한 적합도 검증

각각의 경로계수에 대한 통계적 유의도 검증에서와 같이 전체 경로 모형에 대한 적합도 검증은 설정된 경로 모형이 주어진 자료에 의해 지지되는지의 여부를 판단하는 수단이 된다. 전체 경로 모형의 적합도 검증방법을 알기 위해서는 변수들 간에 상관관계를 재산출하는 방법과 식별(識别, identification)의 문제에 대한 이해가 필요하다.

재산출된 상관계수들과 원래의 상관계수들(R)이 완벽하게 일치하면 설정된 경로 모형이 자료에 완벽하게 부합한다고 볼 수 있다. 이런 경우를 모형이 적정식별(just-identified)되었다고 표현한다. 도표로 볼 때 적정식별(適正識別 : just-identified) 모형은 모든 변수들이(외생변수 간에는) 양방화살표 곡선이나(외생변수와 내생변수 간에, 혹은 내생변수들 간에는) 일방경로로 모두 연결되어 있고, 잔여변수에 대한 가정(즉, 서로 상관되어 있지 않음)이 충족되는 등식의 수는 실제로 상관계수행렬표

(correlation matrix)에서 대각선 및 대각선 아래(혹은 위)에 요소(elements)의 수와 같다. 따라서 설정된 경로도형 안에서 k개의 변수가 측정되었다면, 등식의 수는 k(k+1)/2가 된다. 적정식별모형은 어떤 경우에든 R을 완벽하게 재산출할 수 있으므로, 항상 자료에 완벽하게 부합된다고 할 수 있다.

경로 모형의 적합도를 검증하기 위해 필요한 자유도는 적정식별 모형에서 삭제된 경로의 숫자와 같다. 그러나 모든 변수들이 양방화살표 곡선이나 일방화살표로 연결되어 있는 적정별 모형에서의 자유도는 0이므로 적정식별모형의 적합도를 통계적으로 검증하는 것은 불가능하다. 그러나 어떤 경로의 경로계수가 통계적으로 유의하지 않거나 이론상 의미가 없을 경우, 이 경로를 적정식별 모형에서 제거함으로써 모형을 보다 간단하게 할 수 있고 이것이 적합도의 검증을 가능하게 해 준다. 적정식별 모형에서 몇 개의 경로가 제거될 경우 이 모형을 과대식별(過大識別 : over-identified) 모형이라고 하는데, 경로의 제거는 어떤 변수가 종속변수에 간접적인 영향은 미칠 수 있더라도 직접적인 영향을 미치지는 않는다는 가설을 해야 한다. 즉, 제거된 경로의 경로계수가 '0' 임을 가정하는 것이다.

과대식별 모형은 적정식별 모형과는 달리 상관계수들을 완벽하게 재산출하지 않는다. 따라서 모형의 유의도를 검증하는 것이 가능하다. 과대식별 모형에서 재산출된 상관계수들과 원래의 상관계수들 사이에는 차이가 있게 마련인데, 이 차이의 정도가 모형의 자료에 대한 부합도를 검증하는 기초가 된다. 즉, 재산출된 상관계수들과 원래의 상관계수들을 이용하여 x_2값은 '0' 이 되는데, 앞서 언급한 것과 같이 적정식별 모형에서는 상관계수들이 항상 완벽하게 재산출된다.

경로 모형의 설정 과정을 [그림 10-3]을 이용하여 살펴보자. [그림 10-3]은 어느 대학교 재학생들 300명을 대상으로 부모의 사회경제적 지위, 학생들의 지능지수, 또 그들의 성취동기가 학생의 성적에 미치는 영향을 분석하기 위해서 설정한 모형이다. 여기서 유의해야 할 점은 부모의 사회경제적 지위(X_1)와 학생의 학업성적(X_2)은 이미 주어진(given) 외생변수이며 이들 X_1, X_2 두 변수가 직접 또는 간접으로 학업성적(X_4)에 영향을 미치는 것으로 모형이 설정되어 있다는 점이다. 특히 부모의 사회경제적 지위(X_1)는 바로 학업성적에 영향을 미치는 것이 아니라 개별 학생들의 성취동기(X_3)를 거쳐서 간접적으로 성적에 영향을 미치는 것으로 가정하고 있고, 반면에 지능지수(X_2)는 직접 학업성적에 영향을 끼치는 것으로 모형을 설

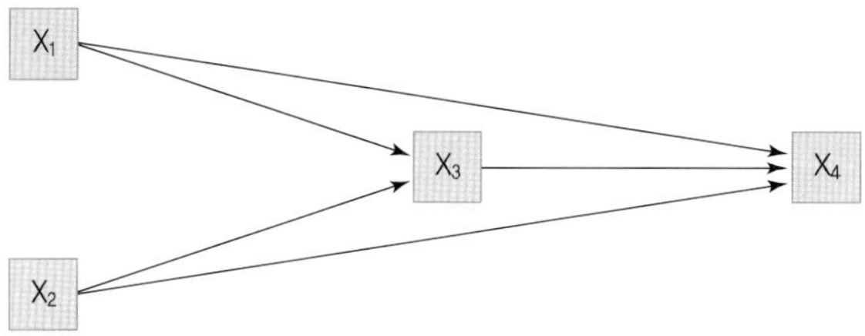

[그림 10-3] 원래의 경로도식 모형

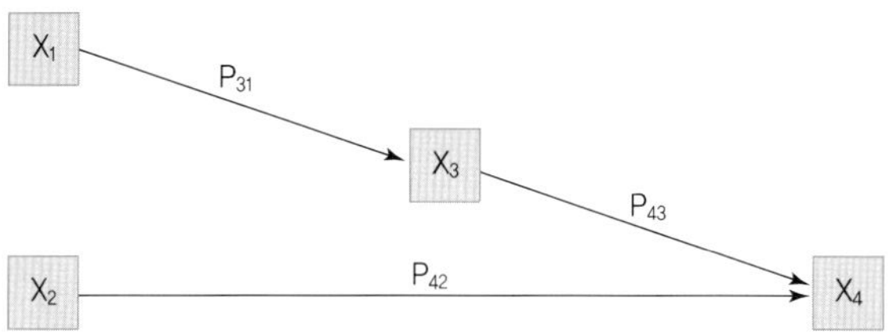

[그림 10-4] 수정된 경로도식 모형

정하고 있다. 이처럼 경로분석에서 어떤 모형을 어떤 방법으로 설정할 것인가는 연구자들 자신의 검정하고자 하는 이론에 의해 결정된다.

그런데 [그림 10-3]에서 변수 X_1과 X_4, 그리고 X_2와 X_3 간의 경로계수가 각각 0.009와 0.041로 지극히 낮으므로, 이들을 제거한 후에 [그림 10-4]와 같은 새로운 경로도식모형을 만들었다고 생각해 보자.

우선 [그림 10-3]과 [그림 10-4]의 두 모형에 어느 정도 차이가 있는가를 비교해 보기 위해서는 $R_m{}^2$와 M의 값을 구해야 하는데, 여기서

$R_m{}^2 = 1-(1-R_1{}^2)(1-R_2{}^2)\cdots(1-R_n{}^2)$이며

$M = 1-(1-R_1{}^2)(1-R_2{}^2)\cdots(1-R_n{}^2)$이다.

즉 $R_m{}^2$이란 [그림 10-3]의 원래 모형에서 제시된 모든 비결정계수 ($\sqrt{1-R_2}$)를 제곱한 값을 서로 곱한 결과를 1에서 뺀 것으로, 결국 [그림 10-3]의 모형에 포함된 모들 경로계수들이 설명해 줄 수 있는 설명력의 총합이 된다. 그 다음 M은 문제된(경로계수의 값이 낮은) 경로계수를 제외한 [그림 10-4]와 같은 수정된 모형에 제시된 모든 결정계수의 전체 설명력을 뜻한다.

따라서 [그림 10-3]의 원래 모형과 [그림 10-4]의 수정된 모형이 어느 정도 차이가 있는가를 저울질하기 위해서는 다음과 같이 Q값을 구하면 된다.

$$Q = \frac{1 - {R_m}^2}{1 - m}$$

위의 공식을 [그림 10-3]과 [그림 10-4]에 적용하면

$$Q = \frac{1 - (0.911)^2 (0.710)^2}{1 - (0.912)^2 (0.710)} = \frac{1 - 0.4184}{1 - 0.4193} \simeq 1.00$$

Q값이 일단 구해지면 이의 유의도를 측정하기 위해 카이·스퀘어(x^2) 값의 성질을 띤 W통계치를 계산해야 한다.

$$\begin{aligned} W &= -(N - d)\log e\, Q \\ &= -(N - d)\log e\left(\frac{1 - {R_m}^2}{1 - M}\right) \end{aligned}$$

위에서 N은 표본크기이며, d는 제거된 경로계수의 숫자이다. 그런데 300명의 대학생을 조사하였고, 제거된 경로계수의 수가 2이므로

$$W = -(300 - 2)\log e 1.00 = 0 \quad (\therefore x^2 = 0)$$

앞서 언급하였듯이 W통계치는 x^2의 값을 가지며, d는 자유도와 같은 의미(d=df)를 가지므로, W통계치는 전혀 유의하지 않는 것임을 알 수 있다.

바꾸어 말하면 W=0이란 [그림 10-3]의 원래 모형과 [그림 10-4]의 수정된 모형은 완전 일치하는 것으로 원래 모형 대신에 보다 간략한 수정 모형인 [그림 10-4]를 사용하는 것이 바람직함을 입증해 주고 있다. $W = -(N - d)\log e\, Q$에서 알 수 있듯이 Q의 값은 $0 \leq Q \leq 1$에 위치하고 있으며 Q의 값이 1에 가까울수록 수정된 경로분석 모형의 적합도는 그만큼 향상됨을 알게 된다.

쉬어가는 연구방법과 통계이야기 • 10-2

관계 : 상관관계와 인과관계

사람들은 이것과 저것이 '관계가 있다', 혹은 '관계가 없다'라는 표현을 자주 쓴다. 어떤 것들끼리의 관계는 통계적으로는 상관관계로 나타낸다. 상관관계는 어떤 변수가 증가할 때 다른 변수가 함께 증가하는가 혹은 감소하는가를 관찰하여 파악한다.

예를 들어, 체중과 신장 사이에는 양의 상관관계가 있다고 할 수 있다. 키가 크면 대체적으로 체중이 증가한다는 의미다. 어떤 상품의 가격과 수요 사이에는 음의 상관관계가 있다고 할 수 있다. 가격이 오르면 대개 그 상품에 대한 수요는 줄어든다.

이러한 상관관계가 얼마나 밀접한가는 상관계수로 표시하는데 상관계수는 -1에서 1 사이의 값을 갖는다. 상관계수가 음수면 음의 상관을, 반대로 양수면 양의 상관을 갖는다. 상관계수가 0이라는 것은 서로 관계가 전혀 없음을 의미한다.

좀 더 구체적으로 말하면 상관계수는 선형(線形: linear) 상관만을 측정하므로 상관계수가 0이라는 말은 선형관계가 존재하지 않는다는 의미다.

꽤 오래 전부터 사람들은 상관관계의 개념을 이해하고 생활에 적용해 왔던 것 같다. 그중에서도 주로 여러 가지 현상들을 설명하기 위한 하나의 방법으로 그것을 그 전에 일어났던 다른 사건들과 관련시켜 왔다. 그렇게 함으로써 좋은 일이나 나쁜 일에 대한 징조를 미리 알고 대처하려는 목적이었을 것이다.

소크라테스는 재채기를 그의 악처(惡妻)가 발작하는 조짐으로 믿어서 재채기가 나기 무섭게 집을 빠져나갔다고 한다. 특정 개인으로부터 시작된 조짐은 유사한 경험이 다른 사람에게도 반복되면 모든 사람에게 해당되는 징조로 발전된다. 거울이 깨지면 나쁜 일이 일어난다든가, 상여가 지나가는 것을 보면 좋은 일이 일어난다든가 하는 믿음이 그 예다. 더욱이 이러한 상관관계에 대한 추측이 더 많은 데이터를 근거로 판단되고 세련된 체계를 갖추게 된 것도 있다.

별들의 움직임과 세상의 일을 관련짓는 점성술, 골상(骨相),수상(手相),관상(觀相),족상(足相) 등이 그 예다. 문외한이기는 하지만 내 생각으로는 이러한 체계 중에서 주역(周易)은 출생의 사주(四柱)가 동양사상의 근본이 되는 음양(陰陽)이론과 접목되어 가장 세련된 체계를 갖춘 경지에 오른 것이 아닐까 한다.

출처 : 한국경제, 2006년 4월 17일

3. SAS를 사용한 경로분석과 결과해석

1) 연구문제

한국의 소비자를 대상으로 미국 재킷과 한국 재킷을 모델로 하여 구매행동 패턴에 대한 조사를 하였다. 소비자가 재킷을 구입할 경우 상표명의 지각, 품질요소의 지각, 그리고 가격의 지각이 인지하는 품질 지각에 얼마나 영향을 미치는지 알아보

려 한다. |SAS 예시 10-1|은 경로분석을 수행하기 위해 변수생성 과정을 보여주고 있다.

```
options nodate nonotes pageno=1 replace;
libname out '.';
data test;
infile 'b:korea.dat';
input ID JKT LEVI GUESS ESPRIT LIZ POLO  GAP CALVIN DONNA NIKE BANANA.....
MARSTAT AGE REDUC SPEDUC OCUP INCOMEYINCOME SINCOME PINCOME
OINCOME;
data x1; set test;
CLOTHINV=(OPINION + EXPRESS + TELLALOT)/3;
BRDLOYAL=(SAMECLTH + SAMEBRD)/2;
FLEADER=(FASHLDR + FASHTRND + BUYFASH)/3;
SHOPENJY=(SHOPFREE + SHOPFUN)/2;
BENSOT1=(SLFESTM + CLTHIMP + SOCSTAT + PRESTIG + SEXAPPL + NOTICE
          +LATSTYL + LATFASH)/8;
BENSOT2=(CLTHFUNC + COMFORT)/2;
KRBRAND=(RTNONNO + RTLWJAE)/2;
USBRAND=(RTLIZ + RTPOLO)/2;
PPRICE=(ECON + BUYJKT + PRCJKT + EXPECT)/4;
PVALUE=(GOODBUY + QUALECON + GDVALUE)/3;
INTRATT=(WORKMSP + FABQUAL + DGNATTR + STYLGOOD)/4;
PQUAL=(WORKMSP + FABQUAL + OVRQUAL)/3;
WILLING=(PROBBUY + HIGHPROB)/2;

if jkt=1 or jkt=3 then wbrand=1;
if jkt=2 or jkt=4 then wbrand=2;
if jkt=1 or jkt=2 then country=1;
if jkt=3 or jkt=4 then country=2;
```

|SAS 예시 10-1| 경로분석을 위한 프로그램 1: 변수생성

```
1) proc reg;
 model pqual=intratt;
 run;

2) proc reg;
 model pqual=krbrand;
 run;

3) proc reg;
 model pqual=pprice;
 run;

4) proc reg;
 model pvalue=pqual;
 run;

5) proc reg;
 model willing=pvalue;
 run;

6) proc reg;
 model intratt=krbrand;
 run;
```

| SAS 예시 10-2 | 경로분석을 위한 프로그램 2

| SAS 예시 10-2 | 는 경로분석 수행 명령어로서 syntax 창에서 사용 가능하다. 이때 | SAS 예시 10-2 | 처럼 DOS 형태의 명령문이 아닌 window 버전에서 추가된 버튼 클릭을 통해 수행할 수도 있다. | SAS 예시 10-2 | 에서 1), 2), 3) 부분은 품질지삭(pqual)에 상품의 내새가치(intratt), 가격인지(pprice), 싱표명인지(kbrand)가 얼마나 영향을 미치는지를 알아보려고 한다.

4) 부분은 가치지각(pvalue)에 품질지각(pqual)이 얼마나 영향을 미치는지 알아보려고 한다.

5) 부분은 구매의도(willing)에 가치지각(pvalue)이 얼마나 영향을 미치는지 알아보려고 한다.

6) 부분은 내재가치(pvalue)에 상표명인지(kbrand)가 얼마나 영향을 미치는지 알아보려고 한다.

위의 품질지각, 상품의 내재가치, 가격인지, 상표명인지, 가치지각, 구매의도 등은 설문문항 중 관련된 몇 개의 문항의 합으로 만들어진 변수이며, 사용된 각 문항은 신뢰도가 검증된 기존의 자료를 통해 얻어졌다.

2) 경로분석 결과

위에서 행한 경로분석은 미국 재킷과 한국 재킷을 가지고 두 번 실시되었다. 각각의 결과는 | SAS 예시 10-3 | 과 | SAS 예시 10-4 | 와 같다.

(1) 미국 재킷

| SAS 예시 10-3 | 경로분석 결과 1 : 미국 재킷

```
                              The SAS System

Model: MODEL1
Dependent Variable: PQUAL

                           Analysis of Variance
                             Sum of          Mean
        Source       DF      Squares         Square       F Value     Prob>F
        Model         1     318.11817      318.11817      613.901     0.0001
        Error       216     111.92923        0.51819
        C Total     217     430.04740
            Root MSE      0.71985       R-square        0.7397
            Dep Mean      4.82722       Adj R-sq        0.7385
             C.V.        14.91242

                           Parameter Estimates
                      Parameter        Standard       T for H0 :
     Variable    DF    Estimate          Error        Parameter=0     Prob> |T|

     INTERCEP     1    1.040423       0.16042289         6.486         0.0001
     INTRATT      1    0.846037       0.03414603        24.777         0.0001

                              The SAS System
```

```
Model: MODEL1
Dependent Variable: PQUAL
                          Analysis of Variance
                         Sum of        Mean
Source        DF        Squares       Square     F Value     Prob>F

Model          1        4.33634      4.33634       2.200     0.1395
Error        216      425.71106      1.97088
C Total      217      430.04740

          Root MSE        1.40388       R-square       0.0101
          Dep Mean        4.82722       Adj R-sq       0.0055
          C.V.           29.08264

                          Parameter Estimates

                  Parameter       Standard      T for H0:
Variable    DF    Estimate          Error      Parameter=0    Prob>|T|

INTERCEP     1    4.635296      0.16056749       28.868        0.0001
USBRAND      1    0.057471      0.03874520        1.483        0.1395

                            The SAS System
```

```
Model: MODEL1
Dependent Variable: PQUAL
                          Analysis of Variance

                      Sum of        Mean
Source        DF     Squares       Square      F Value     Prob>F

Model          1    137.38310     137.38310    101.395     0.0001
Error        216    292.66430       1.35493
C Total      217    430.04740

          Root MSE        1.16401       R square       0.3195
          Dep Mean        4.82722       Adj R-sq       0.3163
          C.V.           24.11355

                          Parameter Estimates

                  Parameter     Standard      T for H0:
Variable    DF    Estimate        Error      Parameter=0    Prob>|T|

INTERCEP     1    3.508326    0.15287460       22.949        0.0001
PPRICE       1    0.443701    0.04406377       10.070        0.0001

                            The SAS System
```

Model: MODEL1
Dependent Variable: PVALUE

Analysis of Variance

Source	DF	Sum of Squares	Mean Square	F Value	Prob>F
Model	1	248.43080	248.43080	128.145	0.0001
Error	216	418.75371	1.93867		
C Total	217	667.18451			

Root MSE	1.39236	R-square	0.3724
Dep Mean	3.39450	Adj R-sq	0.3695
C.V.	41.01826		

Parameter Estimates

Variable	DF	Parameter Estimate	Standard Error	T for H0: Parameter=0	Prob>|T|
INTERCEP	1	-0.274451	0.33754950	-0.813	0.4171
PQUAL	1	0.760054	0.06714200	11.320	0.0001

The SAS System

Model: MODEL1
Dependent Variable: WILLING

Analysis of Variance

Source	DF	Sum of Squares	Mean Square	F Value	Prob>F
Model	1	500.81918	500.81918	342.604	0.0001
Error	216	315.74963	1.46180		
C Total	217	816.56881			

Root MSE	1.20905	R-square	0.6133
Dep Mean	3.23394	Adj R-sq	0.6115
C.V.	37.38625		

Parameter Estimates

Variable	DF	Parameter Estimate	Standard Error	T for H0: Parameter=0	Prob>|T|
INTERCEP	1	0.292961	0.17875005	1.639	0.1027
PVALUE	1	0.866398	0.04680816	18.510	0.0001

The SAS System

Model: MODEL1
Dependent Variable: INTRATT

Analysis of Variance

Source	DF	Sum of Squares	Mean Square	F Value	Prob>F
Model	1	2.43425	2.43425	1.190	0.2766
Error	216	442.00182	2.04630		
C Total	217	444.43607			

Root MSE	1.43049	R-square	0.0055
Dep Mea	4.47592	Adj R-sq	0.0009
C.V.	31.95973		

Parameter Estimates

Variable	DF	Parameter Estimate	Standard Error	T for H0: Parameter=0	Prob>|T|
INTERCEP	1	4.332122	0.16361088	26.478	0.0001
USBRAND	1	0.043060	0.03947958	1.091	0.2766

(2) 한국 재킷

| SAS 예시 10-4 | 경로분석 결과 2 : 한국 재킷

The SAS System

Model: MODEL1
Dependent Variable: PQUAL

Analysis of Variance

Source	DF	Sum of Squares	Mean Square	F Value	Prob>F
Model	1	191.95143	191.95143	272.240	0.0001
Error	179	126.20940	0.70508		
C Total	180	318.16083			

Root MSE	0.83969	R-square	0.6033
Dep Mean	4.68508	Adj R-sq	0.6011
C.V.	17.92264		

Parameter Estimates

Variable	DF	Parameter Estimate	Standard Error	T for H0: Parameter=0	Prob>|T|
INTERCEP	1	1.336868	0.21230710	6.297	0.0001
INTRATT	1	0.778705	0.04719505	16.500	0.0001

The SAS System

```
Model: MODEL1
Dependent Variable: PQUAL
                         Analysis of Variance

                          Sum of         Mean
     Source       DF     Squares       Square     F Value     Prob>F

     Model         1     0.51408      0.51408       0.290     0.5911
     Error       179   317.64676      1.77456
     C Total     180   318.16083

         Root MSE      1.33213       R-square      0.0016
         Dep Mean      4.68508       Adj R-sq     -0.0040
         C.V.         28.43338

                         Parameter Estimates

                      Parameter      Standard     T for H0:
     Variable    DF    Estimate         Error    Parameter=0     Prob>|T|

     INTERCEP     1    4.615188    0.16330397         28.261       0.0001
     KRBRAND      1    0.024494    0.04550805          0.538       0.5911

                         The SAS System
```

```
Model: MODEL1
Dependent Variable: PQUAL
                         Analysis of Variance

                          Sum of         Mean
     Source       DF     Squares       Square     F Value     Prob>F

     Model         1    54.13011     54.13011      36.698     0.0001
     Error       179   264.03073      1.47503
     C Total     180   318.16083

         Root MSE      1.21451       R-square      0.1701
         Dep Mean      4.68508       Adj R-sq      0.1655
         C.V.         25.92289

                         Parameter Estimates
                      Parameter      Standard     T for H0:
     Variable    DF    Estimate         Error    Parameter=0     Prob>|T|

     INTERCEP     1    3.773152    0.17552992         21.496       0.0001
     PPRICE       1    0.310847    0.05131301          6.058       0.0001

                         The SAS System
```

```
Model: MODEL1
Dependent Variable: PVALUE
                        Analysis of Variance
                        Sum of         Mean
Source       DF        Squares        Square      F Value      Prob>F

Model         1      116.29976     116.29976       62.460      0.0001
Error       179      333.29385       1.86198
C Total     180      449.59362

        Root MSE       1.36454      R-square     0.2587
        Dep Mean       3.39227      Adj R-sq     0.2545
        C.V.          40.22512

                        Parameter Estimates
                    Parameter      Standard      T for H0:
Variable    DF      Estimate       Error         Parameter=0     Prob>|T|

INTERCEP     1      0.559678     0.37248550         1.503          0.1347
PQUAL        1      0.604597     0.07650041         7.903          0.0001

                          The SAS System
```

```
Model: MODEL1
Dependent Variable: PVALUE

                        Analysis of Variance

                      Sum of        Mean
Source       DF       Squares       Square      F Value      Prob>F

Model         1     116.29976     116.29976      62.460      0.0001
Error       179     333.29385       1.86198
C Total     180     449.59362

        Root MSE       1.36454      4R-squarc     0.2587
        Dep Mean       3.39227      Adj R-sq      0.2545
        C.V.          40.22512

                        Parameter Estimates

                      Parameter     Standard      T for H0:
Variable       DF     Estimate      Error         Parameter=0     Prob>|T|

INTERCEP        1     0.559678     0.37248550        1.503          0.1347
PQUAL           1     0.604597     0.07650041        7.903          0.0001

                          The SAS System
```

Model: MODEL1
Dependent Variable: WILLING

Analysis of Variance

Source	DF	Sum of Squares	Mean Square	F Value	Prob>F
Model	1	267.10294	267.10294	158.988	0.0001
Error	179	300.72303	1.68002		
C Total	180	567.82597			

Root MSE	1.29615	R-square	0.4704
Dep Mean	3.12155	Adj R-sq	0.4674
C.V.	41.52283		

Parameter Estimates

Variable	DF	Parameter Estimate	Standard Error	T for H0: Parameter=0	Prob>|T|
INTERCEP	1	0.506864	0.22865328	2.217	0.0279
PVALUE	1	0.770778	0.06112893	12.609	0.0001

The SAS System

Model: MODEL1
Dependent Variable: INTRATT

Analysis of Variance

Source	DF	Sum of Squares	Mean Square	F Value	Prob>F
Model	1	3.08839	3.08839	1.764	0.1859
Error	179	313.46410	1.75120		
C Total	180	316.55249			

Root MSE	1.32333	R-square	0.0098
Dep Mean	4.29972	Adj R-sq	0.0042
C.V.	30.77704		

Parameter Estimates

Variable	DF	Parameter Estimate	Standard Error	T for H0: Parameter=0	Prob>|T|
INTERCEP	1	4.128407	0.16222524	25.449	0.0001
KRBRAND	1	0.060036	0.04520744	1.328	0.1859

3) 경로분석의 결과해석

미국 재킷과 한국 재킷 경우 결과는 모두 동일하게 나타났다. 품질지각에는 상품의 내재가치와 가격인지는 영향을 미치는 것으로 나타났으며 브랜드 인지도는 관련이 없는 것으로 나타났으며 이러한 품질지각은 가치지각에 영향을 미치고 가치지각은 소비자 의사결정시 구매의도에 영향을 미치는 것으로 나타났다.

위의 결과를 토대로 경로도표를 그리면 다음과 같다.

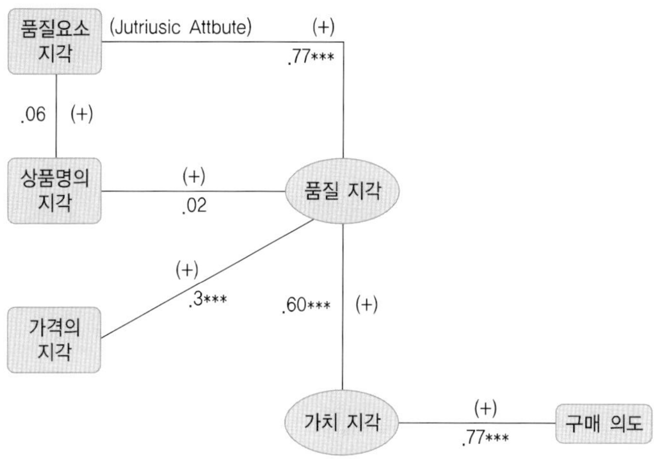

[그림 10-5] 미국 재킷 경로분석

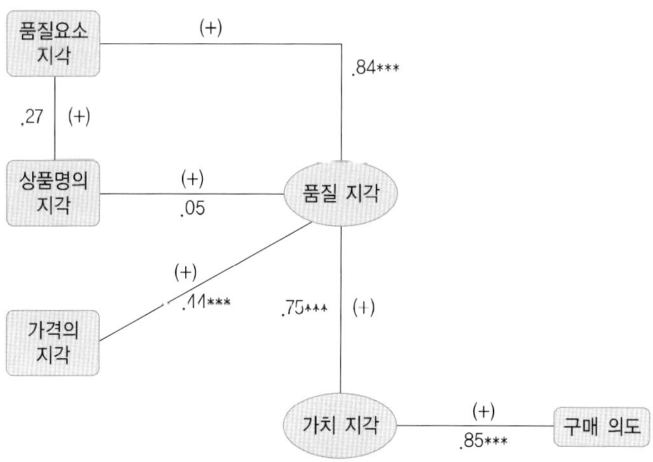

[그림 10-6] 한국 재킷 경로분석

CHAPTER 11

공변량구조분석

공변량구조분석(covariance structure model, structural equation model)은 선형구조관계분석 또는 LISREL 분석이라고도 한다(이하 공변량구조분석).[1] 공변량구조분석은 1970년 11월 미국 위스콘신 대학에서 '사회과학에서의 구조방정식 모형들' 이라는 주제 대토론회에서 Jöreskog에 의해 처음 선을 보이면서 계속적으로 보완·개발되었다. 그 후, 공변량구조 모형에 바탕을 둔 통계분석 프로그램인 LISREL 프로그램이 Jöreskog와 Sörbom에 의해 계속 보완·개발되어 지금은 널리 사용되고 있다.[2]

공변량구조분석은 설명의 기능을 수행하는 통계기법인 회귀분석과 경로분석, 그리고 요인분석 등 다양한 이론들이 합쳐서 개발된 통계기법이다. 공변량구조분석은 확정적 또는 탐색적 인자분석, 경로분석, 시계열 자료에 대한 계량경제 분석, 횡단적 또는 종단적 자료에 대한 재귀적(recursive) 또는 비재귀적(nonrecursive) 분석 등을 포괄적으로 포함하는 분석기법이다. 변수들 간의 구조에 관한 여러 기존 통계기법들의 특성을 취합하여 하나의 수학적 모형으로 결합한 것이 오늘날의 공변량구조분석이다. 다시 말해, 기존의 이론이나 경험적 연구에 기초하여 관심대상이 되는 현상을 관련 인과변수들의 구조관계를 구체화한 일단의 선형방정식 구조라고 할 수 있다.

1) LISREL은 Lineal Structural RELationship의 머릿글자를 딴 것으로 공변량구조분석을 통계적으로 검증하기 위한 소프트웨어 패키지 이름이나 공변량구조분석을 그냥 LISREL이라고 부르기도 한다.
2) 이외에도 1990년 개발된 SAS의 모듈에 편입된 PROC CALIS가 있다.

이 장에서는 먼저 공변량구조분석의 특징을 지금까지 살펴본 많은 다른 통계분석 기법과 비교하여 공변량구조분석에 대한 기초적 이해를 높이고자 한다. 그리고 공변량구조 모델, 공변량구조 모델의 계수행렬표, 계수측정(Parameter Estimation), 모델 인정, 모델의 적합도 평가에 대해 구체적으로 살펴보고자 한다.

1. 공변량구조분석과 기타 통계분석기법

공변량구조분석은 회귀분석 또는 경로분석이 제공하는 설명의 기능을 보다 확대·발전시킨 통계분석방법이다. 회귀분석, 요인분석, 다변량분산분석, 판별분석 등 많은 분석방법들이 논리적 또는 이론적 문제를 폭넓게 설명해 주고 있으나 이들 분석방법은 단지 한 시점에서 단일관계만을 조사하는 한계가 있다. 정준분석이나 다변량분석(multivariate analysis of variance)과 같은 다종속변수(multiple dependent variable)를 사용하는 분석기법도 단지 종속변수와 독립변수들의 단일 관계만을 설명하고 있다(조선배, 1996). 다시 말해, 설명의 기능을 수행하기 위한 이 같은 통계기법들은 여러 개의 독립변수(공변량구조분석에서는 예측변수)들과 종속변수 간의 선형적 관계에 대한 설명에 초점을 두고 있다. 경로분석에서는 회귀분석의 설명의 기능을 보다 확대시켜 변수들 간의 연결관계를 확대하고 있기는 하나, 여전히 이 같은 제한점을 충분히 해결하지는 못하고 있다. 그러나 공변량구조 모델은 여러 변수들의 관계를 포괄적으로 측정·평가하는 능력을 갖추고 있고 탐색분석에서 확증분석까지의 추이를 제공한다. 공변량구조분석은 이론을 구성하는 일련의 변수들의 관계를 포괄적으로 검증 가능하게 한다.

회귀분석과 경로분석은 〈표 11-1〉에 제시한 바와 같이 많은 전제조건을 가지고 시작하는데, 이 같은 전제조건들은 사회과학 및 생활과학 분야에서 매우 비현실적이라는 지적이 높아 왔다. 사회과학 및 생활과학 분야에서 다루는 많은 변수들은 하나의 측정치에 의해 측정되지 않는 추상적이고 복잡한 것들이 많다. 또한, 인과관계에 있어서도 서로 영향을 주로 받는 상호적인 인과관계가 존재하므로 회귀분석의 가정들은 비현실적이라고 하겠다. 이 같은 회귀분석의 비현실적 가정들에서 탈피하여 사회과학 및 행동과학 분야의 이론개발 및 검증에 유용한 분석기법을 개발한 것이 공변량구조분석이다. 회귀분석과 경로분석의 전제조건들을 비교하여 공변량구조분석의 특징을 자세하게 살펴보면 다음과 같다.

첫째, 회귀분석과 경로분석은 모두 결과변수(종속변수)를 설명하기 위한 여러 개의 측정변수만을 다룬다는 사실이다. 다시 말해, 경로분석 및 회귀분석에서는 이론변수가 하나의 측정변수에 의해 완벽하게 측정된다고 가정한다. 즉, 하나의 측정변수가 이론변수(latent variable)와 동일시되고 있다. 그러나 추상적이고 가설적인 이론변수는 측정변수에 의해 동일시될 수 없으며, 이론변수는 측정변수에 의해 측정되는 과정에서 오차가 발생할 수 있다. 사회과학에서 주로 다루는 변수들은 이론적 개념, 추상적 개념이므로 이 같은 변수를 정확히 완벽하게 측정하기는 어렵다. 한편, 요인분석에서는 이론변수가 관찰된 변수들에 대한 원인변수로 간주된다. 그러나 공변량구조분석에서 이론변수는 관찰된 변수이며 또한 다른 이론변수와 인과관계를 가질 수 있다. 공변량구조분석에서는 측정변수가 이론변수와 동일시될 수 없으며 간접적으로 측정되는 과정에서 오차가 발생할 수 있음을 받아들여 측정변수뿐만 아니라 이론변수를 도입하여 보다 강력한 설명기능을 제공한다. 이론변수 또는 잠재변수(이하 이론변수)는 인자분석에서 공통인자(common factor)와 같이 관찰되지 않는 변수를 의미하는데, 비측정변수(unobserved variable)라고도 불린다. 다시 말해, 공변량구조분석 모델은 이론변수들 간의 연결관계에 의해 가설화된 이론구조와 각 이론변수가 어떤 측정변수들에 의해 조작적으로 정의되는가를 나타내는 측정구조로 설정되어 있다. 공변형 모델의 이론구조는 경로분석과 유사하고, 측정구조는 요인분석과 유사하다.

둘째, 회귀분석이나 경로분석에서는 인과관계를 설명함에 있어 양방적인 상호관계를 배제하고 있다. 회귀분석 및 경로분석에서의 모델은 일방적(unidirectional) 인과관계로서 독립변수들은 반드시 종속변수에 영향을 미치는 것으로 설정된다. 그러나 공변량구조분석에서는 여러 변수들 간에 서로 상호 영향을 주고 받을 수 있는 양방관계 또는 상호적 인과관계(reciprocal causal relationship)를 허용하고 있다.

셋째, 회귀분석에서는 독립변수들 간에는 서로 독립적임을 전제하고 있다. 다시 말해, 독립변수가 종속변수에 미치는 직접효과만을 전제하고 있다. 이 문제는 경로분석에서 다소 완화되어 간접효과 및 허위효과가 모델에 포함되고 있기는 하나, 여전히 잔여분(또는 오차)의 무상관(uncorrelatedness)을 가정하고 있다. 뿐만 아니

〈표 11-1〉 회귀분석, 경로분석, 공변량구조분석의 기본 가정

회귀분석	경로분석	공변량구조분석
일방적 인과관계	일방적 인과관계	상호적 인과관계
독립변수들 간의 독립성	변수들 간의 간접효과 가능	잠재변수들 간의 종속관계 가능 잠재변수들 간의 이론적 관계 가능
측정오차(잔여치)들 간의 독립성	측정오차들 간의 독립성 (잔여치의 무상관)	측정오차들 간의 종속관계 가능
측정변수들의 오차 없음	측정변수들의 오차 없음	측정변수들 간의 측정오차 규정

라, 경로분석에서는 이론변수들 간의 포괄적인 종속관계 또는 이론적 관계를 규정하고 있지 않다. 그러나 공변량구조분석에서는 이론변수들 간의 독립, 종속관계를 인정하며 또한 이론적 관계를 인정하고 있다.

지금까지 살펴본 바와 같이, 공변량구조분석은 회귀분석, 경로분석, 요인분석(특히, 검증적 요인분석 : confirmatory factor analysis)을 통합한 포괄적인 모델로서 각 분석방법의 단점을 보완하였다. 공변량구조분석은 비실험 자료를 사용하여 이론 개발 및 검증, 인과관계 및 변수들 간의 구조적 관계를 보다 포괄적으로 설명해 주는 유용한 통계기법이라고 하겠다.

〈표 11-2〉 공변량구조분석에서 사용하는 그리스어 기호들

이 름	대문자	소문자	이 름	대문자	소문자
알파(alpha)	A	α	뉴(nu)	N	ν
베타(beta)	B	β	크시(xi)	Ξ	ξ
감마(gamma)	Γ	γ	오미크론(omicron)	O	o
델타(delta)	Δ	δ	파이(pi)	Π	π
엡실론(epsilon)	E	ε	로(rho)	P	ρ
제타(zeta)	Z	ζ	시그마(sigma)	Σ	σ
에타(eta)	H	η	타우(tau)	T	τ
세타(theta)	Θ	θ	웁실론(upsilon)	Υ	υ
이오디(iota)	I	ι	파이(phi)	Φ	φ
카파(kappa)	K	κ	카이(chi)	X	χ
람다(lambda)	Λ	λ	프시(psi)	Ψ	ψ
뮤(mu)	M	μ	오메가(omega)	Ω	ω

2. 공변량구조 모델

공변량구조 모델은 기본적으로 여러 변수들 간의 인과관계를 설명하는 선형구조 모델이다. 공변량구조 모델이 설정되기 위해서는 두 변수들 사이의 충분한 관련성, 원인 대 결과의 일시적 선행, 대체 원인변수의 부족, 여러 변수들의 관계에 대한 이론적 근거 등이 전제되어야 한다. 다시 말해, 선행연구를 통해 입증된 이론적 배경이나 변수들 간의 연결구조가 존재하여 인과관계 및 각 변수들의 관계가 논리적으로 설정될 수 있어야 한다. 공변량구조 모델을 설정하는 경우 간명하고 간결한 모델을 세우는 것이 원칙이나, 중요한 예측변수를 빠뜨리거나 생략해서는 안 된다. 또한, 모델에 사용한 개념의 수는 대략 20개를 초과하지 않는 것이 좋다.

공변량구조 모델은 크게 이론구조 모델과 측정 모델로 구분할 수 있다. 이론구조 모델은 경로분석과 유사한 형태로 공변량 모델에서는 경로분석에서와는 달리 여러 측정변수에 의해 이론변수가 측정되는 것이 보통이다. 그러나 만약 공변량구조 모델에서 이론변수들이 하나의 측정변수들로 설명된다면 이는 경로분석과 동일한 형태를 띠게 된다. 측정 모델은 각 이론변수가 여러 측정변수들에 의해 설명되는 것을 보여 주는 모델 부분으로서 요인분석과 유사하다. 다시 말해, 측정 모델은 측정변수와 이론변수들 간의 관계를 설명하는 모델이다. 공변량구조 모델에서는 사전에 요인의 수, 요인의 성격, 요인과 관찰된 변수들 사이의 양태까지 설정되어 있어야 한다.

1) 이론적 배경에 근거한 공변량구조 모델 설정

공변량구조분석 모델로 설정되기 위해서는 첫째, 이론적으로 그리고 가설적으로 설정하고자 하는 모델이 공변량구조분석에 적합하여야 한다. 설정하고자 하는 모델이 공변량구조분석의 기본적 전제조건과 부합되고 공변량구조분석을 통해 연구목적을 달성할 수 있어야 한다. 둘째, 표본의 수가 최소한 200 이상이거나 추정하여야 할 미지수의 5배 이상의 표본크기를 가져야 한다.[3] 셋째, 연구목적이 예측보다는 설명의 목적이면서 변수 간의 상관관계나 선후인과관계가 이론적으로 타당하여야

3) 최우추정(Maximum Likely Estimation)은 50개의 작은 표본 크기에도 타당한 결과를 제공하는 것으로 알려지고 있으나 이렇게 작은 크기는 권장할 만한 것이 못 된다(조선배, 1996).

〈표 11-3〉 노인소비자의 정보탐색에 관한 최적 모델

내 · 외생 이론변수	이론변수	측정변수
외생 변수	노화인지	심리적 노화, 사회적 노화, 신체적 노화, 경제적 노화
내생 변수	지각된 위험	재정적 위험, 사회적 위험, 신체적 위험, 심리적 위험
	탐색동기	관여도, 탐색취미, 중요도
	인지된 탐색비용	대체안 비교평가증가, 가격감소, 구매만족감
	정보처리능력	판단력, 심사숙고성, 장단점 고려성
	정보탐색노력	가격·판매점, 사용방법·관리방법, 상품선택요령, 판매점방문

한다. 다시 말해, 선행연구에서 경험적 연구를 통해 검증되었거나 정립된 이론을 기초로 모델을 설정하는 것이 전략적이다.

공변량구조 모델의 실제 사례로서 정용선, 김인식(1998)의 노인소비자의 정보탐색에 관한 공변량구조 모델을 중심으로 보다 구체적으로 살펴보자. 이들의 연구에서는 소비자정보탐색의 이론적 접근으로서 탐색의 비용(탐색비용, 지각된 위험)과 이익(인지된 탐색혜택)을 강조하는 경제적 접근, 탐색동기를 강조하는 심리적 접근, 정보처리능력을 중시하는 정보처리적 접근을 도입하였다. 세 가지 이론적 접근을 중심으로 이론변수들을 선정하고 요인분석을 통해 측정변수를 선정하였는데 변수들을 정리·요약하면 〈표 11-3〉과 같고, 공변량구조 모델을 도식화하면 [그림 11-1]과 같다.

공변량구조 모델을 설정함에 있어 이론적 배경, 기존 연구의 결과 및 모델 등을 충분히 고려하여 설득력 있는 모델을 설정하여야 한다. 이론변수가 추상적이고 측정하기 쉽지 않은 개념변수인 경우 이 변수를 측정하기 위한 측정변수는 요인분석이나 기존 선행연구에서 검증된 측정도구를 사용하는 것이 보통이다. 물론, 이 과정에서 측정오차(measurement error)가 발생하게 되며 그 오차를 [그림 11-2]에 제시한 바와 같이, 측정변수 바로 옆에 작은 화살표(→)와 함께 기입한다.

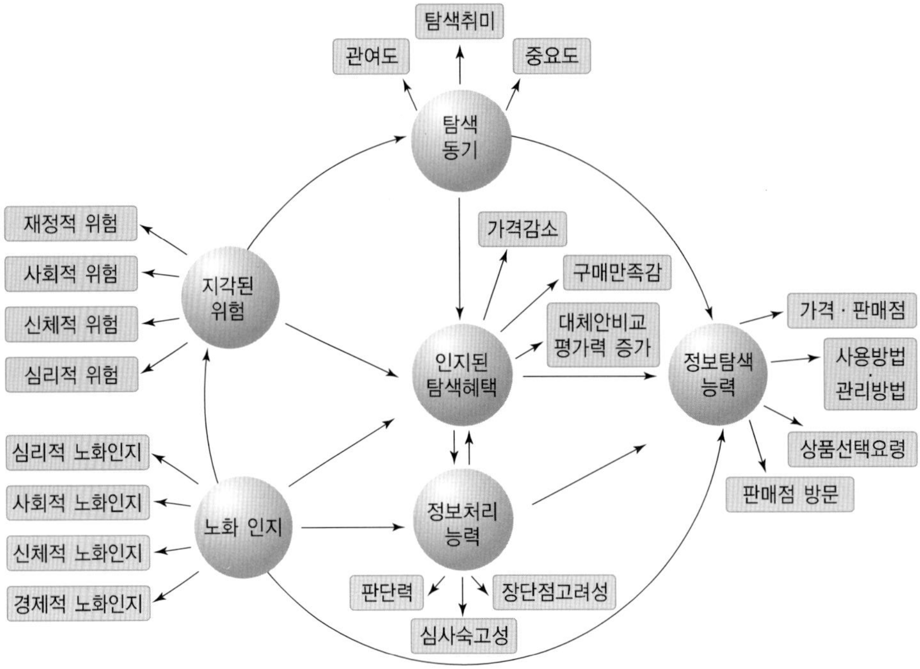

[그림 11-1] 노인소비자의 정보탐색에 관한 최적 모델4)

출처: 정용선 · 김인식(1998). 노인소비자의 정보탐색에 관한 연구. 소비문화연구, 1, 143-170.

2) 공변량구조 모델의 도식

[그림 11-1]과 같이 여러 변수들의 인과관계 및 이론적 그리고 가설적 구조를 도식으로 표시함으로써 공변량구조 모델을 전체적으로 쉽게 이해할 수 있다. 변수들의 인과관계를 도식화한 경로모형에서와 마찬가지로 공변량구조 모델도 도식화하여 여러 개념들과 변수들의 관계를 표시하게 된다.

공변량구조 모델은 이론구조 모델 또는 구조방정식 모델(structural equation model, 이하 이론구조 모델)과 측정 모델(measurement model)로 구성되어 있다. 이론구조 모델은 이론변수들 간의 인과적 관계를 규정한 모델로서 인과효과가 이를 통해 설명되지 않은 변이의 정도를 묘사하는 부분까지 포함하고 있다. 측정 모델은 이론변수들이 측정변수들을 통해 어떻게 측정되어지는가를 규정하고 있는데 측정과정에서의 측정오차도 포함하고 있다.

4) 여기서 제시한 모델은 모델 찾기 과정을 거쳐 수정된 최종 모델이다.

공변량구조 모델에서는 몇 가지 가정을 전제하고 있는데 이는 다음과 같다.[5)]

- 모든 변수의 평균은 0이다.
- 이론변수는 이론변수를 측정하는 측정변수의 오차와 상관이 없다.
- 변수의 오차와 구조방정식의 오차는 상호상관이 없다.
- 이론변수는 각각 이들의 측정변수에 직접 영향을 미치지 않는다.

한편, 공변량구조분석 모델에서는 내생변수 그리고 외생변수들 간의 상관, 그리고 공분산을 지정할 수 있다. 회귀분석에서는 독립변수들 간에는 서로 독립적이어야 한다는 가정이 필요하나, 공변량구조 분석에서는 이 같은 가정이 필요없이 서로 상관되거나 인과관계를 가질 수 있다. 개념들 간의 상관 정도는 곡선으로서 표시하며, 공분산을 표시하는 방법은 다음과 같다.

- ϕ_{ij} 외생이론변수 ξ_i와 ξ_j 사이의 공분산
- Ψ_{ij} 오차변수 ξ_i와 ξ_j의 공분산
- $\theta(\delta)_{ij}$ x의 측정오차 δ_i와 δ_j의 공분산
- $\theta(\varepsilon)_{ij}$ y의 측정오차 ε_i와 ε_j의 공분산

변수와 변수들 간의 인과관계를 표시하는 방법은 주로 화살표를 통해 제시한다. 화살표의 방향은 변수들 간의 관계를 나타내는 것으로 왼쪽에서 오른쪽으로 향하는 직선화살표(→)는 회귀분석이나 경로분석에서와 마찬가지로 인과관계를 의미한다. 이때, 화살표의 왼쪽 변수는 외생변수(독립변수의 의미), 오른쪽 변수는 결과변수(종속변수의 의미)이다. 이 중 직선화살표는 변수들이 서로 영향을 주고받는 경우로서 인과관계가 양쪽 방향인 상호적 인과관계를 의미한다. 한편, 곡선(both-headed arc, ↔로 표시)은 두 변수의 상관관계를 의미한다.

- 일방화살(→) 한 변수가 다른 변수에 미치는 직접적 영향
- 이중화살(⇄) 변수들이 영향을 주고받음, 인과관계가 양쪽 방향
- 양방화살(↔) 두 변수 간에 상관관계는 있으나 인과관계를 가정할 수 없는 경우
- 쌍두곡선(〈⌒〉) 외생변수들 간의 상관관계를 나타냄

5) 다시 말해, ζ와 ξ, ε와 η, δ와 ξ, 그리고 ζ, ε, δ간에는 서로 상관되어 있지 않다.

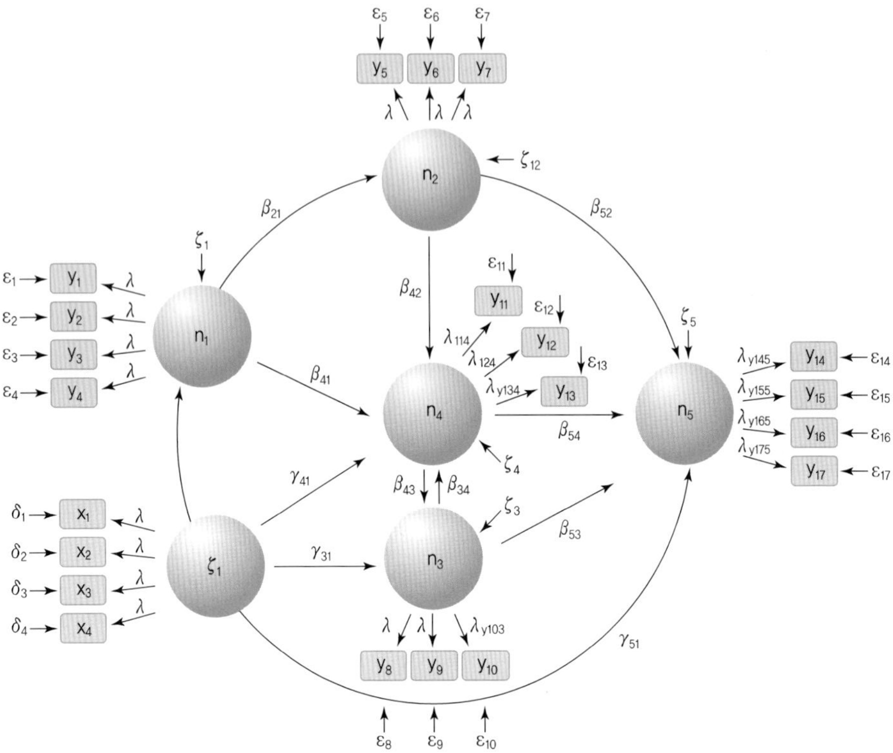

[그림 11-2] 정보탐색에 관한 공변량구조 모델의 도식

① 이론구조 모델

이론구조 모델(atructural equation model)에서 원 또는 타원 안의 변수는 이론변수 또는 잠재변수(이하 이론변수)임을 나타낸다. 이론변수란 관찰되거나 측정되지 않은 변수이며 연구자의 이론, 직관, 가설 등에 의해 관찰된 변인 및 다른 이론변수와 관계를 가질 수 있는 변수이다. [그림 11-1]의 정보탐색에 관한 최적 모델에서 이미 살펴본 바와 같이 총 6개의 이론변수가 존재하는데, 이중 '지각된 위험' 변수의 경우 재정적 위험, 사회적 위험, 신체적 위험, 심리적 위험에 의해 측정되고 있다.

타원 안에 표시된 이론변수는 외생이론변수와 내생이론변수로 구분할 수 있다. [그림 11-2]에서 외생이론변수는 '노화인지' 변수의 하나로서 다른 어떤 변수로부터 직접 또는 간접효과를 받지 않는 변수로서 회귀분석의 독립변수와 의미상 동일하다. 내생이론변수는 최소 한 번 이상의 직접, 간접, 또는 허위효과를 통해 설명되는 변수로서 '노화인지' 변수를 제외한 나머지 5개의 내생이론변수가 존재한다.

한편, 외생이론변수는 경로분석에서와 마찬가지로 어떤 변수로부터도 화살표를 받지 않는 변수(모델에서 가장 왼쪽에 위치함, 회귀분석에서는 독립변수)로서 〈표 11-4〉에 제시한 바와 같이 ξ로 표시하고, 내생이론변수는 적어도 하나 이상의 화살표를 다른 변수로부터 받는 변수로서 η로 표시한다.

② 측정 모델(measurement model)

직사각형 안의 변수는 측정변수 또는 관찰변수(이하 측정변수)를 의미한다.[6] 직사각형 안의 측정변수들은 타원 안의 이론변수들을 측정하기 위한 도구로서, 보통 요인분석에 의해 검증되어 선정되거나, 존재하는 검증된 측정도구에 의해 선정된다. 요인분석은 각 개별변수들의 각 요인에 대한 적재치(loading)에 의해 설명된다. 즉, 각 변수에 대한 예측변수는 각 요인의 적재치로 계산되어 하나의 요인은 한 개념의 예측변수 즉, 이 변수를 설명하는 하나의 요인이 된다.

〈표 11-4〉 공변량구조 분석에서 사용하는 변수들의 명칭과 수식적 표기

변 수	영 문	표 기	내 용
측정변수 (관찰변수)	observable variable	x	외생이론변수를 측정하는 관찰변수들
		y	내생이론변수를 측정하는 관찰변수들
이론변수 (잠재변수)	latent variable	ξ	외생이론변수
	theoritical variable	η	내생이론변수로서 최소 한 번 이상의 간접, 직접, 허위효과에 의해 설명되는 변수
오차변수 (잔여변수)	residual	δ	외생이론변수 측정과정에서 발생한 측정오차
	disturbance	ε	내생이론변수 측정과정에서 발생한 측정오차
	equation error	ζ	외생이론변수들을 가지고 내생이론변수를 설명할 때 발생되는 오차
외생변수	exogenous variable		다른 변수에 의해 설명되지 않고, 결과변수(내생변수)에 영향을 미치는 변수
내생변수	endogenous variable		다른 변수들에 의해 설명되는 변수

참조: 이론변수는 관찰되지 않은 것이기 때문에 정해진 척도(scale)를 가지고 있지 않으며, 따라서 오차를 갖지 않는다.

6) 경로분석에서는 이론변수와 측정변수의 구분 없이 측정변수만으로 이루어져 있다.

직사각형 안에 제시되는 측정변수들은 외생측정변수와 내생측정변수로 구분할 수 있다.[7] 외생측정변수들은 외생이론변수를 측정하는 데 사용된 변수들로서 공변량구조분석 모델에서 x로 표기된다. 한편, 측정변수들 중 내생이론변수와 연관된, 즉 내생이론변수들을 측정하는 데 사용된 측정변수들은 y로 표시한다. 예를 들면, '노화인지' 라는 외생이론변수를 측정하기 위해 심리적 노화인지, 사회적 노화인지, 신체적 노화인지, 경제적 노화인지 4개의 외생측정변수가 모델에 사용되고 있다. 한편, 최소 한 번 이상의 직접효과나 간접효과를 통해 설명되는 내생이론변수를 측정하기 위한 내생측정변수는 5개로서 '지각된 위험', '탐색동기', '정보처리능력', '인지된 탐색비용', '정보탐색노력' 인데, 모두 y로 표시되고 있다.

측정오차변수 또는 잔여분변수(residual, disturbance, equation error)는 해당변수 옆에 작은 사선화살표인 ↙와 함께 제시되는데, 외생이론변수들을 측정하는 데 발생한 측정오차는 δ로, 내생이론변수들을 측정하는 데 발생한 측정오차는 ε, 외생이론변수들을 가지고 내생이론변수를 설명할 때 발생하는 오차는 ζ(zeta)로 표시한다.

공변량구조 모형에서 모수를 추정한 값을 나타내는 계수(coefficients)들, 공분산, 그리고 외생변수의 변량/공변량을 나타내는 방법은 〈표 11-5〉과 같다.[8]

한편, 경로계수 첨자(subscript)에서 첫째 첨자는 결과변수, 둘째 첨자는 예측변수를 의미한다. 즉, γ_{12}는 η_1이 ξ_2로부터 받는 직접효과 계수, β_{21}은 η_2가 η_1으로부터 받는 직접효과의 계수이다.

〈표 11-5〉 공변량구조 모형에서 계수의 표시방법 및 의미

표시방법	의 미
γ	외생이론변수로부터 내생이론변수에 미치는 영향력의 계수
β	내생이론변수로부터 내생이론변수로의 계수
λ_x	외생이론변수로부터 측정변수로의 계수(외생변수에 대한 요인계수)
λ_y	내생이론변수로부터 측정변수로의 계수(내생변수에 대한 요인계수)

7) 공변량구조분석에서는 독립변수라는 용어 대신 외생변수라는 용어를 선호하는데, 외생변수는 순전히 설명변수의 역할만 하는, 즉 모델의 도식화에서 제일 좌측에 위치하는 변수로서 어느 변수에 의해서도 설명되지 않는 변수이다. 그 이외에 변수들, 다른 어떤 변수에 의해서도 설명이 되는 결과변수들은 내생변수(의미상 종속변수)로 지칭된다.

8) 경로분석에서는 상관자료가 분석되므로 상관이라는 용어가 많이 쓰이나, 공변형에서는 상관 또는 공변량이라는 용어가 차별없이 쓰인다.

쉬어가는 연구방법과 통계이야기 • 11-1

잘못된 인과관계 추정

뉴 헤브리디스 섬 주민들처럼 불충분한 정보를 갖고 잘못된 인과관계를 추정하는 일이 우리 생활 속에서 종종 일어난다. 심지어는 전문성이 있는 학술연구에서도 비슷한 일이 벌어진다. 명확한 상관관계가 존재하더라도 인과관계를 추정하는 것은 이처럼 쉽지 않은 일이다. 두 변수 사이에 상관관계가 있더라도 원인은 다른 곳에 있는 경우도 있다. 이런 경우에는 상관관계로부터 상식과 동떨어진 원인추정을 하기 쉽다. 실제로는 다른 요인이 원인이 되고 상관이 있는 두 변수는 단지 결과로서 나타나는 현상일 뿐이다.

예를 들어 보자. 교회 수가 늘어나면 범죄발생률이 증가한다. 그렇다면 교회가 범죄증가의 원인이 된다는 말인가? 진짜 원인은 인구 증가에 있는 것이다. 인구가 늘어나면 교회도 많아지고 범죄도 증가하는 것이다.

라인 강변에 있는 프랑스 도시 스트라스 부르그(Strasburg)에서는 황새의 둥지 수와 출생률 간에는 상관관계가 높은 것으로 나타났다. 그렇다고 이 상관관계가 '황새가 어린아이를 물어 온다'는 옛 전설을 뒷받침해 주는 것은 아니다. 단지 인구가 증가하면 출생률도 늘어나고, 또 주택이 증가하므로 황새가 둥지를 틀 곳도 늘어나는 것뿐이다.

미국 매사추세츠 주의 장로교 목사 월급과 쿠바 하바나의 럼(rum)주 가격 사이에는 높은 상관관계가 있다. 목사들이 술 무역을 해서 돈을 벌고 있다고 생각한다면 어리석은 일이다. 세월의 흐름에 따라 거의 모든 물가와 월급이 올라가게 마련이다.

우리나라의 냉장고 보급률과 위암환자 수도 큰 상관관계가 있다. 냉장고에서 보관된 음식을 먹는 것이 위암의 원인이 된다고 생각한다면 역시 어리석은 일이다. 소득이 늘어 냉장고 보급도 확대되고 평균수명도 높아지며 의료서비스가 확산됨에 따라 당국에 보고되는 위암환자 수는 증가하는 것이다. 즉 '시간의 흐름'이라는 제3의 요인이 작용한 것이다.

한 의학논문에서 우유를 마시면 암에 걸릴 확률이 높아진다는 놀라운 결과를 발표한 적이 있다. 우유가 많이 생산되고 소비되는 미국 동북부와 중부 남부의 여러 주, 그리고 스위스에서는 암이 놀랄 만큼 자주 발생하는데 우유를 마시지 않는 스리랑카에서는 암이 거의 나타나지 않는다는 것이 이 논문의 근거자료였다. 또한 우유를 많이 마시는 영국 여자들이 거의 마시지 않는 일본 여자들보다 18배나 더 많이 암에 걸린다는 사실이 증거로 추가됐다. 그러나 조금만 파헤쳐 보면 이런 결과를 다른 요인으로 설명할 수 있음을 알 수 있다.

암이란 주로 중년 이후가 되면 걸리기 쉬운 병이다 그런데 처음에 예를 든 미국의 여러 주나 스위스는 평균수명이 길어 노년층이 많은 공통점을 갖고 있었다. 또한 조사당시 영국 여자들의 평균수명은 일본 여자들보다 12년이나 길었던 것이다. 평균수명이 길면 당연히 암에 걸리는 사람 수가 많아지는 것이다.

출처 : 한국경제, 2006년 5월 1일

3. 공변량구조 모델의 계수행렬표

지금까지 공변량구조 모델의 설정, 모델의 도식화 및 이해방법 등에 대해 살펴보았다. 모델이 일단 설정되고 나면 모델 검증을 하게 된다. 모델 검증을 하기 위해 앞서 살펴본 [그림 11-2]과 같은 도식을 컴퓨터에 직접 그릴 수는 없으므로 계수들의 행렬(matrix)을 입력한 후 모델 검증을 수행한다. 따라서 계수들의 행렬을 어떻게 작성하는지에 대해 살펴볼 필요가 있다. 계수들의 행렬은 이론구조 모델과 측정모델로 구분하여 살펴볼 수 있는데 계수들의 행렬은 경로계수에 대한 행렬 두 개, 변량/공변량 행렬 두 개로 나누어 작성하게 된다.

1) 이론구조 모델의 계수행렬

이론구조 모델은 이론변수들 간의 관계를 설정하고 있는데, 모든 변수의 평균은 0이며, 이론구조방정식의 오차는 외생이론변수와 상관이 없다는 가정을 전제로 하고 있다. 이론 모델에서의 계수행렬은 경로계수(회귀분석에서의 회귀계수와 같은 의미)에 대한 행렬 두 개, 그리고 변량/공변량 행렬 두 개로 구분하여 나타낸다. 여기서, 경로계수 두 개는 내생이론변수(η)들 간의 관계를 나타내는 계수와 외생이론변수(ξ)와 내생이론변수(η) 간의 관계를 나타내는 계수를 의미한다.

경로계수에 대한 행렬은 〈표 11-6〉에 제시한 바와 같이 외생변수가 내생변수에 영향을 주는 효과는 감마(γ) 행렬로, 내생변수들 간의 효과는 베타(β)행렬(회귀계수와 같은 의미)로 표시한다. 베타(β)행렬은 항상 사각행렬표로서 대각선은 항상 0이 되는데, 0은 서로 상관관계가 없음을 의미한다.

변량/공변량 행렬은 아래에 제시한 바와 같이, 외생변수들 간의 변량과 공변량을 나타내는 행렬은 파이(ϕ)행렬로서 대칭행렬표(symmetric matrix)를 이루며 변량을 θ로 표시한다. 두 변수들 간에 상관이 없다면 두 변수 간의 공변량은 0이다. 지금까지 살펴본 공변량구조 모델인 [그림 11-2]에서 이론변수들 간에는 상관이 전혀 없으므로 이론변수들 간의 공변량은 모두 0이라고 하겠다. 구조방정식 내에서 잔여분 또는 오차(ζ)의 변량/공변량은 프시(Ψ)행렬로 표시한다. [그림 11-2]에서 잔여분들 간의 상관관계, 즉 공변량은 0으로서 상관이 전혀 없음을 알 수 있다.

① 경로계수

- 감마(γ)행렬 : 외생변수 → 내생변수
- 베타(β)행렬 : 내생변수 → 내생변수

② 변량/공변량 계수

- 파이(ϕ)행렬 : 이론변수들의 변량/공변량
- 프시(Ψ)행렬 : 잔여분변수의 변량/공변량

〈표 11-6〉 이론변수에 대한 특징수 행렬

• 감마(γ)행렬
외생변수 → 내생변수[9]

	ξ_1
η_1	γ_{11}
η_2	0
η_3	γ_{31}
η_4	γ_{41}
η_5	γ_{51}

• 베타(β)행렬
내생변수 → 내생변수

	η_1	η_2	η_3	η_4	η_5
η_1	0	0	0	0	0
η_2	β_{21}	0	0	0	0
η_3	0	0	0	β_{34}	0
η_4	β_{41}	β_{42}	β_{43}	0	0
η_5	0	β_{52}	β_{53}	β_{54}	0

〈표 11-6〉의 공변량구조 모델에서 외생변수와 잔여분의 공변량의 값은 0이므로 파이(ϕ)행렬, 프시(Ψ)행렬표 이 모는 원소는 0이므로 이해를 돕기 위하여 만약 [그림 11-7]과 같은 이론 모델이 설정된 경우 파이(ϕ)행렬, 프시(Ψ)행렬을 제시하면 다음과 같다.

9) matrix를 제시할 때 의미상 종속변수(도식에서 화살표를 받는 변수)에 해당하는 변수를 세로에 위치하게 하고, 첨자순서에서 종속변수를 먼저 표시하는 것이 원칙이다. 다시 말해, 첨자에서 첫 번째 첨자는 영향을 받는 변수(도식에서 화살표를 받는)의 첨자, 두 번째 첨자는 영향을 주는 변수의 첨자를 의미한다.

〈표 11-7〉 공변량구조분석에서의 이론 모델 예시

• 파이(ϕ)행렬
외생변수의 변량/공변량

	ξ_1	ξ_2
ξ_1	ϕ_{11}	ϕ_{12}
ξ_2	ϕ_{21}	ϕ_{22}

• 프시(Ψ)행렬
잔여분의 변량/공변량

	ζ_1	ζ_2
ζ_1	Ψ_{11}	Ψ_{12}
ζ_2	Ψ_{21}	Ψ_{22}

2) 측정 모델의 계수행렬

측정 모델이 검증되기 위한 컴퓨터 입력의 경우도 이론구조 모델과 유사하게 요인계수에 대한 행렬과 측정변수의 측정오차에 대한 변량/공변량 행렬로 구분하여 입력하게 되는데 자세한 것은 〈표 11-7〉에 제시하였다.

이론변수를 측정하기 위해 사용한 측정변수 중 외생변수에 대한 측정변수 x에 대한 요인계수는 람다엑스(λ_x) 행렬로, 내생측정변수인 y에 대한 요인계수는 람다와이(λ_y) 행렬로 작성한다. 한편, 측정변수에 대한 측정오차 행렬로 변수X에 대한 측정오차인 델타(δ)에 대한 행렬은 세타델타(θ_δ)로, 변수Y에 대한 측정오차인 엡실론(ε)에 대한 행렬은 세타엡실론(θ_δ)으로 표시한다.

① 요인계수(factor loading)

- 람다엑스(λ_x)행렬: 외생변수(x)에 대한 요인계수
- 람다와이(λ_y)행렬: 내생변수(y)에 대한 요인계수

② 변량/공변량

- 세타델타(θ_δ)행렬: 외생변수에 대한 측정변수인 x의 측정오차
- 세타엡실론(θ_ε)행렬: 내생변수에 대한 측정변수인 y의 측정오차

〈표 11-8〉 측정변수에 대한 계수행렬

• 람다엑스(λ_x)행렬
외생변수 → x

	ξ_1
x_1	λ_{x11}
x_2	λ_{x21}
x_3	λ_{x31}
x_4	λ_{x41}

• 람다엑스(λ_y)행렬
외생변수 → y

	η_1	η_2	η_3	η_4	η_5
y_1	λ_{y11}	0	0	0	0
y_2	λ_{y21}	0	0	0	0
y_3	λ_{y31}	0	0	0	0
y_4	λ_{y41}	0	0	0	0
y_5	0	λ_{y52}	0	0	0
y_6	0	λ_{y62}	0	0	0
y_7	0	λ_{y72}	0	0	0
y_8	0	0	λ_{y83}	0	0
y_9	0	0	λ_{y93}	0	0
y_{10}	0	0	$\lambda_{y10\,3}$	0	0
y_{11}	0	0	0	$\lambda_{y11\,4}$	0
y_{12}	0	0	0	$\lambda_{y12\,4}$	0
y_{13}	0	0	0	$\lambda_{y13\,4}$	0
y_{14}	0	0	0	0	$\lambda_{y14\,5}$
y_{15}	0	0	0	0	$\lambda_{y15\,5}$
y_{16}	0	0	0	0	$\lambda_{y16\,5}$
y_{17}	0	0	0	0	$\lambda_{y17\,5}$
y_{18}	0	0	0	0	$\lambda_{y18\,5}$

• 세타델타(θ_δ)행렬
내생변수 → y

	δ_1	δ_2	δ_3	δ_4
δ_1	$\theta_{\delta\,11}$	0	0	0
δ_2	0	$\theta_{\delta\,22}$	0	0
δ_3	0	0	$\theta_{\delta\,33}$	0
δ_4	0	0	0	$\theta_{\delta\,44}$

• 세타엡실론(θ_ε)행렬
y의 측정오차

	ε_1	ε_2	ε_3	…	ε_{15}	ε_{16}	ε_{17}
ε_1	$\theta_{\varepsilon\,11}$	0	0	…	0	0	0
ε_2	0	$\theta_{\varepsilon\,22}$	0	…	0	0	0
ε_3	0	0	$\theta_{\varepsilon\,33}$	…	0	0	0
⋮	…	…	…	…	…	…	…
ε_{15}	0	0	0	…	$\theta_{\varepsilon\,15\,15}$	0	0
ε_{16}	0	0	0	…	0	$\theta_{\varepsilon\,16\,16}$	0
ε_{17}	0	0	0	…	0	0	$\theta_{\varepsilon\,17\,17}$

4. 계수측정

공변량구조분석 모델에서 측정해야 하는 계수들은 8가지로서 내생이론변수로부터 내생이론변수로의 계수(β), 외생이론변수로부터 내생이론변수로의 계수(γ), 잔여분(오차)의 공변량(Ψ), 이론변수들의 공변량(ϕ), 외생변수에 대한 요인계수(λ_x), 내생변수에 대한 요인계수(λ_y), 내생변수에 대한 측정변수의 측정오차(θ_e), 외생변수에 대한 측정변수의 측정오차(θ_d)이다.

이 계수들을 추정하는 방법은 여러 가지가 있는데 크게 최소자승법(least square estimation)과 최대가능법(maximum square estimation)으로 구분할 수 있다. 최소자승법에는 각 변수에 가중치를 두는가에 따라[10] 비가중최소자승법(unweighted least square), 일반최소자승법(generalized least square), 일반가중최소자승법(generalized least square) 등이 있다. 한편, 최대우도법(maximum likelihood estimation)은 측정변수들이 모두 수량변수이고 다변량정규분포의 가정을 크게 벗어나지 않는 경우 권장되는 계산방법으로 LISREL에서 미지수의 계산방법으로 가장 많이 사용된다.

- 비가중최소자승법(unweighted least square) : 보통 최소자승법이라고 불리는 것으로 표집분포에 대한 가정이 없이 사용한다. 측정변수의 척도가 같아야 한다.
- 일반최소자승법(generalized least square) : 일반최소자승법에 가중치가 주어진다. 표집분포에 대한 정규분포 가정이 주어지며, 표집 수가 크고 추리통계일 때 더 적절하다.
- 최대우도법(maximum likelihood estimation) : LISREL 분석 시 가장 많이 사용되며, 표본의 다변량정규분포를 가정한다. 그러나 이원적 변수에는 적합하지 않은 추정방법이다.

위와 같이 모델의 계수를 산출하는 방법은 다양하나 근본적인 방법은 모두 모집단과 표본의 변량/공변량의 차이($S-\Sigma$)를 최소화하는 계수값을 찾는 것에 근거하고 있다. 다양한 방법을 통해 추정한다 해도 표본의 크기가 크고, 모델 설정이 적절하다면 비슷한 결과를 보인다.

10) 가중치(weight)는 가중변수와는 무관한 것으로 가중행렬을 이용하여 부합함수의 값을 계산한다.

5. 모델 인정

연구자가 설정한 모델이 일단 추구해 볼 만한 모델인지, 즉 관련자료에 적용시켜 볼 만한 모델인지의 여부를 결정하여야 하는데 적용할 만한 모델로 결정되면 이 모델은 인정(model identification)되었다고 표현한다. 다시 말해, 하나의 특징수값이 유일한 값으로 구해질 가능성을 보일 때 우리는 그 특징수가 인정(identified)되었다고 하고, 모델 내의 모든 특징수가 인정될 때 모델이 인정되었다고 한다.

모델 인정을 위한 필요조건에 대해 살펴보자. 일단 모델 내의 정보의 수와 미지수(자유특징수)의 수를 비교한다. 정보의 수가 미지수의 수보다 많아야 하는 것이 모델 인정의 필요조건이다. 정보의 수와 미지수의 수가 같은 경우는 포화 모델(just-identified model)이라고 한다. 정보의 수가 미지수보다 많으면 간명 모델(over-identified model)이며, 역으로 미지수가 정보의 수보다 많으면 부정 모델(under-identified model)이라고 한다.

- 포화 모델 : 정보의 수=미지수
- 간명 모델 : 정보의 수>미지수
- 부정 모델 : 정보의 수<미지수

간명 모델은 주어진 많은 정보를 설명하기 위해 적은 수의 특징 수를 사용하여 간단하면서도 의미가 살아 있는 모델을 사용하는 경우로서 모델의 도식에서 변수들이 듬성듬성 연결되어 있다.

부정 모델의 경우는 주어진 정보를 설명하기 위해 지나치게 많은 미지수를 사용하는 경우로서 모델이 인정되지 않는다. 사전지식이나 이론적 지식이 없는 상태에서 모델을 무조건 복잡하게 설정할 경우 부정 모델을 설정할 가능성이 높다. 모델을 별 이유 없이 복잡하게 설정하고, 많은 변수들 간에 연결을 짓게 되면 부정 모델이 될 가능성이 높다.

적합한 모델을 설정하기 위하여 즉, 부정 모델의 문제를 해결하기 위해서는 불필요한 미지수(특징수)는 0으로 고정시킨다. 즉, 두 변수 간의 불필요한 직접경로를 삭제한다. 또한, 비슷한 효과를 보일 것으로 기대되는 계수를 동일화하여 미지수의 개수를 줄인다. 결론적으로, 모델 인정에 문제가 있는 것으로 판정되면 연구자는 다음의 4단계 과정을 거쳐 보다 적합한 모델을 갖도록 수정하여야 한다(조선배, 1996).

- 추정계수의 수를 최소화한다. 불필요한 추정계수를 제거한다.
- 가능하다면 개념의 측정오차분산을 고정시킨다.
- 이론 모델의 경로계수를 고정시킨다.[11)]
- 이론적 정당성이 뒷받침될 경우 문제가 있는 변수를 제거한다.

이 같은 과정을 통해서도 문제가 계속 존재한다면 다른 해결방안을 모색한다. 무엇보다도 자료가 다변량정규분포(multivariate normality)를 벗어나는지, 지나치게 왜도성(skewness : 자료의 비대칭성)을 보이는지 등을 검토한다. 공변량구조 모델은

쉬어가는 연구방법과 통계이야기 • 11-2

인과관계가 아닌 우연

두 개의 변수들은 상관관계를 갖지만 그것은 우연일 뿐 서로 인과관계가 없는 경우가 많다. 또한 인과관계가 있더라도 다른 변수들이 그 사이에 존재할 수도 있다. 인과관계는 매우 복잡한 개념으로 학자들의 견해도 다양하게 변화되어 왔다. 그중에서도 철학자인 밀(John S Mill)은 인과관계가 성립할 수 있는 조건으로 다음의 세 가지를 제시하였다(Cook, Thomas D. & Donald T. Campbell, Quasi-Experimentation, Boston: Houghton Mifflin Co.1979, p.18).첫째 원인은 결과보다 시간적으로 앞서야 하고, 둘째로 원인과 결과는 관련이 있어야 하며 셋째 결과는 원인이 되는 변수만으로 설명이 되어야 하고 다른 변수에 의한 설명은 제거되어야 한다는 것이다. 그러나 많은 경우에 사람들은 이 중에서 한 가지 조건만 만족되어도 인과관계를 가정한다.

> 작은 언덕과 작은 언덕, 그리고 낮은 산과 낮은 산들을 앞에 주욱 거느린 채 그 세모꼴의 머리로 하늘을 떠받치고 선 건지산은 언제 보아도 모습이 의젓했다.
> …… 밤이면 어른들이 거기 모여 불장난을 한다.
> 어떤 때는 훤한 대낮에도 산봉우리에서 모개모개 연기가 피어오르는 걸 볼 수 있다.
> …… 봉홧불과 무수한 살상과의 상관관계를 나는 미처 깨닫지 못했다.
> 왜 건지산에서 불길이 오르고 난 다음이면 꼭 읍내에서 시가전이 벌어지고 꼭 어느 고을 어떤 동네가 쑥대밭이 되어야만 하는가를 이해할 수가 없었다. (윤흥길, '장마' 중에서)

그러나 이러한 조건들이 만족되었다는 것은 인과관계를 추론하는 데 있어서 합리적인 근거가 될 수는 있지만 인과관계의 존재가 입증되었다고는 할 수 없다. 다른 데이터로부터 축적된 유사한 결과와 연구자의 경험적인 판단이 인과관계를 확인하는 데 추가적으로 중요한 역할을 차지한다.

출처 : 한국경제, 2006년 4월 17일

11) 외생이론변수의 경우 파이(φ)행렬표의 대각선을 1로 고정시키거나, 람다엑스(λ_x)의 각 열에 있는 free 계수 중 하나를 1로 고정시킨다. 한편, 내생이론변수의 경우 람다와이(λ_y)의 각 열 중 0이 아닌 수치 중 하나를 1로 고정시킨다.

자료의 분포특성에 매우 민감하므로 이에 대한 주의가 요구된다. 이 외에도 추정계수(estimated coefficient)가 이론과 모순되는지 또는 구조 모델에 벗어나는지를 검토한다. 예를 들면, 추정계수와 관련된 매우 큰 표준오차가 존재하는지, 1.0에 근접 또는 1.0을 초과하는 표준화계수가 있는지, 음오차분산(negative error variance)이 존재하는지 등을 검토한다.

6. 모델의 적합도 평가

공변량구조분석을 위한 모델이 설정되면 설정된 모델이 수집한 자료에 잘 맞는지를 검토하게 된다. 다시 말해, 인과관계를 나타내는 전체 공변량 모델 구조가 적절하게 설명되고 있는가를 확인하기 위하여 모델의 적합도를 평가해야 한다. 모델이 주어진 경험자료에 잘 맞는지의 여부를 판정하는 것은 전체 모델의 부합도를 검증하는 방법과 개별적 계수들의 유의도를 검증하는 방법으로 구분할 수 있다.

모델의 전반적 부합도를 판정하는 데 사용하는 전반적 부합지수는 수십 여 가지가 존재한다.[12] 여기서는 모델이 자료에 잘 맞는가 안 맞는가의 부합 정도를 평가하는 데 유용한 대표적인 지수 6가지를 소개한다. 한편, 개별 계수들의 유의도를 검증하기 위한 방법으로 4가지를 제시하고자 한다. 개별 계수들의 유의도 검증은 모델이 일단 적당하지 않은 것으로 평가된 후에 더 적합한 모델을 찾는 데 유용한 방법이다.

1) 전반적 부합지수

모델의 전반적 부합도를 평가하는 부합지수(overall fit measure)에는 약 20여 가지 정도가 알려져 있다. 그중 가장 널리 알려진 것은 〈표 11-9〉에 제시한 것들이다.

12) 조선배(1996)는 공변량구조 모델의 종합적 평가와 관련한 부합지수를 세 유형으로 구분하였는데 다음과 같다. ① 모델의 전반적 부합도를 평가하는 절대부합지수로서 카이자승치(x^2), 기초부합지수(GFI), 원소평균자승잔차(RMSR), ② 기초모델에 대한 제안 모델이 부합도를 평가하는 증분부합지수로서 수정부합지수(AGFI), 표준부합지수(NFI), ③ 모델의 간명성을 평가하는 간명부합지수로서 간명표준부합지수(PNFI), 간명기초부합지수(PGFI), 표준카이자승(Normed x^2) 등으로 구분하였다.

(1) 카이 자승치(chi-square, x^2)

카이 자승치는 공변량구조 모델의 통계적 검증을 가능하게 하는 지수로서 자료의 크기가 큰 경우 적합한 지수이다. '모델이 모집단에서와 같다' 라는 귀무가설(영가설 : null hypothesis)을 검증하는 카이 자승치는 정규분포의 이론을 근거로 계산되는데 그 값이 크면 모델이 자료에 부합되지 않음을 의미하며, 작으면 부합됨을 의미한다. 실제적으로 카이 자승치는 확률값인 p값(p-value)을 통해 통계적 결정을 하게 되는데, p값이 작을 경우(보통 .05 이하) 모델이 자료에 부합하지 않음을 나타낸다.

그러나 카이 자승치가 크거나 p 값이 작아 모델이 자료에 잘 부합되지 않는 것으로 나타난다 해도 전적으로 이 카이 자승치에 의존하여 모델의 부합도를 판단하면 안 된다. 부합도가 나쁜 것으로 나타난 이유가 모델이 잘못 설정된 이유 이외에도 모델 검증을 위한 여러 조건이 충족되지 않아서 발생할 수 있다.[13] 뿐만 아니라, 카이 자승치의 제약점으로서 카이 자승치는 표본의 크기에 매우 민감하게 반응한다. 따라서 모델 검증의 조건들을 충분히 검토해 보고 조건들이 대체로 잘 안 맞는

〈표 11-9〉 공변형 모델을 평가하는 전반적 부합지수

부합지수	최악의 모델	최적 모델	컴퓨터 프로그램
카이 자승치 (x^2)	큰 카이값 작은 p값(0.05 이하)	적은 카이값 큰 p값	LISREL, EQS, COSAN
비표준부합치 (NNFI)	0	1 또는 그 이상	EQS에서 non-normed fix index
표준부합치 (NFI)	0	1	EQS에서 normed fit index
기초부합치 (GFI)	0	1	LISREL에서 goodness of fit index
조정부합치 (AGFI)	0	1	LISREL에서 adjusted goodness of fit index
원소 간 평균 차이 (RMR)	큰 수치	0	LISREL에서 root mean square residual

출처 : 이순묵. 공변량구조분석. 성원사. p 78.

13) 예를 들면, 다변량정규분포의 가정이 안 맞은 경우, 표본추출과정에서 모집단을 충분히 대표하지 않는 표본을 선정한 경우, 모델 설정이 내생변수(의미상 종속변수)를 설명하는 중요변수들(의미상 독립변수들)이 모델 설정시 충분히 고려되지 않았거나, 고려되었다 해도 그 변수들 간의 관계설정이 잘 되지 못한 경우 등이다.

경우 카이 자승치가 크더라도(즉, p값이 적더라도) 그 모델을 무조건 버리지 말고, 조건을 개선하여 다시 검증해 볼 필요가 있다. 결국, 다른 여러 부합지수를 함께 고려하여 최종결정을 내리는 것이 필요하다고 하겠다.

설정된 모델이 매우 과학적으로 의미 있거나, 기존에 검증된 또는 설득력 있는 이론에 기초하여 설정된 모델을 카이 자승치의 통계적 유의성(statistical significance) 결과에만 의존하여 버리는 일이 없도록 한다.

(2) 비표준부합치

비표준부합치(NNFI : Non-Normed Fit Index)는 벤틀러(Bentler)와 본네트(Bonett, 1980)의 로(ρ, rho)라고 불리는 것으로 표본의 크기에 영향을 받지 않고 나쁜 모델을 잘 기각하는 부합치로 알려져 있다. 비표준부합치는 이론적 모델과 기초 모델(null model)을 비교하는 것으로서 기초 모델은 측정변수 간에 상관관계, 공변량이 존재하지 않는다고 가정한다. 이 부합치는 카이 자승치를 사용하여 다음과 같이 규정되고 있다.

$$p = \frac{x_0{}^2/df_0 - x_k{}^2/df_k}{x_0{}^2/df_0 - 1}$$

여기서, $x_0{}^2$ =기초 모델(null model)의 카이 자승치
df_0 =기초 모델에서의 자유도[14)]
$x_0{}^2/df_0$ =가장 조악한 모델의 카이 자승치와 자유도의 비율
1=정확할 모델을 설정했을 경우의 카이 자승치와 자유도의 비율이다.

위의 수식에서 분모는 가장 안 맞는 모델과 가장 잘 맞는 모델과의 거리를 의미하며, 분자는 연구자가 설정한 모델이 가장 안 맞는 모델에서부터 얼마나 떨어져 있는가의 거리를 의미한다. 따라서 NNFI는 1을 넘는 수도 있으나, 보통은 0과 1 사이에 있게 되며, 실제 연구에서 NNFI가 0.9보다 크면 잘 맞는 모델이라고 할 수 있다.

(3) 표준부합치

표준부합치(NFI : Normed Fit Index) 역시 벤틀러와 본네트가 제안한 방법으로 앞서 살펴본 비표준부합치는 카이 자승치가 주어지는 경우에 사용할 수 있는 부합

14) 기초모델은 측정변수 간에 공변량이 존재하지 않는다고 전제한다.

치이나, 표준부합치는 카이 자승치 값이 없어도 계산할 수 있는 장점이 있다. 그러나 이 지수는 자료의 크기가 작은 경우 바람직하지 않다.

계산방법은 ML법(Maximum Likely Estimation : 최대우도법)[15)]을 사용할 경우 $(x_0^2 - x_k^2)/x_0^2$로 계산한다. ULS(Unweighted Least Squares : 최소자승법)법을 사용하는 경우 F값은 잔차 매트릭스(residual 행렬)의 제곱을 한 결과에서 대각선의 합을 구한 후 2로 나눈 값이다. 표준부합치가 0.9 이상일 때 잘 맞는 모델로 판단한다.

(4) 기초부합치

기초부합치(GFI : Goodness of Fit Index)는 LISREL 프로그램이 제공하는 비통계적 측정치로서, 0(빈약한 적합도)과 1(완전한 적합도) 사이의 값을 갖는다. 기초부합치는 카이 자승치와는 달리 표본의 크기나 다변량정규분포의 가정 위반 여부에 영향을 받지 않고 모델이 자료에 적합한지의 여부를 판정하는 지수이다. 그러나 기초부합치는 모델의 수용가능성을 판단하는 절대적 기준은 아니다. 보통 기초부합치 값이 크면 좋은 적합도를 나타내는데, 기초부합치가 0.9 이상이고 표본크기가 200 이상이면 모델이 적합한 것으로 판정한다(Silvia, 1988). 기초부합치를 구하는 공식은 아래와 같은데, 그 해석은 회귀분석에서 모델이 주어진 자료의 변량을 얼마나 설명하는지를 나타내는 다중상관자승치(R^2)와 같다.

$$GFI = 1 - \frac{\text{오차변량}}{\text{전체변량}}$$

(5) 조정부합치

LISREL 프로그램에 의해 제공되는 측정지수인 조정부합지수(AGFI : Adjusted Goodness of Fit Index)는 기초부합지수(GFI)를 확장시킨 것이다. 이 부합치는 기초부합지수를 자유도에 대해 수정한 것으로 기초부합지수보다는 작은 숫자로 나타난다. AGFI는 0와 1 사이의 값(드물게 음의 값이 나타날 수 있음)을 가지는데 회귀분석에서 다중상관자승치(adjusted R^2)와 비슷한 의미이므로 보다 현실적인 지수라고 할 수 있다. GFI의 공식은 다음과 같다.

15) LISREL에서 미지수의 계산방법으로 가장 많이 사용되는 추정방법은 최대우도법으로서 측정변수들이 모두 수량변수이고, 다변량정규분포의 가정을 크게 벗어나지 않는 경우 권장되는 추정방법이다.

$$AGFI = 1 - \frac{k(k+1)}{2d}(1 - GFI)$$

여기서, k=측정변수의 수　　　d=모델의 자유도이다.

(6) 원소평균자승잔차

원소평균자승잔차(RMSR : Root Mean Square Residual)는 평균자승잔차의 자승 원소값(관찰행렬과 추정행렬 사이의 잔차평균)을 말한다. 다시 말해, 원소 간 평균 자승잔차란 잔차(residual= $s - \Sigma$)를 모두 제곱하여 더한 후 그 평균을 내서 제곱근을 구한 일종의 잔차평균이다.

권장수용수준에 대한 확립된 절대기준은 없으나 모델이 자료에 아주 잘 부합된다면 이 지수의 값이 0에 가깝게 나타나게 되는데, 분석자료가 상관계수일 때, 0.05 이하의 점수를 보이면 잘 맞는 모델로 간주한다. 그러나 자료가 공변량자료인 경우 측정단위에 따라 상대적으로 해석하여야 한다. 이 부합지수는 자료의 측정단위에 의해 크게 좌우되는 단점이 있다. 예를 들어, 측정단위가 미터(m)일 경우 킬로미터(km)인 경우보다 숫자들이 커서 원소 간 평균차이가 크게 나타날 수 있다. 따라서 측정단위에 상관없는 기초부합치, 표준부합치, 비표준부합치 등 다른 부합지수들과 함께 병행하여 사용하여 모델의 부합도를 평가하는 것이 필요하다.

2) 개별 계수들에 대한 유의도 검증

전반적 부합지수에 의해 모델이 자료에 잘 맞지 않는 것으로 판정되었다면 이제 보다 더 나은 모델 찾기에 주력하여야 할 것이다. 보다 간명하면서도 자료에 잘 맞는 모델을 찾기 위하여 개별 계수들의 유의도 검증을 위한 기준들은 여러 가지가 있는데 간단하게 살펴보면 다음과 같다.

(1) 표준잔차

카이 자승치(x^2)를 이용하여 모델의 접합도를 검증할 경우 표본 수가 크면 연구자의 모델이 기각될 가능성이 높다. 따라서 카이 자승치만으로 모델을 평가하기 보다 잔차변량, 공변량을 검토하는 것이 필요하다. 표본의 공변량이 모집단의 것과 같다면 잔차의 변량, 공변량은 0이나, 차이가 날 경우 어떤 잔차는 음의 값을, 어떤 잔차는 양의 값을 가지므로 대부분의 잔차가 0을 중심으로 정규분표의 형태를 띠게 된다. 이 경우 모델의 합치도가 좋은 것으로 판정한다.

표준잔차(Normalized Residual)는 분석자료행렬과 재생산행렬 사이에 원소별 차이를 보여 주는 행렬, 즉 잔차행렬의 각 원소들을 표준화한 것이다. 표준잔차는 원소평균잔차(RMR) 계산시 부산물로 나오는 것으로 정규분포에서 표준점수(standard score)와 유사한 의미로 해석되는데 표준잔차의 크기가 클 경우 그에 해당하는 공변량이 모델에서 잘못 표시되었음을 의미한다. 즉, 두 변수 사이의 직접효과, 간접효과, 그리고 또 다른 효과 중 적어도 하나 이상이 문제가 있음을 의미한다. 그러나 이 표준잔차 자체는 정확히 어느 모델 표시에서 잘못이 있었는지를 분명히 지적하지는 못한다.[16] 보통, 두 변수 사이의 공변량에 대한 표준 차이가 2.0 이상이면 이 두 변수 간의 공변량 표시에서 문제가 있음을 의미한다.

표준잔차의 Q플롯은 추정모델의 정규분포성을 검토하는 데 유용하며, 카이 자승치와 함께 모델의 전반적 부합도에 대한 또 하나의 정보를 제공한다. Q플롯의 기울기가 1보다 크면 모델이 잘 부합되고 있음을 의미한다.

(2) 수정지수

수정지수(Modification Index)는 모델의 적합성 평가를 위한 또 다른 보조수단이다. 수정지표는 모델에서 fixed된 계수를 free로 바꾸었을 때 예상되는 카이 자승 (x^2)의 변화량을 의미한다. 다시 말해, 이 지수는 각 변수들 간에 추정되지 못하고 남아 있는 비추정 관계(nonestimated relationship)를 나타낸다. 수정지수는 카이자승 분포를 따르기 때문에 계수추정 시 나타나는 카이 자승의 감소와 근접대응한다. 즉, 어떤 두 변수 간에 높은 수정지수가 발견되면 두 개념 간에는 추정되지 않고 남아 있는 어떤 관계가 있음을 나타내므로 두 변수관계를 추가하여 수정지수만큼의 카이 자승치를 감소시킨다.

LISREL 프로그램에서는 'modification index' 라는 이름으로 제시되는데 모든 고정특징수에 대해 개별적으로 계산된다. 수정지수가 적어도 5 이상(보수적인 경우 10 이상)일 때 그 고정특징수를 자유특징수(미지수)로 바꾼다. 그러나 LISREL에서 제공하는 수정지수값에만 의존하여 모델의 취사선택 여부를 판단하는 것보다는 이

16) 어디에서 표시가 잘못 되었는지를 정확히 알고 싶다면 다른 세부적 지수들을 참고한다.

론적으로 그 특징수가 미지수로 되는 것이 타당한지에 대해 먼저 평가하는 것이 바람직하다.

(3) 고정지수

LISREL 프로그램에서는 T값(T-value)이라는 이름으로 제공되는 고정지수는 표준정규분포(z통계치)에 가깝다. 모델에 표시된 각 계수가 과연 그대로 유지할 만큼 중요한 계수인지에 대한 통계적 정보를 제공한다. 계수의 고정지수가 작은 경우(절대치가 0에 가까울 때) 그 계수를 0에 고정된 특수한 수로 바꾸어도, 즉 그 자유특징수를 모델에서 제거해도 모델의 부합도에 별 지장이 없음을 의미한다. 즉, 어떤 계수의 고정지수가 작으면 그 계수를 포함시켜 부합도에는 문제가 없으면서도 간명한 모델로 만들 수 있다.

앞서의 수정지수와 마찬가지로, 단순히 수량적인 정보에 의해서 어느 특징수를 고정할 것인가를 결정하는 것보다는 이론상 그 미지수를 그대로 유지하는 것이 필요한지의 여부를 신중하게 결정하는 것이 바람직하다. 만약, 이론개발상 중요한 계수(또는 경로)인 경우 수정지수값이 작아도 그대로 유지하는 것이 가능하다.

(4) 다중상관자승치와 결정계수

다중상관자승치 그리고 결정계수 역시 모델의 적합성을 높이기 위한 하나의 지표로서 활용할 수 있다. 다중상관자승치(squared multiple correlation)는 회귀분석에서의 R^2와 같은 의미를 갖는다. 이 두 지수는 LISREL의 output에 제공되는 계수로, 측정 모델과 이론구조 모델에 각각 계산된다.

측정 모델에서 어느 측정변수의 다중상관자승치가 높으면 이 측정변수가 이론변수를 잘 측정하는 것으로 판단한다. 이론 모델에서 내생개념에 대한 다중상관자승값은 외생개념에 의해 설명되는 정도를 나타낸다. 즉, 다중상관자승치는 하나의 내생변수의 변량이 설명변수들에 의해 얼마나 설명되고 있는가를 나타낸다. 한편, 측정 모델과 이론 모델의 예측변수들에 대한 다중상관값은 요인분석의 공통변량과 같은 의미로서 예측변수들이 측정개념을 설명하는 정도를 의미한다.

결정계수는 모든 외생변수가 갖는 측정변수의 집합이 얼마나 좋은 측정수단이 되고 있는지, 그리고 모든 내생변수에 대한 측정변수의 집합이 얼마나 좋은 측정수단이 되고 있는지를 알려 주는 지표이다. 다시 말해, 결정계수는 이론 모델 내의 내생변수들의 집합이 얼마나 설명변수들에 의해 잘 설명되는가를 나타낸다.

전체적으로, 결정계수와 다중상관자승치가 크면 모델의 적합도는 높아진다고 볼 수 있다. 수용범위에 대한 확립된 기준은 없으나 이 두 계수값이 0보다 작거나 또는 1보다 클 때는 모델 자체 또는 자료가 잘못되었을 가능성이 높다. 따라서 앞서 살펴본 모델의 전반적 부합도 판정과 관계 없이 이 두 계수값을 확인하는 것이 필요하다.

지금까지 공변량구조분석 모델이 자료에 잘 부합하는지를 검증하는 부합도 검증을 통해 그 모델이 적당한 모델(plausible model)인지를 판단하는 것에 대해 살펴보았다. 이 과정을 통해 설정된 모델이 적당하지 않다고 판단되면, 여러 과정을 거쳐 적당한 모델을 찾게 된다. 무엇보다도, 부합치와 같은 단순한 수량적 정보 이외에도 기존의 이론적 발전에 근거한 이론적 확립, 연구자의 통찰력 등을 충분히 고려하여 적당한 모델 찾기를 수행하는 것이 중요하다. 적합한 모델을 찾는 과정은 공변량구조분석을 사용한 연구에서 매우 중요한 작업이라 하지 않을 수 없다.

지금까지 논의된 것을 중심으로 LISREL 분석 후 적합한 모델의 조건을 정리하면 다음과 같다.

- 전반적 지수치가 양호할 것 : 카이 자승치, 기초부합치, 조정부합치, 비표준부합 표준부합치 등을 검토하여 그 값들이 전체적으로 양호한 값이 나올 것
- 모든 추가지수가 작은 숫자일 것 : 고정 및 제약특징수에 대한 추가지수가 작은 숫자일 것
- 모든 고정지수가 클 것 : 자유특징수에 대한 고정지수가 작을 경우 모델이 적합하다고 볼 수 있음
- 잔차행렬의 모든 원소값이 작을 것 : 잔차행렬의 모든 원소 값이 작으면 모델이 적합하다고 판단됨
- 다중상관자승치와 결정계수가 클 것 : 측정변수에 대한 다중상관자승치와 결정계수의 값이 높으면 모델이 적합하다고 판단됨

위에서 살펴본 바와 같이, 여러 기준을 가지고 모델의 적합성 여부를 검토하게 되고 그 결과에 따라 모델을 수정·보완하는 과정을 거치게 된다. 모델이 자료에 적합하지 않은지의 여부는 위에서 제시한 바와 같이 수량적 기준에 의해 평가하게 되

는데, 이때 이론적 측면에서의 타당성에 대해서도 연구자가 충분히 검토하여야 한다. 모델이 적합하지 않다고 판단되면 자유특징수(미지수)를 추가하거나, 자유특징수를 고정시키거나, 이론변수의 추가 및 제거 등의 다양한 방법을 통해 보다 정교하고 적절한 모델을 수립하고자 노력하여야 한다. 그래도 해결되지 않는다면, 모델에 개념적 무리는 없는지, 변수들의 분포가 정규분포의 가정을 잘 충족시키고 있는지, 표본의 크기가 적절한지, 모델이 적절하게 설정되지 않았는지 등에 대해 검토한다. 공변량구조분석은 다른 통계기법과 달리 다소 복잡하므로 모델 수정과정에 전문가의 도움이나 경험자의 조언을 받는 것이 필요하다.

연구문제

01 회귀분석과 공변량 구조분석을 비교하라. 어떤 경우 회귀분석보다 공변량 구조분석이 필요한가?

02 공변량 구조분석에서 잠재변수(이론변수)와 측정변수(관찰변수)의 차이점은?

03 모델 인정은 왜 필요한가? 모델 인정을 하는 기본적인 원칙을 제시하라.

04 최대우도법은 어떤 것인가?

CHAPTER 12

제한적 종속변수분석

인문사회과학 연구에 있어서 반응, 선호도, 만족도, 태도, 가치관, 등에 관한 설문 항목은 매우 많은 편이다. 이때에 연구자는 이와 같은 설문에 대한 응답자들이 반응을 '매우 그렇다' 부터 '전혀 그렇지 않다' 로 측정하기도 하고 종속변수가 연속변수인 경우에는 회귀분석을 토대로 다양하게 연구결과를 설명할 수 있으나 종속변수가 질적인 변수인 모형에 있어서는 통계모형과 연구방법이 잘못 적용되었거나 해석된 경우가 종종 있다.

이 장에서는 이러한 제한적 종속변수와 관련된 통계모형과 방법론을 간략하게 다루고자 한다. 그렇다면 왜 확률모형이 필요한가?

인문사회과학 연구에 있어 필수적으로 쓰이는 기본적인 통계방법 중 하나인 회귀분석은 종속변수 즉, 설명되는 변수(explained variable)가 반드시 연속변수이어야만 한다. 그러나 인문사회과학 연구에 있어서 가족의 태도(attitude), 행동(behavior), 특징(characteristics), 의사결정(decision-making), 사건(family event), 구매(purchasing), 영양상태(status), 소비성향(from zero to some amounts), 가치(value) 등의 연구주제를 회귀분석으로는 적절히 설명할 수 없는 경우가 허다하다. 왜냐하면 이와 같은 변수는 연속변수가 아닌 질적(qualitative)변수로서 종종 범주형(discrete), 명목척도(nominal scale), 서열척도(ordinal scale) 혹은 비연속적(uncontinuous) 변인으로 측정되기 때문이다.

이와 같은 속성을 가진 변수를 종속변수로 하는 모형은 크게 선형확률 모형(linear probability model), 로짓 모형(logit model), 프로빗 모형(probit model), 그리고 토빗 모형(Tobit model)이 있으며 이에 관하여 살펴보자.

1. 선형확률 모형

선형확률 모형(Linear Probability Model)이란 종속변수가 1과 0의 가변수인 경우 가장 손쉽게 적용되는 회귀모형을 의미한다. 예를 들어, 한 가정의 자동차 구매 여부, 즉 구매할 것인가? 구매하지 말 것인가? 구매하였다면 어떤 가정이 구매할 확률이 높은가? 이와 유사한 다른 경우를 예로 들면, 집을 살 것인가 말 것인가? 가전제품을 구매할 것인가 말 것인가? 이혼을 할 것인가 말 것인가? 등의 양자선택의 경우는 모두 여기에 해당된다. 양자택일의 결정이 가장의 소득수준, 교육수준, 연령, 직업 등의 다양한 인구통계적 특성에 따라 결정된다고 하자. 이때 자동차의 구매 여부를 포함한 양자택일의 선택을 이분선택(binary choice)이라고 하며 그렇다(yes)는 1로, 그렇지 않다(no) 는 0의 가변수 형태로 나타난다. 즉, 자동차 구매 여부를 비롯한 양자택일인 종속변수는, 즉 자동차를 구입하는 경우엔 1로, 구입하지 않는 경우엔 0의 제한된 두 가지 값만을 취하게 된다. 이와 같은 선형확률 모형을 설명함에 있어 설명변수가 1개인 가장 단순한 모형은 다음과 같다.

$$Y_i = \beta_0 + \beta_1 X_i + \mu_i \qquad \text{식(12.1)}$$

여기서, $Y_i = 1$: 만일 가계가 자동차를 구매한 경우
0 : 만일 가계가 자동차를 구매하지 않은 경우
$X_i =$ 가장의 소득수준이다.

식(12.1)을 선형확률 모형이라고 하며, 이때 $Y_i = 1$이 되는 확률을 P_i라고 하면, $Y_i = 0$이 되는 확률은 $1 - P_i$가 되므로 종속변수인 Y_i는 다음과 같은 확률분포로 표현될 수 있다.

이때 Y_i의 기대값은 다음과 같다.

$$E(Y_i) = 0 \cdot (1 - P_i) + 1(P_i) = P_i \qquad \text{식(12.2)}$$

또한 식(12.1)에 대한 조건부 기대값(conditional expectation)은 다음과 같다.

$$E(Y_i \mid X_i) = \beta_0 + \beta_1 X_i \ \ (\text{단, } E(\mu_i) = 0\text{임}) \qquad \text{식(12.3)}$$

식(12.2)와 (12.3)으로부터 선형확률모형은 종속변수가 확률로 해석될 수 있다. 즉,

$$E(Y_i \mid X_i) = P_i \qquad \text{식(12.4)}$$

가 된다. 이때 식(12.4)는 자동차를 구매할 확률로 표현되므로 항상 0과 1 이내에 있어야 한다. 즉,

$$0 \le E(Y_i \mid X_i) = P_i \le 1 \qquad \text{식(12.5)}$$

Y_i	확 률
0	$1-P_i$
1	P_i
합	1

1) 선형확률 모형의 문제점과 해결방법

그러나 위와 같은 선형확률 모형은 크게 다음과 같은 두 가지의 문제점을 갖고 있다.

첫째, 오차항의 분산이 동일해야 한다(등분산가정 : Homoskadasticity[1])는 OLS의 가정이 지켜지지 않는다. 오차항의 분산을 계산해 보면

$$\begin{aligned} Var(\mu_i) &= E(\mu_i) \\ &= (-\beta_0 - \beta_1 X_1)^2 \cdot (1-P_i) + (1-\beta_0 - \beta_1 X_1)^2 \cdot P_i \\ &= (\beta_0 + \beta_1 X_1)(1-\beta_0 - \beta_1 X_1) \end{aligned} \qquad \text{식(12.6)}$$

$= E(Y_i \mid X_i)[1 - E(Y_i \mid X_i)] = P_i \cdot (1-P_i)$가 된다. 식(12.7)

1) Homoskadasticity는 등분산 혹은 동분산으로 혼용한다.

즉, μ_i의 분산은 $E(Y_i | X_i) = \beta_0 + \beta_1 X_1$에서 X값에 따라 의존하므로 일정하지 않게 된다. 이와 같이 오차항의 일정치 않은 분산을 해결하기 위해 다음과 같은 2단계 절차(two-step procedure)의 해결방법을 제시한다.

- 1단계 : 식(1)을 OLS 방법으로 추정한다.
- 2단계 : 1단계의 결과를 갖고 $\hat{Y}_i(1-\hat{Y}_i)$인 가중치를 산출하여 WLS(Weighted Least Square) 방식에 사용한다. 즉, $W_i = \sqrt{\hat{Y}(1-\hat{Y})}$로 규정하고 독립변수와 종속변수 각각을 Wi로 나누면 다음과 같은 식이 성립된다.

$$\frac{Y_i}{W_i} = \frac{\beta_0}{W_i} + \frac{\beta_1 X_i}{W_i} + \frac{\mu_i}{W_i} \quad \text{식(12.8)}$$

이 W_i를 가중치로 하여 식(12.8)을 OLS 방식으로 적용하면 WLS 방법이 되며 식(12.7)의 등분산성문제가 해결된다.

둘째, 이론적으로는 종속변수의 값이 0, 1의 범위를 넘을 수 없으나 선형확률모형을 이용하여 Y_i값을 예측해 보면 실제로 0과 1의 범위를 벗어나는 경우가 종종 있다. 즉, $\hat{Y}_i$의 값이 실제로 0과 1을 벗어나는데 이때에는 $\hat{Y}_i$의 값을 OLS로 추정한 뒤에 0보다 작은 값은 0으로, 또한 1보다 큰 값은 1로 계산하면 해결될 수 있다. 이러한 문제를 사전에 예방할 수 있는 방법이 다음에 설명되는 로짓 모형과 프로빗 모형이며, 이는 미리 추정값 $\hat{Y}$를 0과 1 사이에만 존재하도록 하는 방법이다.

이와 같은 선형확률 모형은 다중회귀분석을 손쉽게 이용한다는 점에서 1960년대와 1970년대 계량경제학자들 사이에 널리 쓰여진 방법이나 요즘에 생활과학을 비롯한 사회과학 통계 및 연구방법에서는 로짓 모형과 프로빗 모형이 더욱 폭넓게 쓰여지고 있다.

2) SAS를 사용한 선형확률 모형과 결과해석

90년대 이후부터는 선형확률 모형이 널리 쓰이지는 않지만 이해를 돕기 위하여 다음과 같은 연습을 해 보자. | SAS 예시 12-1 | 은 윈도우용 SAS 프로그램으로써 SAS 윈도우상에서 엑셀로 저장된 자료를 불러온 후에(import) 자료를 'PARK'로 저

장한 것을 불러와 'PARK 1'이라는 data set을 만든 것이다. 이때 종속변수는 'AUTO'이며 가계가 중형자동차를 구매한 경우는 1, 그렇지 않은 경우는 0으로 코딩되었다. 또한 INCOME, AGE, DEPEND는 연속변인이며 INCOME은 가계소득으로 만 원 단위이며 AGE는 가장의 연령, DEPEND는 부양가족의 수를 의미한다. | SAS 예시 12-1 | 을 토대로 한 결과는 | SAS 예시 12-2 | 에 제시되어 있다.

| SAS 예시 12-2 | 는 연령, 소득, 부양 가족수 모두 가계가 중형자동차를 구매할 확률에 정적인 영향력을 미치며, 모든 조건이 동일할 때, 가구주의 연령이 1세 증가할 때마다 가구의 구매력은 1.8퍼센트 증가하고 있는 것을 보여 주고 있다. 또한 소득이 만 원 증가할 때마다 가계의 자동차 구매력은, 독립변수들이 통제된 상태에서 0.23% 증가한다. 뿐만 아니라, 부양가족이 1명 증가할수록 자동차 구매확률은 31.5% 감소한다. 그러나 이와 같은 해석은 모델이 바이어스되었으므로 정확한 것은 아니나, 개념을 이해하기 위하여 제시하여 놓았다. 식(12.8)을 좀 더 심층적으로 이해하기 위해서는 Maddala(1992: 324)를 참조하기 바란다.

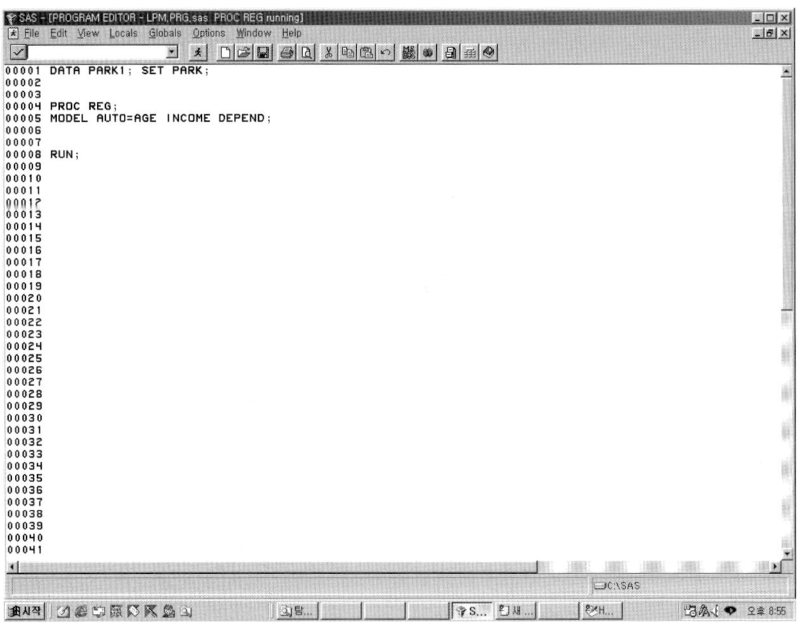

| SAS 예시 12-1 | 선형확률모형 프로그램

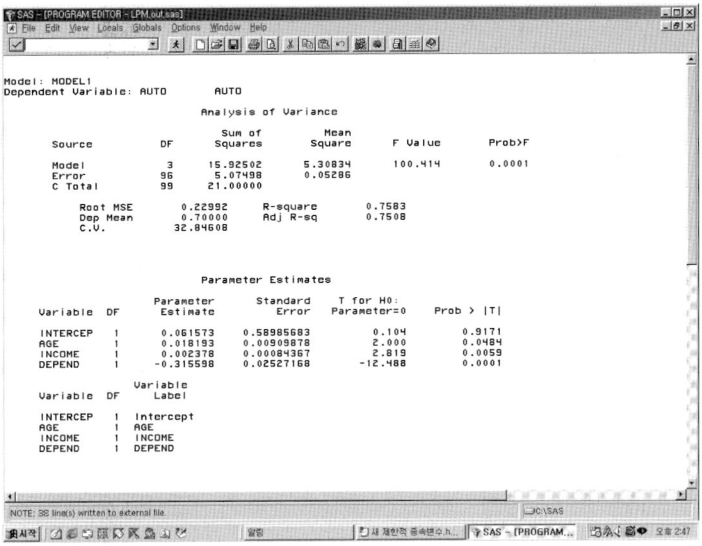

```
Model: MODEL1
Dependent Variable: AUTO        AUTO

                        Analysis of Variance

                          Sum of         Mean
     Source       DF     Squares       Square      F Value       Prob>F

     Model         3    15.92502      5.30834      100.414       0.0001
     Error        96     5.07498      0.05286
     C Total      99    21.00000

         Root MSE       0.22992     R-square       0.7583
         Dep Mean       0.70000     Adj R-sq       0.7508
         C.V.          32.84608


                        Parameter Estimates

                  Parameter       Standard    T for H0:
   Variable  DF    Estimate          Error   Parameter=0    Prob > |T|

   INTERCEP   1    0.061573     0.58985683         0.104        0.9171
   AGE        1    0.018193     0.00909878         2.000        0.0484
   INCOME     1    0.002378     0.00084367         2.819        0.0059
   DEPEND     1   -0.315598     0.02527168       -12.488        0.0001

                Variable
   Variable  DF    Label

   INTERCEP   1  Intercept
   AGE        1  AGE
   INCOME     1  INCOME
   DEPEND     1  DEPEND
```

| SAS 예시 12-2 | SAS예시 12-1의 결과 : 선형확률 모형 결과

쉬어가는 연구방법과 통계이야기 • 12-1

인과관계 해석에서의 주의사항

상관관계가 인과관계를 명백히 나타내는 경우에도 그것을 해석할 때는 주의해야 한다. 흡연자들이 비흡연자들에 비해 폐암에 걸릴 확률이 높다는 것은 사실이다. 즉, 흡연이 폐암을 유발할 가능성이 높다. 그러나 문제는 이런 사실을 너무 단순화해 성급하게 일반화하는 것이다. 다시 말하면 흡연이 폐암발생의 유일한 원인인 것처럼 해석해서는 안 된다는 것이다. 폐암환자 중에는 흡연을 전혀 하지 않는 사람이 15%나 된다는 사실에 비춰 볼 때 폐암에는 여러 가지 다른 중요한 원인이 있을 수 있는 것이다.

미국암협회 대변인이 폐암으로 인한 사망률 감소는 담배소비 감소와 관계가 있다고 발표한 적이 있다. 그는 금연이 폐암으로 인한 사망감소의 유일한 원인인 것처럼 말한다. 그러나 사실은 담배소비 감소 이외에도 다른 중요한 원인들이 폐암으로 인한 사망감소에 작용한 것이다. 공장의 공기오염물질 배출 규제, 자동차 배기가스 규제, 공기여과기를 이용한 사무실과 집에서의 공기정화, 건강에 대한 높아진 관심과 정기적인 건강진단으로 인한 폐암 조기 발견, 폐암 치료방법 발달 등도 폐암으로 인한 사망을 줄이는 데 한몫을 담당했다고 볼 수 있다.

성급한 단순화의 오류 중에서 가장 대표적인 것은 '사용 전'과 '사용 후'의 사진을 보여 주는 광고일 것이다. 신문이나 잡지에 흔히 등장하는 비만치료에 대한 광고에는 사용 전의 뚱뚱한 모습과 사용 후의 날렵한 모습이 확연하게 차이를 보이고 있다. 물론 두 사진의 인물이 동일한 사람인지는 확인하기도 어렵고 대부분의 경우 사용 전 사진은 흐리게 나온다. 또한 이런 변화의 유일한 원인이 바로 특정한 치료제(치료방법)라고 주장한다. 사진에 등장한 사람이 이 치료제 외에도 살을 빼기 위해 동시에 행했던 여러 가지 노력(식사조절, 운동 등)의 공(功)까지 모두 특정한 치료제(치료방법)가 차지한다. 이러한 왜곡적인 주장은 광고뿐 아니라 정치인의 주장이나 사람들 간 대화 속에서도 흔히 나타나므로 그것을 있는 그대로 받아들이지 않도록 주의를 기울여야 한다.

출처: 한국경제, 2006년 5월 1일

2. 로짓 모형

앞에서 설명한 선형확률 모형(LPM)의 예와 동일하며 그대로 적용시켜 보면 한 가계가 자동차를 구매할 확률(P_i)이 가장의 소득(X)에 의해 설명된다면 아래와 같은 X의 변화에 따른 P_i의 그래프를 다음과 같이 생각해 볼 수 있다.

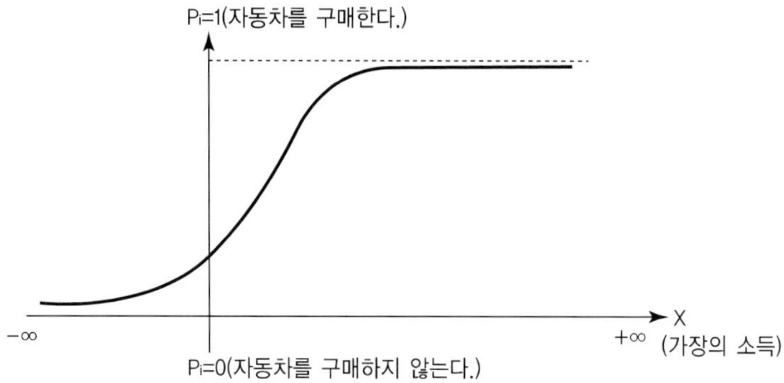

[그림 12-1] CLDF(Cumulative Logistic Density Function)

[그림 12-1]과 같이 자동차를 구매할 확률을 가장의 소득변수에 따라 누적 로지스틱 분포함수(CLDF)로 회귀분석 모형을 규정한 것이 로짓 모형이다.

자동차를 구매할 확률 Pi를 누적로지스틱분포함수(CLDF)로 표현하면 다음과 같다.

$$P_i(\text{자동차를 구매할 확률}) = E(Y=1 \mid X_i) = \frac{1}{1+e^{-(\beta_0+\beta_1 X_1)}} = \frac{1}{1+\exp[-(\beta_0+\beta_1 X_1)]} \quad \text{식(12.9a)}$$

여기서 e는 자연대수(natural log)의 밑수(base)로 약 2.718의 값을 가진다. 식(12.9a)에서 $\beta_0+\beta_1 X_1$를 Z_i이라고 하면 e^{-Z_i}가 되며 $\exp(-Z_i)$로도 표기되며 exponential의 약자가 된다. 또한 식(12.9a)에서 $\beta_0+\beta_1 X_1$는 Z_i로 표현이 되며 $-\infty$로부터 $+\infty$까지의 모든 값을 취할 수 있는 반면 P_i는 0과 1 사이의 값만을 취할 수 있다. 또한 식(12.9a)을 변형하여 다음과 같은 관계식을 얻을 수 있다.

$$P_i = \frac{1}{1+e^{-Z_i}}$$ 식(12.9b)

여기에서 $e^{-Z_i} = \frac{1}{e^{Z_i}}$를 식(12.9b)에 대입하면

$$P_i = \frac{1}{1+e^{-Z_i}} = \frac{1}{\frac{e^{Z_i}+1}{e^{Z_i}}} = \frac{e^{Z_i}}{e^{Z_i}+1}$$ 식(12.10)

$$= \frac{e^{Z_i}}{1+e^{Z_i}}$$

식(12.10)은 또한 다음과 같이 표기된다.

$$P_i = \frac{\exp(Z_i)}{1+\exp(Z_i)}$$ 식(12.11)

따라서 자동차를 구매할 확률과 구매하지 않을 확률의 비(ratio)는

$$\frac{P_i}{1-P_i} = \frac{1+e^{Z_i}}{1+e^{-Z_i}} = e^{-Z_i}$$ 식(12.12)

이며, 식(12.12)의 양변에 자연로그를 취하면 다음과 같다.

$$\log[\frac{P_i}{1-P_i}] = \log_e e^{Z_i} = Z_i$$ 식(12.13)

$$= \beta_0 + \beta_1 X_1$$

식(12.13)에서는 X에 대한 선형관계로 표현되고 있어 $\log[\frac{P_i}{1-P_i}]$의 추정에 있어 OLS의 적용이 가능하다.

이때 $\log[\frac{P_i}{1-P_i}]$를 승산비(log-odds ratio)라고 하며 로짓 분석 결과 얻게 되는 가장의 소득수준에 대한 파라미터인 β_1를 자동차의 구매확률과 연결하여 직접적으로 해석하기는 힘들다. 그러나 로짓 분석 결과를 갖고 몇 번의 절차를 밟으면 P_i, 즉 가계의 자동차 구매확률과 관련된 재미있고 유용한 결과를 도출해 낼 수 있는데 이는 다음과 같다.

1) 한계효과

회귀분석 모형(OLS)에 있어 한계효과(marginal effect)는 $\frac{\partial Y}{\partial X_i}$으로 표기되며 독립변수 X_i가 1단위(unit) 증가함에 따라 종속변수의 값이 얼마만큼 변하는가를 의미한다. 이때 회귀계수인 β_1는 바로 한계효과로서 기타 다른 모든 독립변수의 영향력이 일정할 때 한 독립변수의 단위 변화량에 대한 종속변수의 변화된 값, 즉 한계효과로 설명할 수 있다.

OLS에서와 같이 로짓 분석에서도 한계효과를 산출할 수 있는데 $\frac{\partial P}{\partial X_i}$으로 표기되며 독립변수 X_i가 1단위(unit) 증가함에 따라 종속변수의 확률의 값이 얼마만큼 변하는가를 의미한다. 이때 로짓 분석을 통하여 산출된 로짓 파라미터인 β_1는 OLS와는 달리 한계효과를 의미하지 않는다. 그러므로 로짓 분석에서도 기타 다른 모든 독립변수의 영향력이 일정할 때 한 독립변수의 단위 변화량에 대한 종속변수의 변화된 확률값, 즉 한계효과를 다음과 같은 절차를 통하여 설명할 수 있다.

식(12.9a)를 변형하여 예를 들면 즉,

$\hat{Z}_i = \beta_0 + \beta_1 X_i$ 에서 식(12.14)

Z_i =자동차 구입액수
X_i =가장의 소득수준 단위(만 원)

β_1은 바로 가장의 소득이 만 원 증가함에 따라 그 가계의 자동차 구입액수가 β_1 만큼 증가(+) 혹은 감소(-)함을 의미하며 회귀계수가 곧 독립변수가 종속변수에

영향을 미치는 한계효과와 같다.

이를 수학적으로 표기하면 다음과 같다.

$$\beta_1 = \frac{\partial \mathrm{Z}}{\partial \mathrm{X_i}} = \frac{\partial\,(\text{자동차 구입액수})}{\partial\,(\text{가장의 소득수준})}$$

마찬가지로 이와 같은 OLS의 한계효과 개념이 로짓 분석에서도 적용되면 $\frac{\partial \mathrm{P}}{\partial \mathrm{X_i}}$ 이 성립이 된다. 즉, 가장의 소득수준이 만 원 증가할 때 자동차를 구입할 확률이 몇 % 증가할 것인가의 문제가 된다. 만일 $\frac{\partial \mathrm{P}}{\partial \mathrm{X_i}} = 0.04$ 라면 가장의 소득수준이 만 원 증가할 때마다 그 가계가 자동차를 구입할 확률이 4% 증가함을 의미한다. 역으로 $\frac{\partial \mathrm{P}}{\partial \mathrm{X_i}} = -0.04$ 라면 가장의 소득수준이 만 원 증가할 때마다 그 가계가 자동차를 구입할 확률이 4% 감소함을 의미한다. 이와 같은 개념을 이해한 후 P를 $\mathrm{X_i}$에 관하여 1차 미분하면 구하고자 하는 한계효과 공식이 산출된다. 즉,

$$\frac{\partial \mathrm{P}}{\partial \mathrm{X_i}} = \frac{\partial}{\partial \mathrm{X_i}}\left(\frac{e^{\beta_0 + \beta_1 \mathrm{X_i}}}{1 + e^{\beta_0 + \beta_1 \mathrm{X_i}}}\right) \qquad \text{식(12.15)}$$

$$= \beta_1 \cdot \frac{e^{\beta_0 + \beta_1 X_i}}{(1 + e^{\beta_0 + \beta_1 X_i})^2}$$

가 된다.

로짓 분석 결과 얻어진 β_0와 β_1을 식(12.15)에 대입하고 가장의 소득수준 $\mathrm{X_i}$를 표본의 평균값(mean)으로 대치할 수 있다. 즉, 독립변수가 여러 개인 경우에는 일반적으로 $\mathrm{X_i}$ 대신 평균값($\overline{\mathrm{X}}$)들을 넣는 방법이 있다. 즉, 독립변수로 소득 외에 교육수준, 연령, 자녀 수가 더 있다고 하자.

이때의 함수식은 $\mathrm{Z} = \beta_0 + \beta_1 \mathrm{X_1} + \beta_2 \mathrm{X_2} + \beta_3 \mathrm{X_3} + \beta_4 \mathrm{X_4}$이 되며, $\mathrm{X_1}$ 대신에 소득의 평균값($\overline{\mathrm{X}}_1$)을, $\mathrm{X_2}$ 대신에 교육수준의 평균값($\overline{\mathrm{X}}_2$), $\mathrm{X_3}$ 대신에 연령의 평균값($\overline{\mathrm{X}}_3$), $\mathrm{X_4}$ 대신에 자녀 수의 평균값($\overline{\mathrm{X}}_4$)을 대입하면 Z의 평균값을 예측할 수 있다. 이때 $\frac{\partial \mathrm{P}}{\partial \mathrm{X_1}} \mid \mathrm{X_i} = \overline{\mathrm{X}}_i$가 되어 평균한계효과(mean marginal effect)가 된다. 실제

연구방법에서는 이와 같은 평균값을 많이 대입하여 쓰고 있다.

2) SAS 프로그램을 사용한 로짓 분석과 결과해석

SAS를 이용하여 로짓 분석을 실시하기 위해서는 크게 세 가지 방법이 있다. 첫째 PROC LOGISTIC, 둘째 PROC PROBIT, 셋째 PROC CATMOD이다. 이 장에서는 첫째 방법에 관하여만 설명하려고 한다. PROC LOGISTIC에도 세 가지 방법이 있는데 다음과 같다.

첫째, PROC LOGISTIC의 'DESCENDING' 옵션을 사용한다. 이때에는 결과해석을 PARAMETER ESTIMATES의 부호대로 설명한다.

둘째, PROC LOGISTIC의 'DESCENDING' 옵션을 사용하지 않는다. 이때의 결과해석은 PARAMETER ESTIMATES의 부호 반대로 설명한다.

셋째, SUBSIDY의 0, 1의 부호를 반대로 코딩한 후 PROC LOGISTIC의 'DESCENDING' 옵션을 사용하지 않는다. 이때에는 결과해석을 PARAMETER ESTIMATES의 부호대로 설명한다.

| SAS 예시 12-3 | 은 위의 첫째 방법의 프로그램이며 | SAS 예시 12-4 | 는 셋째 방법의 로짓 프로그램으로서 1998년 통계청의 도시가계조사 자료값의 일부를 엑셀에서 'PARK' 로 저장하여 SAS 윈도우상에서 'PARK1' 의 DATA SET을 만든 프로그램이다. 원자료(raw data)에서 종속변수는 SUBSIDY이며 가계가 정부보조금을 받은 경우는 1로, 그렇지 않은 경우는 0으로 코딩되었다. 독립변수는 소득(INCOME), 가구주의 연령(AGEREF), 교육(EDUC인 연속변수), 성별(MALE=1, ELSE=0인 가변수), 가구원 수(HOUSENUM)이다.

| SAS 예시 12-5 | 는 결과로서, 즉 로짓 OUTPUT으로서, | SAS 예시 12-3 | 을 기초로 한 것이며 LOGIT PARAMETER ESTIMATES를 'DESCENDING' 의 옵션을 사용한 경우이다. 이때에는 결과해석에 있어 output 부호대로 설명하는 경우이다. 그러나 만일 이와 같은 프로그램에서 DESCENDING의 옵션을 쓰지 않을 때에는 결과의 해석을 부호 반대로 해 주어야 한다. 또한, | SAS 예시 12-4 | 의 로짓 프로그램은 SUBSIDY, 즉 가계가 국고보조금을 받는 경우를 아예 0으로, 받지 않는 경우를 1로 정반대로 코딩하여 'DESCENDING' 의 옵션을 뺀 프로그램이며 결과는

| SAS 예시 12-5 | 에 제시되었다.

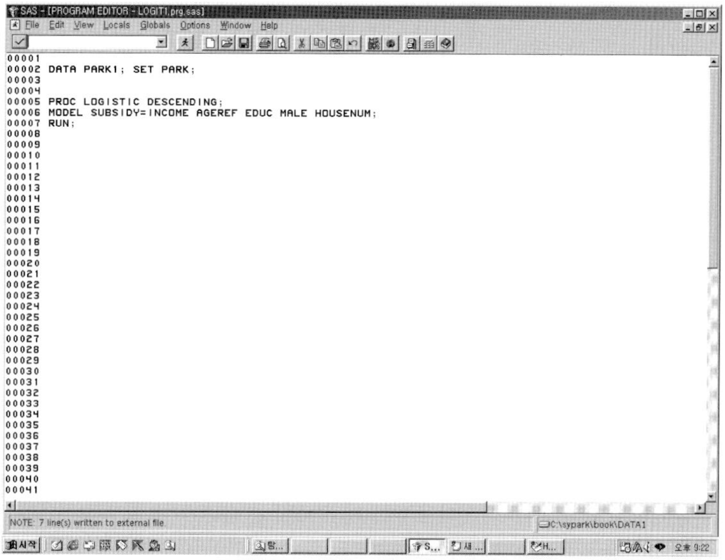

| SAS 예시 12-3 | 로짓 프로그램 첫째 방법

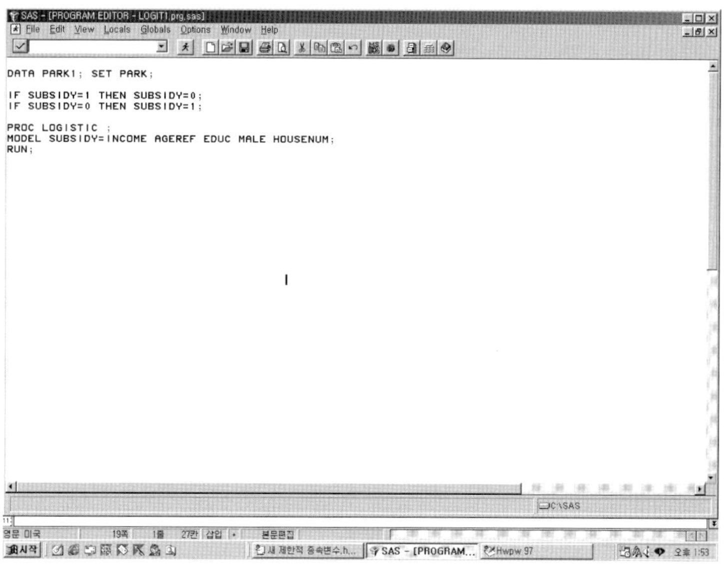

| SAS 예시 12-4 | 로짓 프로그램 셋째 방법[2)]

2) 로짓 프로그램 둘째 방법은 독자들이 혼동할 확률이 있으므로 소개하지 않기로 한다. 다만, 결과해석은 파라미터 반대로 하여야 함을 명심하자.

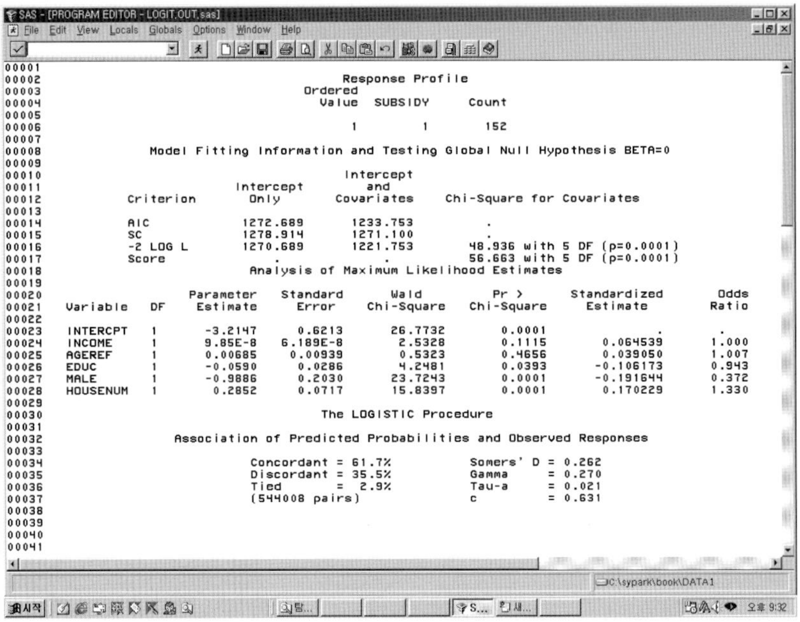

```
                              Response Profile
                          Ordered
                            Value   SUBSIDY      Count

                                1         1        152

          Model Fitting Information and Testing Global Null Hypothesis BETA=0

                                     Intercept
                         Intercept      and
          Criterion        Only      Covariates    Chi-Square for Covariates

          AIC            1272.689     1233.753          .
          SC             1278.914     1271.100          .
          -2 LOG L       1270.689     1221.753       48.936 with 5 DF (p=0.0001)
          Score              .            .          56.663 with 5 DF (p=0.0001)
                          Analysis of Maximum Likelihood Estimates

                      Parameter  Standard      Wald       Pr >      Standardized       Odds
  Variable     DF     Estimate     Error    Chi-Square  Chi-Square     Estimate        Ratio

  INTERCPT      1      -3.2147     0.6213     26.7732      0.0001            .           .
  INCOME        1      9.85E-8   6.189E-8      2.5328      0.1115      0.064539        1.000
  AGEREF        1      0.00685    0.00939      0.5323      0.4656      0.039050        1.007
  EDUC          1      -0.0590     0.0286      4.2481      0.0393     -0.106173        0.943
  MALE          1      -0.9886     0.2030     23.7243      0.0001     -0.191644        0.372
  HOUSENUM      1       0.2852     0.0717     15.8397      0.0001      0.170229        1.330

                             The LOGISTIC Procedure

              Association of Predicted Probabilities and Observed Responses

                        Concordant = 61.7%          Somers' D = 0.262
                        Discordant = 35.5%          Gamma     = 0.270
                        Tied       =  2.9%          Tau-a     = 0.021
                        (544008 pairs)              c         = 0.631
```

| SAS 예시 12-5 | 로짓 분석 결과

로짓 | SAS 예시 12-3 | 에 의하여 출력된 결과인 | SAS 예시 12-5 | 의 결과는 가계가 정부나 기타 기관 혹은 타인으로부터 보조금을 받을 확률(p)에 영향을 미치는 변인들의 영향력에 관한 결과이다. 여기에서 종속변인은 전장의 식(12.13)에서 설명한 바대로 보조금을 받을 확률이 아니라, 로그 오즈비 혹은 승산비이다. 그러므로 가장의 교육수준, 성별, 가구원 수가 로그 오즈비에 통계적으로 유의한 영향력을 미치는 것으로 나타났다. 이러한 설명은 무엇인가 확실하고 선명하지 못하므로 후에 설명되는 한계효과나 확률의 예측치로써 더욱 명백해진다.

다음으로 | SAS 예시 12-5 | 의 결과를 기초로 하여 독립변수들의 한계효과를 설명하고자 한다. 그러면 로그 오즈비에 대한 독립변수들의 영향력과 확률에 대한 독립변수들이 영향에 있어 부호가 동일한 이유가 더욱 명백해진다. 다음 한계 효과에 대한 설명으로 넘어가 보자.

또한 | SAS 예시 12-5 | 의 결과에서 Concordant rate는 모델의 설명력 혹은 적중률로서 count R^2라고도 한다. 이는 마치 OLS 방법을 이용한 회귀분석의 R^2와 유사하며 총관찰치에서 정확한 예측값을 나눈 수이다(Maddala, 1992: 334). 그러므

로, Concordant rate가 높을수록 모델의 설명력이 높다고 할 수 있다.

3) 독립변수들의 한계효과

| SAS 예시 12-5 | 를 토대로 엑셀의 스프레드시트를 이용하여 독립변수들의 한계효과(marginal effect)를 산출하는 과정과 해석은 | Excel 예시 12-6 | 과 같다. 이는 식 (12.15)를 토대로 확률(p)에 대한 독립변수들의 한계효과를 산출하기 위한 엑셀의 프로그램이다. 절차는 다음과 같다.

- 1열에 변수명을 기입한다.
- 2열에 로짓 결과(| SAS 예시 12-5 | 의 결과)로부터 로짓 계수를 기입한다.
- 3열에 각 변수들의 평균값을 기입한다.[3] 혹은 관심 대상집단의 관련값을 기입한다.
- B5란에 (3)의 기입된 값을 로짓 계수와 함께 다음의 식에 대입한다.
  즉, $\beta_0+\beta_1 X_1+\beta_2 X_2+\beta_3 X_3+\beta_4 X_4+\beta_5 X_5$ 식으로부터 Z값을 산정한다.
- C6에 exp(Z)를 계산하고, F5에 1+exp(Z)를 계산한다.
- F6에 엑셀의 식인 C6/F5^2를 계산하여 RATIO라 명명하면 식 (12.15)의 우편이 된다.
- 4열에 각각의 로짓 계수와 RATIO를 곱하면 각 변수의 한계효과가 된다.

통계적으로 유의미한 변수의 한계효과를 해석해 보자. 교육수준이 1년 증가하면, 샘플의 평균값 수준에서(여기에서 평균값이란, 소득수준 300만 원, 연령 40세, 교육수준 16년, 남성가구주 70%, 가구원 수 3.5명을 의미), 그 가계가 보조금을 받을 확률이 0.1% 감소하며, 남성가구는 여성가구보다, 다른 소선이 동일할 때, 보조금을 받을 확률이 0.64% 적다. 또한 가구원이 1명 증가할 때마다, 보조금을 받을 확률이 0.64% 증가한다.

3) SEX 등과 같은 가변수의 평균을 0.7로 가정한 이유는 전체의 70%가 남성이므로 빈도가 평균의 의미를 갖기도 한다. 여기에 대하여는 학자들 간의 논란이 있다. 아예 SEX를 0과 1로 구분하여 Z값을 산정하는 경우와 0.7의 평균값을 주어 산정하는 두 가지 경우가 있으나 본문에서는 전자를 택하였다.

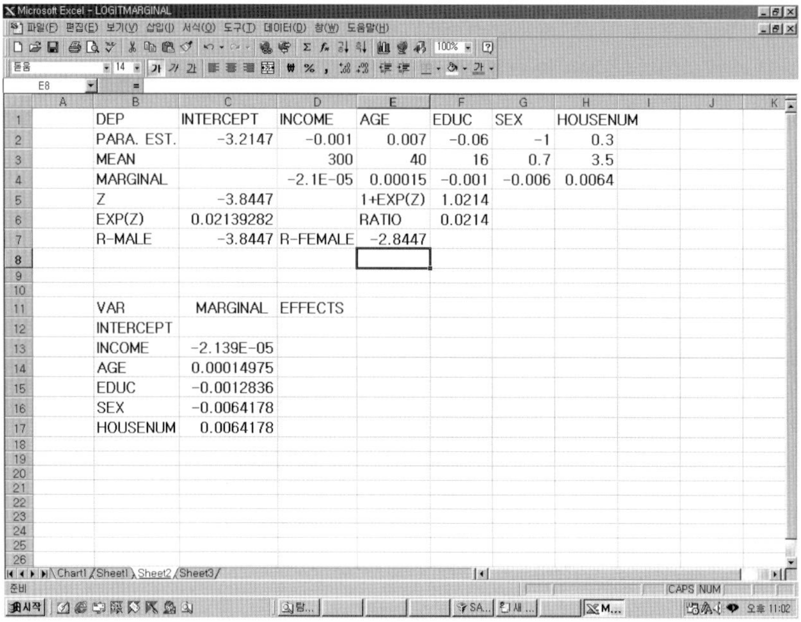

DEP	INTERCEPT	INCOME	AGE	EDUC	SEX	HOUSENUM
PARA. EST.	-3.2147	-0.001	0.007	-0.06	-1	0.3
MEAN		300	40	16	0.7	3.5
MARGINAL		-2.1E-05	0.00015	-0.001	-0.006	0.0064
Z	-3.8447		1+EXP(Z)	1.0214		
EXP(Z)	0.02139282		RATIO	0.0214		
R-MALE	-3.8447	R-FEMALE	-2.8447			
VAR	MARGINAL	EFFECTS				
INTERCEPT						
INCOME	-2.139E-05					
AGE	0.00014975					
EDUC	-0.0012836					
SEX	-0.0064178					
HOUSENUM	0.0064178					

| Excel 예시 12-6 | 엑셀을 이용한 독립변수의 한계효과산출

4) SPSS를 사용한 로지스틱 분석 예시 및 결과

앞서 SAS를 사용하여 로짓 분석의 예시 및 결과해석에 대해 살펴보았으므로 이번에는 SPSS Window 10.0 한글 버전을 이용하여 로지스틱 분석을 수행해 보자. | SPSS 예시 12-7 | 에 제시한 바와 같이 SPSS Window 버전 창에 자료가 입력되어 있는 상태에서 맨 위 메뉴에서 분석 → 회귀분석 → 이분항 로지스틱을 클릭한다. 클릭이 끝나면 | SPSS 예시 12-8 | 에 제시한 바와 같은 창이 뜨게 된다. 따라서 왼쪽 변수 창에 제시된 변수목록에서 종속변수와 독립변수를 선정하여 오른쪽 창으로 이동시킨다.

이 예제에서는 전자상거래에서의 소비자불평행동 여부에 미치는 변수들의 영향력을 조사하기 위해 종속변수는 불평행동 여부(이분변수), 독립변수로는 불만의 정도, 성별, 연령, 결혼 여부, 교육수준, 직업, 소득, 시간제약, 제품의 내구재 여부 등을 선정하였다.

종속변수와 독립변수를 선정하여 확인을 클릭하면 로지스틱 분석이 수행되며 그 결과는 | SPSS 예시 12-9 | 에 제시한 바와 같다. 결과내용이 많으므로 | SPSS 예

시 12-9 | 은 중요한 결과부분만을 보여 주고 있다. 간단하게 결과를 해석해 보면, x^2 값은 25.09로써 유의한 수준(0.05보다 작음)이며 -2LLx값은 130.842로써 모델의 적합도(-2LL 값이 커서 그 값의 유의도 확률이 0.05보다 커야 함)가 높음을 알 수 있다. 한편, 총사례의 87%를 정확하게 분류한 것으로 나타났다. 전자상거래에서 불평행동을 취할 가능성에 영향을 미치는 변수는 전자상거래 시 느낀 불만의 정도, 전문직 직업 여부인 것으로 나타났다.

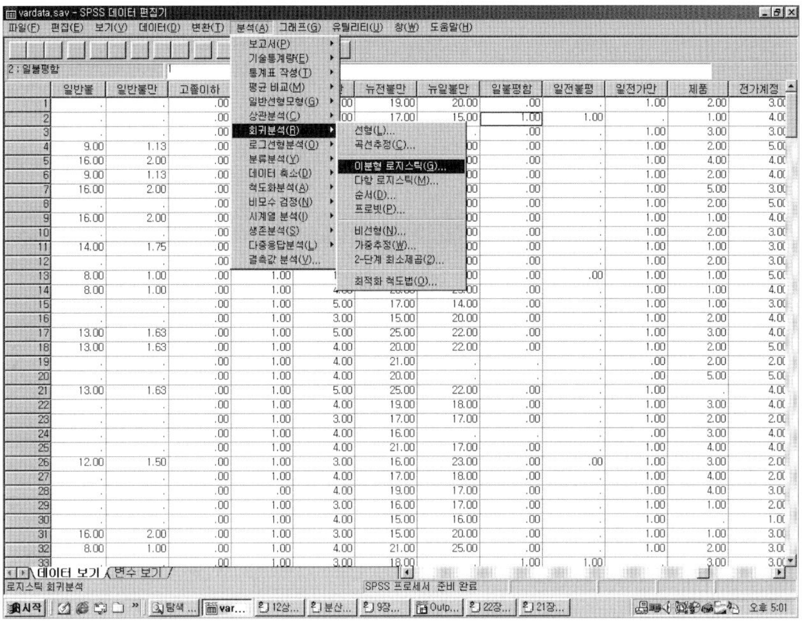

| SPSS 예시 12-7 | 로지스틱 분석 수행과정 1

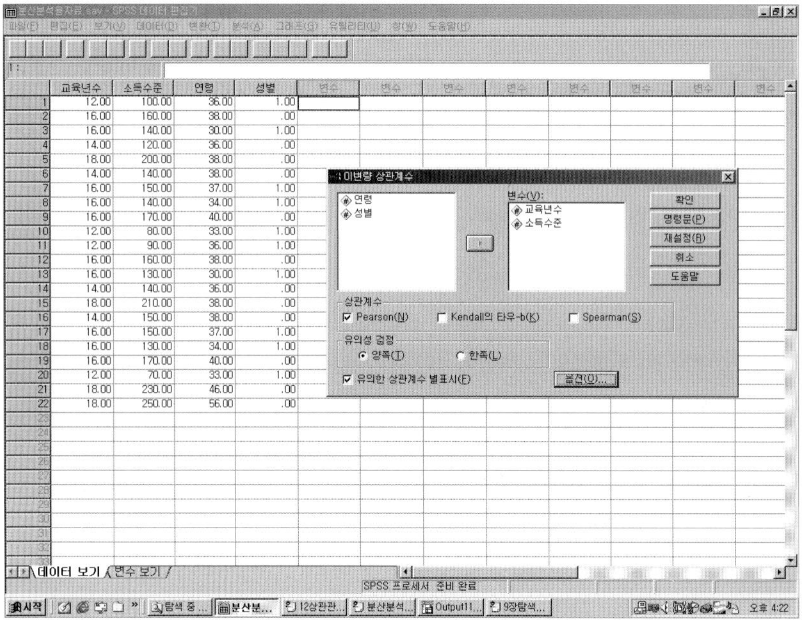

| SPSS 예시 12-8 | 로지스틱 분석 수행과정 2

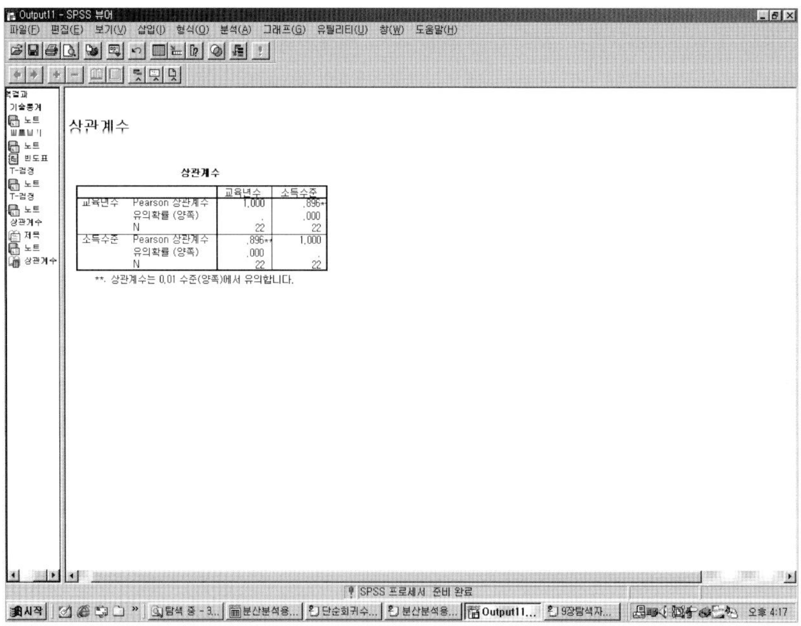

| SPSS 예시 12-9 | 로지스틱 분석 결과

3. 프로빗 모형

앞에서 설명한 선형확률 모형(LPM)의 문제점을 보완할 수 있는 또 다른 모형으로 프로빗 모형(Probit Model)이 있다. 로짓 모형이 누적 로지스틱 분포함수(CLDF)를 이용한 반면 프로빗 모형은 누적정규분포함수(cumulative normal distribution fuction)를 이용하며 노밋 모형(normit mode)이라 불리기도 한다. 프로빗 모형도 로짓 모형과 같이 어떠한 함수의 전환을 통하여 모든 X값(독립변수)에 따라 Y값(종속변수)의 변화하는 영역을 0과 1 사이로 한정하기 위해 누적분포함수를 이용한다는 점에서 동일하며 다만 누적정규분포함수를 이용한다는 점만 다를 뿐이다. 그러므로 로짓 모형과 같은 확률분포식을 갖는다.

$$P_i = E(Y=1 \mid X_i) = F(\beta_0 + \beta_1 X_1) = F(Z_i)$$

식(12.16)

$$F(Z_i) = \int_{-\infty}^{Z_i} \frac{1}{\sqrt{2\pi}} \exp(-\frac{1}{2}t^2)dt$$

단, $[X_i - N(0, 1)]$

여기서 $F(Z_i)$를 잘 살펴보면 전체면적을 1로 하는 표준정규분포(Z curve 혹은 standard normal distribution function)에 있어 정규분포의 면적을 1로 볼 때 누적된 면적(cumulative area)임을 알 수 있다. 즉 아래 Z-curve 그래프를 참고하자(〈부록표 5〉의 $\phi(Z)$값 참조).

Z값이 0일 때는 $F(Z_i) = 0.5$가 된다. 이러한 의미는 Z값이 0일 때까지의 누적된 면적은 전체를 1로 기준할 때 0.5임을 의미한다. Z값을 나타내 주는 〈표 12-1〉을 참고로 하면 더욱 의미가 명백해진다. 이러한 표준누적정규분포의 최대면직은 1이며 $\phi(Z)$로 표시하기도 한다. 〈표 12-1〉를 참조하여 OLS와 로짓, 프로빗에 있어서의 종속변수를 비교해 보자.

표의 결과 OLS에서 종속변수는 액수, 값 등의 연속변인의 값을 갖고, LPM에서는 (자동차구매) 확률이며, 로짓에서는 승산비$(\log\frac{P_i}{1-P_i})$, 즉 자동차를 구매할 확률과 구매하지 않을 확률의 비(ratio)에 자연대수값을 취한 것이며, 프로빗에서는 표준누적정규분포의 의미로 표준정규분포 그래프에서 Z값상의 누적된 면적을 의미

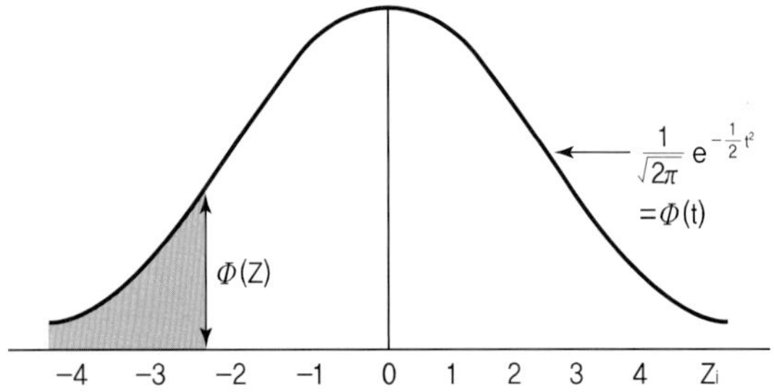

[그림 12-2] Z-분포에 있어서의 $\Phi(Z)$의 값

〈표 12-1〉 제한적 종속변수의 요약적 제시

모 형	독립변수(X_j)	P_i	종속변수(Y_i)
OLS	X_j	없음	값
LPM	X_j	확률	P_i(확률)
로 짓	X_j	$1/(1+e^{-z})$	$\log(\frac{P_i}{1-P_i})$
프로빗	X_j	$\int_{-\infty}^{Z_i} \frac{1}{\sqrt{2\pi}} \exp(-\frac{1}{2}t^2)dt$	$\phi(Z_i)$

한다. 그러므로 로짓과 프로빗에서는 사건의 일어날 기대되는 확률을 구하기 위하여 한수의 전환이 필요하게 된다. 로짓 모형과 마찬가지로 프로빗 모형에서도 다음과 같은 결과를 산출할 수 있다.

1) 한계효과

프로빗 모형의 한계효과(marginal effect)는 다음과 같다.

$$\frac{\partial P}{\partial X_i} = \frac{\partial \Phi(Z_i)}{\partial X_i} = \beta_1 \Phi(Z_i) \qquad \text{식(12.17)}$$

여기서, $Z_i = \beta_o + \beta_1 X_1$이다. 또한 $\Phi(X)$의 1차미분은 $\Phi(X)$가 된다.

식(12.17)에서 $\Phi(Z)$값의 계산은 z값의 산출 이후에 normal density function의

Ordinates를 구하는 표, 예를 들면 maddala(1992)의 표 A.1 등을 참조하여 구하면 되나 과정이 다소 복잡하므로 로짓의 marginal effect를 구하는 방법으로 대신 시도하는 것이 간편하다. 로짓과 프로빗의 결과를 볼 때 파라미터가 서로 다르게 보이나 실상은 서로 변환이 가능한 같은 계수를 산출해 주므로 인문사회과학 혹은 생활과학통계에서는 프로빗보다는 서로 변환이 가능한 로짓을 추천하는 바이다. 보다 자세한 내용은 Maddala(1992)의 pp. 329~330을 참조하면 선형확률 모형, 로짓 모형, 프로빗 모형에 대한 계수비교와 변환과정이 보다 확실해진다.

2) SAS 프로그램을 사용한 프로빗 분석과 결과해석

SAS를 이용하여 프로빗을 분석을 시도하는 방법은 여러 가지이나 대표적으로는 세 가지가 있다. 첫째가 PROC PROBIT을 이용하는 방법이며, 둘째가 PROC LOGISTIC을 이용하는 법이며 셋째가 PROC CATMOD를 이용하는 방법이다. 여기에서는 PROC PROBIT을 이용하여 살펴보자. | SAS 예시 12-10 | 을 이용한 결과는 | SAS 예시 12-11 | 과 같다.

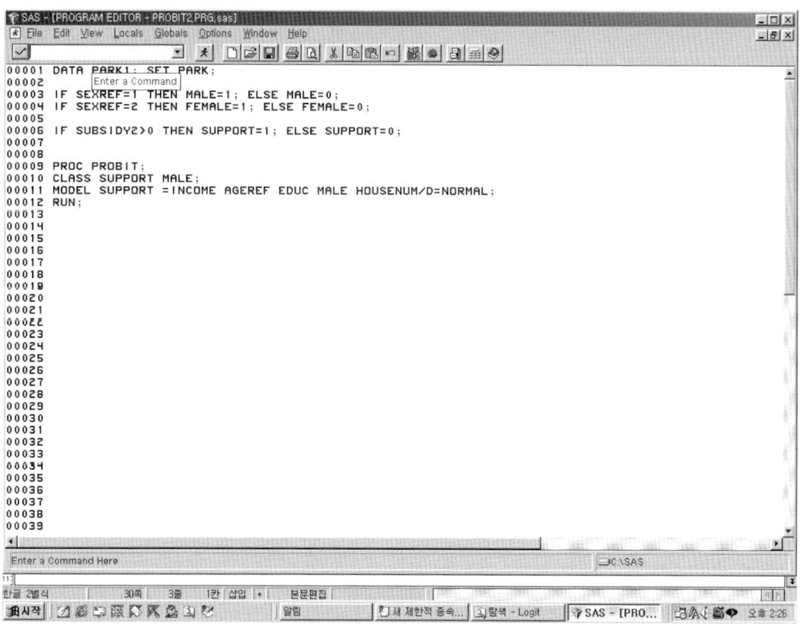

| SAS 예시 12-10 | 프로빗 프로그램

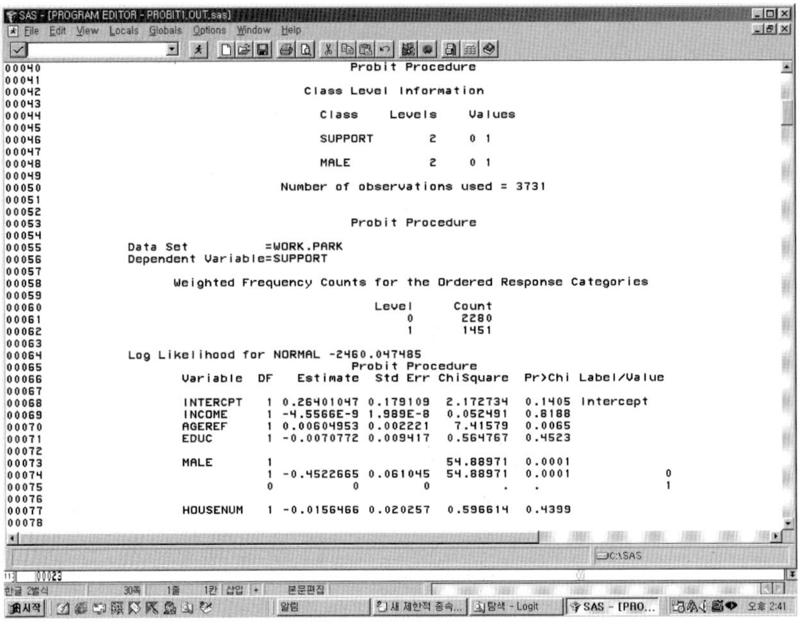

| SAS 예시 12-11 | 프로빗 분석결과

로짓 결과와 유사하며 프로빗 모형 역시 종속변수가 보조금을 받을 확률(P)이 아니므로 한계효과 산출을 통하여 종속변수에 대한 독립변수의 영향력을 손쉽게 분석할 수 있다. 식(12.17)에서 우선 Z의 값을 산출하고 표에서 값을 찾아 각각의 프로빗 계수와 곱하여 주면 그것이 한계효과이며 해석방법은 로짓과 동일하다.

개개인에 따라서 프로빗의 한계효과의 산출이 로짓의 방법보다 쉽다고 느낄 수도 있고 어렵다고 느낄 수도 있다. 독자들에게 한계효과의 산출은 다소 복잡하더라도 엑셀에 능숙하다면 로짓이 쉬울 것이며, 표 찾기가 간편하다고 느낀다면 프로빗이 쉽지 않을까 생각된다.

쉬어가는 연구방법과 통계이야기 • 12-2

상관관계에 바탕을 둔 판단

오늘날에도 사람들은 상관관계에 바탕을 둔 판단에 영향을 받는다. 자동차보험의 예를 들어보자. 운전자가 자동차보험에 가입하려면 먼저 여러 가지 정보를 제공해야 한다. 그중에서도 나이와 성별은 보험료를 산정하는 데 중요한 기준이 된다. 나이가 25세 미만이면 보험료가 올라가고 운전자가 여자라면 보험료가 낮아진다. 왜일까? 나이와 성별이 사고율과 상관관계가 있기 때문이다. 즉, 나이가 젊을수록 사고율이 높고 여자는 남자에 비해 사고를 덜 내기 때문이다. 대학입시에서는 수학능력시험, 내신성적, 본고사성적 등이 함께 고려된다. 과연 어떤 성적이 학생의 학력을 잘 나타내는 성적인가 하는 문제는 이러한 성적과 입학 후 학생들의 성적과의 상관관계로 분석이 된다. 최근에 한 대학교 학생을 대상으로 조사한 연구에 따르면 수학능력시험이 대학에서의 성적과 상관관계가 가장 높게 나타났다고 한다. 다른 대학의 자료에서도 유사한 결과가 나온다면 굳이 본고사가 필요없다는 주장의 근거가 될 수 있는 것이다.

발이 큰 사람들은 종종 도둑놈 발을 가졌다는 소리를 듣는다고 한다. 도둑 중에는 발 큰 사람이 많았다는 말이다. '코가 큰 사람은 그것도 크다'라는 말도 있다. 이런 상관관계는 물론 구체적인 자료로 입증되지 않은 우스개 소리에 불과할 수도 있고 오랫동안의 경험적인 근거에 바탕을 둔 상관관계를 나타낸 것일 수도 있다. 그리고 이 말 속에는 어떤 인과관계가 암시되어 있지는 않은 듯하다. 발이 크니까 도둑이 될 것이라든가, 코가 크니까 그것이 클 것이라든가 하는 말을 심각하게 받아들이는 사람은 없을 것이다. 관상에서 나온 말이지만 거의 상식이 되다시피 한 '인중(人中)이 길면 오래 산다'는 말이 있다. 인중이란 코와 윗입술 사이의 오목한 부분을 말한다. 이 말을 어떻게 해석할 수 있을까? '오래 사는 사람 중에는 인중이 긴 사람이 많다'라고 해석하면 단순히 둘 사이에 상관관계가 있다는 것을 인정하는 것이다. 그러나 '인중이 긴 사람은 오래 산다'라고 해석한다면 둘 사이의 인과관계를 어느 정도 가정하고 있는 것이다. 그러면 과연 상관관계는 원인과 결과의 관계를 나타내는 것일까? 상관관계를 분석하는 것들은 어떤 것들의 사이가 밀접하다는 것만을 나타내며 그 관계는 어느 것이 원인이고 어느 것이 결과인지는 아무런 증거도 제공하지 않는다. 문제는 상관관계를 제대로 이해하지 못하는 사람들이 종종 상관관계가 인과관계를 나타낸다고 가정하는 데 있다. 즉, 상관이 있으면 그중의 하나가 원인이 되고 다른 것은 그 원인으로 인해서 생기는 결과라고 해석하는 잘못을 범하는 것이다.

출처 : 한국경제, 2006년 4월 17일

4. 다항로짓 모형

지금까지 반응변수가 두 값을 (0, 1) 취하는 이분선택 모형에 대하여 살펴보았다. 그렇다면 반응변수를 셋 혹은 넷으로 확장시킨다면 어떻게 서형확률 모형, 로짓, 그리고 프로빗 모형을 확장할 수 있을까?[4] 이와 같이 종속변수의 값이 3개 이상인

4) Pyndyck & Rubinfeld(1991). *Econometric Models and Forecasts*(pp. 269-275) 참조

범주형 데이터(categorical data)인 경우는 다차선택 모형에 해당된다. 또 다시 이 경우엔 종속변수의 값이 명목척도(norminal scale)인 경우와 서열척도(ordinal scale)인 경우로 나뉘어지며[5], 둥지(nested)인가 아닌가(non-nested)로도 나뉘어진다. 본 장에서는 종속변수가 서열척도가 아닌 명목형인 예를 들어보자.

한 가계가 자동차 A, 자동차 B, 자동차 C 중에서 어느 것을 더 선호하게 되는가를 알아보고자 한다. 다차선택 모형은 다음과 같이 일반화될 수 있다.

$$\text{Prob}(Y=j) = \frac{\exp(\beta_j X_j)}{\sum_{K=1}^{3} \exp(\beta_k X_j)} \quad \text{식(12.18)}$$

식을 간략하게 하기 위해 $\beta_0 = 0$으로 가정하며 여기서 자동차 A를 선택할 확률을 P_1, 자동차 B를 선택할 확률을 P_2, 자동차 C를 선택할 확률을 P_3라고 하면,

$$\log\frac{P_3}{P_1} = \partial_{31} + \beta_{31}X \quad \text{식(12.19)}$$

$$\log\frac{P_3}{P_2} = \partial_{32} + \beta_{32}X \quad \text{식(12.20)}$$

$$\log\frac{P_2}{P_1} = \partial_{21} + \beta_{21}X \quad \text{식(12.21)}$$

individual i는(예, X_i) 식을 간략하게 하기 위해 생략하기로 한다.

식(1)로부터 위의 3식의 경우에는 p, q, r의 선택을 j =1, 2, 3의 선택으로 단순화하였으며, 그 결과 P_j는 P_1, P_2, P_3가 되었다.

즉, 한 가계 혹은 개인이 각각의 자동차를 선택할 확률을 합하면, 즉, $P_1 + P_2 + P_3 = 1$이 된다는 가정을 충족해야만 한다. 식(12.19)과 식(12.20)의 관계를 기초로

5) 자세한 사항은 Maddala(1983). *Limited-dependent and qualitative variables in econometrics* (pp. 59-78) 참조

$$\log\frac{P_3}{P_2} = \log\frac{P_3 \times P_1}{P_2 \times P_1}$$ 이 성립되므로

$$= \log\frac{P_3}{P_1} \times \frac{P_1}{r_2} = \log\frac{P_3}{P_1} + \log\frac{P_1}{P_2}$$

$$= \log\frac{P_3}{P_1} + \log\left(\frac{P_2}{P_1}\right)^{-1}$$

$$= \log\frac{P_3}{P_1} - \log\frac{P_2}{P_1}$$

$$= (\partial_{31} + \beta_{31}X) - (\partial_{21} + \beta_{21}X)$$

$$\log\frac{P_3}{P_2} = (\partial_{31} - \partial_{21}) + (\beta_{31} - \beta_{21})X \qquad \text{식(12.22)}$$

가 된다. 그러므로 식(12.21)와 식(12.22)으로부터

$$\partial_{32} = \partial_{31} - \partial_{21} \qquad \text{식(12.23)}$$

$$\beta_{32} = \beta_{31} - \beta_{21}$$

이 성립된다. 이제 식(12.19), 식(12.20), 식(12.21)을 재정의하기 위해 다음의 관계를 이용하면

$$\partial_{31} = \partial_3 - \partial_1 \qquad \partial_{32} = \partial_3 - \partial_2 \qquad \partial_{21} = \partial_2 - \partial_1 \qquad \text{식(12.24)}$$

$$\beta_{31} = \beta_3 - \beta_1 \qquad \beta_{32} = \beta_3 - \beta_2 \qquad \beta_{21} = \beta_2 - \beta_1$$

$$\log\frac{P_3}{P_1} = (\partial_3 - \partial_1) + (\beta_3 - \beta_1)X \qquad \text{식(12.25)}$$

$$\log\frac{P_3}{P_2} = (\partial_3 - \partial_2) + (\beta_3 - \beta_2)X \qquad \text{식(12.26)}$$

$$\log\frac{P_2}{P_1} = (\partial_2 - \partial_1) + (\beta_2 - \beta_1)X \qquad \text{식(12.27)}$$

이 된다. 식(12.25)은 식(12.26)과 식(12.27)의 결과에서부터 자동으로 산출된다. 그러므로 다차선택 모형은 다음과 같은 식으로 일반화될 수 있다.

$$\log\left[\frac{P_{ij}}{P_{i1}}\right]=\beta_0+\beta_j X_i \qquad \text{식(12.28)}$$

이는 또한 다음과 같은 식으로 표현된다.

$$\text{Prob}(Y=j)=\frac{\exp(\beta_j X_i)}{\sum_{k=1}\exp(\beta_k X_i)} \quad \text{단, } i\neq k,\ \beta_0=0 \qquad \text{식(12.29)}$$

그러므로

$$\text{Prob}(Y=j)=\frac{\exp^{\beta_j X_i}}{1+\sum_{k=1}^{k}(\exp)^{\beta_k X_i}} \qquad \text{식(12.30)}$$

for $j=1, \cdots j$

$$\text{Prob}(Y=1)=\frac{1}{1+\sum_{k=1}^{k}(\exp)^{\beta_k X_i}} \qquad \text{식(12.31)}$$

식(12.30), (12.31)로부터 Logit, Probit과 같이 한계효과를 구할 수 있다. P를 X에 관하여 1차미분하면 다음과 같다.

$$\frac{\partial P_j}{\partial X}=P_j\,[\beta_j-\sum_k P_k\,\beta_k] \qquad \text{식(12.32)}$$

즉, 식(12.30), 식(12.31), 식(12.32)이 다항로짓 모형을 이용할 때의 기대되는 확률과 한계효과가 된다.

5. 토빗 모형

지금까지는 종속변수가 2~3개의 범주형 변수(categorical variable)인 경우에 대하여 살펴보았다. 이 장에서는 이와는 달리 종속변수가 양적인 변수이지만 일정한 영역에서는(예를 들어, 0 이하인 경우) 관측될 수 없는 경우에 대하여 살펴보기로 하자. 이와 같이 종속변수가 일정한 영역에서 관측될 수 없는 경우는 제한된 값만을 갖는 경우라 하여 제한적 종속변수 모형(limited dependent variable model)이라고 한다.

로짓과 프로빗 모형을 다시 살펴보면서 제한된 종속변수 모형을 비교 설명해 보자.

$$
\begin{aligned}
Y_i &= 1 \quad \text{if} \quad Y_i^* > 0 \\
&= 0 \quad \text{if} \quad Y_i^* \le 0
\end{aligned}
\qquad \text{식(12.33)}
$$

는 $Y_i^* > 0$이면 관측 가능한 경우로서 $Y = 1$로서 표시되고, $Y_i^* \le 0$이면 관측이 불가능한 경우로 보고 $Y = 0$으로 표시되는 바와 마찬가지로

$$
\begin{aligned}
Y_i &= \beta_0 + \beta_1 X_1 + \mu_i \quad \text{if} \quad Y_i^* > 0 \\
&= 0 \quad \text{if} \quad Y_i^* \le 0
\end{aligned}
\qquad \text{식(12.34)}
$$

식(12.34)의 경우에는 $Y_i^* > 0$이면 관측 가능한 경우로서 Y_i가 $\beta_0 + \beta_1 X_1 + \mu_i$로 표시되며 $Y_i^* \le 0$이면 관측이 가능하지 않으므로 Y_i가 0으로 표시된다. 이와 같은 모형을 토빗(Tobit) 모형이라고 한다. Tobit이란 이름은 Tobin's probit에서 유래하며 계량경제학자인 제임스 토빈(James Tobin)에 의하여 1958년에 첫 번째[6]로 분석 시도되었다.

이와 같은 토빗 모델은 또한 'Censored normal regression model' 이라고도 불린다(Maddala, 1983 ; 1992). 한층 더 나아가 아메미야(Amemiya)는 그의 1984년

6) J. Tobin(1958). Estimation of Relationships for Limited Dependent Variables, *Econometrica, 26*, 24-36. 참조.

논문[7)]에서 다양한 종류의 토빗 모형을 기술한 바 있으며 좀 더 자세한 내용은 아래 참고문헌과 박선영의 논문[8)]을 참조하기 바란다.

또 다시 예를 들어보자.

Y_i^*는 아동보육 지출비, X_1를 가장의 소득수준이라고 하자.

$$Y_i = \beta_0 + \beta_1 X_1 + \mu_i \qquad \mu_i \sim N(0,\ \sigma^2) \qquad \text{식(12.35)}$$

여기에서 Y_i^*는 아동보육비의 지출비가 없는 많은 경우 혹은 샘플(sample)을 포함한다. 즉, zero expenditure를 포함한 모형이다. 그러므로 zero 지출이 모형에 있는 경우를 우리는 다음과 같은 구조(censored regression model)로 다시 표시한다.

$Y_i = \beta_0 + \beta_1 X_1 + \mu_i$	if	0보다 큰 아동보육비지출비가 있는 가계(혹은 sample)	식(12.36)
$= 0$	if	아동보육비 지출이 없는 가계(혹은 sample)	

즉, 식(12.36)은 바로 식(12.34)와 같게 된다.

여기서 Y^*는 한 가정(혹은 가계)의 아동보육비 지출의 잠재력(potential expenditure) 혹은 아동보육비 지출을 얼마나 원하는가(desired expenditure)를 가늠하는 기준이 될 수 있다.

만일 연구자가 한 가계의 아동보육비 지출비를 조사하여 지출모형을 추정하고자 한다고 한다. 이때 Y^*는 가계의 아동보육비 지출의 잠재력이 되며 이 Y^*는 zero 지출과 positive 지출의 모든 가계를 포함한 모형이 된다. 이와 같은 토빗 모형에서는 Y^*는 실제 모형에서의 의미보다는 지출의 잠재성만을 보여 준다. 뿐만 아니라 이미 아동보육비 지출이 있는 실제 가계만을 대상으로 한 Y의 모형도 추정되며 이때 Y는 $Y(Y^* > 0)$로 표시되고, zero 지출과 positive 지출의 모든 가계를 포함하며 실질적인 아동보육비 지출모형은 Y로 표시된다. 로짓과 프로빗 모형과 마찬가지로 토빗에서도 다음과 같은 유용한 결과를 산출할 수가 있다.

---

7) T. Amemiya(1984). Tobit Models : A Survey, *Journal of Econometrics, 24*, 3-61.

8) Sun-Young Park(1995). *Child Care Services : Two Statistical, Econometric Approachs to Household Choice and Demand*. The Ohio State University Ph. D. dissertation.

1) 한계효과

토빗에서도 다음 2가지의 한계효과를 산출해 낼 수 있다.

$$\partial E(Y)/\partial X_i = \Phi(z)\beta_j \quad \text{식(12.37a)}$$

$$\partial E(Y^*)/\partial X_i = \beta_j \quad \text{식(12.37b)}$$

여기에서 Φ는 각각 〈부록표 5〉에서 찾으면 된다. z는 표준화된 정규분포의 값을 의미하며, 여기서 z값의 산출은 로짓에서와는 조금 다르게 모든 변수의 파라미터값에 표본의 평균값을 대입하여 σ(scaler)로 나누어 주어 산출하면 된다. 그러므로 z 값은 $\frac{\beta_i X}{\sigma}$가 된다.

한계효과 식(12.37b)는 각 독립변수들이 한 단위 증가함에 따라 아동보육비 지출의 잠재력 혹은 가계가 아동보육비를 얼마만큼 기꺼이 지출할 것인가를 의미하며 바로 토빗 파라미터가 된다. 그러므로 토빗의 결과는 곧 실질적인 값을 설명한다기보다는 성향, 또는 경향을 나타내 준다. 현재 진행 중인 토빗의 결과해석은 주로 식(12.37b)를 의미하므로 실제 샘플의 예를 들어, 한계효과를 설명한다면, 식(12.37a) 즉 zero 지출과 non-zero 지출이 있는 모든 가계를 대상으로 설명하는 것이 좀 더 바람직하다고 본다. 그러므로 실제 표본의 한계효과는 SAS 결과의 파라미터보다도 약간 적은 값이 된다. 왜냐하면 Φ(z)의 최대값이 1이기 때문이다.

2) SAS 프로그램을 사용한 토빗 분석과 결과해석

가장 쉬운 형태의 토빗 SAS 프로그램은 다음 | SAS 예시 12-12 | 와 같이 소개하며 복잡한 내용의 결과해석은 참고문헌을 참조하기 바란다.

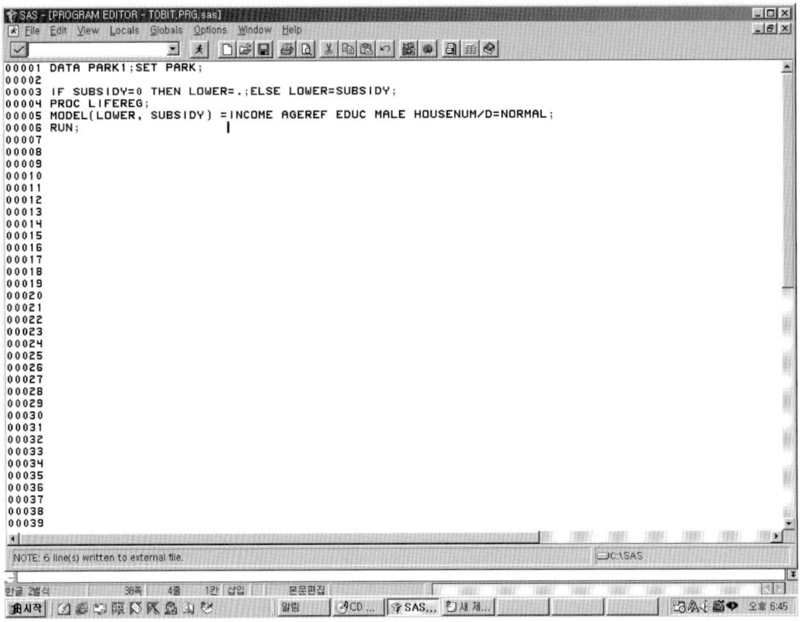

| SAS 예시 12-12 | 토빗 프로그램

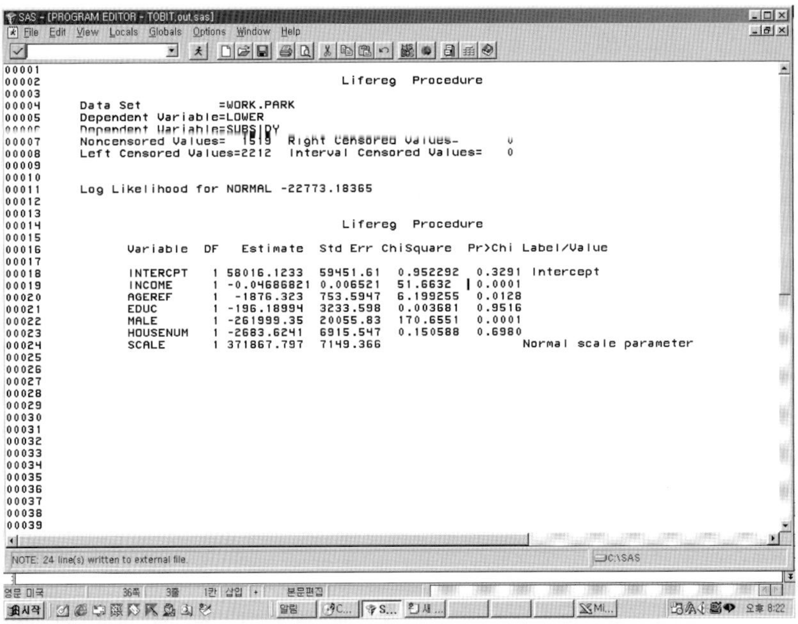

| SAS 예시 12-13 | 토빗 분석 결과

1998년 도시가계 중에서 정부나, 단체, 친척 등으로부터 보조금(SUBSIDY)을 받은 가정을 조사해 보니, 전체 3,731 가정 중에서 1,579 가정이 받았다. 즉, 전체 샘플 중에서 57.67 퍼센트는 보조금을 받지 않는 경우였다.

생활과학 통계에 있어서 토빗 분석은 거의 왼쪽절단 모형(left-censored)이며 본문의 일례도 그러하였다. 여기서 왼쪽절단이란 종속변수의 값을 정규분포 모형에 나열할 때 좌측의 0값이 절단되었음 의미하며 SAS 프로그램에서는 MODEL (LOWER …)에 해당한다.

결과해석은 회귀분석과 유사한 방법으로 한다. | SAS 예시 12-13 | 에 나타난 결과는 다음과 같이 해석된다. 가정이 국가나 단체 혹은 개인으로부터 어떠한 형태로든지 보조금을 받는 경우 소득, 가구주의 연령, 그리고 성별(가변수)이 통계적으로 유의미한 변수로 나타났다.

토빗 분석결과 소득이 만 원 증가할 때마다, 다른 변수의 조건이 동일할 때, 486.6원의 보조금을 덜 받게 되는 성향이 있다. 이는 가계가 소득 만 원의 증가에 따라 보조금을 받게 되는 잠재능력이 486.6원 감소함을 의미한다. 또한 여성이 가구주인 경우는 남성이 가구주인 가계에 비하여, 기타 다른 조건이 동일한 상태에서, 262,999원의 보조금을 더 받게 되는 성향이 있다(좀 더 자세한 사항은 참조문헌의 박선영(1995, 1996) 참조).

그렇다면 어떠할 때에 토빗 분석이 적합한가? 전체 표본 중 몇 퍼센트의 샘플이 제로 값을 갖고 있을 때 이와 같은 분석이 적절할까? 해답은 없다. 다만 일반적으로 최소한 10~30% 이상의 샘플에서 제로 값이 발견될 때 적정하다고 하나 제로 샘플의 퍼센트가 많을수록 과소추정(under-estimated)될 것이요, 제로 샘플의 퍼센트가 적을수록 과대추정(ovcr-cstimated)될 것이라 예상된다.

연구문제

01 종속변수가 이분변수인 경우를 예로 들어 보자.

02 종속변수가 0, 1로 코딩된 간단한 데이터를 엑셀에서 만든 후 이혼에 대한 의사결정을 종속변수로 하는 로짓, 프로빗 분석을 시도해 보자. (DIBORCE 1=yes, 0=no)

obs	DIVORCE	EDUC	INC	COST
01	1	14	180	10
02	0	12	120	0
03	1	15	130	5
04	0	10	120	0
05	1	16	200	10
06	1	12	180	0
07	1	16	190	20
08	0	16	250	25
09	0	14	140	9
10	0	12	120	8

- DIVORCE=1의 의미는 결혼 후에 성격 차이가 심할 때에 이혼할 의향이 있음을 의미
- 만일 DIVORCE 자료가 1과 2로 코딩된다면 분석과정에서 0과 1로 재코딩하여야 한다.

03 위의 문제 2에서 COST는 아동의 월 사교육비 지출액수를 만 원 단위로 표시한 것이다. 교육수준과 소득이 아동의 사교육비 지출에 어떠한 영향을 미치는지 토빗 분석으로 시도해 보자.

PART 4

비모수 통계분석

CHAPTER 13

비모수통계분석

1. 비모수통계이론

1) 비모수통계학의 활용과 필요성

비모수통계학은 모수통계학의 가정이나 요건을 전제로 하지 않는 것이나 각 자료들이 상호독립적이어야 하며 측정변수는 연속성을 지녀야 한다는 최소한 2가지의 가정은 필요하다.

비모수통계학의 활용은 크게 두 가지로 구분된다. 첫째 모집단의 분포가 정규분포임을 가정하고 대표본($n \geq 30$)임을 전제로 하는 t 검증과 F 검증에 있어 정규성이 위배될 때, 둘째 t 검증과 F 검증에 있어 측정된 자료는 등간척도 이상이어야 하나 서열척도 이하인 경우에는 비모수통계 기법을 사용하는 것이 바람직하다.

2) 비모수통계의 장점 및 단점

일반적으로 비모수통계가 사회과학에 적합하지만 연구가들이 이 방법을 잘 사용하지 않는 이유 중의 하나는 통계적 검정력이 낮다는 점이다. 그러나 통계방법을 선택할 때는 검정력뿐만 아니라 앞에서 언급한 측정에 사용한 척도의 종류, 모집단의 성격, 표본값 측정방법 등이 모두 고려되어야 한다. 따라서 연구상황에 따라서는 비모수통계가 더 뛰어난 통계기법일 수가 있으며 일반적으로 가정이 많으면 검정력이 높아지며 적용력(applicability)은 낮아지게 된다. 비모수통계는 적용력이 높은 반면에 검정력이 낮은 것이 일반적이지만 표본의 수를 증가시키면 검정력이 높아지므로 비모수통계를 이용하면서도 적용력과 검정력을 균형 있게 조절할 수 있다. 비모수통계는 각 측정이 서로 독립이어야 하며 측정변수가 연속이어야 하는 가정을 전제로 한다.

(1) 장 점

모수통계방법에 비해 가정이 거의 불필요하거나 아주 약한 정도이므로, 잘못 사용할 가능성이 적고 적용범위가 광범위하며, 검증력은 다소 감소하지만 등간척도나 비율척도의 자료도 이용할 수도 있다. 실제자료값을 변형시켜 부호나 서열로 표시하여 검증통계량을 산출하므로 모수통계기법에 비해 검증통계량을 구하는 원리와 과정이 간단하고 이해하기 쉽다. 장점을 요약하면 다음과 같다.

- 가정이 적기 때문에 잘못 사용할 가능성이 적다.
- 계산이 무척 간단하여 모수통계 계산 대신에 사용할 수 있다.
- 논리가 간단하여 배우기 쉽다.
- 서열척도 이하의 측정척도에서도 사용 가능하다.
- 표본수가 6 이하일 때는 모수통계기법보다 더 효율적이다.
- 정확한 확률을 사용한다.

(2) 단 점

검증력이 약하고(모수통계기법의 90% 정도) 상호작용효과 검승과 신뢰구간 추정이 불가능하다. 흔히들 비모수통계기법은 모수통계기법(parametric statistical)보다 통계적인 검정력이나 분석수준 등 모든 면에서 떨어지는 것으로 알고 있다. 따라서 많은 조사연구들은 모수통계를 이용하고 있으며 비모수통계를 이용한 것은 덜 과학적인 것처럼 인식되고 있다. 그러나 사회과학의 특성상 많은 연구들은 앞의 추정부분에서도 언급한 바와 같이 등간척도로 된 자료를 사용하기가 어려운 실정이다. 그럼에도 불구하고 연구가들은 서열척도의 특성밖에는 갖고 있지 못한 자료를 이용하여 모수통계의 여러 기법을 적용시키고 있다. 이러한 경우에는 통계적인 검정력이 정확하게 계산되지 않는다. 즉, 모수통계에서 요구하는 가정을 위반하였기 때문에 통계의 검정력, 위험수준, 기각 정도 등의 의미가 감소하게 된다.

쉬어가는 연구방법과 통계이야기 • 13-1

어쩔 수 없는 자연스러운 거짓말

몇 년 전 한 의사 출신의 여성이 보사부 장관에 임명된 적이 있다. 그런데 며칠 만에 장관직에서 물러나게 됐다. 그 장관은 어떤 병원을 운영하고 있었으며 세무서의 소득신고 금액은 연 1,000만 원 정도였다. 의사이자 큰 병원의 원장이 그렇게 소득이 낮을리 없기 때문에 소득을 낮게 신고한 부도덕성이 여론의 문제가 되자 장관은 사표를 낼 수밖에 없었다. 비슷한 예를 또 들어 보자. 최근 신문에 난 기사의 내용이다. 한 변호사가 교통사고로 사망했다. 보험회사에서는 보험금을 지급하기 위해 그 변호사의 소득을 조사했다. 세무서에 신고된 소득은 연 1,000만 원 정도여서 이 신고소득을 근거로 보상액을 산정했다. 당연히 변호사의 가족들은 이 보상액이 불충분하다며 법원에 소송을 제기했다. 사망한 변호사의 실제소득은 신고소득보다 훨씬 높으니 실제소득을 기준으로 보상받아야 한다고 주장했고, 보험회사 측에서는 신고소득을 기준으로 보상액을 산정하는 것이 합법적이라고 우겼다. 신문기사는 재판에서 누가 이길지 궁금하다는 것으로 끝을 맺고 있었다. 소비자에 관한 시장조사는 조사방법상에 있어서 비교적 체계적으로 수행되고 있다고 할 수 있다. 예를 들어, 어떤 회사에서 새로운 상품을 개발한다고 할 때 그 신상품에 대한 소비자들의 선호 및 그에 따른 수요예측을 하는 조사기관은 당연히 잘못 예측했을 경우 그 회사가 부담하게 될 엄청난 투자손실을 감안해 철저한 조사를 하게 된다. 철저한 조사란 조사의 각 단계에서 있을 수 있는 잘못을 줄이기 위해 필요한 모든 조치를 다한다는 것이다. 그러나 아무리 체계적인 조사를 한다고 해도 소비자의 선호에 맞는 신제품 개발은 모험이 따른다. 왜냐하면 소비자의 태도나 선호 등은 (제품의 사용) 경험을 통해 자연스럽게 생기는 것이며 또한 시간에 따라 변화하기 때문인 것이다. 신제품을 생산하기 전에 소비자에게 실제로 보인 뒤 소비자의 반응을 조사하는 것이 신제품에 대한 시장조사다. 그러나 소비자로서는 처음 대하는(사용해 보는) 신제품에 대해 태도나 선호가 형성될 리 없고, 설사 형성되었다 하더라도 지극히 순간적인 감정에 지나지 않을 것이다. 그러므로 시장조사에서 "신제품이 마음에 든다." "물건이 나오면 바로 사겠다."라고 응답한 소비자들이 정작 매장에 제품이 전시되면 외면하는 경우가 많다. 실제로 그 제품이 시장에 나왔을 때는 시장조사에 근거한 생산자의 예측과 달리 판매가 부진할 수 있는 것이다. 소비자가 시장조사 시에 거짓말을 한 것이 아니라 소비자의 태도나 선호의 기본적인 속성이 그러하기 때문이다. 대표적인 예를 들어보자. 최근에 히트한 상품 중 펌프 농구화가 있다. 농구화는 발목 보호를 위해 발목까지 올라와 있는데 작은 공기펌프를 이용해 바람을 넣을 수 있도록 한 농구화가 날개 돋친 듯이 팔렸다. 이에 힌트를 얻은 몇몇 회사에서 공을 받을 때의 충격을 조절하기 위해 야구글러브에도 공기를 넣을 수 있도록 한 제품을 개발했다. 이 공기펌프 글러브에 대한 조사에서 소비자들이 보인 반응은 '대환영'이었다. 그러나 정작 이 제품을 시장에 내놓았을 때 소비자들은 철저하게 외면했고 제품을 개발한 회사는 적지 않은 손해를 감수해야 했다. 세계의 콜라시장은 코카콜라와 펩시콜라가 양분한 가운데 치열한 경쟁을 각국에서 벌이고 있다. 80년대 중반에 이르러 약세를 면치 못했던 펩시 측이 공격적인 전략으로 젊은 층을 파고들며 시장점유율을 높여 가자 이에 위기의식을 느낀 코카콜라 측은 오랜 연구 끝에 신제품을 개발해 뉴 코크(New Coke)라고 이름 지었다. 신제품은 무려 19만 명이 참여한 시음회에서 큰 호응을 얻었으나 시판 후 실패상품으로 전락했다. 사람들은 뉴 코크를 외면하고 구제품(Classic Coke)을 계속 찾았으며 코카콜라 회사 측은 어쩔 수 없이 막대한 돈을 들인 신제품을 창고 속에 넣어야 했다.

출처 : 한국경제, 2006년 2월 6일

따라서 자료의 특성에 맞추어서 적합한 통계기법을 선택하는 것이 바람직하며 비모수통계는 자료의 특성에 제약이 많은 사회과학 분야에서는 더욱 이용되어야 할 것이다. 단점을 요약하면 ① 많은 계산을 할 때 지겹다. ② 검정력 효율도가 낮다는 것이다.

2. 비모수통계 유형

1) 단일표본분석

(1) x^2 단일표본분석 이론

x^2 단일표본분석은 명목척도나 구분을 위한 어떤 척도 등에 포함되는 관찰숫자와 예상되는 숫자 간에 차이가 나는가를 검정하는 것으로 적합도검정(goodness of fit)의 대표적인 예이다. 먼저 이 분석에서 필요한 가정은 다음과 같다.

- 자료는 n개의 독립적 관찰로 이루어져야 한다.
- 척도는 명목척도여야 한다.
- 측정치는 서로 중복되지 않는 r개의 카테고리에 나누어져야 하며 카테고리는 배타적(exclusive)이고 포괄적(exhaustive)이어야 한다.

x^2 단일표본분석은 카테고리의 예상치와 관찰치의 빈도수가 차이가 있는가를 검정하는 것이다. 귀무가설은 'H_0 : 예상치와 관찰치는 차이가 없다'가 된다.

여기서 x^2의 통계치는 다음과 같이 계산된다.

$$x^2 = \sum_{i=1}^{k} \frac{(O - E_i)^2}{E_i} \qquad \text{식(13.1)}$$

여기서 O_i = i 카테고리에서 관찰된 수, E_i = i 카테고리의 예상된 수이다.

일반적으로 기대도수 E는 다음과 같이 계산된다.

$$E_i = \sum_{i=1}^{k} O_i / k \qquad k = \text{카테고리의 수} \qquad \text{식(13.2)}$$

이때 계산상에서 구한 x^2는 자유도 $k-1$인 x^2 분포도를 따른다고 알려져 있으며 예상치와 관찰치의 빈도수 차이가 있는지를 검정할 때에는 계산에서 구한 x^2 책 뒤의 〈부록표 1〉에서 정해진 유의수준과 자유도에 따라 찾은 값과 비교하여 같거나 크면 차이가 있다고 할 수 있겠다.

(2) x^2 검증 적용

표본의 수가 35 이상이면 공식에 의하여 임계차를 구하게 된다. 또 이론적 분포와 관찰된 분포의 차이에 대한 방향을 미리 알 수 있다면 단측검정을 할 수도 있다. 또한 일반적으로 표본수가 적을 때는 x^2 단일표본분석보다 검정력이 더 높다고 알려져 있다.

우리나라 14대 국회의원 후보자들의 소속정당과 이념성향 간의 상호관련성을 분석하기 위하여, 후보자들을 대상으로 조사한 결과는 다음과 같다. 조사결과를 토대로 할 때, 과연 이 두 변수 간에 상호관련성이 있다고 할 수 있는지 검증해 보기로 하자.

① 가설의 설정

귀무가설은 '소속정당과 이념성향이 상호관련성이 없다.' 혹은 '… 상호독립적이다.' 로 되고, 대립가설은 '소속정당과 이념성향이 상호관련성이 있다.' 혹은 '… 상호독립적이 아니다.' 로 될 수 있다.

〈표 13-1〉 소속정당과 이념성향의 관계

소속정당	이념성향			합 계
	진 보	개 혁	보 수	
민자당	4	17	75	96
민주당	62	30	5	97
국민당	16	33	12	61
기 타	35	23	22	80
합 계	117	103	114	334

출처 : 김석준(1992: 6-7)의 재구성

H_0 : 소속정당과 이념성향이 상호관련성이 없다.

H_1 : 소속정당과 이념성향이 상호관련성이 있다.

② 검증방법의 결정

〈표 13-1〉에서 보듯이, 소속정당은 명목적 변수이고, 이념성향은 진보성이나 보수성 중 한 가지를 기준으로 하면 서열적 변수가 될 수도 있지만, 명목적 변수라고 생각할 수도 있다. 어쨌든 두 변수가 명목변수나 서열변수의 범주에 속하므로, 관련성 검증을 위해 x^2 검증을 실행하는 것이 바람직하다.

③ 검증통계량의 계산

검증통계량인 x^2 값을 구하기 위해 우선 〈표 13-2〉의 각 칸별 관찰도수에 대한 기대도수를 계산해야 한다. 식(13.2)의 방법으로 각 칸의 기대도수를 계산하고, 다시 식(13.1)에 의해 x^2 값을 구하면 다음과 같다.

〈표 13-2〉 소속정당과 이념성향에 관한 값의 계산과정

관찰도수(f_0)	기대도수(f_e)	$f_0 - f_e$	$(f_0 - f_e)^2$	$(f_0 - f_e)^2/f_e$
4	33.6	-29.6	876.16	26.08
62	34.0	28.0	784.00	23.06
16	21.4	-5.4	29.16	1.36
35	28.0	7.0	49.00	1.75
17	29.6	-12.6	158.76	5.36
30	29.9	0.1	0.01	0.00
33	18.8	14.2	201.64	10.73
23	24.7	-1.7	2.89	0.12
75	32.8	42.2	1780.84	54.29
5	33.1	-28.1	789.61	23.86
12	20.8	-8.8	77.44	3.72
22	27.3	-5.3	28.09	1.03

④ 유의수준의 결정

$x^2 = 151.36$ 이고 $df = (r-1)(c-1) = (4-1)(3-1) = 6$인데, 분포표상에서 $df = 6$일 때 $x^2 = 151.36$과 가장 가까운 x^2 값은 22.5이고 이에 대한 유의수준은 0.001이다. 그러므로 유의수준 .001 이하에서 귀무가설은 기각될 수 있다.

$$x^2 = \sum \frac{(f_0 - f_e)^2}{f_e} = 151.36$$

⑤ 검증결과의 해석

유의수준 .001 이하에서 귀무가설이 기각되므로, '유의수준 .001 이하에서 판단될 때, 14대 국회위원 후보자들의 소속정당과 이념성향 간에서는 상호관련성이 있다.' 고 해석될 수 있다.

(3) SPSS를 사용한 카이 검증 예시 및 결과

SPSS를 이용하여 카이 검증을 수행해 보자. | SPSS 예시 13-1 | 에 제시한 바와 같이 자료가 입력된 상태에서 메뉴에서 분석 → 기술통계량 → 교차분석을 클릭한다. 클릭이 끝나면 | SPSS 예시 13-2 | 에 제시한 바와 같은 창이 뜨게 된다. 이 창에서 왼쪽에 제시된 변수목록에서 카이 검증을 하고자 하는 변수를 하나씩 선정하여 행과 열에 클릭한다. 그 후 아래에 제시되는 창에 카이 제곱에 ✔표시로 클릭한 후 계속 → 확인을 클릭한다.

카이 검증은 빈도수로 표시되는, 즉 명목변수로 측정된 두 변수의 값이 차이가 있는가를 검증하는 통계분석이므로 행과 열에 클릭된 변수는 명목변수이다. 만약 두 변수 중 하나가 등간척도 또는 서열척도로 측정된 경우는 t 검증을 수행하는 것이 바람직하며, 두 변수 모두 등간 또는 서열척도인 경우는 ANOVA 검증을 수행한다는 점에 유의해야 한다.

이 자료에서는 전자상거래에서 구매한 경우 소비자들의 불평행동 여부가 일반 거래, 즉 오프라인에서 구매한 경우 소비자들의 불평행동 여부에 차이가 있는가를 검증하고자 한다. 분석결과는 | SPSS 예시 13-3 | 에 제시한 바와 같다. 결과에 따르면 유의도가 .05보다 작으므로 유의한 차이가 있음을 쉽게 판단할 수 있다. 즉, 전자상거래에서 제품을 구매했는가 아니면 일반 오프라인에서 구매했는가에 따라 불평

행동을 취할 것인지의 여부가 차이가 있음을 알 수 있다.

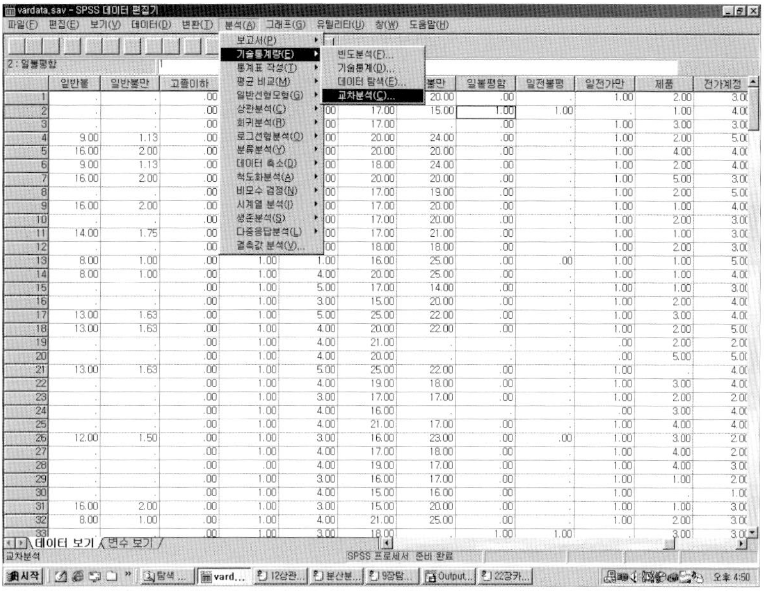

| SPSS 예시 13-1 | 카이 검증 수행과정 1

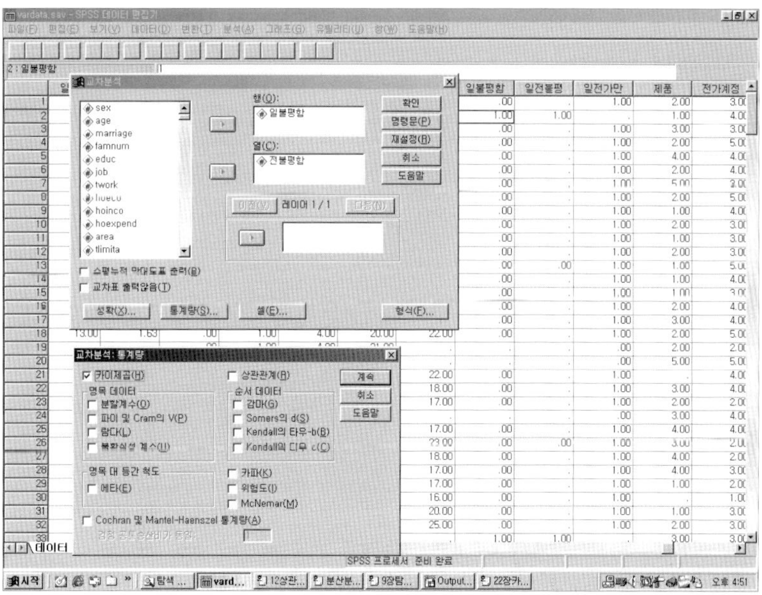

| SPSS 예시 13-2 | 카이 검증 수행과정 2

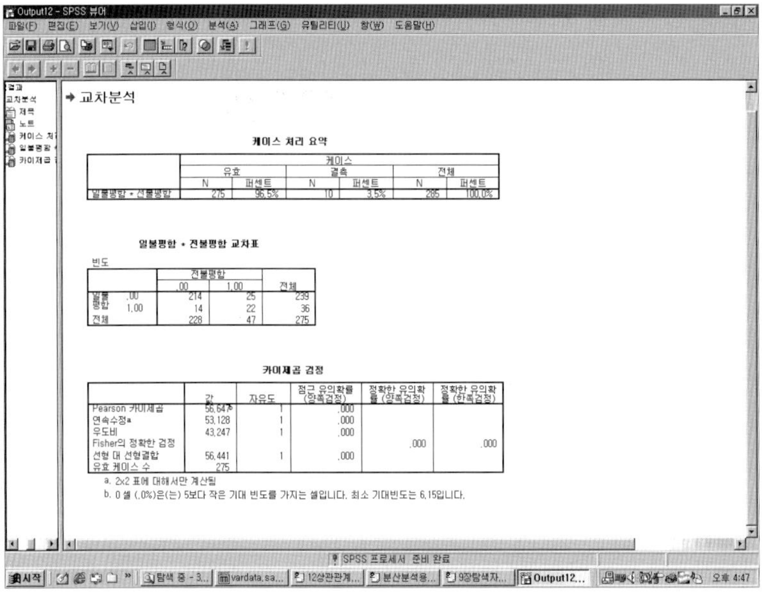

| SPSS 예시 13-3 | 카이 검증 수행결과

2) 독립된 두 개의 표본분석

(1) 맨 휘트니 U기법

맨 휘트니 U기법은 서열척도의 자료가 얻어졌을 때 두 개의 독립된 집단이 동일한 모집단에서 추출되었는가를 검정하는 방법이다. 이 방법은 자료가 t-test의 가정을 만족시키지 못할 때 가장 효율적인 대체안으로 알려져 있다. 이 기법의 가정은 다음과 같다.

- 자료는 하나의 특정 모집단에서 임의적인 측정치(random sample)들과 다른 모집단에서의 임의적인 측정치들로 구성되어야 한다.
- 두 표본집단은 독립적이다.
- 관찰된 측정치는 연속적이다(continuous random variable).
- 측정척도는 최소한 서열척도이다.
- 두 집단의 분포는 모양이 같고 단지 위치가 다를 뿐이다.

맨 휘트니 U기법은 표본으로 뽑은 측정치들이 동일한 모집단에서 나왔는가를 검증하는 것이므로 귀무가설은 'H_0 : 모집단은 동일하다' 이다. 혹은 '두 집단의 측정치 a, b에 대하여 $P(a > b) = 1/2$' 라고도 할 수 있다.

분석방법은 먼저 두 집단에서 추출한 측정치를 순서대로 순위를 매기고 특정집단의 측정치보다 앞서는 다른 집단의 측정치들의 수를 세어 이들을 모두 합하여 U값을 구한다. 기본적으로 이 U값을 책 뒤의 〈부록표 2〉에서 찾아서 그 때의 P값(P-value)과 유의수준을 비교해서 P값이 작거나 같으면 귀무가설을 기각하게 된다. 이때 U값이 〈부록표 2〉에 안 나오는 경우가 있으며 이때는 기준이 되는 특정집단을 바꾸어서 측정치수를 계산하여 U′를 구하게 된다.

이들 간의 관계는

$$U^{*} = n_1 n_2 - U^{**}$$

n_1 =적은 수의 측정치를 가진 측정치수
n_2 =많은 수의 측정치를 가진 측정치수
mU^{*}=큰 수, U^{**}=작은 수가 된다.

그러나 어느 하나의 집단의 관측치가 $9 \leq n_2 \leq 20$이 되면 〈부록표 2〉의 뒷부분을 참조하여야 한다. 이때는 U값을 다음과 같이 구한다.

$$U = n_1 n_2 + \frac{n_1(n_{1+1})}{2} - R_1$$

$$U' = n_1 n_2 + \frac{n_2(n_{2+1})}{2} - R_2$$

U와 U′ 중에서 작은 것의 값을 취하여 〈부록표 2〉에서 주어진 n_1, n_2 값과 유의수준에 의한 임계치를 비교하여 찾은 값이 구한 U보다 크거나 같으면 귀무가설을 기각하게 된다.

(2) 맨 휘트니 U기법 적용

표본 수가 40 이상이 되면 위의 공식을 이용한다고 하였으나 어떤 학자들에 따르면 20개 정도일 때도 무방하다고 한다. 또한 표본 수가 40개 이하일 경우에 n_1과 n_2의 숫자가 다를 경우에는 〈부록표 2〉를 참조하기 바란다. 그 외에 표본의 수가 큰 경우에 단측검정을 할 경우에 D는 x^2 분포를 따른다고 한다. 이때 통계량은 다음과 같다.

$$x^2 = 4D^2 \frac{n_1 n_2}{n_1 + n_2}$$

이 검정은 오히려 보다 더 검정력이 있다고 보며, 표본수가 클 때에는 맨 휘트니 기법보다 효율적이라고 한다.

실례를 이용하여 맨 휘트니 검증의 U를 구해 보자.

남녀 간에 교육수준의 차이가 있는지를 검증하기 위하여 우리 나라 국민들의 성별 평균교육년수에 관한 자료를 찾아보았더니 통계청에서 5년 주기로 실시하는 '인구주택총조사' 밖에 발견할 수 없었다. 이 자료를 기초로 맨 휘트니 검증을 위한 각 집단의 순위합(R_1, R_2)을 구하는 과정은 〈표 13-3〉와 같다.

이 표에 의하면, $n_1 = 6$, $n_2 = 6$, $R_1 = 51$, $R_2 = 27$이므로, U_1과 U_2는 각각 다음과 같고, 따라서 U_1과 U_2 중에서 작은 값인 $U = 6$이 구하는 검증통계량이 된다.

$$U_1 = 6 \times 6 + \frac{6 \times 7}{2} - 51 = 6$$

$$U_2 = 6 \times 6 + \frac{6 \times 7}{2} - 27 = 30$$

〈표 13-3〉 성별 평균 교육수준의 순위 (단위: 년)

연 도	남	여	순위(남)	순위(여)
1966	6.19	3.97	4	1
1970	6.86	4.72	6	2
1975	7.61	5.70	8	3
1980	8.67	6.63	10	5
1985	9.66	7.58	11	7
1990	10.55	8.58	12	9

$R_1 = 51$, $R_2 = 27$

출처 : 통계청(1990). 한국의 사회지표(p.159)
통계청(1992). 한국의 사회지표(p.169)

3) 관련된 두 개의 표본분석

(1) 윌콕슨 쌍대비교 순위검정 이론

윌콕슨 쌍대비교(Wilcoxon Matched-Pairs)는 두 개의 추정치값의 차이의 방향과 정도를 동시에 고려하는 방법이다. 따라서 윌콕슨 쌍대비교는 쌍을 이루고 있는 두 측정치 중에서 어느 것이 더 크며 여러 가지 쌍 중에서 어느 것이 더 큰 차이를 보이는가를 알아야 한다.

이 기법의 가정은 다음과 같다.

- 자료는 세 개의 쌍의 차이로 이루어져 있다.
- 차이의 측정변수는 연속적이다.
- 차이의 측정변수의 분포는 좌우대칭이거나 대칭에 가까우면 된다.
- 차이들은 독립적이며 최소한 서열척도 이상이어야 한다.

윌콕슨 쌍대비교도 역시 쌍대비교하는 두 측정치들 간에 차이가 있는지를 검정하는 것이며 그 방법으로 차이의 정도와 그 방향을 사용한다. 따라서 귀무가설은 'H_0 : T쌍을 이루는 측정치 간의 차이는 없다.' 혹은 '차이의 값이 중앙값이 0이다.' 라고 할 수 있다.

구체적인 방법을 알아보면 쌍을 이루고 있는 차이의 절대값에 따라 순위를 매기고 그 순위에 차이의 영향을 나타내는 부호(+, -)를 붙이는 것이다. 또한 만약 차이가 없으면 분석에서 제외시키며 차이가 동일하면 동일한 서열들의 중간값을 택한다.

(2) 윌콕슨 쌍대비교 순위검정 적용

만약 표본의 수가 커서 25개 이상이면 통계치 T는 정규분포를 이루게 된다. 따라서 Z-test를 이용할 수 있다. 윌콕슨 검증의 기본원리에 입각하여 T의 산출과정을 실례를 통하여 설명하기로 한다. 〈표 13-4〉는 2장 t 검증에서 '짝을 이룬 표본의 t 검증' 의 실례로 사용된 〈부록표 3〉의 자료에서 15개의 케이스를 추출하여 이들을 대상으로 T의 산출과정을 나타낸 것이다. 구체적인 산출과정은 다음과 같다.

첫째, 각 케이스별 두 변수(짝)의 차이인 d를 계산한다.

둘째, d의 값(절대값)에 대해 작은 것부터 크기 순으로 순위를 부여한다. 이 단계에서 주의해야 할 사항이 두 가지 있는데, 하나는 d=0인 케이스는 자료 수에서 제외시키는 것이고, 다른 하나는 d의 순위가 동일한 것이 있을 경우 이들 순위의 평균치를 구하여 각 순위에 대신한다는 것이다. 예를 들어, '2' 인 순위가 3개 있다면, '2' 대신에 평균치인 (2+3+4) / 3='3'을 3개의 순위에 각각 기록한다. 그러나 가령 '-1' 과 '1' 인 순위의 평균은 절대값을 기준으로 하므로 (1+2)/2='1.5'가 된다.

셋째, 각 케이스별 순위를 d의 부호에 따라 '+순위' 와 '-순위' 로 구분하여 기록한다.

넷째, '+순위' 의 합계와 '-순위' 의 합계를 구하여 이 가운데 작은 값을 검증통계량인 'T' 로 삼는다. 따라서 〈표 13-4〉에서 보는 바와 같이, 위 예에서는 +T=93이 되고, 검증통계량은 T=27이 된다.

〈표 13-4〉 1985년과 1990년의 주택보급률의 차이와 T의 산출과정 단위 : %

도시명	90년(X_1)	85년(X_2)	$d=X_1-X_2$	d의 순위	+순위	-순위
대 구	50.3	49.1	1.2	1	1	
수 원	57.8	54.1	3.7	3	3	
광 명	68.8	54.2	14.6	14	14	
과 천	76.2	86.3	-10.1	-12		-12
미 금	65.2	52.7	12.5	13	13	
원 주	68.0	64.8	3.2	2	2	
속 초	78.3	72.8	5.5	9	9	
청 주	59.4	99.3	-39.9	-15		-15
대 천	74.8	70.4	4.4	5	5	
이 리	65.9	58.2	7.7	11	11	
목 포	65.0	59.6	5.4	7.5	7.5	
포 항	60.5	55.8	4.7	6	6	
영 주	67.2	60.2	7.0	10	10	
점 촌	70.9	65.5	5.4	7.5	7.5	
진 주	59.4	55.5	3.9	4	4	

+T=93, -T=-27

출처 : 내무부(1986, 1991 : 29-30)

4) 독립된 K개의 표본분석

(1) 크루스칼 윌리스 One-Way 분산분석 이론

크루스칼 윌리스(Kruskal-Wallis) One-Way 분산분석은 k개의 독립된 표본이 서로 다른 모집단에서 나왔는가를 추정하는 데 사용하는 분석방법이며 맨 휘트니 U분석을 다변량분석으로 확장시킨 것이라고도 볼 수 있다.

- 자료는 크기가 각각 n_1, n_2, n_3, n_4인 k개의 표본으로 이루어져 있다.
- 측정치는 표본 내에서나 표본 간에 독립이다.
- 측정치는 연속적이다.
- 측정치는 서열척도이다.
- 모집단은 동일하다.

이 방법은 k개의 독립된 표본들의 측정치들이 동일한가를 검정하는 것으로서 분산분석과 비슷하다고 할 수 있다. 따라서 귀무가설 H_0는 'k개의 표본집단은 동일하다' 가 된다.

이 분석을 위해서는 먼저 모든 측정치들을 적은 것에서 큰 것까지 순위를 매기게 된다. 따라서 각 표본의 측정치들이 가진 순위의 합들이 동일한가를 비교해 보아서 동일모집단에서 나왔는가를 검정하게 된다. 즉, 통계량 H는 다음과 같고 이는 자유도가 $k-1$인 x^2 분포를 한다고 한다. 따라서 계산한 H와 책 뒤의 x^2 분포를 비교하여 H가 x^2의 임계치보다 크거나 같으면 귀무가설을 기각하고 각 표본은 서로 다르다고 할 수 있다.

$$H = \frac{12}{N(N+1)} \sum_{j=1}^{k} \frac{R_j}{n_j} - 3(N+1)$$

k : 표본의 수　　n_j : j번째의 표본의 측정치수

N : $\sum_{j=1}^{k} n_j$　　R_j : j번째 표본의 순위의 합

(2) 크루스칼 윌리스 One-Way 분산분석 적용

표본의 측정치의 수 $n_j > 5$이면 x^2 분포를 따르게 되며, $n_j < 5$일 때는 책 뒤의 〈부록표 4〉를 참조하기 바란다. 즉, $k=3$이고, n_j가 5보다 작은 것이 있을 때는

〈표 13-5〉 대기오염도 순위 (단위: ppm)

측정시기	서 울	부 산	대 구
1985	0.056(11)	0.047(8)	0.039(2.5)
1988	0.062(12)	0.044(7)	0.052(10)
1990	0.051(9)	0.039(2.5)	0.041(4.5)
1991	0.043(6)	0.038(1)	0.041(4.5)

$R_1 = 38$, $R_2 = 18.5$, $R_3 = 21.5$
참조 : ( ) 안의 숫자는 순위를 가리킴
출처 : 대한통계협회(1992c : 169)

계산된 H를 가지고 P값을 구하여 유의수준과 비교하여야 한다. 또한 서열척도로 전환하는 데 동일한 값이 있을 때에는 H를 약간 수정해야 된다고 한다.

지난 몇 년간 서울, 부산, 대구의 대기오염도를 측정한 결과 〈표 13-5〉의 자료를 얻었다. 이 자료를 바탕으로 제 도시의 순위합을 구한 다음, 이를 이용하여 다시 H를 구하면 다음과 같다.

$$H = \frac{12}{12 \times 13}\left(\frac{38^2}{4} + \frac{18.5^2}{4} + \frac{21.5^2}{4}\right) - 3 \times 13 = 4.2404$$

그러나 이 예에서는 2번 중복되는 순위가 두 가지 있으므로, 수정계수로써 H를 조정할 필요가 있다. 수정계수는 다음과 같다.

$$1 - \frac{(2^3 - 2) + (2^3 - 2)}{123 - 12} = 0.993$$

그러므로 조정된 검증통계량은 H=4.2404/0.993=4.2703이 된다.

5) 관련된 K개의 표본분석

(1) 프리드만 Two-way 분산분석 이론

프리드만(Friedman) Two-way 분산분석은 서열척도인 서로 관련된 표본들을 측정하여 이 측정값들이 동일한 모집단에서 나왔는가를 검정하는 것이다. 즉, N개의 표본에게 서로 다른 상황하에서 응답을 측정하여 상황에 따라서 측정치가 다른가를 조사하는 것이다. 이 분석은 다음과 같은 가정을 하고 있다.

- 자료는 N의 독립적 표본에서 k번의 측정으로 이루어진다.
- 측정치는 연속적이다.
- 표본들과 실험변수 간에 관련성은 없다.
- 표본들의 측정치는 서열척도이다.

이 방법은 응답자들을 나누어 각 응답자들이 서로 다른 상황 혹은 다른 실험변수에 따라 반응이 같은가를 보는 것으로서 윌콕슨 분석을 다변량분석이 가능하도록 확대시킨 것과 엇비슷하다고 한다. 따라서 귀무가설은 '각 응답자의 다른 상황에서의 응답은 차이가 없다.' 이다. 혹은 '응답자들을 표로 만들었을 때 동일한 실험변수에 노출된 응답자들의 순위에는 차이가 없다.' 와 같이 된다.

기존의 분석에서 측정치들에게 순위를 정할 때에는 모든 측정치를 다 한꺼번에 고려했으나 이 기법에서는 분사분석의 Randomized Block Design의 개념에서와 같이 하나의 응답자의 측정치들만 고려하여 각각 순위를 매긴다. 이와 같이 순위를 매긴 후에 만약 실험변수의 효과가 없다면 하나의 실험상황에서 나올 수 있는 순위는 다른 것들과 차이가 없어야 한다.

따라서 하나의 실험상황에서의 순위의 합 R이 차이가 나는가를 비교하기 위한 통계량이 된다. 이는 자유도 k-1의 분포를 따른다고 한다. 따라서 계산하여 구한 이 책 뒤에서 찾은 주어진 자유도, 유의수준에서의 임계치보다 크거나 같으면 귀무가설을 기각하여 실험변수의 효과가 있다고 하게 된다.

(2) 프리드만 Two-way 분산분석 적용

동일하다고 할 수 있는 학생들을 네 명씩 조합을 이루게 하여 네 명의 조합을 하나의 표본으로 삼고 이러한 표본을 세 개를 구하였다. 각 표본의 네 명의 학생들에게 서로 다른 네 개의 교육방법으로 교육을 하고 그 교육방법의 차이를 검정하고자 한다. 먼저 〈표 13-6〉은 학생들의 점수와 이를 서열척도로 바꾼 것을 보여 준다.

여기서 $N = 2,\ R_1 = 5,\ R_2 = 4,\ R_3 = 4,\ R_4 = 10,\ k = 4$가 된다. 따라서

$$\begin{aligned} x^2 &= [12/\{3 \times 4 \times (4+1)\}]\ [(11)^2 + (5)^2 + (4)^2 + (10)^2] - (3)(3)(4+1) \\ &= 7.4 \end{aligned}$$

〈표 13-6〉 교육방법

분 류	측정값				서열척도			
	Ⅰ	Ⅱ	Ⅲ	Ⅳ	Ⅰ	Ⅱ	Ⅲ	Ⅳ
그룹 A	9	4	1	7	4	2	1	3
그룹 B	6	5	2	8	3	2	1	4
그룹 C	9	1	2	6	4	1	2	3
R_j					11	5	4	10

출처 : 채서일(1992)

그러므로 〈부록표 5〉에서 자유도 2이고 유의수준에 0.05에서의 임계치 5.99보다 크므로 귀무가설을 기각하게 된다.

컴퓨터의 도움 없이 분석할 때 표본의 수가 적다면, 즉 K = 3, N = 2~9일 때는 책 뒤에서 분포 대신에 추정한 임계치를 찾아서 비교하여야 한다. 이 기법은 상당히 검정력이 높다고 알려져 있으며 오히려 더 안정적이라고 한다. 하지만 이 기법은 실험변수 영향이 전체적으로 있는가를 검정하는 것이기 때문에 어느 실험이 차이가 나는가는 알려주지 못한다.

6) 표본들의 상관관계 분석

(1) 두 개의 서열척도로 된 변수 간의 상관관계

① 스피어만의 서열상관계수 이론

스피어만(Spearman)의 서열상관계수는 서열척도로 표시된 변수들 간의 상관관계를 구하는 것으로 변수가 등간척도 이상으로 이루어진 경우에는 각 변수들 간의 상관계수나 회귀분석을 이용해 그 관계를 파악할 수 있으나 서열척도로 이루어진 경우 이를 적용할 수 없으며 다음과 같은 특별한 상관계수를 이용하도록 되어 있다.

② 스피어만의 서열상관계수 적용

안암기업의 기획실에서는 영업사원들의 영업실적을 향상시키기 위한 프로그램의 일환으로 영업사원들에 관련된 특성들 파악하였다. 이 중 영업사원의 경험이 판매에 중요한 영향을 미칠 것으로 생각되어 10명의 영엄사원들의 근무년수와 판매실적의 서열을 구하였다. 〈표 13-7〉에서 나타난 바와 같이 서열척도로 변수가 나타나 있는 경우에는 각 사원들의 근무년수와 판매실적의 두 변수 간에 나타난 순위의 차이를 이용하여 관계를 검정한다. 만일 두 변수들이 완전히 일치되는 관계에 있을수록 그 차이는 점차로 커지게 되는 것이다. 스피어만의 서열상관계수는 바로 이 원리를 이용하는 것으로서 우선 〈표 13-7〉의 4번째와 5번째 열에 나타난 바와 같이 각 사원들의 서열의 차이를 구하고 또 부호로 인한 효과를 제거하기 위해 이 차이를 제곱하는 과정으로부터 시작하게 된다. 이에 따라 근무년수 순위에서 판매실적 순의를 빼서 이를 4번째 열에 기록하고 다음으로 이들 차이를 제곱하여 5번째 열에 기입하고 이들의 합계를 구하였다.

스피어만 상관계수는

$$r_i = 1 - \frac{6\sum_{i=1}^{n} d_i^2}{n(n^2-1)} = 1 - \frac{6 \times 18}{10 \times 99} = 0.89$$

n =표본의 수　　di =서열 간의 차이

〈표 13-7〉 영업사원의 근무년수와 판매실적결과

사원번호	근무년수	판매실적	서열 차이(di)	서열 차이의 제곱
1	1	2	−1	1
2	2	3	−1	1
3	3	1	2	4
4	4	4	0	0
5	5	6	−1	1
6	6	7	−1	1
7	7	5	2	4
8	8	9	−1	1
9	9	10	1	1
10	10	8	2	4
		합계 18		

출처 : 채서일(1992)

서열상관계수를 얻은 후에는 이러한 계수가 얼마나 의미가 있는 것인가에 대한 검정을 실시할 필요가 있다. 이와 같은 판단을 하기 위한 기준으로는 다음의 통계치를 구하면 되며, 이 자유도 n－2의 T분포를 따르게 된다.

$$t = r\sqrt{\frac{n-2}{1-{r_i}^2}} = 5.52$$

이제 근무년수와 판매실적의 서열상관관계가 없다는 귀무가설을 유의수준 5% 로 검정하기 위하여 자유도 8일 때 임계치를 t분포에서 찾으면 2.31이다(〈부록표 6〉 참조). 위에서 계산된 t통계치는 5.52로 임계치 2.31보다 크므로 귀무가설을 기각하게 된다. 이것은 근무년수와 판매실적은 상관관계가 유의하다는 결론으로 이끌게 된다.

(2) 세 개 이상의 서열척도로 된 변수 간의 상관관계

① 켄달(Kendall) 일치계수이론

스피어만의 서열상관계수에서는 두 개의 서열척도로 이루어진 변수들 간의 관계를 분석하였지만 만일 3개 이상의 서열척도로 이루어진 변수들의 관계를 파악하려 할 때는 이 방법을 사용할 수 없으며 켄달의 일치계수기법을 사용해야 한다.

② 켄달 일치계수 적용

K음대에서는 가장 연주력이 우수한 피아니스트를 파악하려 한다. 이때 한 명의 교수에 의해 이를 평가하는 것보다는 여러 명의 교수들에 의해 동시에 평가하도록 하면 보다 정확한 연주력의 평가를 기할 수 있다. 〈표 13-8〉의 평가자료를 이용해서 피아니스트들의 평가순위가 교수들 간에 일치되는 정도를 평가하기 위해 일치계수를 이용해야 하며, 이 방법은 앞의 서열상관계수와는 달리 서열 간의 차이보다는 서열의 합계를 이용하게 된다. 위의 표 5번째 열에 각 대상별 서열의 합계가 나타나 있다. 만일 3명의 교수들의 평가가 일치된다면, 이들 서열의 합계는 3의 배수의 형태, 즉 3, 6, 9, 12 …로 나타나게 될 것이며, 교수들의 평가가 완전히 불일치한다면 각 피아니스트서열의 합은 거의 동일해질 것이다. 따라서 이러한 기대가치와 실제로 나타난 값들 간의 차이를 비교해 봄으로써 3개의 서열 간의 일치 여부를 파악할 수 있는 것이다.

〈표 13-8〉 피아니스트 연주력 평가결과

피아니스트	교수 1	교수 2	교수 3	합 계 R_i
1	1	2	2	5
2	2	1	3	6
3	3	3	1	7
4	4	4	5	13
5	6	6	7	19
6	7	7	6	20
7	5	5	4	14

출처 : 채서일(1992)

$$W = \frac{S}{\frac{1}{12} \times K^2(n^3 - n)}$$

이때 $S = \sum_{i=0}^{n} (R_i - \overline{R})$이다.

여기에서 K는 평가자의 수이고 R은 서열의 합계, R－는 R의 평균, 그리고 n은 평가대상의 수를 의미한다. 즉, 일치계수 W의 분모는 평가자들의 평가가 일치했을 때 서열의 합들 중에서 가능한 가장 큰 분산이며, 분자는 실제서열의 분산이다. 그러므로 일치계수 W의 값이 커질수록 평가자들의 서열평가가 일치한다는 것을 의미한다. 여기서 W=0.905이며 n이 7개 이상일 경우 통계치 K(n－1) W는 자유도 n－1의 x^2 분포를 이루므로 통계표에서 임계치를 구하면 12.59이고(〈부록표 7〉), 여기에서 x^2 값은 3×(7-1)(0.905)=16.29로 임계치 12.59보다 크므로 각 평가자의 평가가 일치하지 않는다는 귀무가설을 기각하고 평가자의 평가가 통계적으로 일치한다는 대체가설을 채택하여 결론을 지을 수 있다.

부록표

■ 부록표 1 : 난수표

39 65 76 45 45	19 90 69 64 61	20 26 36 31 62	58 24 97 14 97	95 06 70 99 00
73 71 23 70 90	65 97 60 12 11	31 56 34 19 19	47 83 75 51 33	30 62 38 20 46
72 20 47 33 84	51 67 47 97 19	98 40 07 17 66	23 05 09 51 80	59 78 11 52 49
75 17 25 69 17	17 95 21 78 58	24 33 45 77 48	69 81 84 09 29	93 22 70 45 80
37 48 79 88 74	63 52 06 34 30	01 31 60 10 27	35 07 79 71 53	28 99 52 01 41
02 89 08 16 94	85 53 83 29 95	56 27 09 24 43	21 78 55 09 82	72 61 88 73 61
87 18 15 70 07	37 79 49 12 38	48 13 93 55 96	41 92 45 71 51	09 18 25 58 94
98 83 71 70 15	89 09 39 59 24	00 06 41 41 20	14 36 59 25 47	54 45 17 24 89
10 08 58 07 04	76 62 16 48 68	58 76 17 14 86	59 53 11 52 21	66 04 18 72 87
47 90 56 37 31	71 82 13 50 41	27 55 10 24 92	28 04 67 53 44	95 23 00 84 47
93 05 31 03 07	34 18 04 52 35	74 13 39 35 22	68 95 23 92 35	36 63 70 35 33
21 89 11 47 99	11 20 99 45 18	76 51 94 84 86	13 79 93 37 55	98 16 04 41 67
95 18 94 06 97	27 37 83 28 71	79 57 95 13 91	09 61 87 25 21	56 20 11 32 44
97 08 31 55 73	10 65 81 92 59	77 31 61 95 46	20 44 90 32 64	26 99 76 75 63
69 26 88 86 13	59 71 74 17 32	48 38 75 93 29	73 37 32 04 05	60 82 29 20 25
41 47 10 25 03	87 63 93 95 17	81 83 83 04 49	77 45 85 50 51	79 88 01 97 30
91 94 14 63 62	08 61 74 51 69	92 79 43 89 79	29 18 94 51 23	14 85 11 47 23
80 06 54 18 47	08 52 85 08 40	48 40 35 94 22	72 65 71 08 86	50 03 42 99 36
67 72 77 63 99	89 85 84 46 06	64 71 06 21 66	89 37 20 70 01	61 65 70 22 12
59 40 24 13 75	42 29 72 23 19	06 94 76 10 08	81 30 15 39 14	81 83 17 16 33
63 62 06 34 41	79 53 36 02 95	94 61 09 43 62	20 21 14 68 86	94 95 48 46 45
78 47 23 53 90	79 93 96 38 63	34 85 52 05 09	85 43 01 72 73	14 93 87 81 40
87 68 62 15 43	97 48 72 66 48	53 16 71 13 81	59 97 50 99 52	24 62 20 42 31
47 60 92 10 77	26 97 05 73 51	88 46 38 03 58	72 68 49 29 31	75 70 16 08 24
56 88 87 59 41	06 87 37 78 48	65 88 69 58 39	88 02 84 27 83	85 81 56 39 38
22 17 68 65 84	87 02 22 57 51	68 69 80 95 44	11 29 01 95 80	49 34 35 86 47
19 36 27 59 46	39 77 32 77 09	79 57 92 36 59	89 74 39 82 15	08 58 94 34 74
16 77 23 02 77	28 06 24 25 93	22 45 44 84 11	87 80 61 65 31	09 71 91 74 25
78 43 76 71 61	97 67 63 99 61	80 45 67 93 82	59 73 19 85 23	53 33 65 97 21
03 28 28 26 08	69 30 16 09 05	53 58 47 70 93	66 56 45 65 79	45 56 20 19 47
04 31 17 21 56	33 73 99 19 87	26 72 39 27 67	53 77 57 68 93	60 61 97 22 61
61 06 98 03 91	87 14 77 43 96	43 00 65 98 50	45 60 33 01 07	98 99 46 50 47
23 68 35 26 00	99 53 93 61 28	52 70 05 48 34	56 65 05 61 86	90 92 10 70 80
15 39 25 70 99	93 86 52 77 65	15 33 59 05 28	22 87 26 07 47	86 96 98 29 06
58 71 96 30 24	18 46 23 34 27	85 13 99 24 44	49 18 09 79 49	74 16 32 23 02
93 22 53 64 39	07 10 63 76 35	87 03 04 79 88	08 13 13 85 51	55 34 57 72 69
78 76 58 54 74	92 38 70 96 92	52 06 79 79 45	82 63 18 27 44	69 66 92 19 09
61 81 31 96 82	00 57 25 60 59	46 72 60 18 77	55 66 12 62 11	08 99 55 64 57
42 88 07 10 05	24 98 65 63 21	47 21 61 88 32	27 80 30 21 60	10 92 35 36 12
77 94 30 05 39	28 10 99 00 27	12 73 73 99 12	49 99 57 94 82	96 88 57 17 91

■ 부록표 2 : 정규분포표

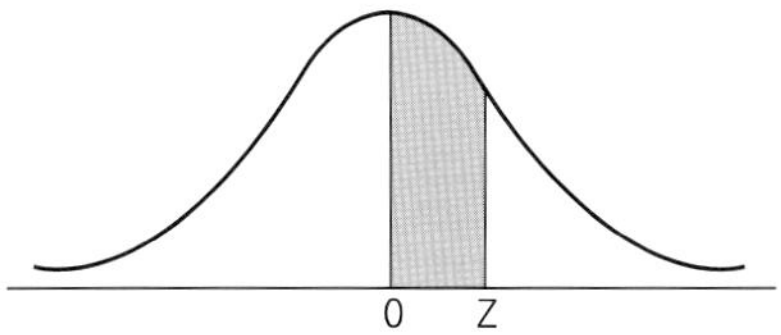

Z	0.00	0.01	0.02	0.03	0.04	0.05	0.06	0.07	0.08	0.09
0.0	.0000	.0040	.0080	.0120	.0160	.0199	.0239	.0279	.0319	.0319
0.1	.0398	.0438	.0478	.0517	.0557	.0596	.0636	.0675	.0714	.0753
0.2	.0793	.0832	.0871	.0910	.0948	.0987	.1026	.1064	.1103	.1141
0.3	.1179	.1217	.1255	.1293	.1331	.1368	.1406	.1443	.1480	.1517
0.4	.1554	.1591	.1628	.1664	.1700	.1736	.1772	.1808	.1844	.1879
0.5	.1915	.1950	.1985	.2019	.2054	.2088	.2123	.2157	.2190	.2224
0.6	.2257	.2291	.2324	.2357	.2389	.2422	.2454	.2486	.2517	.2549
0.7	.2580	.2611	.2642	.2673	.2703	.2734	.2764	.2794	.2823	.2852
0.8	.2881	.2910	.2939	.2967	.2995	.3023	.3051	.3078	.3106	.3133
0.9	.3159	.3186	.3212	.3238	.3264	.3289	.3315	.3340	.3365	.3389
1.0	.3413	.3438	.3461	.3485	.3508	.3531	.3554	.3577	.3599	.3621
1.1	.3643	.3665	.3686	.3708	.3729	.3749	.3770	.3790	.3810	.3830
1.2	.3849	.3869	.3888	.3907	.3925	.3944	.3962	.3980	.3997	.4015
1.3	.4032	.4049	.4066	.4082	.4099	.4115	.4131	.4147	.4162	.4177
1.4	.4192	.4207	.4222	.4236	.4251	.4265	.4279	.4292	.4306	.4319
1.5	.4332	.4345	.4357	.4370	.4382	.4394	.4406	.4418	.4429	.4441
1.6	.4452	.4463	.4474	.4484	.4495	.4505	.4515	.4525	.4535	.4545
1.7	.4554	.4564	.4573	.4582	.4591	.4599	.4608	.4616	.4625	.4633
1.8	.4641	.4649	.4656	.4664	.4671	.4678	.4686	.4693	.4699	.4706
1.9	.4713	.4719	.4726	.4732	.4738	.4744	.4750	.4756	.4761	.4767
2.0	.4772	.4778	.4783	.4788	.4793	.4798	.4803	4808	.4812	.4817
2.1	.4821	.4826	.4830	.4834	.4838	4842	.4846	.4850	.4854	.4857
2.2	.4861	.4864	.4868	.4871	.4875	.4878	.4881	.4884	.4887	.4890
2.3	.4893	.4896	.4898	.4901	.4904	.4906	.4909	.4911	.4913	.4916
2.4	.4918	.4920	.4922	.4925	.4927	.4929	.4931	.4932	.4934	.4936
2.5	.4938	.4940	.4941	.4943	.4945	.4946	.4948	.4949	.4951	4952
2.6	.4953	.4955	.4956	.4957	.4959	.4960	.4961	.4962	.4963	.4964
2.7	.4965	.4966	.4967	.4968	.4969	.4970	.4971	.4972	.4973	.4974
2.8	.4974	.4975	.4976	.4977	.4977	.4978	.4979	.4979	.4980	.4981
2.9	.4981	.4982	.4982	.4983	.4984	.4984	.4985	.4985	.4986	.4986
3.0	.4987	.4987	.4987	.4988	.4988	.4989	.4989	.4989	.4990	.4990

■ 부록표 3 : t 분포표

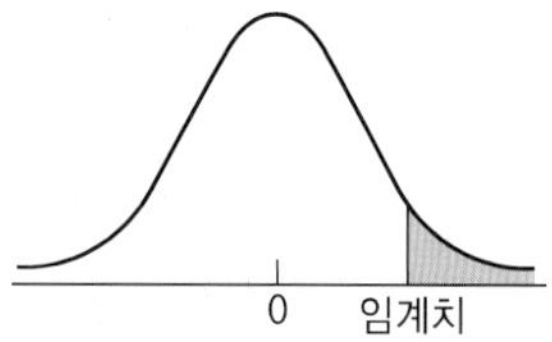

예를 들면, $t_{.025}$의 경우에는
꼬리부분에 .025의 확률이 남음

d.f.	$t_{.25}$	$t_{.10}$	$t_{.05}$	$t_{.025}$	$t_{.010}$	$t_{.005}$	$t_{.0025}$	$t_{.0010}$	$t_{.0005}$
1	1.000	3.078	6.314	12.706	31.821	63.637	127.32	318.31	636.62
2	.816	1.886	2.920	4.303	6.965	9.925	14.089	22.326	31.598
3	.765	1.638	2.353	3.182	4.541	5.841	7.453	10.213	12.924
4	.741	1.533	2.132	2.776	3.747	4.604	5.598	7.173	8.610
5	.727	1.476	2.015	2.571	3.365	4.032	4.773	5.893	6.869
6	.718	1.440	1.943	2.447	3.143	3.707	4.317	5.208	5.959
7	.711	1.415	1.895	2.365	2.998	3.499	4.020	4.785	5.408
8	.706	1.397	1.860	2.306	2.896	3.355	3.833	4.501	5.041
9	.703	1.383	1.833	2.262	2.821	3.250	3.690	4.297	4.781
10	.700	1.372	1.812	2.228	2.764	3.169	3.581	4.144	4.537
11	.697	1.363	1.796	2.201	2.718	3.106	3.497	4.025	4.437
12	.695	1.356	1.782	2.179	2.681	3.055	3.428	3.930	4.318
13	.694	1.350	1.771	2.160	2.650	3.012	3.372	3.852	4.221
14	.692	1.345	1.761	2.145	2.624	2.977	3.326	3.787	4.140
15	.691	1.341	1.753	2.131	2.602	2.947	3.286	3.733	4.073
16	.690	1.337	1.746	2.120	2.583	2.921	3.252	3.686	4.015
17	.689	1.333	1.740	2.110	2.567	2.898	3.222	3.646	3.965
18	.688	1.330	1.734	2.101	2.552	2.878	3.197	3.610	3.922
19	.688	1.328	1.729	2.093	2.539	2.861	3.174	3.579	3.883
20	.687	1.325	1.725	2.086	2.528	2.845	3.153	3.552	3.850
21	.686	1.323	1.721	2.080	2.518	2.831	3.135	3.257	3.189
22	.686	1.321	1.717	2.074	2.508	2.819	3.119	3.505	3.792
23	.685	1.319	1.714	2.069	2.500	2.807	3.104	3.485	3.767
24	.685	1.318	1.711	2.064	2.492	2.797	3.091	3.467	3.745
25	.684	1.316	1.708	2.060	2.485	2.787	3.078	3.450	3.725
26	.684	1.315	1.706	2.056	2.479	2.779	3.067	3.435	3.707
27	.684	1.314	1.703	2.052	2.473	2.771	3.057	3.421	3.690
28	.683	1.313	1.701	2.048	2.467	2.763	3.047	3.408	3.674
29	.683	1.311	1.699	2.045	2.462	2.756	3.038	3.396	3.659
30	.683	1.310	1.697	2.042	2.457	2.750	3.030	3.385	3.646
40	.681	1.303	1.684	2.021	2.423	2.704	2.971	3.307	3.551
60	.679	1.296	1.671	2.000	2.390	2.660	2.915	3.232	3.460
120	.677	1.289	1.658	1.980	2.358	2.617	2.860	3.160	3.373
∞	.674 $=Z_{.25}$	1.282 $=Z_{.10}$	1.645 $=Z_{.05}$	1.960 $=Z_{.025}$	2.326 $=Z_{.010}$	2.576 $=Z_{.005}$	2.807 $=Z_{.0025}$	3.090 $=Z_{.0010}$	3.291 $=Z_{.0005}$

■ 부록표 4 : F분포표 (계속)

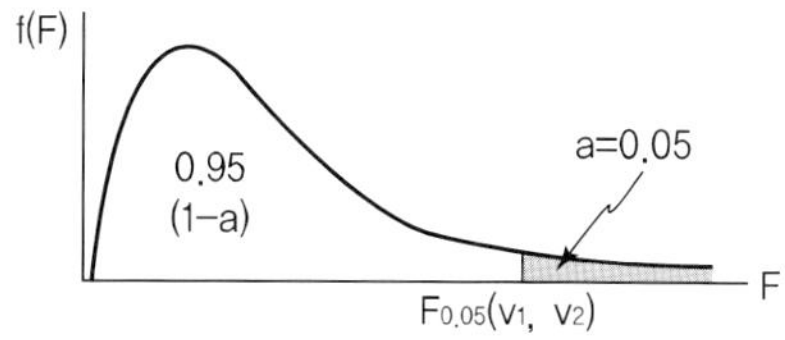

v_1=분자의 자유도
v_2=분모의 자유도
$F_{0.95}(v_1,\ v_2)$

v_2 \ v_1	1	2	3	4	5	6	7	8	9	10
1	161.4	199.5	215.7	224.6	230.2	234.0	236.8	238.9	240.5	241.9
2	18.51	19.00	19.16	19.25	19.30	19.33	19.35	19.37	19.38	19.40
3	10.13	9.55	9.28	9.12	9.01	8.94	8.89	8.85	8.81	8.79
4	7.71	6.94	6.59	6.39	6.26	6.16	6.09	6.04	6.00	5.96
5	6.61	5.79	5.41	5.19	5.05	4.95	4.88	4.82	4.77	4.74
6	5.99	5.14	4.76	4.53	4.39	4.28	4.21	4.15	4.10	4.06
7	5.59	4.74	4.35	4.12	3.97	3.87	3.79	3.73	3.68	3.64
8	5.32	4.46	4.07	3.84	3.69	3.58	3.50	3.44	3.39	3.35
9	5.12	4.26	3.86	3.63	3.48	3.37	3.29	3.23	3.18	3.14
10	4.96	4.10	3.71	3.48	3.33	3.22	3.14	3.07	3.02	2.98
11	4.84	3.98	3.59	3.36	3.20	3.09	3.01	2.95	2.90	2.85
12	4.75	3.89	3.49	3.26	3.11	3.00	2.91	2.85	2.80	2.75
13	4.67	3.81	3.41	3.18	3.03	2.92	2.83	2.77	2.71	2.67
14	4.60	3.74	3.34	3.11	2.96	2.85	2.76	2.70	2.65	2.60
15	4.54	3.68	3.29	3.06	2.90	2.79	2.71	2.64	2.59	2.54
16	4.49	3.63	3.24	3.01	2.85	2.74	2.66	2.59	2.54	2.49
17	4.45	3.59	3.20	2.96	2.81	2.70	2.61	2.55	2.49	2.45
18	4.41	3.55	3.16	2.93	2.77	2.66	2.58	2.51	2.46	2.41
19	4.38	3.52	3.13	2.90	2.74	2.63	2.54	2.48	2.42	2.38
20	4.35	3.49	3.10	2.87	2.71	2.60	2.51	2.45	2.39	2.35
21	4.32	3.47	3.07	2.84	2.68	2.57	2.49	2.42	2.37	2.32
22	4.30	3.44	3.05	2.82	2.66	2.55	2.46	2.40	2.34	2.30
23	4.28	3.42	3.03	2.80	2.64	2.53	2.44	2.37	2.32	2.27
24	4.26	3.40	3.01	2.78	2.62	2.51	2.42	2.36	2.30	2.25
25	4.24	3.39	2.99	2.76	2.60	2.49	2.40	2.34	2.28	2.24
26	4.23	3.37	2.98	2.74	2.59	2.47	2.39	2.32	2.27	2.22
27	4.21	3.35	2.96	2.73	2.57	2.46	2.37	2.31	2.25	2.20
28	4.20	3.34	2.95	2.71	2.56	2.45	2.36	2.29	2.24	2.19
29	4.18	3.33	2.93	2.70	2.55	2.43	2.35	2.28	2.22	2.18
30	4.17	3.32	2.92	2.69	2.53	2.42	2.33	2.27	2.21	2.16
40	4.08	3.23	2.84	2.61	2.45	2.34	2.25	2.18	2.12	2.08
60	4.00	3.15	2.76	2.53	2.37	2.25	2.17	2.10	2.04	1.99
120	3.92	3.07	2.68	2.45	2.29	2.17	2.09	2.02	1.96	1.91
∞	3.84	3.00	2.60	2.37	2.21	2.10	2.01	1.94	1.88	1.83

■ 부록표 4 : F분포표 (계속)

$\alpha = 0.05$

12	15	20	24	30	40	60	120	∞
243.9	245.9	248.0	249.1	250.1	251.2	252.2	253.3	254.3
19.41	19.43	19.45	19.45	19.46	19.47	19.48	19.49	19.50
8.74	8.70	8.66	8.64	8.62	8.59	8.57	8.55	8.53
5.91	5.86	5.80	5.77	5.75	5.72	5.69	5.66	5.63
4.68	4.62	4.56	4.53	4.50	4.46	4.43	4.40	4.36
4.00	3.94	3.87	3.84	3.81	3.77	3.74	3.70	3.67
3.57	3.51	3.44	3.41	3.38	3.34	3.30	3.27	3.23
3.28	3.22	3.15	3.12	3.08	3.04	3.01	2.97	2.93
3.07	3.01	2.94	2.90	2.86	2.83	2.79	2.75	2.71
2.91	2.85	2.77	2.74	2.70	2.66	2.62	2.58	2.54
2.79	2.72	2.65	2.61	2.57	2.53	2.49	2.45	2.40
2.69	2.62	2.54	2.51	2.47	2.43	2.38	2.34	2.30
2.60	2.53	2.46	2.42	2.38	2.34	2.30	2.25	2.21
2.53	2.46	2.39	2.35	2.31	2.27	2.22	2.18	2.13
2.48	2.40	2.33	2.29	2.25	2.20	2.16	2.11	2.07
2.42	2.35	2.28	2.24	2.19	2.15	2.11	2.06	2.01
2.38	2.31	2.23	2.19	2.15	2.10	2.06	2.01	1.96
2.34	2.27	2.19	2.15	2.11	2.06	2.02	1.97	1.92
2.31	2.23	2.16	2.11	2.07	2.03	1.98	1.93	1.88
2.28	2.20	2.12	2.08	2.04	1.99	1.95	1.90	1.84
2.25	2.18	2.10	2.05	2.01	1.96	1.92	1.87	1.81
2.23	2.15	2.07	2.03	1.98	1.94	1.89	1.84	1.78
2.20	2.13	2.05	2.01	1.96	1.91	1.86	1.81	1.76
2.18	2.11	2.03	1.98	1.94	1.89	1.84	1.79	1.73
2.16	2.09	2.01	1.96	1.92	1.87	1.82	1.77	1.71
2.15	2.07	1.99	1.95	1.90	1.85	1.80	1.75	1.69
2.13	2.06	1.97	1.93	1.88	1.84	1.79	1.73	1.67
2.12	2.04	1.96	1.91	1.87	1.82	1.77	1.71	1.65
2.10	2.03	1.94	1.90	1.85	1.81	1.75	1.70	1.64
2.09	2.01	1.93	1.89	1.84	1.79	1.74	1.68	1.62
2.00	1.92	1.84	1.79	1.74	1.69	1.64	1.58	1.51
1.92	1.84	1.75	1.70	1.65	1.59	1.53	1.47	1.39
1.83	1.75	1.66	1.61	1.55	1.50	1.43	1.35	1.25
1.75	1.67	1.57	1.52	1.46	1.39	1.32	1.22	1.00

■ 부록표 4 : F분포표 (계속)

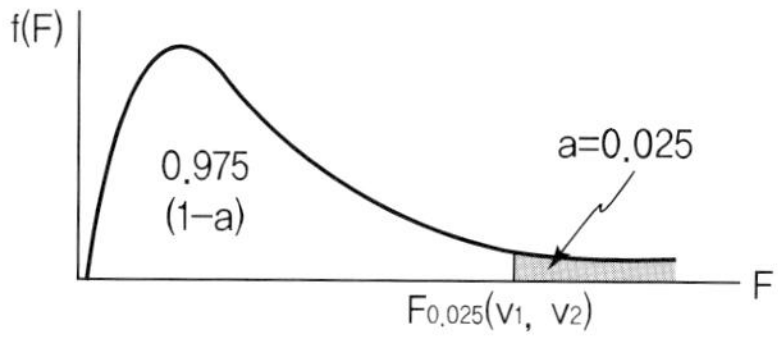

v_1=분자의 자유도
v_2=분모의 자유도
$F_{0.95}(v_1, v_2)$

v_2 \ v_1	1	2	3	4	5	6	7	8	9	10
1	647.8	799.5	864.2	899.6	921.8	937.1	948.2	956.7	963.3	968.6
2	38.51	39.00	39.17	39.25	39.30	39.33	39.36	39.37	39.39	39.40
3	17.44	16.04	15.44	15.10	14.88	14.73	14.62	14.54	14.47	14.42
4	12.22	10.65	9.98	9.60	9.36	9.20	9.07	8.98	8.90	8.84
5	10.01	8.43	7.76	7.39	7.15	6.98	6.85	6.76	6.68	6.62
6	8.81	7.26	6.60	6.23	5.99	5.82	5.70	5.60	5.52	5.46
7	8.07	6.54	5.89	5.52	5.29	5.12	4.99	4.90	4.82	4.76
8	7.57	6.06	5.42	5.05	4.82	4.65	4.53	4.43	4.36	4.30
9	7.21	5.71	5.08	4.72	4.48	4.32	4.20	4.10	4.03	3.96
10	6.94	5.46	4.83	4.47	4.24	4.07	3.95	3.85	3.78	3.72
11	6.72	5.26	4.63	4.28	4.04	3.88	3.76	3.66	3.59	3.53
12	6.55	5.10	4.47	4.12	3.89	3.73	3.61	3.51	3.44	3.37
13	6.41	4.97	4.35	4.00	3.77	3.60	3.48	3.39	3.31	3.25
14	6.30	4.86	4.24	3.89	3.66	3.50	3.38	3.29	3.21	3.15
15	6.20	4.77	4.15	3.80	3.58	3.41	3.29	3.20	3.12	3.06
16	6.12	4.69	4.08	3.73	3.50	3.34	3.22	3.12	3.05	2.99
17	6.04	4.62	4.01	3.66	3.44	3.28	3.16	3.06	2.98	2.92
18	5.98	4.56	3.95	3.61	3.38	3.22	3.10	3.01	2.93	2.87
19	5.92	4.51	3.90	3.56	3.33	3.17	3.05	2.96	2.83	2.82
20	5.87	4.46	3.86	3.51	3.29	3.13	3.01	2.91	2.84	2.77
21	5.83	4.42	3.82	3.48	3.25	3.09	2.97	2.87	2.80	2.73
22	5.79	4.38	3.78	3.44	3.22	3.05	2.93	2.84	2.76	2.70
23	5.75	4.35	3.75	3.41	3.18	3.02	2.90	2.81	2.73	2.67
24	5.72	4.32	3.72	3.38	3.15	2.99	2.87	2.78	2.70	2.64
25	5.69	4.29	3.69	3.35	3.13	2.97	2.85	2.75	2.68	2.61
26	5.66	4.27	3.67	3.33	3.10	2.94	2.82	2.73	2.65	2.59
27	5.63	4.24	3.65	3.31	3.08	2.92	2.80	2.71	2.63	2.57
28	5.61	4.22	3.63	3.29	3.06	2.90	2.78	2.69	2.61	2.55
29	5.59	4.20	3.61	3.27	3.04	2.88	2.76	2.67	2.59	2.53
30	5.57	4.18	3.59	3.25	3.03	2.87	2.75	2.65	2.57	2.51
40	5.42	4.05	3.46	3.13	2.90	2.74	2.62	2.53	2.45	2.39
60	5.29	3.93	3.34	3.01	2.79	2.63	2.51	2.41	2.33	2.27
120	5.15	3.80	3.23	2.89	2.67	2.52	2.39	2.30	2.22	2.16
∞	5.02	3.69	3.12	2.79	2.57	2.41	2.29	2.19	2.11	2.05

■ 부록표 4 : F분포표 (계속)

$\alpha = 0.05$

12	15	20	24	30	40	60	120	∞
976.7	984.9	993.1	997.2	1001	1006	1010	1014	1018
39.41	39.43	39.45	39.46	39.46	39.47	39.48	39.49	39.50
14.34	14.25	14.17	14.12	14.08	14.04	13.99	13.95	13.90
8.75	8.66	8.56	8.51	8.46	8.41	8.36	8.31	8.26
6.52	6.43	6.33	6.28	6.23	6.18	6.12	6.07	6.02
5.37	5.27	5.17	5.12	5.07	5.01	4.96	4.90	4.85
4.67	4.57	4.47	4.42	4.36	4.31	4.25	4.20	4.14
4.20	4.10	4.00	3.95	3.89	3.84	3.78	3.73	3.67
3.87	3.77	3.67	3.61	3.56	3.51	3.45	3.39	3.33
3.62	3.52	3.42	3.37	3.31	3.26	3.20	3.14	3.08
3.43	3.33	3.23	3.17	3.12	3.06	3.00	2.94	2.88
3.28	3.18	3.07	3.02	2.96	2.91	2.85	2.79	2.72
3.15	3.05	2.95	2.89	2.84	2.78	2.72	2.66	2.60
3.05	2.95	2.84	2.79	2.73	2.67	2.61	2.55	2.49
2.96	2.86	2.76	2.70	2.64	2.59	2.52	2.46	2.40
2.89	2.79	2.68	2.63	2.57	2.51	2.45	2.38	2.32
2.82	2.72	2.62	2.56	2.50	2.44	2.38	2.32	2.25
2.77	2.67	2.56	2.50	2.44	2.38	2.32	2.26	2.19
2.72	2.62	2.51	2.45	2.39	2.33	2.27	2.20	2.13
2.68	2.57	2.46	2.41	2.25	2.29	2.22	2.16	2.09
2.64	2.53	2.42	2.37	2.31	2.25	2.18	2.11	2.04
2.60	2.50	2.39	2.33	2.27	2.21	2.14	2.08	2.00
2.57	2.47	2.36	2.30	2.24	2.18	2.11	2.04	1.97
2.54	2.44	2.33	2.27	2.21	2.15	2.08	2.01	1.94
2.51	2.41	2.30	2.24	2.18	2.12	2.05	1.98	1.91
2.49	2.39	2.28	2.22	2.16	2.09	2.03	1.95	1.88
2.47	2.36	2.25	2.19	2.13	2.07	2.00	1.93	1.85
2.45	2.34	2.23	2.17	2.11	2.05	1.98	1.91	1.83
2.43	2.32	2.21	2.15	2.09	2.03	1.96	1.89	1.81
2.41	2.31	2.20	2.14	2.07	2.01	1.94	1.87	1.79
2.29	2.18	2.07	2.01	1.94	1.88	1.80	1.72	1.64
2.17	2.06	1.94	1.88	1.82	1.74	1.67	1.58	1.48
2.05	1.94	1.82	1.76	1.69	1.61	1.53	1.43	1.31
1.94	1.83	1.71	1.64	1.57	1.48	1.39	1.27	1.00

■ 부록표 4 : F분포표 (계속)

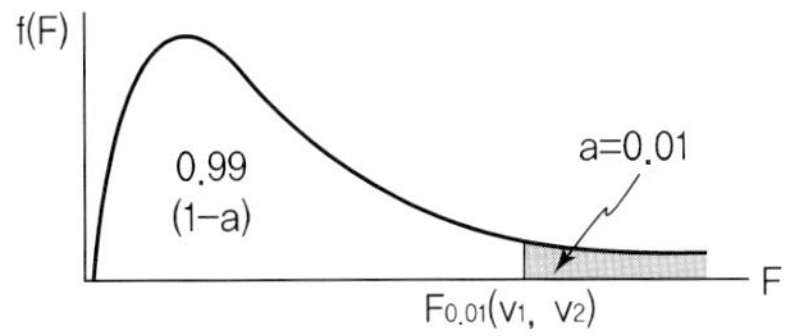

v_1=분자의 자유도
v_2=분모의 자유도
$F_{0.95}(v_1,\ v_2)$

v_2 \ v_1	1	2	3	4	5	6	7	8	9	10
1	4052	4999.5	5403	5625	5764	5859	5928	5982	6022	6056
2	98.50	99.00	99.17	99.25	99.30	99.33	99.36	99.37	99.39	99.40
3	34.12	30.82	29.46	28.71	28.24	27.91	27.67	27.49	27.35	27.23
4	21.20	18.00	16.69	15.98	15.52	15.21	14.98	14.80	14.66	14.55
5	16.26	13.27	12.06	11.39	10.97	10.67	10.46	10.29	10.16	10.05
6	13.75	10.92	9.78	9.15	8.75	8.47	8.26	8.10	7.98	7.87
7	12.25	9.55	8.45	7.85	7.46	7.19	6.99	6.84	6.72	6.62
8	11.26	8.65	7.59	7.01	6.63	6.37	6.18	6.03	5.91	5.81
9	10.56	8.02	6.99	6.42	6.06	5.80	5.61	5.47	5.35	5.26
10	10.04	7.56	6.55	5.99	5.64	5.39	5.20	5.06	4.94	4.85
11	9.65	7.21	6.22	5.67	5.32	5.07	4.89	4.74	4.63	4.54
12	9.33	6.93	5.95	5.41	5.06	4.82	4.64	4.50	4.39	4.30
13	9.07	6.70	5.74	5.21	4.86	4.62	4.44	4.30	4.19	4.10
14	8.86	6.51	5.56	5.04	4.69	4.46	4.28	4.14	4.03	3.94
15	8.68	6.36	5.42	4.89	4.56	4.32	4.14	4.00	3.89	3.80
16	8.53	6.23	5.29	4.77	4.44	4.20	4.03	3.89	3.78	3.69
17	8.40	6.11	5.18	4.67	4.34	4.10	3.93	3.79	3.68	3.59
18	8.29	6.01	5.09	4.58	4.25	4.01	3.84	3.71	3.60	3.51
19	8.18	5.93	5.01	4.50	4.17	3.94	3.77	3.63	3.52	3.43
20	8.10	5.85	4.94	4.43	4.10	3.87	3.70	3.56	3.46	3.37
21	8.02	5.78	4.87	4.37	4.04	3.81	3.64	3.51	3.40	3.31
22	7.95	5.72	4.82	4.31	3.99	3.76	3.59	3.45	3.35	3.26
23	7.88	5.66	4.76	4.26	3.94	3.71	3.54	3.41	3.30	3.21
24	7.82	5.61	4.72	4.22	3.90	3.67	3.50	3.36	3.26	3.17
25	7.77	5.57	4.68	4.18	3.85	3.63	3.46	3.32	3.22	3.13
26	7.72	5.53	4.64	4.14	3.82	3.59	3.42	3.29	3.18	3.09
27	7.68	5.49	4.60	4.11	3.78	3.56	3.39	3.26	3.15	3.06
28	7.64	5.45	4.57	4.07	3.75	3.53	3.36	3.23	3.12	3.03
29	7.60	5.42	4.54	4.04	3.73	3.50	3.33	3.20	3.09	3.00
30	7.56	5.39	4.51	4.02	3.70	3.47	3.30	3.17	3.07	2.98
40	7.31	5.18	4.31	3.83	3.51	3.29	3.12	2.99	2.89	2.80
60	7.08	4.98	4.13	3.65	3.34	3.12	2.95	2.82	2.72	2.63
120	6.85	4.79	3.95	3.48	3.17	2.96	2.79	2.66	2.56	2.47
∞	6.63	4.61	3.78	3.32	3.02	2.80	2.64	2.51	2.41	2.32

■ 부록표 4 : F분포표

α =0.05

12	15	20	24	30	40	60	120	∞
5106	6157	6209	6235	6261	6287	6313	6339	6366
99.42	99.43	99.45	99.46	99.47	99.47	99.48	99.49	99.50
27.05	26.87	26.69	26.60	26.50	26.41	26.32	26.22	26.13
14.37	14.20	14.02	13.93	13.84	13.75	13.65	13.56	13.46
9.89	9.72	9.55	9.47	9.38	9.29	9.20	9.11	9.02
7.72	7.56	7.40	7.31	7.23	7.14	7.06	6.97	6.88
6.47	6.31	6.16	6.07	5.99	5.91	5.82	5.74	5.65
5.67	5.52	5.36	5.28	5.20	5.12	5.03	4.95	4.86
5.11	4.96	4.81	4.73	4.65	4.57	4.48	4.40	4.31
4.71	4.56	4.41	4.33	4.25	4.17	4.08	4.00	3.91
4.40	4.25	4.10	4.02	3.94	3.86	3.78	3.69	3.60
4.16	4.01	3.86	3.78	3.70	3.62	3.54	3.45	3.36
3.96	3.82	3.66	3.59	3.51	3.43	3.34	3.25	3.17
3.80	3.66	3.51	3.43	3.35	3.27	3.18	3.09	3.00
3.67	3.52	3.37	3.29	3.21	3.13	3.05	2.96	2.87
3.55	3.41	3.26	3.18	3.10	3.02	2.93	2.84	2.75
3.46	3.31	3.16	3.08	3.00	2.92	2.83	2.75	2.65
3.37	3.23	3.08	3.00	2.92	2.84	2.75	2.66	2.57
3.30	3.15	3.00	2.92	2.84	2.76	2.67	2.58	2.49
3.23	3.09	2.94	2.86	2.78	2.69	2.61	2.52	2.42
3.17	3.03	2.88	2.80	2.72	2.64	2.55	2.46	2.36
3.12	2.98	2.83	2.75	2.67	2.58	2.50	2.40	2.31
3.07	2.93	2.78	2.70	2.62	2.54	2.45	2.35	2.26
3.03	2.89	2.74	2.66	2.58	2.49	2.40	2.31	2.21
2.99	2.85	2.70	2.62	2.54	2.45	2.36	2.27	2.17
2.96	2.81	2.66	2.58	2.50	2.42	2.33	2.23	2.13
2.93	2.78	2.63	2.55	2.47	2.38	2.29	2.20	2.10
2.90	2.75	2.60	2.52	2.44	2.35	2.26	2.17	2.06
2.87	2.73	2.57	2.49	2.41	2.33	2.23	2.14	2.03
2.84	2.70	2.55	2.47	2.39	2.30	2.21	2.11	2.01
2.66	2.52	2.37	2.29	2.20	2.11	2.02	1.92	1.80
2.50	2.35	2.20	2.12	2.03	1.94	1.84	1.73	1.60
2.34	2.19	2.03	1.95	1.86	1.76	1.66	1.53	1.38
2.18	2.04	1.88	1.79	1.70	1.59	1.47	1.32	1.00

■ 부록표 5 : 누적정규분포표

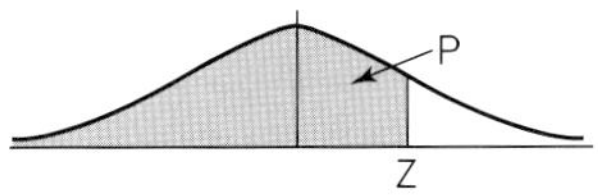

$$\Phi(Z) = \int_{-\infty}^{Z} \frac{1}{\sqrt{2\pi}} e^{-t^2/2} dt$$

Z	.00	.01	.02	.03	.04	.05	.06	.07	.08	.09
.0	.5000	.5040	.5080	.5120	.5160	.5199	.5239	.5279	.5319	.5359
.1	.5398	.5438	.5478	.5517	.5557	.5596	.5636	.5675	.5714	.5753
.2	.5793	.5832	.5871	.5910	.5948	.5987	.6026	.6064	.6103	.6141
.3	.6179	.6217	.6255	.6293	.6331	.6368	.6406	.6443	.6480	.6517
.4	.6554	.6591	.6628	.6664	.6700	.6736	.6772	.6808	.6844	.6879
.5	.6915	.6950	.6985	.7019	.7054	.7088	.7123	.7157	.7190	.7224
.6	.7257	.7291	.7324	.7357	.7389	.7422	.7454	.7486	.7517	.7549
.7	.7580	.7611	.7642	.7673	.7704	.7734	.7764	.7794	.7823	.7852
.8	.7881	.7910	.7939	.7967	.7995	.8023	.8051	.8078	.8106	.8133
.9	.8159	.8186	.8212	.8238	.8264	.8289	.8315	.8340	.8365	.8389
1.0	.8413	.8438	.8461	.8485	.8508	.8531	.8554	.8577	.8599	.8621
1.1	.8643	.8665	.8686	.8708	.8729	.8749	.8770	.8790	.8810	.8830
1.2	.8849	.8869	.8888	.8907	.8925	.8944	.8962	.8980	.8997	.9015
1.3	.9032	.9049	.9066	.9082	.9099	.9115	.9131	.9147	.9162	.9177
1.4	.9192	.9207	.9222	.9236	.9251	.9265	.9279	.9292	.9306	.9319
1.5	.9332	.9345	.9357	.9370	.9382	.9394	.9406	.9418	.9429	.9441
1.6	.9452	.9463	.9474	.9484	.9495	.9505	.9515	.9525	.9535	.9545
1.7	.9554	.9546	.9573	.9582	.9591	.9599	.9608	.9616	.9625	.9633
1.8	.9641	.9649	.9656	.9664	.9671	.9678	.9686	.9693	.9699	.9706
1.9	.9713	.9719	.9726	.9732	.9738	.9744	.9750	.9756	.9761	.9767
2.0	.9772	.9778	.9783	.9788	.9793	.9798	.9803	.9808	.9812	.9817
2.1	.9821	.9826	.9830	.9834	.9838	.9842	.9846	.9850	.9854	.9857
2.2	.9861	.9864	.9868	.9871	.9875	.9878	.9881	.9884	.9887	.9890
2.3	.9893	.9896	.9898	.9901	.9904	.9906	.9909	.9911	9913	.9916
2.4	.9918	.9920	.9922	.9925	.9927	.9929	.9931	.9932	.9934	.9936
2.5	.9938	.9940	.9941	.9943	.9945	.9946	.9948	.9949	.9951	.9952
2.6	.9953	.9955	.9956	9957	.9959	.9960	.9961	.9962	.9963	.9964
2.7	.9965	.9966	.9967	.9968	.9969	.9970	.9971	9972	.9973	.9974
2.8	.9974	.9975	.9976	.9977	.9977	.9978	.9979	.9979	.9980	.9981
2.9	.9981	.9982	.9982	.9983	.9984	.9984	.9985	.9985	.9986	.9986
3.0	.9987	.9987	.9987	.9988	.9988	.9989	.9989	.9989	.9990	.9990
3.1	.9990	.9991	.9991	.9991	.9992	.9992	.9992	.9992	.9993	.9993
3.2	.9993	.9993	.9994	.9994	.9994	.9994	.9994	.9995	.9995	.9995
3.3	.9995	.9995	.9995	.9996	.9996	.9996	.9996	.9996	.9996	.9997
3.4	.9997	.9997	.9997	.9997	.9997	.9997	.9997	.9997	.9997	.9998

Z	1.282	1.645	1.960	2.326	2.576	3.090	3.291	3.891	4.417
	.90	.95	.975	.99	.995	.999	.9995	.9995	.999995
	.20	.10	.05	.02	.01	.002	.001	.0001	.00001

출처 : Maddala, G. S. (1983), Limited-dependent and qualitative variables in econometrics.

■ 부록표 6 : 카이(x^2)분포표

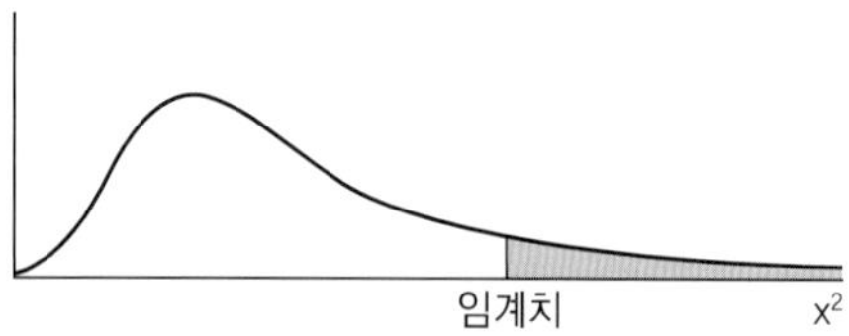

예를 들면, $x^2_{.05}$의 경우에는 꼬리부분에 .5%의 확률이 남음

d.f.	$x^2_{.25}$	$x^2_{.10}$	$x^2_{.05}$	$x^2_{.23}$	$x^2_{.010}$	$x^2_{.003}$	$x^2_{.001}$
1	1.32	2.71	3.84	5.02	6.63	7.88	10.8
2	2.77	4.61	5.99	7.38	9.21	10.6	13.8
3	4.11	6.25	7.81	9.35	11.3	12.8	16.3
4	5.39	7.78	9.49	11.1	13.3	14.9	18.5
5	6.63	9.24	11.1	12.8	15.1	16.7	20.5
6	7.84	10.6	12.6	14.4	16.8	18.5	22.5
7	9.04	12.0	14.1	16.0	18.5	20.3	24.3
8	10.2	13.4	15.5	17.5	20.1	22.0	26.1
9	11.4	14.7	16.9	19.0	21.7	23.6	27.9
10	12.5	16.0	18.3	20.5	23.2	25.2	29.6
11	13.7	17.3	19.7	21.9	24.7	26.8	31.3
12	14.8	18.5	21.0	23.3	26.2	28.3	32.9
13	16.0	19.8	22.4	24.7	27.7	29.8	34.5
14	17.1	21.1	23.7	26.1	29.1	31.3	36.1
15	18.2	22.3	25.0	27.5	30.6	32.8	37.7
16	19.4	23.5	26.3	28.8	32.0	34.3	39.3
17	20.5	24.8	27.6	30.2	33.4	35.7	40.8
18	21.6	26.0	28.9	31.5	34.8	37.2	42.3
19	22.7	27.2	30.1	32.9	36.2	38.6	32.8
20	23.0	28.4	31.4	34.2	37.6	40.0	45.3
21	24.9	29.6	32.7	35.5	38.9	41.4	46.8
22	26.0	30.8	33.9	36.8	40.3	42.8	48.3
23	27.1	32.0	35.2	38.1	41.6	44.2	49.7
24	28.2	33.2	36.4	39.4	32.0	45.6	51.2
25	29.3	34.4	37.7	40.6	44.3	46.9	52.6
26	30.4	35.6	38.9	41.9	45.6	48.3	54.1
27	31.5	36.7	40.1	43.2	47.0	49.6	55.5
28	32.6	37.9	41.3	44.5	48.3	51.0	56.9
29	33.7	39.1	42.6	45.7	49.6	52.3	58.3
30	34.8	40.3	43.8	47.0	50.9	53.7	59.7
40	45.6	51.8	55.8	59.3	63.7	66.8	73.4
50	56.3	63.2	67.5	71.4	76.2	79.5	86.7
60	67.0	74.4	79.1	83.3	88.4	92.0	99.6
70	77.6	85.5	90.5	95.0	100	104	112
80	88.1	96.6	102	107	112	116	125
90	98.6	108	113	118	124	128	137
100	109	118	124	130	136	140	149

■ 부록표 7 : Mann-Whitney Test에서의 U값(계속)

$n_2=3$

U \ n_1	1	2	3
0	.250	.100	.050
1	.500	.200	.100
2	.750	.400	.200
3		.600	.350
4			.500
5			.650

$n_2=4$

U \ n_1	1	2	3	4
0	.200	.067	.028	.014
1	.400	.133	.057	.029
2	.600	.267	.114	.057
3		.400	.200	.100
4		.600	.314	.171
5			.429	.243
6			.571	.343
7				.443
8				.557

$n_2=5$

U \ n_1	1	2	3	4	5
0	.167	.047	.018	.008	.004
1	.333	.095	.036	.016	.008
2	.500	.190	.071	.032	.016
3	.667	.286	.125	.056	.028
4		.429	.196	.095	.048
5		.571	.286	.143	.075
6			.393	.206	.111
7			.500	.278	.155
8			.607	.365	.210
9				.452	.274
10				.548	.345
11					.421
12					.500
13					.579

$n_2=6$

U \ n_1	1	2	3	4	5	6
0	.143	.036	.012	.005	.002	.001
1	.286	.071	.024	.010	.004	.002
2	.428	.143	.048	.019	.009	.004
3	.571	.214	.083	.033	.015	.008
4		.321	.131	.057	.026	.013
5		.429	.190	.086	.041	.021
6		.571	.274	.129	.063	.032
7			.357	.176	089	.047
8			.452	.238	.123	.066
9			.548	.305	.165	090
10				.381	.214	.120
11				.457	.268	.155
12				.545	.331	.197
13					.396	.242
14					.465	.294
15					.535	.350
16						.409
17						.469
18						.531

■ 부록표 7 : Mann-Whitney Test에서의 U값(계속)

$n_2=7$

U \ n_1	1	2	3	4	5	6	7
0	.125	.028	.008	.003	.001	.001	.000
1	.250	.056	.017	.006	.003	.001	.001
2	.375	.111	.033	.012	.005	.002	.001
3	.500	.167	.058	.021	.009	.004	.002
4	.625	.250	.092	.036	.015	.007	.003
5		.333	.133	.055	.024	.011	.006
6		.444	.192	.082	.037	.017	.009
7		.556	.258	.115	.053	.026	.013
8			.333	.158	.074	.037	.019
9			.417	.206	.101	.051	.027
10			.500	.264	.134	.069	.036
11			.583	.324	.172	.090	.049
12				.394	.216	.117	.064
13				.464	.265	.147	.082
14				.538	.319	.183	.104
15					.378	.223	.130
16					.438	.267	.159
17					.500	.314	.191
18					.562	.365	.228
19						.418	.267
20						.473	.310
21						.527	.355
22							.402
23							.451
24							.500
25							.549

■ 부록표 7 : Mann-Whitney Test에서의 U값(계속)

$n_2=8$

U \ n_1	1	2	3	4	5	6	7	8	t	Normal
0	.111	.022	.006	.002	.001	.000	.000	.000	3.308	.001
1	.222	.044	.012	.004	.002	.001	.000	.000	3.203	.001
2	.333	.089	.024	.008	.003	.001	.001	.000	3.098	.001
3	.444	.133	.042	.014	.005	.002	.001	.001	2.993	.001
4	.556	.200	.067	.024	.009	.004	.002	.001	2.888	.002
5		.267	.097	.036	.015	.006	.003	.001	2.783	.003
6		.356	.139	.055	.023	.010	.005	.002	2.678	.004
7		.444	.188	.077	.033	.015	.007	.003	2.573	.005
8		.556	.248	.107	.047	.021	.010	.005	2.468	.007
9			.315	.141	.064	.030	.014	.007	2.363	.009
10			.387	.184	.085	.041	.020	.010	2.258	.012
11			.461	.230	.111	.054	.027	.014	2.153	.016
12			.539	.285	.142	.071	,036	.019	2.048	.020
13				.341	.177	.091	.047	.025	1.943	.026
14				.404	.217	.114	.060	.032	1.838	.033
15				.467	.262	.141	.076	.041	1.733	.041
16				.533	.311	.172	.095	.052	1.628	.052
17					.362	.207	.116	.065	1.523	.064
18					.416	.245	.140	.080	1.418	.078
19					.472	.286	.168	.097	1.313	.094
20					.528	.331	.198	.117	1.208	.113
21						.377	.232	.139	1.102	.135
22						.426	.268	.164	.998	.159
23						.475	.306	.191	.893	.185
24						.525	.347	.221	.788	.215
25							.389	.253	.683	.247
26							.433	.287	.578	.282
27							.478	.323	.473	.318
28							.522	.360	.368	.356
29								.399	.263	.396
30								.439	.158	.437
31								.480	.052	.481
32								.520		

■ 부록표 7 : Mann-Whitney Test에서의 U값(계속)

Table KI- Critical Values of U for a One-tailed Test at α=.001 or for a Two-tailed Test at α=.002

n_2 \ n_1	9	10	11	12	13	14	15	16	17	18	19	20
1												
2												
3									0	0	0	0
4		0	0	0	1	1	1	2	2	3	3	3
5	1	1	2	2	3	3	4	5	5	6	7	7
6	2	3	4	4	5	6	7	8	9	10	11	12
7	3	5	7	7	8	9	10	11	13	14	15	16
8	5	6	9	9	11	12	14	15	17	18	20	21
9	7	8	12	12	14	15	17	19	21	23	25	26
10	8	10	14	14	17	19	21	23	25	27	29	32
11	10	12	17	17	20	22	24	27	29	32	34	37
12	12	14	20	20	23	25	28	31	34	37	40	42
13	14	17	23	23	26	29	32	35	38	42	45	48
14	15	19	25	25	29	32	36	39	43	46	50	54
15	17	21	28	28	32	36	40	43	47	51	55	59
16	19	23	31	31	35	39	43	48	52	56	60	65
17	21	25	34	34	38	43	47	52	57	61	66	70
18	23	27	37	37	42	46	51	56	61	66	71	76
19	25	29	40	40	45	50	55	60	66	71	71	82
20	26	32	37	42	48	54	59	65	70	76	82	88

■ 부록표 7 : Mann-Whitney Test에서의 U값(계속)

Table KII- Critical Values of U for a One-tailed Test at α=.01 or for a Two-tailed Test at α=.02

n_2 \ n_1	9	10	11	12	13	14	15	16	17	18	19	20
1												
2					0	0	0	0	0	0	1	1
3	1	1	1	2	2	2	3	3	4	4	4	5
4	3	3	4	5	5	6	7	7	8	9	9	10
5	5	6	7	8	9	10	11	12	13	14	15	16
6	7	8	9	11	12	13	15	16	18	19	20	22
7	9	11	12	14	16	17	19	21	23	24	26	28
8	11	13	15	17	20	22	24	26	28	30	32	34
9	14	16	18	21	23	26	28	31	33	36	38	40
10	16	19	22	24	27	30	33	36	38	41	44	47
11	18	22	25	28	31	34	37	41	44	47	50	53
12	21	24	28	31	35	38	42	46	49	53	56	60
13	23	27	31	35	39	43	47	51	55	59	63	67
14	26	30	34	38	43	47	51	56	60	65	69	73
15	28	33	37	42	47	51	56	61	66	70	75	80
16	31	36	41	46	51	56	61	66	71	76	82	87
17	33	38	44	49	55	60	66	71	77	82	88	93
18	36	41	47	53	59	65	70	76	82	88	94	100
19	38	44	50	56	63	69	75	82	88	94	101	107
20	40	47	53	60	67	73	80	87	93	100	107	114

■ 부록표 7 : Mann-Whitney Test에서의 U값(계속)

Table KIII- Critical Values of U for a One-tailed Test at $\alpha=.025$ or for a Two-tailed Test at $\alpha=.05$

n_2 \ n_1	9	10	11	12	13	14	15	16	17	18	19	20
1												
2	0	0	0	1	1	1	1	1	2	2	2	2
3	2	3	3	4	4	5	5	6	6	7	7	8
4	4	5	6	7	8	9	10	11	11	12	13	13
5	7	8	9	11	12	13	14	15	17	18	19	20
6	10	11	13	14	16	17	19	21	22	24	25	27
7	12	14	16	18	20	22	24	26	82	30	32	34
8	15	17	19	22	24	26	29	31	34	36	38	41
9	17	20	23	26	28	31	34	37	39	43	45	48
10	20	23	26	29	33	36	39	42	45	48	52	55
11	23	26	30	33	37	40	44	47	51	55	58	62
12	26	29	33	37	41	45	49	53	57	61	65	69
13	28	33	37	41	45	50	54	59	63	67	72	76
14	31	36	40	45	50	55	59	64	67	74	78	83
15	34	39	44	49	54	59	64	70	75	80	85	90
16	37	42	47	53	59	64	70	75	81	86	92	98
17	39	45	51	57	63	67	75	81	78	93	99	105
18	42	48	55	61	67	74	80	86	93	99	106	112
19	45	52	58	65	72	78	85	92	99	106	113	119
20	48	55	62	69	76	83	90	98	105	112	119	127

■ 부록표 7: Mann-Whitney Test에서의 U값

Table KIV- Critical Values of U for a One-tailed Test at α=.05 or for a Two-tailed Test at α=.10

n_2 \ n_1	9	10	11	12	13	14	15	16	17	18	19	20
1											0	0
2	1	1	1	2	2	2	3	3	3	4	4	4
3	3	4	5	5	6	7	7	8	9	9	10	11
4	6	7	8	9	10	11	12	14	15	16	17	18
5	9	11	12	13	15	16	18	19	20	22	23	25
6	12	14	16	17	19	21	23	25	26	28	30	32
7	15	17	19	21	24	26	28	30	33	35	37	39
8	18	20	23	26	28	31	33	36	39	41	44	47
9	21	24	27	30	33	36	39	42	45	48	51	54
10	24	27	31	34	37	41	44	48	51	55	58	62
11	27	31	34	38	42	46	50	54	57	61	65	69
12	30	34	38	42	47	51	55	60	64	68	72	77
13	33	37	42	47	51	56	61	65	70	75	80	84
14	36	41	46	51	56	61	66	71	77	82	87	92
15	39	44	50	55	61	66	72	77	83	88	94	100
16	42	48	54	60	65	71	77	83	89	95	101	107
17	45	51	57	64	70	77	83	89	96	102	109	115
18	48	55	61	68	75	82	88	95	102	109	116	123
19	51	58	65	72	80	87	94	101	109	116	123	130
20	54	62	69	77	84	92	100	107	115	123	130	138

■ 부록표 8 : Wilcoxon Signed-Rank Test

N	Level of significance for one-tailed test		
	.025	.01	.005
	Level of significance for two-tailed test		
	.05	.02	.01
6	0	—	—
7	2	0	—
8	4	2	0
9	6	3	2
10	8	5	3
11	11	7	5
12	14	10	7
13	17	13	10
14	21	16	13
15	25	20	16
16	30	24	20
17	35	28	23
18	40	33	28
19	46	38	32
20	52	43	38
21	59	49	43
22	66	56	49
23	73	62	55
24	81	69	61
25	89	77	68

■ 부록표 9 : Kruscal-Wallis One-Way ANOVA(계속)

Sample sizes			H	P
n_1	n_2	n_3		
2	1	1	2.7000	.500
2	2	1	3.6000	.200
2	2	2	4.5714	.067
			3.7143	.200
3	1	1	3.2000	.300
3	2	1	4.2857	.100
			3.8571	.133
3	2	2	5.3572	.029
			4.7143	.048
			4.5000	.067
			4.4643	.105
3	3	1	5.1429	.043
			4.5714	.100
			4.0000	.129
3	3	2	6.2500	.011
			5.3611	.032
			5.1389	.061
			4.5556	.100
			4.2500	.121
3	3	3	7.2000	.004
			6.4889	.011
			5.5889	.029
			5.6000	.050
			5.0667	.086
			4.6222	.100
4	1	1	3.5714	.200
4	2	1	4.8214	.057
			4.5000	.076
			4.0179	.114
4	2	2	6.0000	.014
			5.3333	.033
			5.1250	.052
			4.4583	.100
			4.1667	.105
4	3	1	5.8333	.021
			5.2083	.050
			5.0000	.057
			4.0556	.093
			3.8889	.129
4	3	2	6.4444	.008
			6.3000	.011
			5.4444	.046
			5.4000	.051
			4.5111	.098
			4.4444	.102
4	3	3	6.7455	.010
			6.7091	.013
			5.7909	.046
			5.7273	.050
			4.7091	.092
			4.7000	.101
4	4	1	6.6667	.010
			6.1667	.022
			4.9667	.048
			4.8667	.054
			4.1667	.082
			4.0667	.102
4	4	2	7.0364	.006
			6.8727	.011
			5.4545	.046
			5.2364	.052
			4.5545	.098
			4.4455	.103
4	4	3	7.1439	.010
			7.1364	.011
			5.5985	.049
			5.5758	.051
			4.5455	.099
			4.4773	.102
4	4	4	7.6538	.008
			7.5385	.011
			5.6923	.049
			5.6538	.054
			4.6539	.097
			4.5001	.104
5	1	1	3.8571	.143
5	2	1	5.2500	.036
			5.0000	.048
			4.4500	.071
			4.2000	.095
			4.0500	.119
5	2	2	6.5333	.008

■ 부록표 9 : Kruscal-Wallis One-Way ANOVA

Sample sizes			H	P
n_1	n_2	n_3		
			6.1333	.013
			5.1600	.034
			5.0400	.056
			4.3733	.090
			4.2933	.122
5	3	1	6.4000	.012
			4.9600	.408
			4.8711	.052
			4.0178	.095
			3.8400	.123
5	3	2	6.9091	.009
			6.8218	.010
			5.2509	.049
			5.1055	.052
			4.6509	.091
			4.4945	.101
5	3	3	7.0788	.009
			6.9818	.001
			5.6485	.049
			5.5152	.051
			4.5333	.097
			4.4121	.109
5	4	1	6.9545	.008
			6.8400	.011
			4.9855	.044
			4.8600	.056
			3.9873	.098
			3.9600	.102
5	4	2	7.2045	.009
			7.1182	.010
			5.2727	.049
			5.2682	.050
			4.5409	.098
			4.5182	.101
5	4	3	7.4449	.010
			7.3949	.011
			5.6564	.049
			5.6308	.050
			4.5487	.099
			4.5231	.103
5	4	4	7.7604	.009
			7.7440	.011
			5.6571	.049
			5.6176	.050
			4.6187	.100
			4.5527	.102
5	5	1	7.3091	.009
			6.8364	.011
			5.1273	.046
			4.9091	.053
			4.1091	.086
			4.0364	.105
5	5	2	7.3385	.010
			7.2692	.010
			5.3385	.047
			5.2462	.051
			4.6231	.097
			4.5077	.100
5	5	3	7.5780	.010
			7.5429	.010
			5.7055	.046
			5.6264	.051
			4.5451	.100
			4.5063	.102
5	5	4	7.8229	.010
			7.7914	.010
			5.6657	.049
			5.6429	.050
			4.5229	.099
			4.5200	.101
5	5	5	8.0000	.009
			7.9800	.010
			5.7800	.049
			5.6600	.051
			4.5600	.100
			4.5000	.102

■ 부록표 10 : Friedman Two-Way ANOVA(계속)

Table N_{I}. k=3

N=2		N=3		N=4		N=5	
x_r^2	P	x_r^2	P	x_r^2	P	x_r^2	P
0	1.000	.000	1.000	.0	1.000	.0	1.000
1	.833	.667	.944	.5	.931	.4	.954
3	.500	2.000	.528	1.5	.653	1.2	.691
4	.167	2.667	.361	2.0	.431	1.6	.522
		4.667	.194	3.5	.273	2.8	.367
		6.000	.028	4.5	.125	3.6	.182
				6.0	.069	4.8	.124
				6.5	.042	5.2	.093
				8.0	.0046	6.4	.039
						7.6	.024
						8.4	.0085
						10.0	.00077

N=6		N=7		N=8		N=9	
x_r^2	P	x_r^2	P	x_r^2	P	x_r^2	P
.00	1.000	.000	1.000	.00	1.000	1.000	1.000
.33	.956	.283	.964	.25	.967	.222	.971
1.00	.740	.857	.768	.75	.794	.667	.814
1.33	.570	1.143	.620	1.00	.654	.889	.865
2.33	.430	2.000	.486	1.75	.531	1.556	.569
3.00	.252	2.571	.305	2.25	.355	2.000	.398
4.00	.184	3.429	.237	3.00	.285	2.667	.328
4.33	.142	3.714	.192	3.25	.236	2.889	.278
5.33	.072	4.571	.112	4.00	.149	3.556	.187
6.33	.052	5.429	.085	4.75	.120	4.222	.154
7.00	.029	6.000	.052	5.25	.079	4.667	.107
8.33	.012	7.143	.027	6.25	.047	5.556	.069
9.00	.0081	7.714	.021	6.75	.038	6.000	.057
9.33	.0055	8.000	.016	7.00	.030	6.222	.048
10.33	.0017	8.857	.0084	7.75	.018	6.889	.031
12.00	.00013	10.286	.0036	9.00	.0099	8.000	.019
		10.571	.0027	9.25	.0080	8.222	.016
		11.143	.0012	9.75	.0048	8.667	.010
		12.286	.00032	10.75	.0024	9.556	.0060
		14.000	.000021	12.00	.0011	10.667	.0035
				12.25	.00086	10.889	.0029
				13.00	.00026	11.556	.0013
				14.25	.000061	12.667	.00066
				16.00	.0000036	13.556	.00035
						14.000	.00020
						14.222	.000097
						14.889	.000054
						16.222	.000011
						18.000	.0000006

■ 부록표 10 : Friedman Two-Way ANOVA

Table N_{II}. k=4

N=2		N=3		N=4			
x_r^2	P	x_r^2	P	x_r^2	P	x_r^2	P
.0	1.000	.2	1.000	.0	1.000	5.7	.141
.6	.958	.6	.958	.3	.992	6.0	.105
1.2	.834	1.0	.910	.6	.928	6.3	.094
1.8	.792	1.8	.727	.9	.900	6.6	.077
2.4	.625	2.2	.608	1.2	.800	6.9	.068
3.0	.542	2.6	.524	1.5	.754	7.2	.054
3.6	.458	3.4	.446	1.8	.677	7.5	.052
4.2	.375	3.8	.342	2.1	.649	7.8	.036
4.8	.208	4.2	.300	2.4	.524	8.1	.033
5.4	.167	5.0	.207	2.7	.508	8.4	.019
6.0	.042	5.4	.175	3.0	.432	8.7	.014
		5.8	.148	3.3	.389	9.3	.012
		6.6	.075	3.6	.355	9.6	.0069
		7.0	.054	3.9	.324	9.9	.0062
		7.4	.033	4.5	.242	10.2	.0027
		8.2	.017	4.8	.200	10.8	.0016
		9.0	.0017	5.1	.190	11.1	.00094
				5.4	.158	12.0	.000072

■ 부록표 11 : Spearman Rank Correlation Coefficient

N	Significance level(one-tailed test)	
	.05	.01
4	1.000	
5	.900	1.000
6	.829	.943
7	.714	.893
8	.643	.833
9	.600	.783
10	.564	.746
12	.506	.712
14	.456	.645
16	.425	.601
18	.399	.564
20	.377	.534
22	.359	.508
24	.343	.485
26	.329	.465
28	.317	.448
30	.306	.432

■ 부록표 12 : Kendall Rank Correlation Coefficient

S	Values of N				S	Values of N		
	4	5	8	9		6	7	10
0	.625	.592	.548	.540	1	.500	.500	.500
2	.375	.408	.452	.460	3	.360	.386	.431
4	.167	.242	.360	.381	5	.235	.281	.364
6	.042	.117	.274	.306	7	.136	.191	.300
8		.042	.199	.238	9	.068	.119	.242
10		.0083	.138	.179	11	.028	.068	.190
12			.089	.130	13	.0083	.035	.146
14			.054	.090	15	.0014	.015	.108
16			.031	.060	17		.0054	.078
18			.016	.038	19		.0014	.054
20			.0071	.022	21		.00020	.036
22			.0028	.012	23			.023
24			.00087	.0063	25			.014
26			.00019	.0029	27			.0083
28			.000025	.0012	29			.0046
30				.00043	31			.0023
32				.00012	33			.0011
34				.000025	35			.00047
36				.0000028	37			.00018
					39			.000058
					41			.000015
					43			.0000028
					45			.00000028

■ 부록표 13 : Q – 분포(계속)

Error df	α	r=비교집단의 수									
		2	3	4	5	6	7	8	9	10	11
5	.05	3.64	4.60	5.22	5.67	6.03	6.33	6.58	6.80	6.99	7.17
	.01	5.70	6.98	7.80	8.42	8.91	9.32	9.67	9.97	10.24	10.48
6	.05	3.46	4.34	4.90	5.30	5.63	5.90	6.12	6.32	6.49	6.65
	.01	5.24	6.33	7.03	7.56	7.97	8.32	8.61	8.87	9.10	9.30
7	.05	3.34	4.16	4.68	5.06	5.36	5.61	5.82	6.00	6.16	6.30
	.01	4.95	5.92	6.54	7.01	7.37	7.68	7.94	8.17	8.37	8.55
8	.05	3.26	4.04	4.53	4.89	5.17	5.40	5.60	5.77	5.92	6.05
	.01	4.75	5.64	6.20	6.62	6.96	7.24	7.47	7.68	7.86	8.03
9	.05	3.20	3.95	4.41	4.76	5.02	5.24	5.43	5.59	5.74	5.87
	.01	4.60	5.43	5.96	6.35	6.66	6.91	7.13	7.33	7.49	7.65
10	.05	3.15	3.88	4.33	4.65	4.61	5.12	5.30	5.46	5.60	5.72
	.01	4.48	5.27	5.77	6.14	6.43	6.67	6.87	7.05	7.21	7.36
11	.05	3.11	3.82	4.26	4.57	4.82	5.03	5.20	5.35	5.49	5.61
	.01	4.39	5.15	5.62	5.97	6.25	6.48	6.67	6.84	6.99	7.13
12	.05	3.08	3.77	4.20	4.51	4.75	4.95	5.12	5.27	5.39	5.51
	.01	4.32	5.05	5.50	5.84	6.10	6.32	6.51	6.67	6.81	6.94
13	.05	3.06	3.73	4.15	4.45	4.69	4.88	5.05	5.19	5.32	5.43
	.01	4.26	4.96	5.40	5.73	5.98	6.19	6.37	6.53	6.67	6.79
14	.05	3.03	3.70	4.11	4.41	4.64	4.83	4.99	5.13	5.25	5.36
	.01	4.21	4.89	5.32	5.63	5.88	6.08	6.26	6.41	6.54	6.66
15	.05	3.01	3.67	4.08	4.37	4.59	4.78	4.94	5.08	5.20	5.31
	.01	4.17	4.84	5.25	5.56	5.80	5.99	6.16	6.31	6.44	6.55
16	.05	3.00	3.65	4.05	4.33	4.56	4.74	4.90	5.03	5.15	5.26
	.01	4.13	4.79	5.19	5.49	5.72	5.92	6.08	6.22	6.35	6.46
17	.05	2.98	3.63	4.02	4.30	4.52	4.70	4.86	4.99	5.11	5.21
	.01	4.10	4.74	5.14	5.43	5.66	5.85	6.01	6.15	6.27	6.38
18	.05	2.97	3.61	4.00	4.28	4.49	4.67	4.82	4.96	5.07	5.17
	.01	4.07	4.70	5.09	5.38	5.60	5.79	5.94	6.08	6.20	6.31
19	.05	2.96	3.59	3.98	4.25	4.47	4.65	4.79	4.92	5.04	5.14
	.01	4.05	4.67	5.05	5.33	5.55	5.73	5.89	6.02	6.14	6.25
20	.05	2.95	3.58	3.96	4.23	4.45	4.62	4.77	4.90	5.01	5.11
	.01	4.02	4.64	5.02	5.29	5.51	5.69	5.84	5.97	6.09	6.19
24	.05	2.92	3.53	3.90	4.17	4.37	4.54	4.68	4.81	4.92	5.01
	.01	3.96	4.55	4.91	5.17	5.37	5.54	5.69	5.81	5.92	6.02
30	.05	2.89	3.49	3.85	4.10	4.30	4.46	4.60	4.72	4.82	4.92
	.01	3.89	4.45	4.80	5.05	5.24	5.40	5.54	5.65	5.76	5.85
40	.05	2.86	3.44	3.79	4.04	4.23	4.39	4.52	4.63	4.73	4.82
	.01	3.82	4.37	4.70	4.93	5.11	5.26	5.39	5.50	5.60	5.69
60	.05	2.83	3.40	3.74	3.97	4.16	4.31	4.44	4.55	4.65	4.73
	.01	3.76	4.28	4.59	4.82	4.99	5.13	5.25	5.36	5.45	5.53
120	.05	2.80	3.36	3.68	3.92	4.10	4.24	4.36	4.47	4.56	4.64
	.01	3.70	4.20	4.50	4.71	4.87	5.01	5.12	5.21	5.30	5.37
∞	.05	2.77	3.31	3.63	3.86	4.03	4.17	4.29	4.39	4.47	4.55
	.01	3.64	4.12	4.40	4.60	4.76	4.88	4.99	5.08	5.16	5.23

■ 부록표 13 : Q – 분포

r=비교집단의 수									α	Error df
12	13	14	15	16	17	18	19	20		
7.32	7.47	7.60	7.72	7.83	7.93	8.03	8.12	8.21	.05	5
10.70	10.89	11.08	11.24	11.40	11.55	11.68	11.81	11.93	.01	
6.79	6.92	7.03	7.14	7.24	7.34	7.43	7.51	7.59	.05	6
9.48	9.65	9.81	9.95	10.08	10.21	10.32	10.43	10.54	.01	
6.43	6.55	6.66	6.76	6.85	6.94	7.02	7.10	7.17	.05	7
8.71	8.86	9.00	9.12	9.24	9.35	9.46	9.55	9.65	.01	
6.18	6.29	6.39	6.48	6.57	6.65	6.73	6.80	6.87	.05	8
8.18	8.31	8.44	8.55	8.66	8.76	8.85	8.94	9.03	.01	
5.98	6.09	6.19	6.28	6.36	6.44	6.51	6.58	6.64	.05	9
7.78	7.91	8.03	8.13	8.23	8.33	8.41	8.49	8.57	.01	
5.83	5.93	6.03	6.11	6.19	6.27	6.34	6.40	6.47	.05	10
7.49	7.60	7.71	7.81	7.91	7.99	8.08	8.15	8.23	.01	
5.71	5.81	5.90	5.98	6.06	6.13	6.20	6.27	6.33	.05	11
7.25	7.36	7.46	7.56	7.65	7.73	7.81	7.88	7.95	.01	
5.61	5.71	5.80	5.88	5.95	6.02	6.09	6.15	6.21	.05	12
7.06	7.17	7.26	7.36	7.44	7.52	7.59	7.66	7.73	.01	
5.53	5.63	5.71	5.79	5.86	5.93	5.99	6.05	6.11	.05	13
6.90	7.01	7.10	7.19	7.27	7.35	7.42	7.48	7.55	.01	
5.46	5.55	5.64	5.71	5.79	5.85	5.91	5.97	6.03	.05	14
6.77	6.87	6.96	7.05	7.13	7.20	7.27	7.33	7.39	.01	
5.40	5.49	5.57	5.65	5.72	5.78	5.85	5.90	5.96	.05	15
6.66	6.76	6.84	6.93	7.00	7.07	7.14	7.20	7.26	.01	
5.35	5.44	5.52	5.59	5.66	5.73	5.79	5.84	5.90	.05	16
6.56	6.66	6.74	6.82	6.90	6.97	7.03	7.09	7.15	.01	
5.31	5.39	5.47	5.54	5.61	5.67	5.73	5.79	5.84	.05	17
6.40	6.57	6.66	6.73	6.01	6.87	6.94	7.00	7.05	.01	
5.27	5.35	5.43	5.50	5.57	5.63	5.69	5.74	5.79	.05	18
6.41	6.50	6.58	6.65	6.73	6.79	6.85	6.91	6.97	.01	
5.23	5.31	5.39	5.46	5.53	5.59	5.65	5.70	5.75	.05	19
6.34	6.43	6.51	6.58	6.65	6.72	6.78	6.84	6.89	.01	
5.20	5.28	5.36	5.43	5.49	5.55	5.61	5.66	5.71	.05	20
6.28	6.37	6.45	6.52	6.59	6.65	6.71	6.77	6.82	.01	
5.10	5.18	5.25	5.32	5.38	5.44	5.49	5.55	5.59	.05	24
6.11	6.19	6.26	6.33	6.39	6.45	6.51	6.56	6.61	.01	
5.00	5.08	5.15	5.21	5.27	5.33	5.38	5.43	5.47	.05	30
5.93	6.01	6.08	6.14	6.20	6.26	6.31	6.36	6.41	.01	
4.90	4.98	5.04	5.11	5.16	5.22	5.27	5.31	5.36	.05	40
5.76	5.83	5.90	5.96	6.02	6.07	6.12	6.16	6.21	.01	
4.81	4.88	4.94	5.00	5.06	5.11	5.15	5.20	5.24	.05	60
5.60	5.67	5.73	5.78	5.84	5.89	5.93	5.97	6.01	.01	
4.71	4.78	4.84	4.90	4.95	5.00	5.04	5.09	5.13	.05	120
5.44	5.50	5.56	5.61	5.66	5.71	5.75	5.79	5.83	.01	
4.62	4.68	4.74	4.80	4.85	4.89	4.93	4.97	5.01	.05	∞
5.29	5.35	5.40	5.45	5.49	5.54	5.57	5.61	5.65	.01	

출처 : Hinkle, Wiersma & Jurs(1988)

참고문헌

가족학연구회(1994). 가족학 자료분석 방법. 도서출판 하우.

고홍화·김현주·백영승 편(1986). 사회행동과학 연구방법의 기초. 도서출판 성화사.

권경득·손진현·유성호(1998). 사회과학통계분석. 아시아미디어리서치.

권영아 역(1995). 소비과학을 위한 데이터 처리법. 도서출판 경춘사.

김기영·전명식(1994). SAS 판별 및 분류분석(개정판). 자유아카데미.

김기영·전명식(1994). 다변량 통계자료 분석. 자유아카데미.

김두섭(1993). 사회과학을 위한 회귀분석. 범문사.

김수철 외(1988). 현대통계학. 영지문화사.

김종호(1992). 표본조사법. 자유아카데미.

김충련(1992). SAS라는 통계상자. 데이터플러스.

김호정(1993). 사회과학통계분석. 삼영사.

김효식·박해철(1999). 통계학. 형설출판사.

남궁평(1996). 현대표본이론. 탐진.

남궁평·홍종선(1991). 범주형 자료의 통계분석. 자유아카데미.

논문작성법교재편찬위원회(1989). 논문작성법. 건국대학교출판부.

박광배(1999). 변량분석과 회귀분석. 학지사.

박명호·종윤식(1996). 마케팅조사. 경문사.

박선영(1996). 비편의성 혹은 통계적 효율성? : MLE의 1단계 Tobit과 OLS의 2단계 Tobit의 비교연구. 한국소비자학회 11월 학술발표회 논문집.

박재칭(1989). 표본조사법. 박영사.

박창순·원태연(1995). SAS를 이용한 통계자료분석. 중앙대학교출판부.

샘플링 아카데미 편(1999). 표본조사입문. 자유아카데미.

서정희(1996). 가정학 연구방법론. 도서출판 하우.

서정희·이기춘(1986). 소비자주의에 대한 태도척도개발에 관한 연구. 한국가정관리학회지, 4(2), 1-8.

성내경(1995). 정보시대 그리고 통계. 이화여자대학교출판부.

성내경(1998). 통계적 자료분석. 자유아카데미.

송문섭·조신법(1993). WINDOW용 SAS를 이용한 통계자료분석. 자유아카데미.

송혜향·김동재(1996). 통계학. 청문각.

안광호·임병훈(1995). 마케팅조사원론. 법문사.

오택섭(1994). 사회과학데이터 분석법 : SAS, SPSS/PC+. 나남출판.

오혜경(1998). 사회조사방법론. 아시아미디어리서치.

유동근(1994). 마케팅 계량분석. 미래경영.

이순묵(1990). 공변량구조분석. 성원사.

이순묵(1995). 요인분석 I. 학지사.

임인재(1993). 논문작성법. 서울대학교출판부.

장옥배·김순기(1988). 교양통계학. 일신사.

정용선·김인식(1998). 노인소비자의 정보탐색에 관한 연구. 소비문화연구, 1(1), 143-170.

조복희(1991). 가정학연구방법론. 교문사.

조선배(1996). LISREL 구조방정식 모델. 영지문화사.

차종천·장상수(1994). 구조방정식 모형의 이해.

채서일(1990). 사회과학 조사방법론. 법문사.

채서일(1992). 사회과학 조사방법론. 학현사.

채서일(1995). 마케팅조사론. 학현사.

최정만(1993). 최신논문작성법. 생명의 말씀사.

한국가족학연구회 편(1994). 가족학 자료분석방법. 도서출판 하우.

허명회(1997). 통계적 개념·방법·응용. 자유아카데미.

허명회·문승효(2000). 탐색적 자료분석 : EDA(개정판). 자유아카데미

홍두승(1999). 사회조사분석. 다산출판사.

홍종선 · 박옥희·최창현(1996). 조사방법과 통계자료분석. 박영사.

Afifi, A. A., & Clark, V. (1990). *Computer-aided multivariage analysis*(2nd eds). Van Nostrand Reinhold Company, New York.

Amemiya, T. (1984). Tobit Models : A Survey. *Journal of Econometrics, 24*, 3-61.

Babbie, E. (1983). *The practice of social research*(3rd eds). Wadsworth Pub.

Bailey, K. D. (1982). *Methods of social research*(2nd eds). The Free Press.

Bentler, P., & Bonett, D. G. (1980). Significance tests and goodness of fit in the analysis of covariance structure. *Psychological Bulletin, 88*, 588-606.

Bohrnstedt, G., & Knoke, D. (1988). Statistics for Social Data Analysis. *Itaca, Ill.* F. E. Peacock Pubishers.

Borg, W. R., & Gall, M. D. (1989). *Educational research*(5th eds). Longman.

Duncan, O. D. (1975). *Introduction to Structural Equation Models*. Academic Press, Inc.

Fowler, F. (1984). *Survey research methods*. Applied Social Research Methods Series.

Gorsuch, R. L. (1983). *Factor Analysis*(2nd ed). Hillside, NJ : Lawrence Erlbaum.

Greene, W. H. (1990). *Econometric Analysis*. Macmillan Publishing Co.

Hinkle, W. J. (1988). *Applied Statistics for the Behavioral Sciences*(2nd ed). Houghton Mifflin co., Boston.

Hollander, M., & Wolfe, D. A. (1973). *Nonparametric Statistical Method*. John Wiley & Sons Inc.

Johnson, W., & Wichern, D. (1992). *Applied Multivariate Statistical Analysis*(3rd ed). New Jersey : Prentice Hall.

Jöreskog, & Sörbom (1989). *LISREL 7 : A guide to the program and applications*.

Jöreskog, & Sörbom (1989). *LISREL 7 : User's reference guide*. Mooresville : Scientific Software, Inc.

Kim, J. O., & Mueller, C. W. (1978). Introduction to Factor Analysis : what it is and how to do it. *Sage University paper series on Quantative Applications in the Social Sciences*. Beverly Hills and London : Sage Publication.

Kirk, R. E. (1982). *Experimental Design*(2nd eds). Brooks/Cole Pub.

Maddala, G. S. (1983). *Limited-dependent and qualitative variables in econometrics*. Cambridge University Press.

Maddala, G. S. (1992). *Introduction to Econometrics*. Macmillan Publishing Co.

Matlack, W. F. (1980). *Statistics for Public Policy and Management*. Belmont. California : Wadsworth.

Montgomery, D. C. (1984). *Design and Analysis of Experiments*(2nd Ed). New York : John Wiley & Sons.

Nachmias, D., & Nachmias, C. (1987). *Research methods in the social sciences*(3rd eds). St. Martin's Press.

Norusis, M. J. (1986). *SPSS/PC+ for IBM PC/ Chicago*. Illinois : Spss Inc.

Norusis, M. J. (1990). *Advanced Statistics*. Chicago SPSS Inc.

Park, S. Y. (1995). *Two Statistical/Econometric Analysis to Household Demand and Choice*. The Ohio State University Ph.D. Dissertation.

Tobin, J. (1958). Estimation of Relationships for Limited Dependent Variables. *Econometrica, 26*, 24-36.

Touliatos, J., & Compton, N. H. (1988). *Research methods in human ecology/home economics*. Iowa state University Press/Ames.

Warwick, D. P., & Linihger, C. A. (1975). *The Sample Survey : Theory and practice*. New York : Mcgraw-Hill.

찾아보기

저자소개

허경옥

이화여자대학교 경제학과 졸업
미국 Univ. of Wisconsin-Madison 대학 소비자학 전공(석사, 박사)
현재 성신여자대학교 생활문화소비자학과 교수

• 주요 논문 및 저서
새로 쓰는 소비자의사결정(2009)
소비자학의 기초(2010)
소비자상담과 피해구제(2011)
소비자안전(2011) 등

이승신

서울대학교 가정관리학과 졸업
미국 Univ. of Illinois 소비자경제학(박사)
현재 건국대학교 소비자정보학과 교수

• 주요 논문 및 저서
소비자상담(2007)
국가거버넌스연구(2009)
소비사회와 소비문화(2010)
대한민국에서 현명한 소비자로 살아가기(2010) 등

김기옥

연세대학교 주생활학과 졸업
미국 Univ. of Illinois 소비자경제학(박사)
현재 성균관대학교 소비자가족학과 교수

• 주요 논문 및 저서
소비자정보론: 디지털사회와 소비자(2001)
소비욕구 측정을 위한 척도개발(2008)
소비자생활복지, 어떻게 측정할 것인가?(2011)
Exploring dimensions of consumer needs (2011) 등

박선영

한양대학교 사범대학 졸업
미국 The Ohio State Univ. 소비자경제학(석사, 박사)
호서대학교 디지털비즈니스학부, 벤처전문대학원 교수 역임
현재 건국대학교 밀러MOT 스쿨 기술경영학과 교수

• 주요 논문 및 저서
소비자의 기술혁신 수용유형에 따른 T-commerce 수요도(2008)
3G 이동통신서비스의 소비자이용에 미치는 영향 분석(2009)
차세대 컨버전스서비스 핵심불확실성 요인 도출에 관한 분석(2009)
웹마케팅 혁명(2010) 등

에센셜
통계분석
ESSENTIAL STATISTICAL ANALYSIS

2012년 3월 5일 초판 인쇄
2012년 3월 12일 초판 발행

지은이 허경옥 외
펴낸이 류제동
펴낸곳 (주)교문사

책임편집 정혜재
본문디자인 에바다에드
표지디자인 신나리
제작 김선형
영업 정용섭·이진석·송기윤

출력 현대미디어
인쇄 동하인쇄
제본 대영제본

우편번호 413-756
주소 경기도 파주시 교하읍 문발리 출판문화정보산업단지 536-2
전화 031-955-6111(代)
팩스 031-955-0955
등록 1960. 10. 28. 제406-2006-000035호

홈페이지 www.kyomunsa.co.kr
E-mail webmaster@kyomunsa.co.kr
ISBN 978-89-363-1218-3 (93590)

값 18,000원
* 잘못된 책은 바꿔 드립니다.